교정용어사전

矯正用語辭典

저자 김영식 | 서운재 | 윤백일 | 김우석
감수 신양균 | 김안식

박영사

‘교정용어사전(矯正用語辭典)’은

고(故) 임재표 법학박사, 전(前) 서울지방교정청장님의 추모사업으로 발간하는 책입니다.

생전에 우리나라 행형에 대한 연구와 자료수집에 헌신하신 고인의 시간과 열정, 그리고 업적이 우리나라 교정연구와 발전에 초석이 되기를 기원합니다.

2021년 6월

집필자 · 편집위원 · 감수자 일람

집필자

김영식
서운재
윤백일
김우석

편집위원

서운재
김우석

감수자

신양균
김안식

서문

오래전부터 교정용어에 대한 막연한 목마름이 있었다. 이유는 같은 교정시설에서 교도관으로 근무하면서도 내가 담당하고 있는 업무 외의 교정용어가 낯설게 느껴졌고, 그러한 용어들을 이해하기 위하여 규정을 찾아보거나 주위에 물어봐야 했던 번거로움이 항상 무언가 나를 불편하게 만들었다. 그러던 차에 2011년 당시 국외 교육훈련 중이던 일본 게이오대학 로스쿨 도서관에서 초록색 표지에 한자로 표기된 『교정용어사전』을 발견하고는 심장이 쿵쾅대며 전율했던 기억이 아직도 생생하기만 하다.

왜 우리나라에는 이러한 『교정용어사전』이 없을까. 교정용어에 대한 목마름이 나 외에 그 누군가에게도 분명히 있었을 텐데. 그렇다면, 내가 한 번 펜을 들어보는 것은 어떨까 라는 어렴풋한 생각이 항상 가슴 한편에 남아 있었고, 결국 어떻게 보면 무모하기조차 할 법한 도전을 시작하게 되었다.

혼자서는 결코 불가능했을 것이다. 작업을 하는 과정에서 수많은 걱정과 고민이 있었지만, 교정에 대한 열정이 가득한 분들이 함께 역량을 모아 오늘에 이르렀고, 마침내 우리나라 최초의 『교정용어사전』을 발간하게 되었다는 사실에 가슴이 벅차오름을 느낀다. 기획부터 집필, 편집, 감수, 출판에 이르기까지 함께 하신 소중한 분들의 노력과 정성이 없었다면, 아마도 『교정용어사전』은 빛을 보지 못했으리라.

본 사전은 현직 교도관들이 실무에 대한 지식과 경험을 바탕으로 각종 법령 및 행정규칙, 이론서, 실무교재, 통계 및 논문, 일본교정문헌 등 참고할 수 있는 자료를 두루 망라하여 완성한 사전이다. 총 600개의 교정용어를 선정하여 그에 대한 설명을 작성하고 가나다순으로 배열하되, 앞에는 체계적인 이해가 가능하도록 주제별 색인을 수록하고 뒤에는 찾아보기 쉽도록 가나다순 색인을 수록하였다. 그 밖에 50개의 은어·비속어도 참고용으로 정리하였다. 특히 실무 분야에 많은 비중을 두고 관계규정을 충실히 반영하려고 노력하였다. 다만, 이로 인하여 본문 내용 중에 법령 등의 문체가 느껴질 수 있는 점에 대해서는 너그럽게 이해하여 주시길 바란다.

더불어, 본 사전이 교정현장에서 실무에 종사하고 있는 교정공무원의 직무 수행능력을 실질적으로 향상시키고, 더 나아가 교정시설 내에서 수용자에 대한 공정하고 합리적인 처우를 실현하는 데 좋은 지침서로 활용될 수 있기를 희망한다. 또한, 교정직 채용시험에 응시하려는 예비 교정공무원에게는 생소한 교정용어에 대한 이해를 통하여 소중한 꿈을 이루는 데 조금이나마 도움이 되기를 바란다. 그 밖에 교정시설에서의 수용생활에 대한 정확한 정보를 얻고자 하는 수용자의 가족, 담 안에서 무슨 일이 어떻게 이루어지는지 교정에 관심이 많은 일반인 등에게도 교정을 널리 알리고 올바르게 이해시키는 길라잡이 역할을 할 수 있기를 기대한다.

하지만, 기존에 없었던 새로운 작업으로서 이루어낸 첫 『교정용어사전』이다 보니 아무래도 부족한 점이 많으리라 여겨진다. 부족한 점은 앞으로 계속 보완하여 더 발전된 개정판으로 독자들의 성원에 보답하고 싶다. 또한 언제든지 본 사전에 대한 독자들의 의견에 겸손한 마음으로 귀를 열어 두련다.

본 사전을 완성함에 있어, 교정에 대한 깊은 학식과 경험을 바탕으로 적절한 방향과 아이디어를 제시하시고 집필진의 역량을 모아 이끌어 주신 김영식 소장님, 여러 업무로 바쁜 와중에도 흔쾌히 집필에 참여하여 실무에 대한 풍부한 지식과 경험을 아낌없이 발휘하여 주신 윤백일 주임님, 집필부터 편집에 이르기까지 많은 분량을 맡아 다양한 측면에서 적극적이고 헌신적으로 노력을 기울여 주신 김우석 과장님, 또한, 「형집행법」의 연구용역을 맡아 진행하시고 교정법학에 선구적인 역할을 하시며 감수 과정에서 깊은 통찰력을 보여 주신 신양균 교수님, 현직에서의 경험을 되살려 대학에서 교정이론가로서 후학들을 양성하느라 바쁘심에도 감수를 맡아 세심한 조언을 주신 김안식 교수님, 교정연구와 발전에 대한 고인의 뜻을 잊지 않으시고 첫 사전의 발간을 물심양면으로 지원하여 주신 故 임재표 전 청장님의 배우자 이복희 여사님, 이 모든 분들의 교정에 대한 사랑과 헌신 그리고 그 뜨거운 열정에 존경을 표하면서 『교정용어사전』이라는 성과를 함께 할 수 있어 진심으로 감사드린다.

코로나19가 전 세계를 매섭게 소용돌이치던 지난 시간 동안, 대한민국의 교정현장도 매일 긴장의 연속이었고 모든 교정공무원이 총력을 기울이며 대응해 왔다. 뒤돌아보지 않고 앞만 보고 달려온 시간, 이제 잠깐 멈추어 서서 뒤돌아본다. 지금까지 달려온 길이 비록 우리에게 험난한 길이었지만, 그래도 언젠가 극복할 수 있다는 희망을 갖고 한 걸음 한 걸음 열심히 달려왔다는 사실에 의미를 부여하고 싶다. 그런 점에서 지금 이 순간에도 묵묵히 각자의 소임을 다하며 교정행정의 발전을 위하여 헌신하고 있는 전국의 모든 교정공무원에게 경의를 표한다. 코로나19가 우리 사회, 우리 교정에 끼친 엄청난 변화를 몸소 실감하며 하루빨리 이 난국에서 벗어나 진정으로 '국민이 편안하고 안심할 수 있는 나라'로 나아갈 수 있기를 기원한다.

끝으로, 본 사전의 출판과 홍보에 적극적으로 도움을 주신 박영사 안상준 대표님과 정성혁 대리님 그리고 디자인 등을 맡아 수고해 주신 벤스토리, 집필진의 거듭된 요청에도 밝게 응대하며 편집의 수고를 아끼지 않으신 장유나 과장님, 그 외 박영사 관계자 여러분들에게도 지면을 빌어 깊은 감사의 말씀을 드린다.

2021년 6월
집필진을 대표하여

일러두기

1. 편집방향

본 책자의 주된 독자층은 교정공무원, 교정직수험생, 일반인으로 하였다. 먼저 교정공무원에게는 그 직무에 필요한 용어를 알게 하여 직무수행능력을 향상시키는 것을 목적으로 하였으며, 다음으로, 교정직을 준비하는 수험생에 게는 전혀 생소한 교정용어에 대한 이해를 통하여 수험준비에 조금이나마 도움이 되도록 하는데 노력하였다. 또한 수용자의 가족이나 교정에 관심이 많은 일반인 등에게도 친숙하지 못한 교정용어를 개략적으로나마 이해할 수 있도록 하는데 주안점을 두었다.

2. 선정분야

크게 교정의 역사(우리나라), 이론, 실무의 3개 분야로 구분한 후 각 분야에서 중요한 항목을 선정하였다. 특히 많은 비중을 차지하는 실무 분야는 업무상 직제순서에 따라 총무·보안·출정·분류심사·직업훈련·수용기록·민원·사회복귀·복지·의료·시설·국제협력·심리치료 순서로 세분화하였고, 다만 교정업무의 특성상 일반인에게 공개되지 않는 규정과 내용은 제외하였다. 그 밖에 군에서의 형의 집행 및 군수용자의 처우에 관한 사항은 일반적으로 논의되지 않는 특수한 분야인 관계로 제외하였다.

3. 배례

각 교정용어의 순서를 가나다 순으로 배열함으로써 색인하기 편리하도록 하였으며, 교정에 대한 체계적인 이해가 가능하도록 주제별로 분류한 색인을 추가하였다. 마지막 부록에는 비록 공식적인 용어는 아니지만, 교정시설에서 수용자들이 사용하는 은어·비속어도 참고용으로 함께 수록하였다.

4. 법령·참고문헌 표시

본문 내용의 각 교정용어 해설 마지막 부분에 관련법령 및 인용문헌을 아래와 같이 표시하였다.

<예> 「형법」 제72조, 「소년법」 제65조, 『교정통계연보』 107면 (2020)

또한, 명기된 일부 법령은 법제처에 등록된 약칭을 사용하였으며 그 외 법령과 훈령·예규 등의 명칭은 약칭 없이 정식명칭을 그대로 쓰는 것을 원칙으로 하였다.

5. 관련용어·동의용어

본문 내용의 각 교정용어 해설 다음에 표시한 법령·참고문헌 뒤에 별도로 `관련용어` `동의용어` 를 표시함으로써 상호 관련되거나 의미가 동일한 교정용어 표제어를 참고하도록 하였다.

6. 법령약어표

정식법령	약칭
감염병의 예방 및 관리에 관한 법률	감염병예방법
공공기관의 정보공개에 관한 법률	정보공개법
교도작업의 운영 및 특별회계에 관한 법률	교도작업법
교도작업의 운영 및 특별회계에 관한 시행령	교도작업법시행령
교도작업의 운영 및 특별회계에 관한 시행규칙	교도작업법시행규칙
교통사고처리 특례법	교통사고처리법
국가를 당사자로 하는 계약에 관한 법률	국가계약법
국가를 당사자로 하는 계약에 관한 법률 시행령	국가계약법시행령
국가를 당사자로 하는 계약에 관한 법률 시행규칙	국가계약법시행규칙
국가를 당사자로 하는 소송에 관한 법률	국가소송법
근로자 직업능력 개발법	직업능력개발법
남녀고용평등과 일·가정 양립 지원에 관한 법률	남녀고용평등법
남녀고용평등과 일·가정 양립 지원에 관한 법률 시행령	남녀고용평등법 시행령
남녀고용평등과 일·가정 양립 지원에 관한 법률 시행규칙	남녀고용평등법 시행규칙
독학에 의한 학위취득에 관한 법률	독학학위법
마약류관리에 관한 법률	마약관리법
마약류 불법거래방지에 관한 특례법	마약거래방지법
먹는물 수질기준 및 검사 등에 관한 규칙	먹는물검사규칙
민영교도소 등의 설치·운영에 관한 법률	민영교도소법
민원처리에 관한 법률	민원처리법
보호관찰 등에 관한 법률	보호관찰법
사법경찰관리의 직무를 수행할 자와 그 직무범위에 관한 법률	사법경찰직무법

산업재해보상보험법	산재보험법
성폭력범죄의 처벌 등에 관한 특례법	성폭력처벌법
시설물의 안전관리에 관한 특별법	시설물안전법
아동·청소년 성보호에 관한 법률	청소년성보호법
아동학대범죄의 처벌 등에 관한 특례법	아동학대처벌법
응급의료에 관한 법률	응급의료법
잡지 등 정기간행물의 진흥에 관한 법률	정기간행물법
장애인·노인·임산부 등의 편의증진 보장에 관한 법률	장애인등편의법
장애인·노인·임산부 등의 편의증진 보장에 관한 법률 시행령	장애인 등 편의법 시행령
중소기업제품 구매촉진 및 판로지원에 관한 법률	판로지원법
집회 및 시위에 관한 법률	집시법
출판 문화산업 진흥법	출판법
특정범죄 가중처벌 등에 관한 법률	특정범죄가중법
폭력행위 등 처벌에 관한 법률	폭력행위처벌법
형사사법절차 전자화 촉진법	형사절차전자화법
형의 실효 등에 관한 법률	형실효법
형의 집행 및 수용자의 처우에 관한 법률	형집행법
형의 집행 및 수용자의 처우에 관한 법률 시행령	형집행법시행령
형의 집행 및 수용자의 처우에 관한 법률 시행규칙	형집행법시행규칙

7. 참고문헌

김안식 「수형자의 종교활동 및 성향이 정신건강과 수용생활 적응에 미치는 영향」 경기대 교정학과 박사논문 (2010)

김영식 「회복적 교정에 관한 연구」 전북대 법학과 박사논문 (2016)

_____ 『교도소에서의 회복적 사법』 (번역서) 대장간 (2020)

김영식·정영식 「회복적 교도소 프로그램 적용 사례」 『(사)아시아교정포럼 추계공동학술대회논문집』 (2020)

김옥현 『교정학』 박영사 (2020)

김용세·류병관 「교정단계에서 회복적 사법의 가능성」 『한국형사정책연구원 연구총서』 (2006)

김용준·이순길 『교정학』 고시원 (1994)

금용명·안성훈『일본행형법』(공역서) (2016)

금용명『조선형무소 사진첩』(번역서) 치형협회 (2020 재발간)

_____『교정학』박영사 (2021)

박은옥 연구보고서「수형자 집중인성교육의 효과성 분석」카톨릭대 (2017)

박종관「교정재범예측지표(CO-REPI) 타당성 분석에 관한 연구」『교정연구』
　　(2015년 9월)

서대문구 도시관리공단『독립과 민주의 현장 서대문 형무소 역사관』학사넷
　　(2014)

서운재「한일의 국제수형자 이송제도의 현상과 과제」게이오대『法學政治學
　　論究』제98호 (2013)

_____「형사시설에서의 수형자처우의 현상과 향후의 과제에 관한 연구」게
　　이오대 법학연구과 박사논문 (2016)

_____『일제강점기 조선행형의 이야기』(번역서) 북트리 (2020)

신양균「현행 행형법과 그 개정방향 (Ⅱ)」『교정연구』(1994년 11월)

_____「노역수형자에 대한 처우의 현실과 개선방안」『형사정책연구』(2007)

양혜경「교정행정조직 유관기관 운영 활성화 방안」『교정연구』(2018년 12월)

오크나무『교도소 생활가이드』지식과 감성 (2017)

유병철「교정시설의 특성과 경비등급제도 개선방안」『교정연구』(2017년 3월)

윤옥경「교정조직 독립의 필요성과 과제」『교정연구』(2018년 6월)

이백철『교정학』교육과학사 (2015)

이병태『법률용어사전』법문북스 (2016)

이언담「한국교정 70년의 회고 - 수용자 기본권 확장을 중심으로」『교정연구』
　　(2015년 12월)

이정찬·김근재·남광재『한국교정교화사』한국교정복지전문학교 (2002)

이종수『행정학 사전』대영문화사 (2009)

임재표「대한민국 전통 교정시설(원형옥)에 관한 연구(상)」『교정』(1998년
　　2월호)

_____「조선시대 인본주의 형사제도에 관한 연구」단국대 법학과 박사논문
　　(2002)

임현『바른교정학』에듀 에프엠 (2019)

조광근『나이스교정학』나이스 북스 (2010)

치형협회『조선의 행형제도』(1938)

허주욱 · 한철호『교정학』일조각 (2000)

鴨下守孝 · 松本良枝『교정용어사전』동경법령출판 (2006)

菊田幸一『보호관찰의 이론』유신당 (1969)

공주교도소『1500년의 시간과 공간』(2020)

국립민속박물관『한국세시풍속사전』(2008)

법무부 교정본부『교정관계국제규약집』(2015)

법무부 교정본부『교정관계법령집』(2020)

법무부 교정본부『교정통계연보』(2018) (2020)

법무부 교정본부『소통과 믿음으로 함께 만드는 국민안전』(2020)

법무부 교정본부『교정작품전시회 홍보책자』(2019)

법무부 교정본부『대한민국 교정사 I, II, III』(2010)

법무부 교정본부『훈령 · 예규집』(2019)

법무부『새길』(2020)

법무부『월간교정』(2020)

법무부 보도자료

주제별 색인

교정역사(우리나라)

고대~조선후기: 형벌제도

팔조법금　365

일책십이법　266

책화　337

소도　192

태형　359

장형　278

도형　116

충군　347

유형　250

부처　163

안치　233

천사　341

사형　180

교형　75

참형　335

능지처사　105

복심제 · 삼복제　158

부가형　161

법외형　145

속전　198

신원　221

고대~조선후기: 행형기관

형부 · 형조　384

전옥서　287

직수아문　313

고대~조선후기: 감옥제도

원형옥　246

안옥도　233

휼수 · 휼형　398

보방　151

감강종경　13

대사　112

조선말기~대한제국

감옥　16

감옥규칙　16

감옥세칙　17

징역표 · 징역처단례　331

감금 · 감수 · 압뢰　13

일제강점기

감옥법　17

조선감옥령　297

조선감옥령시행규칙　298

전옥　286

간수　12

가다밥 · 카타밥 · 틀밥　3

용수 · 용수갓　243

시구문　214

미군정기

석방청원제　190

우량수형자 석방령　243

대한민국

행형법　379

형무관학교　383

경비교도대　32

재소자　282

지도원제도　309

탄방기　359

계구　35

책임점수　337

개선급　24

수용급 · 수용분류급　201

관리급 · 관리분류급　41

처우급 · 처우분류급　339

대분류제도　111

독지방문위원제도　118

일일교무과장제　265

대용감방　112

보호감호　155

교정이론

행형　379

교정　52

교정학　73

형벌제도

죄형법정주의　302

형벌　383

사형　180

징역　330

금고　91

구류　79

교정이념

응보형주의　252

목적형주의　132

일반예방주의　263

특별예방주의　361

교육형주의　51

신응보주의　221

무능력화주의　133

회복적 사법　395

회복적 교정　393

회복적 교정 프로그램　394

교정시설

교정시설 · 교정기관　60

파놉티콘　365

과밀수용　40

법무타운 · 법조타운　144

구금제도

구금제도　78

존 하워드　300

혼거제 · 혼거수용　391

독거제 · 독거수용　117

펜실베니아제 · 엄정독거제　366

오번제 · 완화독거제　238

처우제도

처우　337

처우방식　340

시설내 처우　215

누진처우제도　104

고사제　36

점수제 · 점수소각제　290

잉글랜드제　268

아일랜드제　232

엘마이라제　236

분류처우　170

처우개별화　339

카티지제　355

선시제도　191

치료감호 · 치료감호심의위원회　350

사회적 처우　184

개방처우　21

주말구금제도　302

사회내 처우　183

보호관찰제도　156

보호관찰심사위원회　155

기타

수형자 하위문화　211

수형자 역할유형　210

교도소화　48

일일평균수용인원　266

재범률 · 재복역자　280

일반사항

교정관계규정

교정관계법령　56

형의 집행 및 수용자의 처우에 관한
　　법률(약칭: 형집행법)　387

교정관계행정규칙　56

형의 집행 및 수용자 처우에 관한
　　기본계획　387

교정조직

교정조직　69

교정본부　58

교정개혁위원회　53

지방교정청　310

교정자문위원회　66

교도소　47

구치소　83

지소　311

교정연수부　64

교정청　72

교정공무원

교도관 · 교정공무원　45

교정직교도관　70

보건위생직교도관　147

기술직교도관　98

관리운영직교도관　43

직업훈련교도관 · 직업훈련교사　315

수용자

수용자　206

수형자　209

노역수형자　102

미결수용자　135

피의자　370

피고인　368

사형확정자　181

피보호감호자　369

근무체계

보안근무　152

교대근무·4부제　44

윤번　251

사무근무　179

당직근무　110

청사근무　341

운영체계

교정정보시스템(보라미시스템)　68

교정상징문양　59

교정캐릭터　73

교정제복　69

교도관예절　46

교정의 날　65

교정대상　57

교도관무도대회　46

'교정'지　70

민영교도소

민영교도소　136

소망교도소　194

아가페재단　231

감독관　14

유관기관

유관기관　248

대한민국재향교정동우회　114

교정공제회(교정협회)　53

한국법무보호복지공단　374

한국형사정책연구원　375

한국교정학회　375

아시아교정포럼　231

총무

총무·총무과　343

인사

채용　336

승진　214

보직관리　154

전보　286

봉급　160

수당　199

교육훈련　51

근무성적평가　91

균형성과표　90

성과관리시스템　191

상훈　186

휴직　398

복직　159

퇴직　360

복무

출장　346

유연근무　250

육아기근로시간단축　251

휴가　396

징계　325

대체복무제　113

문서

문서관리　134

교도관회의　47

정보보고　294

행정정보공표　378

개인정보보호　26

자비구매

자비구매물품　272

구매신청　80

차입신청　335

검수　31

직원회 근로자　317

기타

장소변경접견　277

순회점검　212

시찰　217

참관　335

언론홍보　234

보안

보안 · 보안과　151

주요시설

주벽　303

감시대　14

중앙통제실　306

관구　41

수용동　204

거실　27

작업장　275

주복도　303

출입문　345

통용문　360

입소

수용 · 입소　200

신입자　223

이입자　257

간이입소절차　13

신분대조　220

확인서 · 인수서　392

신체검사　224

수용자번호　207

고지사항　37

수용거절　201

수용생활

수용생활안내서　205

거실지정 · 배방　28

자리지정　271

생활용품　187

운동　244

목욕　131

전화통화　289

자치생활　273

개인작업　25

신청작업 · 청원작업　223

수용동청소　204

시설보수 · 영선　216

조출　300

임출　267

신입식　222

동성애　119

수용관리

구분수용　80

분리수용　172

당직간부　110

임시배치　267

일과시작 · 개방　259

일과종료 · 폐방　260

인원점검　259

도구점검　114

보안점검　154

보고문 · 보고전　148

손도장증명　199

안전 · 질서

계호　36

비례원칙　173

동정관찰　119

동행계호　120

금지물품　92

검사 · 검신 · 검방　30

보호실　157

진정실　320

강제력　19

수용을 위한 체포　205

기동순찰팀　95

방호　143

소방　196

교정사고　59

교정장비

교정장비　68

전자장비　288

보호장비　157

보안장비　153

무기　132

주파수공용통신시스템　303

엄중관리

엄중관리대상자　235

조직폭력수용자　299

마약류수용자　129

관심대상수용자　43

공안사범 · 공안관련사범　40

일일중점관찰대상자　266

규율 · 상벌

규율　89

거실당번제　28

삼진아웃제　186

포상　368

내사　101

조사　297

징벌　326

징벌대상행위　326

징벌종류　328

징벌부과　327

징벌위원회　328

징벌집행　329

징벌집행정지 · 감경 · 면제 · 유예
　　330

징벌실효　327

양형참고자료　234

특별사법경찰관리　361

사건송치　177

권리구제

인권   258

기본권   96

권리구제제도 · 권리구제수단   86

고충상담   38

소장면담   197

청원   342

정보공개   293

진정   319

행정심판   377

행정심판위원회   377

행정소송   376

국가배상소송   84

형사소송   385

헌법소원   381

출소

석방 · 출소   188

사면   178

감형   18

일시수용   265

일시석방   264

사망   177

출정

출정 · 출정과   346

출정준비

소환   198

출석요구   345

사복착용   179

출정비용   347

출정수행

호송   390

구치감   83

법정구속   145

즉시석방   308

출정종료

환소   392

분류심사

분류심사 · 분류심사과   166

경비등급제도

경비등급제도   33

개방시설   20

완화경비시설   239

일반경비시설   261

중경비시설   305

분류심사 · 조사 · 검사

분류처우회의   171

분류처우위원회   170

분류심사제외   168

분류심사유예   167

신입심사   222

재심사   283

정기재심사   292

부정기재심사   162

범죄횟수   144

수용횟수   208

분류지표   169

분류조사   168

분류검사　　164

타당도　　359

다면적 인성검사　　109

교정심리검사　　62

교정심리검사특이자　　63

지능검사　　308

지적장애　　311

적성검사　　284

처우등급

처우등급　　340

기본수용급　　97

여성수형자　　236

외국인수형자　　240

금고형수형자　　91

소년수형자　　192

청년수형자　　341

노인수형자　　103

장기수형자　　276

장애인수용자　　278

정신질환 또는 장애가 있는 수형자　　294

신체질환 또는 장애가 있는 수형자　　224

경비처우급　　34

개방처우급　　22

완화경비처우급　　240

일반경비처우급　　261

중경비처우급　　305

개별처우급　　23

직업훈련　　314

학과교육　　374

생활지도　　188

작업지도　　276

운영지원작업　　245

의료처우　　254

자치처우　　274

개방처우　　21

집중처우　　323

개별처우계획

개별처우　　22

일반개별처우계획　　260

집중개별처우계획　　320

개별처우계획서　　23

교정성적

교정성적　　60

소득점수　　193

소득점수평가 · 소득점수평정　　194

재범위험성평가

재범위험성평가　　281

재범위험성평가위원회　　282

분류센터 · 분류전담시설 · 분류전담소　　165

재범예측지표(래피)　　280

고위험군수형자　　37

위험관리수준　　247

운영지원작업

봉사원　　160

필수작업장　　370

취사원선정　　348

가석방

가석방　4

취업조건부가석방　349

사전조사　180

가석방예비심사　6

가석방적격심사신청　6

가석방적격심사유형　7

제한사범　296

관리사범　42

일반사범　262

교통사범　74

보호사범　156

가석방심사위원회　5

가석방허가　8

가석방취소　7

가석방실효　5

직업훈련

직업훈련 · 직업훈련과　314

교도작업

교도작업　49

직영작업 · 관사작업　316

건설공사반　30

위탁작업 · 단가작업　247

노무작업 · 임대작업　101

도급작업　115

외부통근작업　242

개방지역작업　20

집중근로작업　321

자립형교도작업　271

교도작업특별회계

교도작업특별회계　50

분개　164

결산　32

작업장려금　276

위로금　246

조위금　298

직업훈련

공공직업훈련　38

일반직업훈련　264

집체직업훈련　324

지원직업훈련　311

외부출장직업훈련　242

작업병행직업훈련　274

현장직업훈련　382

양성직업훈련　234

향상직업훈련　380

숙련직업훈련　212

단기실무직업훈련　109

기능경기대회　94

취업 · 창업지원

취업 · 창업지원　348

수형자취업지원협의회　210

구인 · 구직만남의 날　82

교정작품

교정작품전시회　67

교정작품쇼핑몰　67

수용기록

수용기록 · 수용기록과　　202

수용기록

수용기록부　　203
소송서류　　197
체포　　343
구속　　81
구속집행정지　　82
감치　　18
형집행　　389
노역장유치　　103
형집행정지 · 노역집행정지　　389
형기　　382
부정기형　　162
석방통보　　190

이송

이송　　256

기타

공무상접견　　39
신상정보등록제도　　220
거소투표　　27

민원

민원 · 민원과　　138

접견

접견　　291
변호인접견　　146

예약접견　　237
화상접견　　391
스마트접견　　213
민원인사전등록　　138

보관

휴대금품　　397
보관금　　149
보관품　　150
보관낭　　149
유류금품　　249

기타

교정민원콜센터　　58
수용증명서　　207

사회복귀

사회복귀 · 사회복귀과　　184

교육

교정교육　　57
검정고시　　31
독학에 의한 학위취득과정　　118
전문대학위탁과정　　284
석방전교육 · 출소예정자교육　　189
집중인성교육　　322
특별활동반교육　　362

교화

교화프로그램　　77
자매결연상담　　272
교화행사　　78

기부금품　　97

편지 · 종교 · 문화

편지　　366

편지검열　　367

종교행사　　301

도서　　115

신문　　219

교화방송 · 수용자방송　　75

교화방송자문단　　76

집필　　324

'새길'지　　187

사회복귀지원

가족관계회복지원　　9

가족만남의 날　　9

가족만남의 집　　10

가족사랑캠프　　11

가족접견　　11

중간처우시설　　304

소망의 집　　195

사회적응훈련원　　185

희망센터　　399

사회견학 · 사회봉사　　182

귀휴　　88

귀휴심사위원회　　89

귀가여비　　87

교정위원

교정위원　　64

교정협의회　　74

복지

복지 · 복지과　　159

예산

예산　　237

자금　　271

일반회계　　264

일반수용비　　262

자산취득비　　273

지출원인행위　　313

디지털예산회계시스템　　121

계약

계약　　35

입찰　　267

일반경쟁입찰　　262

제한경쟁입찰　　296

지명경쟁입찰　　309

추정가격　　344

추정금액　　344

기초금액　　98

예정가격　　238

입찰보증금　　268

개찰　　26

적격심사　　283

낙찰하한율　　101

수의계약　　208

대가지급　　111

하자검사　　373

하자보수보증금　　373

지체상금　　312

부정당업자제재　　163

교도작업제품우선구매　49
중소기업자간경쟁제품　306

물품

물품관리　134
국가종합전자조달시스템(나라장터)　84
불용대상물품　173
전자자산처분시스템(온비드)　288
재물조사　279

급양

급식　93
급식관리위원회　93
식재료검수　219
식강 · 식깡　218
식구통　218

차량

교정차량 · 공용차량　71

의료

의료 · 의료과　253

보건위생

보건위생　147
개인위생　25
시설위생　216

건강

건강검진 · 건강진단　29

진료

진료　318
순회진료　213
동행진료　120
외부의사진료　241

환자

환자　393
중환자 · 응급환자　307
응급처치경연대회　252
감염병환자　15
정신질환자　295
만성질환자　131
집중치료기관　323

의약품 등

의약품 · 의료용품　255
향정신성의약품　380
의료폐기물　255
유독물질　249
구급차　79

시설

시설 · 시설과　215

시설

공사관리　39
시설점검　217
정밀안전진단　293
국유재산　85
비상대기숙소　174

국제협력

국제협력과   86

국제협력

교정관계국제규약   55
국제수형자이송   85
교정관계국제기구·회의   55
범죄방지 및 형사사법에 관한
    국제연합회의   143
교정관계국제교류   54

심리치료

심리치료·심리치료과   225

수용자

전문상담   285
카운슬링   355
로르샤하 검사   125
심리치료프로그램   227
이수명령   257

교정공무원

직원정신건강 프로그램   317
마음나래프로그램   130

기타

심리치료센터   226
심리치료중앙자문위원회   226

외국교정

일본

형사수용시설 및 피수용자 등의
    처우에 관한 법률   385
형사시설   386
민간투자개발사업   136
피수용자   369
'형정'지   388
마사키 아키라   129

교정용어사전
矯正用語辭典

ㄱ

가다밥 · 카타밥 · 틀밥

'가다밥'은 일본어의 카타(型)와 밥의 합성어로 '틀에 찍어낸 밥', 즉 '틀밥'을 말한다. 일제강점기 수용자의 밥의 양은 개인별 형량과 노역의 강도에 따라 1~9(10)등급으로 차등을 두었고 이를 위해 등급별로 깊이가 다른 원통형의 틀에 밥을 찍어 배급하였다. 이 때문에 감옥의 밥을 일명 '가다밥'이라고 불렀다. 이 당시 수용자들의 밥은 콩 50%, 좁쌀 30%, 현미 20%의 비율로 1일 3회 배급하였으며, 독방수용자, 징벌자 및 특별한 경우를 제외하고는 대부분 3끼 모두 공장에서 먹도록 하여 노역시간을 최대한 확보하려고 하였다. 하지만, 실제 수용자에게 배급되는 양은 대부분 정해진 규정 이하여서 수용자는 늘 배고픔과 싸워야만 했다.

'가다밥'은 해방 이후에도 대한민국 교정에 계속 존치되어 지속되었다. 크기에 따라 제일 큰 1등식에서 제일 작은 5등식으로 나뉘어 쌀 30%, 보리 50%, 콩 20%를 섞어 지은 밥을 원통형의 국자 모양으로 찍어 덩어리 밥을 만드는데, 원통 바닥에 두께가 각기 다른 동그란 나무판을 넣어 원통의 바닥을 높임으로써 그 안에 들어가는 밥의 양을 조절하여 밥의 크기를 나누었다. 이렇게 수용자들에게 나눠주는 밥의 양을 다섯 등급으로 구분한 것은 1957년 7월 19일자로 제정된 「재소자 식량급여규칙」에 따른 것이었다. 이후 1988년 동 규정은 폐지되었고, '가다밥' 역시 사라져 역사속에서만 존재한다. 현재 모든 수용자에게는 쌀밥이 제공되고 있으며 그 양에 관해서도 특별한 제한은 없다.

참조법령 「형집행법시행령」 제28조
참고문헌 『독립과 민주의 현장 서대문 형무소 역사관』 108면 (2014)

가석방(假釋放, Parole)

징역 또는 금고형의 집행을 위해 교정시설에 수용되어 있는 수형자가 그 행상(行狀)이 양호하고 개전의 정이 현저한 때에는 형기종료일 이전에 일정의 조건하에 석방하는 것으로, 가석방의 처분을 받은 후 그 처분이 실효 또는 취소되지 않고 미집행의 형기기간을 경과하면 당해 형의 집행을 종료한 것으로 보는 제도를 말한다.

가석방의 실질적 요건으로는 교정성적이 양호하고, "개전의 정", 즉 잘못을 뉘우치는 마음가짐과 사회복귀를 위한 환경이 조성되어, 재범의 우려가 없다고 인정되는 것이다. 가석방의 판단은 위의 요건 외에 사회의 감정이 가석방을 용인한다고 인정되는 경우 등을 종합적으로 판단해서 이루어지게 된다.

형식적 요건으로는, 무기형은 20년, 유기형은 형기의 3분의 1을 경과하여야 하며 벌금 또는 과료의 병과가 있는 경우에는 그 금액을 완납한 후 행정처분으로 가석방을 할 수 있다.

가석방은 교정시설에 수용된 수형자를 가석방 예비심사를 거쳐 법무부 가석방심사위원회에 심사신청하고 동 심사위원회의 결정에 따라 적당한 시기에 임시로 석방하고, 사회에서 갱생을 도모하게 하려는 것이다. 시설내 처우에서 사회내 처우로의 이동으로 수형자의 개선을 위하여 상당하다고 인정될 때에 행해진다.

가석방자는 가석방기간 중 「가석방관리규정」에서 정한 준수사항 및 관할 경찰서장의 명령 또는 조치를 따라야 하며, 이를 위반하는 경우에는 가석방을 취소할 수 있다. 또한 가석방 중 금고 이상의 형의 선고를 받아 그 판결이 확정된 때에는 가석방 처분은 효력을 잃는다. 다만, 과실로 인한 죄로 선고를 받았을 때에는 예외로 한다.

참조법령 「형법」 제72조, 「소년법」 제65조, 「형집행법시행규칙」 제260조
관련용어 석방·출소

가석방실효(假釋放失效)

가석방 기간 중 금고 이상의 형의 선고를 받아 그 판결이 확정되었을 때에는 가석방 처분은 효력을 잃는데 이를 가석방실효라고 한다. 다만 과실로 인한 죄로 선고를 받았을 때에는 예외로 한다. 가석방 중인 자가 가석방이 실효되었을 경우에는 지체 없이 잔형 집행에 필요한 조치를 취하고 법무부장관에게 가석방실효자 잔형집행보고서를 송부하여야 한다. 또한, 가석방이 실효된 경우에는 지체 없이 관할검찰청에 잔형집행지휘를 의뢰하여 잔형집행에 필요한 조치를 취하여야 하고, 가석방이 실효된 사람이 교정시설에 수용되지 아니한 사실을 알게 된 때에는 관할 지방검찰청 검사 또는 관할 경찰서장에게 구인을 의뢰해야 한다. 구인 의뢰를 받은 검사 또는 경찰서장은 즉시 가석방 취소자 또는 가석방 실효자를 구인하여 교정시설에 인계해야 한다. 가석방실효자의 잔형기간은 가석방을 실시한 다음 날부터 원래 형기의 종료일까지로 한다.

참조법령 「형법」 제74조, 「형집행법시행규칙」 제263조, 「가석방업무지침」 제77조
관련용어 가석방취소

가석방심사위원회(假釋放審査委員會)

1996년 「행형법」 개정에 따라 각 교정시설에 설치되었던 가석방심사위원회가 폐지되고, 가석방의 적격여부 및 가석방 취소 등에 관한 사항을 심사하기 위하여 법무부장관 소속으로 설치된 위원회를 말한다. 동 위원회는 위원장을 포함하여 5명 이상 9명 이하의 위원으로 구성하며, 위원장은 법무부차관이 되고, 위원은 판사, 검사, 변호사, 법무부소속 공무원, 교정에 관한 학식과 경험이 풍부한 사람 중에서 법무부장관이 임명 또는 위촉한다. 위원의 임기는 2년으로 연임할 수 있으며, 위원회는 재적위원 과반수의 출석으로 개의하고 출석위원 과반수의 찬성으로 의결한다. 위원회는 수형자의 나이, 범죄동기, 죄명, 형기, 교정성적, 건강상태, 가석방 후의 생계능력, 생활환경, 재범 위험성,

그 밖의 필요한 사정을 고려하여 가석방의 적격여부를 결정하게 된다.

참조법령 「형집행법」 제119조~제121조, 「형집행법시행규칙」 제236조

가석방예비심사(假釋放豫備審査)

신입 분류심사가 완료된 수형자 중 가석방 적격심사 신청기준에 해당하는 수형자는 모두 가석방 예비심사 대상자로 선정하여 심사하는 것을 말한다. 다만, 예비심사를 실시하는 월의 신입 분류심사자는 예비심사 대상자에서 제외한다. 예비심사 대상자는 가석방 예비심사 대상자 명부에 해당사항을 기재 후 수용기록부, 수형자 분류처우심사표 등을 참고하여 가석방 예비회의, 즉 분류처우위원회에 회부하여야 한다. 수형자의 재범여부 판단 및 실질적인 심사를 위해 필요할 경우에는 해당 수형자를 동 위원회에 출석시켜 개선여부의 관찰 및 출소 후의 생활계획 등을 청취할 수 있으며, 보호자 등에게 연락하여 보호의지 등을 확인할 수 있다. 예비심사 대상자가 해당 검찰청에 수사·재판 중인 사건, 미납한 벌금 혹은 추징금 등이 있는지 문서로 조회하여야 하고, 수사·재판 중인 사건이 있는 경우에는 법원, 검찰 등 관련 기관의 의견 등을 조회하여 가석방 예비심사에 반영하여야 한다.

참조법령 「가석방업무지침」 제14조~제21조

가석방적격심사신청(假釋放適格審査申請)

수형자가 교정성적이 우수하고 뉘우치는 빛이 뚜렷하여 재범의 위험성이 없다고 인정되는 경우에는 분류처우위원회의 의결을 거쳐 가석방 적격심사 신청 대상자로 선정하고, 최종 가석방 여부를 심사하기 위하여 선정된 날로부터 5일 이내에 법무부 가석방 심사위원회에 가석방 적격심사 신청을 한다. 가석방 적격심사 신청에 필요하다고 인정하면 분류처우위원회에 담당교도관을

출석하게 하여 수형자의 가석방 적격심사 사항에 관한 의견을 들을 수 있으며, 가석방심사 위원회에 적격심사 신청한 사실을 수형자의 동의를 받아 보호자 등에게 알릴 수 있다.

참조법령 「형집행법」 제121조, 「형집행법시행규칙」 제245조

가석방적격심사유형(假釋放適格審査類型)

가석방 적격심사 신청을 하기 위하여 해당 수형자에 대한 가석방심사 신청기준에 따라 유형별로 분류하여 심사하는 것을 말한다. 이때 수형자는 유형별로 심사신청기준이 상이하다. 이는 죄명별, 경비처우급별, REPI(재범예측지표) 등급에 따라 그 심사신청기준을 완화 또는 강화하여 사회복귀를 촉진하고 재범의 위험성을 방지하기 위함이다. 가석방적격심사유형은 무기수형자, 관리사범, 장기수형자, 보호사범, 제한사범, 교통사범, 일반사범으로 구분하게 되며 유형별 신청기준은 비공개를 원칙으로 한다.

참조법령 「가석방업무지침」 제5조

가석방취소(假釋放取消)

가석방자는 가석방 기간 중 「가석방자관리규정」에 따른 준수사항 및 관할 경찰서장의 명령 또는 조치를 따라야 하며 이를 위반한 경우에는 가석방을 취소할 수 있다. 수형자를 가석방했거나 가석방자를 수용하고 있는 교정시설은 가석방자가 가석방 취소사유에 해당하는 사실이 있음을 알게 되거나 관할 경찰서장으로부터 그 사실을 통보받은 경우에는 지체 없이 가석방심사위원회에 가석방 취소심사를 신청하여야 한다. 동 위원회가 신청을 받아 심사를 한 결과 가석방을 취소하는 것이 타당하다고 결정한 경우에는 지체 없이 법무부장관에게 가석방의 취소를 신청하여야 한다. 가석방 취소를 심사하는 경우에

는 가석방자가 「가석방자관리규정」 등의 법령을 위반하게 된 경위와 그 위반이 사회에 미치는 영향, 가석방 기간동안의 생활태도, 직업의 유무와 종류, 생활환경 및 친족과의 관계, 그 밖의 사정을 고려하여야 하며, 심사를 위하여 필요하다고 인정하면 가석방자를 위원회에 출석하게 하여 진술을 들을 수 있다. 가석방이 취소된 경우에는 지체 없이 잔형집행에 필요한 조치를 취하고 법무부장관에게 가석방 취소자 잔형집행 보고서를 송부하여야 한다.

> **참조법령** 「형법」 제75조, 「형집행법시행규칙」 제260조~제263조
> **관련용어** 가석방실효

가석방허가(假釋放許可)

가석방심사위원회에서 수형자의 나이, 범죄동기, 죄명, 형기, 교정성적, 건강상태, 가석방 후의 생계능력, 생활환경, 재범의 위험성, 그 밖의 필요한 사정을 고려하여 가석방이 적격하다고 결정된 자는 적격결정 후 5일 이내에 법무부장관에게 가석방 허가를 신청해야 하고 법무부장관은 가석방 허가신청이 적정하다고 인정하면 가석방을 허가할 수 있다. 가석방이 허가된 자의 명단은 법무부 범죄예방정책국장 및 해당 교정기관장에게 통보하며, 해당 교정시설에서는 허가된 자에 대하여 가석방예정자교육, 가석방자로서의 준수사항 등을 교육하고, 해당 보호관찰소와 검찰 및 경찰에게 가석방자 허가 사실 여부를 통보한 후 가석방 당일 해당 교정시설에서 가석방을 실시하게 된다.

2019년 기준 가석방 허가자의 형기 집행률은 대략 80% 미만자가 21.0%, 80% 이상 90% 미만자가 53.8%, 90% 이상자가 25.2%를 차지하고 있다.

> **참조법령** 「형집행법」 제121조 · 제122조, 「가석방 심사위원회 운영지침」 제17조
> **참고문헌** 『교정통계연보』 169면 (2020)

가족관계회복지원(家族關係回復支援, Family Relationship Recovery Programs)

사회적 처우제도의 일종으로 수용자에게 가족관계 회복을 위하여 가족만남의 날 행사, 가족만남의 집 이용, 가족접견실 이용, 가족사랑 캠프 참여 등 교화프로그램을 실시하는 것을 말한다. 이는 구금시설에 격리된 수용자는 가족과의 관계단절의 가능성이 높고, 따라서 수용자가 가족과 함께 할 수 있는 기회와 공간을 마련하여 해체 위기에 놓인 가족과의 유대관계를 회복하게 하고 새로운 삶에 대한 의지를 북돋아 출소 후 성공적인 사회정착과 재범을 예방하기 위해서이다.

선정대상자는 ① 어린 자녀 또는 연로한 부모가 있거나 가족의 사망 등으로 심적 안정이 필요한 자 ② 소년, 60세 이상 고령자 및 장애인으로서 가족으로부터 관심과 지원이 필요한 자 ③ 학업 및 직업능력개발훈련 성적이 우수하여 격려가 필요한 자 ④ 교도작업 능률향상, 교정사고 방지, 그 밖의 선행 등으로 수용생활에 모범이 되는 자 ⑤ 소장이 교화상 특히 가족관계 회복지원이 필요하다고 인정하는 자 등으로 교도관 회의의 심의를 거쳐야 하며 프로그램 참여인원은 5명 이내로 제한하고 있다.

참조법령 「형집행법시행규칙」 제114조·제117조, 「수용자 사회복귀지원 등에 관한 지침」 제2조·제4조·제5조

관련용어 가족만남의 날, 가족만남의 집, 가족접견실, 가족사랑캠프

가족만남의 날(Family Reunion Day)

가족관계 회복지원 프로그램의 하나로써 수형자와 그 가족이 교정시설의 일정한 장소에서 다과와 음식을 함께 나누면서 대화의 시간을 갖는 행사를 말한다. 참여할 수 있는 가족의 범위는 ① 수형자의 친족(「민법」 제767조의 친족) ② 가족이 없는 수형자의 경우에는 수형자와 자매결연을 맺은 교정위원 또는 특히 교화 상 필요하다고 인정되는 경우에는 그 밖에 교정위원 및 가족

에 준하는 사람 ③ 가족이 있으나 장기간 연락이 단절되어 가족관계 회복이 어렵다고 판단되는 경우에는 가족이 없는 경우에 준하여 위의 ②를 적용할 수 있다.

대상자는 교정성적이 양호한 개방처우급(S1) 및 완화경비처우급(S2) 수형자로 교도관 회의를 거쳐 선정하고 있으며, 시기는 설날, 중추절 등 명절, 가정의 달, 성년의 날, 장애인의 날 및 교정의 날 등 특정기념일 전후, 그 밖에 기관 실정에 따라 지정한 날이다.

2019년 기준 1일 평균 수형자 인원(노역수형자 제외)은 33,813명으로, 가족만남의 날 참여 인원은 총 9,004명이며 수형자 인원 대비 참여율은 약 26.6%이다.

참조법령 「형집행법시행규칙」 제89조, 「수용자 사회복귀지원 등에 관한 지침」 제10조·제11조

참고문헌 『교정통계연보』 152면 (2020)

가족만남의 집(Family Reunion House)

가족관계 회복지원 프로그램의 하나로써 수형자와 그 가족이 숙식을 함께 할 수 있도록 교정시설에 수용동과는 별도로 설치된 일반주택 형태의 건축물을 이용하는 것을 말한다. 참여할 수 있는 가족의 범위는 ① 수형자의 배우자, 직계존속, 직계비속 및 직계비속의 배우자 ② 수형자의 배우자의 직계존속 ③ 수형자의 형제자매와 형제자매의 배우자 및 그 비속 ④ 수형자의 배우자의 형제자매와 그 배우자 및 비속 ⑤ 수형자 및 그 배우자의 직계 존속의 형제자매와 그 배우자 및 비속 등이다.

대상자는 교정성적이 양호한 개방처우급(S1) 및 완화경비처우급(S2) 수형자로서 면밀한 검토하에 교도관 회의를 거쳐 선정하고 있으며, 이용기간은 1박 2일을 원칙으로 한다.

2019년 기준 1일 평균 수형자 인원(노역수형자 제외)은 33,813명으로, 가족만남의 집 참여 인원은 총 1,908명이며 수형자 인원 대비 참여율은 약 5.6%이다.

참조법령 「형집행법시행규칙」 제89조, 「수용자 사회복귀지원 등에 관한 지침」 제15
조·제16조,

참고문헌 『교정통계연보』 152면 (2020)

가족사랑캠프(Family Love Camp)

가족관계 회복지원 프로그램의 하나로써 수형자의 가족관계 회복을 위해
교정시설내 또는 외부 연수기관 등에서 가족관계 전문가의 진행으로 이루어
지는 프로그램을 말한다. 캠프기간은 1일 또는 1박 2일을 원칙으로 하며, 외
부연수기관 등 특별한 경우에는 그 기간을 늘릴 수 있다. 참여할 수 있는 가
족의 범위는 ① 수형자의 친족(「민법」 제767조의 친족을 말한다) ② 이혼 후 재
결합 등을 위한 전 배우자 ③ 사실상 혼인관계에 있는 자 및 그 직계비속(단,
사실상 혼인관계에 있는 자가 수형자 또는 수형자의 직계존속·비속 중 1인 이상과 주
민등록을 같이한 경우에 한함) ④ 그 밖에 가족관계회복을 위해 특히 필요하다
고 인정되는 가족 이외의 자이다.

참조법령 「수용자 사회복귀지원 등에 관한 지침」 제22조·제23조

가족접견(家族接見, Family Visit)

가족관계 회복지원 프로그램의 하나로써 수용자의 가족관계 회복을 위해
교정시설 구내에 일반 가정집 거실 형태의 시설물을 갖춘 공간에서 실시하는
접견을 말한다.

대상자는 ① 이혼 위기, 양육곤란, 경제적 곤궁 등으로 가족 위기관리가 필
요하거나 그 밖에 가족관계 해체의 징후가 현저하여 가족접견이 필요한 수용
자 ② 접견가족 중 장애인, 환자, 「아동복지법」에 따른 아동, 노약자, 다문화
가족이 있거나 산간 및 도서벽지에 거주하는 가족이 방문 접견하여 가족접견
이 필요한 수용자 ③ 사형, 무기, 장기 10년 이상의 중형을 선고받아 수용생

활의 안정을 위해 가족접견이 필요한 수용자로서 교도관 회의에서 대상요건 등을 심사하여 선정한다. 접견할 수 있는 가족의 범위는 ① 수형자의 친족(「민법」 제767조의 친족을 말한다) ② 이혼 후 재결합 등을 위한 전 배우자 ③ 사실상 혼인 관계에 있는 자 및 그 직계비속(단, 사실상 혼인 관계에 있는 자가 수형자 또는 수형자의 직계존속·비속 중 1인 이상과 주민등록을 같이한 경우에 한함) ④ 그 밖에 가족관계 회복을 위해 특히 필요하다고 인정되는 가족 이외의 자이다.

참조법령 「수용자 사회복귀지원 등에 관한 지침」 제24조·제24조의2·제25조

간수(看守)

대한제국기에 죄수를 감시하는 일을 맡은 감옥서(監獄署)·감옥(監獄)의 판임 대우의 벼슬, 또는 그 벼슬아치를 말한다. 일반적으로 교도관을 총칭하여 부르던 옛 이름 또는 형무관계급의 최하위급이다. 1908년 「간수채용규칙」이 제정되고, 일제강점기에 사용하다가 1923년 감옥의 명칭을 형무소로 개칭하면서 일반적 의미의 간수는 형무관(刑務官)으로 호칭되었다. 1961년 「행형법」이 개정되면서 형무소·형무관의 명칭을 교도소·교도관으로 변경하였다. 이 듬해인 1962년 교도소 직제를 제정하면서 교도관의 직급을 간수에서 교도보로, 간수부장을 교도로, 간수장을 교감으로 명칭 변경하면서 간수의 이름은 사라지게 되었다. 하지만 종종 교도관을 낮추어 부르는 용어로 사용된다.

일본에서는 현재도 형무관 계급의 한 종류로써 간수라는 호칭이 사용되고 있으며 간수, 주임간수, 간수부장, 부간수장, 간수장, 교정부장, 교정장, 교정감의 계급체계를 운영하고 있다.

참고문헌 서운재 『일제강점기 조선행형의 이야기』 26면 (2020)
관련용어 교도관·교정공무원, 교정직교도관

간이입소절차(簡易入所節次)

법원·검찰청·경찰관서 등으로부터 처음으로 교정시설에 수용되는 신입자에 대하여 실시하는 간단한 입소절차를 말한다. ① 체포되어 교정시설에 유치된 피의자 ② 구속영장 청구에 따라 피의자 심문을 위하여 교정시설에 유치된 피의자(구인 피의자)인 신입자의 경우에는 간이 입소절차를 실시한다. 구금용 구속영장 발부 전에는 간이 신체검사, 간소복 착용, 수용동 내 유치거실을 이용할 수 있으나, 구금용 구속영장 발부 후에는 정밀 신체검사 등 통상의 입소절차에 따른다.

> **참조법령** 「형집행법」 제16조·제16조의2

감강종경(減降從輕)

죄인을 불쌍히 여겨 형벌을 가볍게 하고 인신을 보호하기 위한 휼형제도(恤刑制度) 중의 하나이다. 조선의 경우 특정한 경우 단계적으로 형벌을 낮추어 사형은 유형으로, 유형은 도형으로, 도형은 장형으로 집행하였다. 이는 오늘날의 감형에 해당하는 제도라고 할 수 있다.

> **참고문헌** 임현 『바른교정학』 35면 (2019)

감금(監禁)·감수(監守)·압뢰(押牢)

감금은 대한제국기에 경무청(警務廳)에 딸리어 감옥의 사무를 맡아보던 판임 벼슬, 또는 그 벼슬아치를 말하고, 감수는 감옥에 관한 사무를 검찰하고 압뢰(押牢)를 지휘하는 일을 맡은 판임 벼슬, 또는 그 벼슬아치, 그리고 압뢰는 죄인을 맡아서 지키던 사람을 말한다.

1894년(고종 31년) 갑오경장 때 좌, 우포청을 통합하고 전옥서(典獄署)를 내무아문(內務衙門) 경무청의 감옥서(監獄署)로 개칭하면서, 감금(監禁), 부감금(副監禁), 감수(監守), 감금서기(監禁書記), 압뢰(押牢)를 두었다. 이후 1895년 이들의 관직명을 감옥서장, 감옥서기, 간수장 등으로 변경하였으며, 감금·감수·압뢰는 근대적 관제의 시작에서 일본식이 아닌 조선의 자주적인 관직명이었다.

참고문헌 네이버 두산백과사전

감독관(監督官)

민영교도소 감독관이란 법무부장관이 민영교도소 등의 지도·감독을 위하여 파견한 법무부소속 공무원을 말하며, 이는 민영교도소 운영에 있어서 형집행의 공정성과 보편성이 보장되도록 하기 위함이다. 따라서 민영교도소에서는 보호장비의 사용 시 감독관의 승인을 받아야 하며, (다만, 긴급한 상황으로 승인을 받을 만한 시간적 여유가 없을 때에는 그 처분 등을 한 후 즉시 감독관에게 알려서 승인을 받아야 한다.) 가석방 적격심사를 신청하려면 감독관의 의견서를 첨부해야 하고, 수용자를 석방하려면 관계 서류를 조사한 후 감독관의 확인을 받아 석방해야 한다.

참조법령 「민영교도소법」 제32조~제34조

감시대(監視臺)

주위보다 높게 쌓아서 사방을 잘 살필 수 있도록 만든 곳으로, 교정시설에서는 도주 예방 및 외부침입 등을 대비하여 교도소 담장인 주벽(土壁)의 중간지점이나 모서리 부분에 설치된 초소형태의 건물을 말한다. 대체로 주벽보다 높은 위치에 설치되어 시설 내부와 외부를 다 조망할 수 있도록 시야를 방해하지 않고 탁 트인 형태로 설계되었다.

감시대는 교도관이 근무하다가 경비교도대 창설 후, 경비교도대가 담당하였으나 교정시설에 전자경비시스템이 도입되고, 2010년을 전후로 하여 교정시설 경비교도대 복무가 폐지되면서 교도소 시설 내외 감시기능은 전자경비가 대체하게 되었다. 현재 감시대는 건물형태만 남아 있고 유사시 활용을 대비하여 주기적으로 관리하고 있다. 옛 망루(望樓)이다.

감염병환자(感染病患者)

교정시설에서 중점관리가 필요한 환자의 유형 가운데 하나로 감염병의 병원체가 인체에 침입하여 증상을 나타내며, 의사 등의 진단이나 실험실 검사를 통하여 감염병이 확인된 사람(「감염병예방법」 제2조)을 말한다. 주요 감염병으로는 폐결핵, 후천성면역결핍증(AIDS), 매독, 장티푸스, 노로바이러스감염증, 신종인플루엔자, 중동호흡기증후군(MERS), 코로나바이러스감염증-19(COVID-19) 등이 있다.

교정시설에서는 다수의 수용자를 한정된 공간에 수용하고 있기 때문에 감염병의 발생 및 확산 방지를 위한 노력이 필요하다. 특히 2021년 현재 전 세계적으로 유행하고 있는 코로나19 바이러스의 교정시설 내 유입을 원천적으로 차단하기 위해 각 기관마다 방역조치, 접견제한, 각종 행사축소 등 다방면의 조치를 시행하고 있다.

따라서, 감염병이나 그 밖에 감염의 우려가 있는 질병의 발생과 확산을 방지하기 위하여 필요한 경우에는 수용자에게 예방접종·격리수용(격리거실 등)·이송(집중치료기관 등), 그 밖에 필요한 조치를 하여야 하며, 수용자가 감염병에 걸렸다고 의심되는 경우에는 1주 이상 격리수용하고 그 수용자의 휴대품을 소독하여야 한다. 만약, 수용자가 감염병에 걸린 경우에는 즉시 격리수용하고 그 수용자가 사용한 물품과 설비를 철저히 소독하여야 한다. 또한 다른 사람의 건강에 위해를 끼칠 우려가 있는 감염병에 걸린 사람의 수용을 거절할 수 있으며, 감염병관리에 관한 중요사항은 신속히 상급기관에 보고하고 관할 보건기관의 장에게 알려야 한다.

참조법령 「형집행법」 제18조·제35조, 「형집행법시행령」 제53조, 「수용자 의료관리지침」 제10조

감옥(監獄)

교도소의 옛 이름이다. 우리나라의 경우 삼국시대에는 영어(囹圄), 뇌옥(牢獄), 형옥(刑獄), 수옥(囚獄) 등 다양한 이름으로 불렸으며, 고려·조선시대에 걸쳐 죄인에 관한 업무를 담당하던 독립된 구금기관(감옥시설)으로 전옥서(典獄署)가 설치되었다. 조선 말기인 1894년 갑오개혁으로 감옥서(監獄署)로 개칭한 후 대한제국 시기인 1907년 감옥(監獄)으로 명칭을 변경하였다. 이후 일제강점기인 1923년 형무소(刑務所)로 명칭을 변경하였다가 1961년 제1차 「행형법」 개정에 따라 교도소(矯導所)로 변경하여 오늘에 이르고 있다. 감옥과 교도소는 목적과 기능에서 차이가 있지만, 현대에도 교도소를 의미하는 말로 많이 사용하고 있다.

관련용어 전옥서

감옥규칙(監獄規則)

조선 말기인 1894년 갑오개혁으로 행형제도의 개혁을 추진하면서 제정한 감옥사무의 일반적인 지침(법령)을 말한다. 갑오개혁 당시 고종이 홍범14조(洪範十四條)를 발표했을 때 "민법과 형법을 엄명히 제정하여 감금과 징벌을 남용하지 못하게 하고 인민의 생명·재산을 보전한다."는 조항이 있었다. 그리고 그 세부사항으로 ① 형조의 폐지와 법무아문의 신설 ② 의금부의 의금사로의 개편 ③ 연좌제의 폐지 ④ 고문을 가하는 형의 금지 ⑤ 관·민의 재판권을 법무아문에 귀속처리 ⑥ 경무청 관제의 개편 ⑦ 감옥사무의 내무아문으로의 이관 ⑧ 「감옥규칙」의 제정 등을 추진하였다. 「감옥규칙」은 이러한 행형제도 개혁의 일환으로 제정한 것으로 21개 조문으로 구성되었고, 이때 처음으

로 미결감과 기결감의 구분, 판사와 검사의 감옥순시, 재감인 준수사항 등을
규정하였다.

참고문헌 『대한민국 교정사 I 』 184면~185면·187면·204면 (2010)

감옥법(監獄法)

1908년 3월 28일 법률 제28호로 제정되어 동년 10월 1일부터 시행된 일본
의 법률로, 그 내용은 총칙·수감·구금·계호·작업·교회 및 교육·급양·위
생 및 의료·접견 및 편지·보관·상벌·석방·사망 등으로 총 13장 75개 조
문과 부칙으로 이루어져 있다. 제정 당시에는 피수용자의 시설내 생활에 관한
인도적 취급 및 수형자에 대한 교육적 배려가 호평을 받아 당시로서는 세계
적으로도 매우 진보적인 법률이라고 일컬었다. 그러나 시대적 조류인 행형사
조(行刑思潮)를 따라가지 못하고 점차 구태의 법률로 인식되어 2005년 5월 25
일 법률 제50호로 제정된 「형사시설 및 수형자의 처우 등에 관한 법률(수형자
처우법)」로 개정된 후 다시 2007년 6월 1일 미결수용자의 처우에 관한 사항을
포함하여, 「형사수용시설 및 피수용자 등의 처우에 관한 법률(형사수용시설법)
」로 일부 개정·시행하였다.
감옥법은 일제강점기 조선 교정관계 법령의 모법으로 조선 내에서도 동법
을 적용하였으며, 하부법령으로 「조선감옥령」, 「조선감옥시행규칙」을 제정하
여 시행하였다.

관련용어 조선감옥령, 조선감옥령시행규칙, 형사수용시설 및 피수용자 등의 처우에 관
한법률(형사수용시설법)

감옥세칙(監獄細則)

대한제국 시기인 1898년 행형제도의 개혁을 지속하면서 제정한 감옥사무

의 세부적인 지침(법령)을 말한다. 「감옥세칙」은 「감옥규칙」에 대한 시행령에 해당하는데, 「감옥규칙」에 비하여 더 발전된 모습을 보여주었다. 통칙, 급여, 위생, 접견, 상여, 상벌의 6개 장과 27개 조문으로 구성되었고, 재감인에 대한 가혹행위 금지, 입감절차 및 기록의 유지·관리, 입감자 휴대물품의 관리 등을 규정하였다.

참고문헌 『대한민국 교정사Ⅰ』 206면 (2010)

감치(監置)

형사절차와는 별개로 법정질서 위반자 등에 대해 법원이 재판장의 명령에 따라 최대 30일간 인신을 구속하는 것을 말한다. 감치는 검사의 관여 없이 법원 스스로 심리를 개시하여 제재를 가하는 제도로 종래의 형사적 처벌, 행정적 제재의 어느 범주에도 속하지 않고 법조문에 의하여 설정된 특수한 제재 수단 내지 불이익처분이다. 현행법상 감치에는 법정질서 위반자에 대한 감치(「법원조직법」 제61조), 증인출석의무 위반자에 대한 감치(「형사소송법」 제151조), 의무 불이행자에 대한 감치(「가사소송법」 제67조) 등이 있다. 감치는 그 재판을 한 법원의 재판장의 명령에 따라 사법경찰관리·교도관·법원경위 또는 법원사무관 등이 교도소·구치소 또는 경찰서 유치장에 유치하여 집행한다. 감치자가 교정시설에 입소한 경우 미결수용자에 준하여 처우를 한다.

감형(減刑)

형의 선고를 받은 자에 대하여 형의 분량을 감소시켜 주는 것으로 국가원수인 대통령이 행한다. 감형은 일반감형과 특별감형의 2종류가 있는데, 일반감형은 범죄 또는 형벌의 종류를 지정하여 이에 해당하는 모든 범죄인을 일률적으로 감형하는 것으로 형의 변경이고, 특별감형은 특정한 범죄인에 대하여 이미 선고된 형을 감경하는 것으로 그 형기를 단축시키거나 벌금, 그 밖의 금액을 감축하는 것을 말한다.

참고문헌 김용준·이순길 『교정학』 666면 (1994)

강제력(强制力)

일정한 수용목적을 달성하기 위하여 신체의 일부분 또는 장비를 이용하여 수용자의 신체에 행사하는 유형력을 말한다. 즉, 강제력 행사는 수용자 또는 수용자 외의 사람으로부터 교도관 또는 수용자의 생명·신체를 해하는 행위를 방지·보호하고, 시설의 안전과 질서를 유지하기 위한 활동이다.

교도관은 수용자가 ① 도주하거나 도주하려고 하는 때 ② 자살하려고 하는 때 ③ 자해하거나 자해하려고 하는 때 ④ 다른 사람에게 위해를 끼치거나 끼치려고 하는 때 ⑤ 위력으로 교도관의 정당한 직무집행을 방해하는 때 ⑥ 교정시설의 설비·기구 등을 손괴하거나 손괴하려고 하는 때 ⑦ 그 밖에 시설의 안전 또는 질서를 크게 해치는 행위를 하거나 하려고 하는 때에는 강제력을 행사할 수 있다. 또한, 수용자 외의 사람이 ① 수용자를 도주하게 하려고 하는 때 ② 교도관 또는 수용자에게 위해를 끼치거나 끼치려고 하는 때 ③ 위력으로 교도관의 정당한 직무집행을 방해하는 때 ④ 교정시설의 설비·기구 등을 손괴하거나 하려고 하는 때 ⑤ 교정시설에 침입하거나 하려고 하는 때 ⑥ 교정시설의 안(교도관이 교정시설의 밖에서 수용자를 계호하고 있는 경우 그 장소를 포함)에서 교도관의 퇴거요구를 받고도 이에 따르지 않는 때에도 강제력을 행사할 수 있다.

이에 따라 강제력을 행사하는 경우에는 보안장비를 사용할 수 있으며, 강제력의 행사는 필요한 최소한도에 그쳐야 하고 사전에 상대방에게 이를 경고하여야 한다. 다만, 상황이 급박하여 경고할 시간적인 여유가 없는 때에는 그렇지 않다.

참조법령 「형집행법」 제100조
참고문헌 임현 『바른교정학』 278면 (2019)

개방시설(開放施設, Open institution)

도주방지를 위한 통상적인 설비의 전부 또는 일부를 갖추지 않고 수형자의 자율적 활동이 가능하도록 통상적인 관리·감시의 전부 또는 일부를 하지 않은 교정시설을 말한다. 개방시설은 사회적응을 위한 수용생활이 필요한 자 등 모범수형자를 수용하며 사회복귀를 위한 자기계발을 확대하고 사회와 유사한 교정 처우를 중점으로 실시한다. 수형자에 대한 처우는 교화 또는 건전한 사회복귀를 위하여 교정성적에 따라 상향 조정될 수 있으며, 특히 교정성적이 우수한 수형자는 개방시설에 수용되어 사회생활에 필요한 적정한 처우를 받을 수 있다. 이에 따라 시설 내 수용자들의 자율보행이 전면 허용되기도 하고, 수용동 출입문을 주간 등 일정시간에 개방하기도 하며 인원점검도 수용자들이 자율적으로 시행한다. 개방시설은 천안개방교도소가 유일하다.

참조법령 「형집행법」 제57조, 「교정시설 경비등급별 수형자의 처우 등에 관한 지침」 제5조
참고문헌 유병철 「교정시설의 특성과 경비등급제도 개선방안」 38면~40면 (2017년 3월)

개방지역작업(開放地域作業)

교정시설의 주벽 밖 제한구역에 직영 또는 기업체가 운영하는 작업장에서 실시하는 작업을 말한다. 교정기관에서 작업시설 및 노동력을 제공하고 위탁업체는 장비 및 재료를 반입하여 제품을 생산한다. 구내 위탁작업과의 차이점은 위탁업체 직원이 상주하여 생산관리를 하고, 재료 및 제품의 입·출고 시 별도 출입문을 이용한다. 기업체 선정은 수시계약인 아닌 한국자산공사 온비드(Onbid: 전자자산처분시스템)를 통하여 공개 입찰로 진행하고 계약기간은 5년 이내로 하며 계약이 종료되기 전 경쟁입찰방식으로 입주기업체를 선정한다.

참조법령   「형집행법시행규칙」 제74조, 「교도작업운영지침」 제3조·제88조·제96조

개방처우(開放處遇)

수형자의 자율심과 책임감에 대한 신뢰에 근거하여, 구금확보를 위한 물리적 설비와 인적규제조치를 완화한 개방적 환경 아래 실시하는 수형자 처우제도를 말한다. 수형자 구금의 확보에 중점을 둔 전통적인 교정시설의 폐쇄적 처우에 대한 발전적인 개념으로, 처우의 내용, 방법에는 개방시설에서의 처우 외에 외부통근제도 및 귀휴(외출·외박)제도가 있다. 1950년 국제형법 및 형무회의에서 처음 논의되었으며(시설면), 1955년 제네바에서 개최된 제1차 범죄예방 및 범죄자의 처우에 관한 유엔 회의에서 개방적 교정시설에 관한 권고가 채택되어 「피구금자 처우에 관한 최저기준규칙('만델라규칙')」에 규정이 마련되어 각국에서 개방적 처우의 제도가 채택되었다. 현행 「형집행법」은 개방적 시설 또는 외부통근작업 및 귀휴(외출·외박)에 관한 규정을 마련하여, 교정목적을 달성할 전망이 특히 높다고 인정되는 수형자에 대해 충실한 개방적 처우를 실시하고 있다.

참고문헌   鴨下守孝·松本良枝 『교정용어사전』 35면 (2006)

개방처우(O급: Open Treatment)

개별처우급의 하나로써 형기의 2분의 1 이상을 집행하고 개방처우급(S1)으로 개방처우가 적합하다고 인정되는 수형자에게 부여하는 처우급을 말한다. 자치생활 및 사회적응훈련을 실시하고, 취미활동, 교양강좌 및 체육활동을 실시한다. 또한 복장단정, 청결, 예의 등에 유의하도록 하고, 보호자 및 기업체 등과 연계하여 석방 후의 생활계획 수립에 주력한다.

참조법령   「형집행법시행규칙」 제76조, 「분류처우업무지침」 제54조·[별표 7]

개방처우급(S1급: Security Level 1)

경비처우급의 하나로, 감시대, 주벽 등 일반적인 보안시설이 없는 개방된 시설에 수용하여 자율과 책임에 근거한 수용생활을 실시하고, 사회적응에 필요한 교육, 취업지원 등 가장 높은 수준의 처우가 필요한 수형자로, 경비처우급 분류지표에 의해 판정한다. 즉, 사회와 유사한 수용생활 처우를 실시하는 처우급이다. 작업은 외부통근작업 및 개방지역작업이 가능하다. 1일 1회의 접견이 가능하고, 최대 월 5회 이내의 자유로운 전화통화가 가능하며 외부출장 직업훈련 및 개방지역 직업훈련이 가능하다. 개방처우급(S1) 수형자에 대하여는 접촉차단시설이 설치된 장소 외의 적당한 곳에서 접견을 실시할 수 있으며, 자치생활을 허가하여 적정한 처우를 실시할 수 있다. 또한, 가석방이 가능한 처우급으로 자율과 책임의식을 함양시키고 사회복귀력 향상을 위한 집중처우가 필요하다.

참조법령 「형집행법시행규칙」 제74조, 「분류처우업무지침」 제53조·[별표 7]

개별처우(個別處遇, Individual Treatment)

대상자의 개별적인 문제를 체계적으로 파악하여 통합적인 전체성을 개별적으로 이해하고 그에 따라 구체적인 처우를 실시하는 것을 말한다. 즉, 수형자 개개인의 인격적 특성에 알맞은 개별처우를 실현하기 위하여 과학적인 분류심사의 결과에 따라 개별특성을 분석하고 그에 적합한 교정시설에 수용하여, 개별처우계획에 따라 적합한 처우를 실시하는 것이다. 이는 수형자의 특성에 부합하는 맞춤형 개별처우를 실시하여 보다 더 안정적인 사회복귀 및 재범방지를 도모하기 위한 것이라고 할 수 있다.

참조법령 「형집행법」 제56조, 「분류처우업무지침」 제55조

개별처우계획서(個別處遇計劃書)

개별처우계획서는 수형자의 개별적 특성에 알맞은 교육·교화프로그램, 작업, 직업훈련 등의 처우에 관한 계획을 수립·시행하기 위하여 작성하는 것을 말한다. 대상자는 형기 2년 이상인 수형자로 일반개별처우계획과 집중개별처우계획으로 구분하여 수립한다. 전자는 교정시설의 신입심사(단, 집행할 형기가 1년 이하의 자는 제외) 대상자로 교도소 또는 구치소에서 형기 2년 이상으로 잔형기 1년 초과자가 이에 해당하고, 후자는 형기 2년 이상인 분류센터심사 대상자가 이에 해당한다. 그러나 ① 상담이 불가능한 중환자 ② 법정감염병 감염자 ③ 분류심사 거부자 등 분류심사 불가능자 ④ 노역수형자 등은 처우계획을 수립하지 않는다. 처우계획을 수립하는 경우에는 분류검사 결과, 수형자 작성의 수용생활계획서, 개별처우목표, 상담결과 등을 종합적으로 고려하며, 처우목표의 변경이 필요하다고 인정하는 경우 분류처우위원회에서 심의·의결하고 그 다음날부터 적용한다. 개별처우계획의 이행 및 평가는 ① 해당 교정시설에서 운영되고 있는 교육, 작업, 직업훈련 등 통상적인 처우가 필요한 수형자를 대상으로 하며 별도의 이행평가가 필요하지 않은 일반처우계획과 ② 분류센터에서 수립된 교정·치료프로그램 등 심층적인 처우가 필요한 수형자를 대상으로 하며 처우계획의 이행평가 및 체계적인 관리가 필요한 집중처우계획으로 구분하지만 수립된 처우계획이 해당 교정시설의 여건과 맞지 않거나 처우 이행이 곤란한 경우에는 시설여건에 맞는 처우프로그램을 적용할 수 있다.

참조법령 「분류처우업무지침」 제55조~제58조

개별처우급(個別處遇級)

신입 분류심사 결과 도출된 수형자의 개별적인 특성에 따라 중점처우의 내용을 구별하는 기준으로 직업훈련(V급: Vocational Training), 학과교육(E급:

Education Curriculum), 생활지도(G급: Guidance), 작업지도(R급: Regular Work), 운영지원작업(N급: National employment work), 의료처우(T급: medical Treatment), 자치처우(H급: Halfway Treatment), 개방처우(O급: Open Treatment), 집중처우(C급: Concentrated Treatment)로 구분한다. 수형자분류처우심사표에는 신입심사 결과 산출되거나 또는 재심사 결과 변경된 개별처우급을 기재하며, 처우의 보완적 의미에서 3개까지 기재가 가능하다. 「형집행법」 개정 이전의 처우분류급이 이에 해당한다.

참조법령 「형집행법시행규칙」 제76조, 「분류처우업무지침」 제54조
관련용어 처우급·처우분류급

개선급(改善級)

「형집행법」 개정 이전의 분류급으로 범죄성향의 진전과 개선정도에 따라 수용하여야 할 시설과 행형성적의 측정을 위한 책임점수의 산정근거가 되는 분류급을 말한다. (구)「수형자분류처우규칙」에 근거하여 수형자를 범죄유형에 따른 개선난이도별로 구분하여 개선가능자를 A급, 개선곤란자를 B급, 개선극란자를 C급, 그 이외의 자를 D급으로 분류하고, D급에 해당하는 자는 다시 가, 나, 다, 라로 세분하였다. 개선급은 A, B, C의 3개의 분류급에 12개의 유형으로 분류하고 있으며 D급에 해당하는 자는 분류심사 제외자로 누진처우에서 제외하고 있다. 각 개선급의 유형으로는 ① A급: 과실범 및 우발범, 격정범, 기회범, 그 밖의 자 ② B급: 예모범, 관습범, 직업범, 그 밖의 자 ③ C급: 4범 이상, 개정이 정이 있는 자유민주질서 파괴자, 개선조짐이 보이는 특정강력범, 그 밖의 자로 분류한다. 위의 유형에 해당하지 않는 제외자(D급)로는 집행할 형기가 6월 미만인 자, 만 70세 이상인 자, 임산부, 불구자 및 계속 3주 이상의 치료를 요하는 정신미약자로서 작업을 감당할 수 없는 자, 자유민주적 기본질서를 부정하면서 그 파괴를 목적으로 하는 내용의 범죄를 범하고도 개전의 정이 없는 자, 특정강력범죄의 처벌에 관한 특례법의 규정에 의한 특정강력 범죄를 범한 자로서 심성이 순화되지 않은 자로 구분하여 분류하였다.

참고문헌 서운재 「수형자 분류처우제도의 운영실태와 개선방안에 관한 연구」 (1997)

개인위생(個人衛生)

보건위생 중의 하나로 수용자 개인이 주체가 되어 질병을 예방하고 건강을 증진시키는 것을 말한다. 여기에는 손 씻기 등 신체의 청결을 비롯하여 규칙적인 생활, 적절한 영양보급, 심신의 단련 등이 포함된다.

수용자는 자신의 신체 및 의류를 청결히 하여야 하며, 위생을 위하여 머리카락과 수염을 단정하게 유지하여야 한다. 만약 교도관이 수용자의 청결을 유지하기 위하여 필요한 지시를 한 경우에는 이에 따라야 한다.

수용자에게 의류·침구, 그 밖에 생활용품을 지급하는 경우에는 수용자의 건강, 계절 등을 고려하여야 하고, 특히 청결하게 관리할 수 있는 재질의 식기를 지급하여야 하며, 다른 사람이 사용한 의류·침구, 그 밖의 생활용품을 지급하는 경우에는 세탁하거나 소독하여 지급하여야 한다. 또한 수용자가 건강유지에 필요한 운동 및 목욕을 정기적으로 할 수 있도록 하여야 한다. 운동의 경우 수용자가 매일(공휴일 및 법무부장관이 정하는 날은 제외) 「국가공무원 복무규정」에 따른 근무시간 내에서 1시간 이내의 실외운동을 할 수 있도록 하고, 목욕의 경우 작업의 특성, 계절, 그 밖의 사정을 고려하여 수용자의 목욕 횟수를 정하되 부득이한 사정이 없으면 매주 1회 이상이 되도록 한다.

참조법령 「형집행법」 제32조·제33조, 「형집행법시행령」 제25조·제48조~제50조

개인작업(個人作業)

수형자가 개방처우급(S1) 또는 완화경비처우급(S2)으로서 작업기술이 탁월하고 작업성적이 우수한 경우에는 수형자 자신을 위한 개인작업을 하게 할 수 있다. 이 경우 개인작업 시간은 교도작업에 지장을 주지 않는 범위에서 1일 2시간 이내로 하며, 개인작업을 하는 수형자에게 개인작업 용구를 사용하게

할 수 있다. 개인작업에 필요한 작업재료 등의 구입비용은 수형자가 부담하나 다만, 처우상 필요한 경우에는 예산의 범위에서 그 비용을 지원할 수 있다.

참조법령 「형집행법시행규칙」 제95조

개인정보보호(個人情報保護)

개인정보란 살아 있는 개인에 관한 정보로서 성명, 주민등록번호 및 영상 등을 통하여 개인을 알아볼 수 있는 정보를 말한다. 그동안 무분별하고 부주의한 개인정보 수집 및 이용으로 인해 많은 문제들이 발생하면서 개인정보 보호가 사회적 과제로 부각되었고, 이에 따라 행정기관에서도 중요한 업무 중의 하나가 되었다. 교정행정의 경우 수용자 및 그 가족의 인적사항 등 대량의 개인정보를 보유·관리하고 있다는 점에서 개인정보 보호의 필요성이 높은 편이다. 개인정보 보호를 위한 세부사항에 관해서는 「개인정보 보호법」 및 관계법령에서 구체적으로 규정하고 있다.

참조법령 「개인정보 보호법」 제2조

개찰(開札)

제출된 입찰서를 마감하고, 입찰함에 넣은 입찰서를 개방하는 행위로, 전자입찰 시스템에서는 암호화된 입찰서를 복호화하는 행위 및 처리를 말한다. 각 중앙관서의 장 또는 계약담당공무원은 지정된 시간까지 입찰서를 접수한 때에는 입찰서의 접수마감을 선언하고, 입찰공고에 표시한 장소와 일시에 입찰자가 참석한 자리에서 개찰하여야 한다. 이 경우 입찰자로서 출석하지 않은 자가 있는 때에는 입찰사무에 관계없는 공무원으로 하여금 개찰에 참여하게 할 수 있다. 또한, 유효한 입찰서의 입찰금액과 예정가격을 대조하여 적격자를 낙찰자로 결정한 때에는 지체 없이 낙찰선언을 하여야 한다.

참조법령 「국가계약법」 제48조, 「국가계약법시행령」 제40조

거소투표(居所投票)

투표소에 직접 가지 않고 우편으로 투표할 수 있는 부재자투표 방식의 하나이다. 2014년 헌법재판소는 수형자의 선거권을 제한하는 「공직선거법」 제18조 제1항 제2호에 대하여 헌법불합치 결정을 선고한 바 있다. 이에 2015년 국회는 수형자에 대하여는 1년 이상의 징역 또는 금고형을 선고받은 경우에만 선거권을 제한하도록 법을 개정하였다. 따라서 무죄의 추정(「헌법」 제27조)을 받는 미결수용자와 1년 미만의 징역 또는 금고형을 선고받은 수형자 등은 교정시설 안에서 실시하는 거소투표에 참여할 수 있다.

거소투표의 진행절차로서, 각 교정기관은 법무부의 지시공문을 접수하면 선거전담반을 편성하여 임무를 지정한 후 수용자에게 신고 및 투표방법 등을 사전에 안내한 다음, 수용자로부터 거소투표신고서를 제출받아 관할 선거관리위원회로 발송 후 거소투표소 설치 및 투표일 지정 등에 관하여 협의한다. 이후 협의결과에 따라 교정시설 내에서 투표를 진행한 후 투표용지를 넣은 봉투를 관할 선거관리위원회로 발송한다.

거실(居室)

'거처하는 방'이란 사전적 의미로, 수용자들이 생활하는 방(房)을 이르는 말이다. 과거에는 방이라는 단어를 사용하여 혼거방(잡거방), 독거방(독방)이라는 용어를 사용하였으나 현재는 혼거실, 독거실이라는 용어를 사용한다. 수용자 1인당 혼거실의 면적은 2.57㎡(0.78평)이며, 독거실이 1인당 4.62㎡(1.4평)이다. 거실의 실제 크기는 시설구조에 따라 약간씩 다를 수 있으며, 시대변화에 따라 과거에 비해 증적(增積)되었다. 수용인원 외에도 수용동 구분 및 처우의 목적 등에 따라 다양한 종류의 수용거실이 있다. 예를 들면 특별한 의료적 처우가 필요한 수용자를 수용하는 의료·치료거실, 징벌대상행위 등으로 별도의

처우가 필요한 수용자를 수용하는 조사·징벌거실, 감염병에 걸렸거나 걸렸을 우려가 있는 수용자를 수용하는 격리거실 등이다. 어떤 종류의 거실이든 수용자가 건강하게 생활할 수 있도록 적정한 수준의 공간과 채광·통풍·난방을 위한 여건을 갖추어야 한다.

참조법령 「형집행법」 제6조
참고문헌 이언담 「한국교정 70년의 회고 – 수용자 기본권 확장을 중심으로」 74면 (2015년 12월)

거실당번제(居室當番制)

수용거실 내에서 수용자들이 1일씩 순번을 정하여 식기세척, 거실청소 등을 담당하도록 한 제도를 말한다. 거실당번제는 수용자간 서열형성 및 위계문화에 따라 수용생활에 불공평이 발생하지 않도록 하기 위해 도입되었다. 독거실을 제외한 2인 이상의 전 혼거실을 대상으로 실시하며, 실제로 순번에 따라 제대로 이행되고 있는지 그 실태를 수시로 점검하고 있다.

거실지정(居室指定) · 배방(配房)

교정시설에 입소한 모든 수용자를 대상으로 수용기간 동안 생활할 수용동과 거실을 관계 법령에 의하여 지정하는 것을 말한다. '방을 배정한다'는 뜻에서 흔히 배방이라고 부른다. 수용자의 개인적 특성을 고려한 거실지정은 안정된 수용생활을 유도하고 범죄학습의 기회를 차단함으로써 재범을 방지하며, 공범과 대립관계자 등을 분리 수용함으로써 증거인멸과 교정사고를 예방할 수 있다. 수용자의 거실을 지정하는 경우에는 죄명·형기·죄질·성격·범죄전력·나이·경력 및 수용생활 태도, 그 밖에 수용자의 개인적 특성을 고려하여야 한다. 거실지정 근무자는 수용자의 신·이입 등 사유발생 시마다 거실지정 기준에 따라 거실을 지정 또는 변경하여 입실시키고, 수용자 종이명찰표·거실 앞 이름표·거실표, 수번표 등을 정리·점검한다.

참조법령 「형집행법」 제15조

건강검진(健康檢診) · 건강진단(健康診斷)

건강검진이란 건강상태 확인과 질병의 예방 및 조기발견을 목적으로 건강검진기관을 통하여 진찰 및 상담, 이학적 검사, 진단검사, 병리검사, 영상의학검사 등 의학적 검진을 시행하는 것(「건강검진기본법」 제3조)을 말한다. 유사한개념으로 건강진단이란 사람의 건강상태를 의학적으로 조사하고 그 결과에따라서 사후 조치하는 것을 말한다. 건강검진(건강진단)의 종류로는 신입자 건강진단, 정기 건강검진, 취사작업 수용자 건강검진이 있다.

신입자 건강진단의 경우 수용된 날부터 3일 이내에 하여야 하며, 다만, 휴무일이 연속되는 등 부득이한 사정이 있는 경우에는 예외로 한다. 신입자 건강진단은 신체건강진단과 정신건강진단으로 구분하여 실시하며, 이러한 진단과 별도로 혈액검사 및 흉부방사선 검사도 실시한다. 정기 건강검진의 경우전체 수용자에 대하여 1년에 1회 이상 건강검진을 실시하여야 하며, 다만, 19세 미만의 수용자와 계호 상 독거수용자에 대하여는 6개월에 1회 이상 실시하여야 한다. 정기 건강검진은 국민건강보험공단에 의해 검진기관으로 지정된 외부전문기관에 의뢰하거나 교정시설에 근무하는 의무관이 실시할 수 있다. 취사작업 수용자 건강검진의 경우 장티푸스, 폐결핵, 감염성 있는 세균성피부질환에 대한 검사를 실시한다.

2019년 기준 수용자 건강검진 실시인원은 총 40,005명이며, 이 중 각종 질환의심자는 33,106명으로 약 82.8%를 차지한다.

참조법령 「형집행법」 제34조, 「형집행법시행령」 제15조·제51조
참고문헌 『교정통계연보』 94면 (2020)

건설공사반(建設工事班)

건설공사 관련 기술이 있는 수형자의 기능 향상과 교정시설 자체공사의 효율적인 운영을 위하여 조직하는 교도작업 건설공사반을 말한다. 대상자는 작업성적과 수형생활 태도가 우수하고 심신상태가 건강하여 작업을 감당할 수 있는 자 중 형기의 1/3을 경과한 수형자(무기수형자는 10년 이상 경과자) 중에서 선정하며, 예외적으로 작업상 특히 필요하다고 인정되는 자에 대하여도 선정이 가능하다.

참조법령   「교도작업운영지침」제38조~제41조

검사(檢查) · 검신(檢身) · 검방(檢房)

교정시설의 안전과 질서유지를 위하여 필요시 수용자 또는 수용자 외의 사람에 대하여 실시하는 검색 및 조사를 말한다. 이러한 검사를 위하여 탐지견, 금속탐지기, 그 밖의 장비를 이용할 수 있다.

교도관은 시설의 안전과 질서유지를 위하여 필요하면 수용자의 신체·의류·휴대품·거실 및 작업장 등을 검사할 수 있으며, 흔히 신체에 대한 검사를 검신, 수용거실 및 작업장에 대한 검사를 검방이라고 부른다. 검사를 실시할 때 여성수용자의 신체·의류 및 휴대품에 대한 검사는 여성교도관이 하여야 한다. 또한 수용자의 신체를 검사하는 경우에는 불필요한 고통이나 수치심을 느끼지 않도록 유의하여야 하며, 특히 신체를 면밀하게 검사할 필요가 있으면 다른 수용자가 볼 수 없는 차단된 장소에서 하여야 한다. 만약 검사한 결과 금지물품이 발견되면 형사법령으로 정하는 절차에 따라 처리할 물품을 제외하고는 수용자에게 알린 후 폐기하지만, 폐기하는 것이 부적당한 물품은 교정시설에 보관하거나 수용자로 하여금 자신이 지정하는 사람에게 보내게 할 수 있다.

또한, 시설의 안전과 질서유지를 위하여 필요하면 교정시설을 출입하는 수

용자 외의 사람에 대하여 의류와 휴대품을 검사할 수 있다. 이 경우에도 여성의 의류 및 휴대품에 대한 검사는 여성교도관이 하여야 한다. 만약 출입자가 금지물품을 소지하고 있으면 교정시설에 맡기도록 하고, 이에 따르지 않으면 출입을 금지할 수 있다.

참조법령 「형집행법」 제93조, 「형집행법시행령」 제114조

검수(檢收)

구매물품 공급자로부터 납품받은 제품, 외부로부터 구입한 물품, 급식을 위한 식재료 등 교정시설에 반입되는 각종 물품의 수량·상태 및 유통기한 등을 검사하는 행위를 말한다. 물품공급업무 담당공무원은 검수관으로서 공급제품이 부패, 파손, 규격미달, 그 밖의 사유로 수용자에게 공급하기에 부적당한지 검사하여야 하며, 검수관은 6급 이상 공무원 중에서 2명 이상으로 하고, 환자인 수용자에게 식사대용으로 공급할 음식물은 교정시설에 소속된 의무관이 검사하여야 한다.

참조법령 「형집행법시행규칙」 제19조, 「수용자 자비구매물품의 공급에 관한 지침」 제12조

검정고시(檢定考試)

국가에서 법령으로 규정한 정규 교육과정(초, 중, 고등학교)을 이수하지 못하였거나 중퇴하게 된 사람들이 정규 교육과정을 이수한 사람들과 동등한 학력을 인정받을 수 있도록 평가하는 시험제도로 초졸, 중졸, 고졸의 검정고시가 있다. 교정시설에서도 이러한 수형자들에게 교육의 기회를 확대하고 일반사회의 정규교육과 연계하기 위하여 매년 4월과 8월(연 2회)의 검정고시 시험에 응시할 수 있도록 검정고시반을 설치 운영하고 있다. 검정고시반은 매년 1월

과 5월에 모집하고 있으며 외부강사 또는 내부강사를 이용하여 보충교육을 실시하고 EBS 교육방송을 활용하여 교육시키고 있다.

2019년 기준 수형자 학과교육 인원은 총 1,160명이며, 이 중 검정고시교육 인원은 655명으로 약 56.5%를 차지한다.

참조법령 「형집행법시행규칙」 제108조
참고문헌 『교정통계연보』 137면 (2020)

결산(決算)

교도작업특별회계 등 회계업무에 있어서 회계연도 말에 자산·부채·자본의 상태를 확인하고 그 기간에 발생한 순 손익을 명확히 하기 위해 장부의 기록을 정리하여 손익계산서와 대차대조표를 작성하는 일련의 절차를 말한다. 손익계산서란 일정기간 동안 발생한 모든 수익을 합한 '총수익'과 모든 비용을 합한 '총비용'을 비교해서 차감하여 그 기간 동안의 경영성과를 나타낸 결산서이다. 대차대조표란 일정시점에서의 경영성과 결과물인 재산의 증감상태를 표로 나타낸 결산서이다.

2019년 기준 전국 교도작업의 총수익은 약 661억원, 총비용은 약 601억원으로 순이익은 약 60억원이다.

참고문헌 『교정통계연보』 144면 (2020)

경비교도대(警備矯導隊)

병역복무(전환복무)의 한 유형으로 국가중요시설인 교정시설의 경비와 방호임무를 수행했던 조직을 말한다. 경비교도대는 1981년 4월 제정된 「교정시설경비교도대설치법」에 따라 1981년 7월 육군제2훈련소로부터 제1기생 40명을 인수받아 김천교육대에서 발대식을 거행한 후 일선기관에 배치되기 시작하였다. 이후 교정시설의 구내·외 경비 등에 있어서 상당한 역할을 수행해 왔으나, 2007년 3월 국방부의 「전환복무요원 감축·폐지 계획」에 따라 2009년 8월부터 순차적으로 감축·폐지되다가 2012년 12월 58명의 제329기 경비교도대원들이 서울구치소 등 3개 기관에서 전역함으로써 완전히 폐지되었다. 1981년 창설부터 2012년 폐지까지 총 52,390명의 경비교도대원들이 전역하였다. 이러한 경비교도대 폐지에 따른 교정시설의 경비·방호 공백에 대응하기 위하여 2006년부터 전자경비시스템 구축을 추진하여 2012년 전 기관에 완료하였고, 2008년부터 대체인력 충원을 시행하여 2013년 충원을 완료하였다.

참고문헌 『교정통계연보』 43면~44면 (2018)

경비등급제도(警備等級制度, System Classifying Inmates by Security Level)

누진처우제도로는 수형자 처우를 실시함에 있어서 한계가 있다는 여러 비판에 따라 누진처우제도를 폐지하고, 신법인 「형집행법」(2007.12.21.) 및 「형집행법시행규칙」(2008.12.19.)의 제정·시행에 따라 분류처우에 중점을 둔 새로운 처우제도를 말한다. 즉, 전국의 교정시설을 도주방지 등을 위한 수용설비 및 계호의 정도에 따라 개방시설, 완화경비시설, 일반경비시설, 중(重)경비시설의 4개의 등급으로 구분하고, 과학적인 분류심사 결과를 바탕으로 수형자를 각각의 교정시설에 수용하여 차등의 처우를 실시하는 것이다. 이는 동일·유사한 부류의 수형자를 집단별로 수용·처우하여, 범죄악성 감염을 방지하고자 하는 것으로, 수용시설의 결정이 곧 처우수준의 결정을 의미하는 것이다. 이 제도의 실시방법은 형이 확정된 수형자의 범죄경향, 개선가능성, 보안상의 위험성 등을 측정·진단해서 경비처우급을 지정하고 이를 기초로 시설형태, 계호방법이 다른 시설에 수용한다. 그 후, 수형자의 수용생활태도 등을 정기적으로 재심사하여 경비처우급의 조정에 따라 중경비시설에서 개방시설로 단계적으로 이송 처우한다. 구분수용이나 단계적 이송이 곤란한 수형자는 동일 시설내에서 구획을 나누어, 경비처우급에 따라 구분 수용한다. 일반적으로 중(重)경비시설에는 수용생활에서 상습적으로 수용질서를 문란하게 하는 수형자를 수용하고, 일반경비시설에는 일반적인 수형자를, 완화경비시설에는 부분적으로 자치생활을 허용하는 것이 가능한 수형자를, 개방시설에는 사회생활과 거의 비슷한 생활이 가능한 모범수형자를 수용한다. 동 제도의 운영성과로서는, 수용질서 확립 및 수용관리의 효율성을 도모하고, 사회복귀 능력 제고로 재범방지에 기여(선택과 집중)할 수 있다. 또한 단계별 맞춤형 교정프로그램 운영을 위한 기반 조성이 가능하고, 수형자의 자기개선을 유도하는 방향으로 교정 패러다임을 전환할 수 있으며, 차등화된 실질적인 적정 보상체계의 확립으로 대다수 수형자와 직원도 만족할 수 있는 성과를 창출할 수 있다고 하는 점이다.

참조법령 「형집행법」 제57조

참고문헌 서운재 「형사시설에서의 수형자 처우의 현상과 향후의 과제에 관한 연구」 24면 (2016)

경비처우급(警備處遇級)

경비처우급(Security Level)은 도주 등의 위험성에 따라 수용될 시설과 계호 정도를 구별하고, 수용자 범죄성향의 진전과 개선의 정도, 교정성적에 따라 처우의 수준을 정하는 기준을 말한다. 개방처우급(S1급), 완화경비처우급(S2급), 일반경비처우급(S3급), 중(重)경비처우급(S4급)으로 구분한다.

경비처우급은 범죄동기, 형기, 재범기간, 범법행위 건수, 개선 가능성 등 16개 항목으로 구성된 '경비처우급 분류지표'에 의해 결정하며, 교정시설의 분류처우위원회에서 결정한다. 또한, 수형생활 태도, 작업 및 교육성적, 즉 재심사기간 동안 취득한 평정점수, 처우성과, 개선가능성 등을 고려하여 '재심사지표'에 의해 상·하향 조정하며, 조정이 필요한 경우에는 한 단계의 범위에서 조정한다. 다만, 수용 및 처우를 위하여 특히 필요한 경우에는 두 단계의 범위에서 조정할 수 있다. 「형집행법」 개정 이전의 관리분류급이 이에 해당한다.

2019년(연말 분류처우위원회 종료시점) 기준 수형자의 경비처우급별 비중은 대략 개방처우급 11.9%, 완화경비처우급 35.3%, 일반경비처우급 42.6%, 중

경비처우급 8.4%, 제외·유예 1.8%로 구성되어 있다.

참조법령 「형집행법시행규칙」 제74조, 「분류처우업무지침」 제53조·[별표 7]
참고문헌 『교정통계연보』 71면 (2020)
관련용어 관리급·관리분류급

계구(戒具)

교정시설에 수용된 수용자의 신체의 자유를 물리적으로 구속하기 위하여 사용하는 기구로서 폭행, 도주, 자살 등의 교정사고를 예방하기 위하여 사용되었다. 계구의 사용은 교정시설의 규율 및 질서를 유지하기 위하여 소정의 요건하에 최소한으로 인정되어졌으며, (구)「행형법」에서 규정한 계구의 종류로는 포승, 수갑, 사슬, 안면보호구의 4종으로 구성되어 있었다. 현행 「형집행법」하에서는 '보호장비'라는 이름으로 변경되었으며 8종으로 구성되어 있다.

관련용어 보호장비

계약(契約)

2인 이상의 당사자가 합의함에 따라 법적인 권리의무관계가 발생하는 행위로, 간략히 말하자면 법적으로 보호되는 약속이다. 계약의 종류로는 공사계약, 물품계약, 용역계약이 있으며, 계약방법으로 입찰에 의한 계약, 수의계약이 있다. 계약체결 형태로는 미리 계약금을 확정하고 계약이 이행되면 계약상대자에게 확정된 계약금액을 지급하는 확정계약, 미리 예정가격을 작성하기 곤란할 경우 개략적인 산출가격으로 계약을 체결하고 이행이 완료된 후 최종 정산하는 개산계약, 당해 계약의 목적물 전체에 대한 총액으로 체결하는 총액계약, 총액계약에 대립하는 용어로서, 계약을 체결할 때 계약의 목적물 단위당 가격을 약정하고 계약이행 후에 계약대금은 미리 약정된 단가를 기준으로 산정하는 단가계약이 있다.

참조법령 「국가계약법」 제5조

계호(戒護)

교정시설의 안전과 질서유지를 목적으로 하는 일체의 강제력의 행사로서, 수용자의 격리와 개선작용을 위한 경계와 보호를 말한다. 경계란 교정사고가 발생하지 않도록 사전에 예방하고 단속하는 작용을, 보호란 수용자의 생명·신체를 위험으로부터 지키는 작용을 말한다.

계호권의 행사는 원칙적으로 수용자에 대하여 발동되나, 예외적으로 수용자 이외의 자에게도 발동될 수 있다. 계호권을 행사할 때는 비례원칙에 부합되도록 행사하여야 하며, 이는 계호권 행사의 정당성을 판단하는 근거가 된다. 계호행위의 내용으로는 시찰, 명령, 강제, 검사, 정돈, 구제, 배제가 있다. 한편 계호는 대상에 따라 대인계호와 대물계호로, 수단에 따라 인적 계호와 물적 계호로, 장소에 따라 구내계호와 구외계호로, 긴급성 유무에 따라 통상계호와 비상계호로, 특이수용자 여부에 따라 일반계호와 특별계호로 구분한다. 계호업무의 세부사항에 관해서는 「형집행법」 등 교정관계 법령 등에서 규정하고 있다.

참고문헌 임현 『바른교정학』 259면~261면 (2019)

고사제(考查制)

1842년 영국의 식민장관 스탠리(L. Stanly)와 내무장관 그래엄(J. Graham)이 창안하였으며, 일정기간이 경과하면 담당교도관의 보고에 의해 교정위원회가 교정성적을 심사하여 진급의 가부를 결정하는 누진처우의 한 방법으로 기간제라고도 한다. 먼저, 수형자를 3분류(1류: 15년 이상 수형자, 2류: 30세 미만의 7

년 이하 수형자, 3류: 그 밖의 수형자)하고, 3단계(1단계: 고사급 – 공공노동에 복역, 2단계: 고사제급 – 사인기업에 복역시키고 임금 중에서 일부를 보증금으로 납부, 3단계: 가석방급 – 최상급의 성적 양호자에게 가석방증을 줌)로 처우하였다. 이 제도는 직원의 고사에 무게를 둔 방법으로 점수제에 비해 번잡하지 않고 사무적인 수고가 생략된다는 이점이 있지만, 한편으로 평가자의 주관에 빠질 우려도 없지 않으며, 담당직원의 자의가 개입되기 쉽고 공평을 기하지 못할 경우 수형자의 불신으로 자력개선 의욕을 저하시킬 우려가 있다는 단점이 있다.

참고문헌 허주욱·한철호 『교정분류론』 192면 (2000)

고위험군수형자(高危險群受刑者)

살인, 성폭력, 방화, 강도, 사이코패스, 인성특이수형자 등 동종(同種) 범죄의 재범위험성이 높고 사회적 피해가 큰 범죄를 범하여 교정시설에 수용된 수형자를 말한다. 이러한 재범의 위험성이 높은 수형자의 출소는 사회안전을 위협하는 요소로 작용하여 이들에 대한 체계적인 선별과 관리가 절실히 필요하게 되었으며, 시설 내에서 문제를 일으켜 수용관리에 부담을 가중시키는 측면에서도 대책이 필요하게 되었다. 이를 위해 이러한 고위험군 수형자에 대한 체계적이고 과학적인 정밀 분류심사 기능을 강화하기 위하여 각 지방청별로 4개의 분류센터를 설치하여 전담직원을 두고, 고위험군 수형자에 대한 집중적인 처우와 관리를 통해 고위험군 범죄자의 재범위험성을 낮추고 있다.

참조법령 「분류센터운영지침」 제2조

고지사항(告知事項)

법원·검찰청·경찰관서 등으로부터 처음으로 교정시설에 수용되는 신입자 및 다른 교정시설로부터 이송되어 온 이입자에게 말이나 서면으로 알려 주어야 하는 사항을 말한다. 구체적으로 ① 형기의 기산일 및 종료일 ② 접견·편지, 그 밖의 수용자의 권리에 관한 사항 ③ 청원, 「국가인권위원회법」에 따른 진정, 그 밖의 권리구제에 관한 사항 ④ 징벌·규율, 그 밖에 수용자의 의무에 관한 사항 ⑤ 일과(日課) 그 밖의 수용생활에 필요한 기본적인 사항이 있다.

참조법령 「형집행법」 제17조

고충상담(苦衷相談)

비사법적 권리구제수단 중의 하나로 수용자가 자신의 신상에 관하여 상담을 요청하거나 상담이 필요한 수용자가 있을 경우 교도관이 상담을 실시하는 것을 말한다. 수용자 대부분은 개인적 고충(신체적·정신적 질병 등)과 환경적 고충(가족문제, 경제적 문제 등)을 가지고 있다. 이러한 수용자의 고충을 적절히 관리하고 해결하는 것이 수용관리의 기본이고 나아가 수형자의 건전한 사회복귀의 전제조건이 된다. 고충상담의 경우 고충처리 상담요청 → 팀장 상담 및 고충처리팀 통보 → 고충처리 상담접수 → 고충상담 실시 → 상담결과 처리 → 수용자 통지 순으로 업무를 처리한다.

공공직업훈련(公共職業訓鍊)

국가, 지방자치단체, 공공직업훈련시설 법인이 숙련된 다능공 양성을 목표로 고용노동부 장관이 정한 훈련기준 및 권고사항 등을 참조하여 실시하는 훈련을 말한다. 공공직업훈련은 1967년 1월 16일 「직업훈련법」의 제정으로 시작되었고, 1969년 6월 3일 서울구치소 등을 포함한 21개 교정기관은 (구)노동청의 인가를 받아 법무부 제1공공직업훈련소~법무부 제21공공직업훈련소로 지정되어 개소하였다.

참조법령 「직업능력개발법」 제27조, 「수형자 직업능력개발훈련 운영지침」 제3조·제7조
관련용어 일반직업훈련

공무상접견(公務上接見)

공무를 위해 교정시설 안에서 수용자와 접견하는 행위를 말한다. 사법경찰
관리, 외교관, 보호관찰공무원, 사회복지공무원 등이 공무상 필요에 의하여
수용자와의 접견을 신청하는 경우에는 근거법령, 접견목적, 접견희망일시, 접
견예정자, 접견대상 수용자 등이 명기된 협조공문에 따라 교정시설의 허가를
받아야 한다. 이후 접견 희망일에 공무상 접견을 요청한 공무원이 방문하면,
접수된 협조공문에 따른 방문예정자와 실제방문자의 일치 여부를 확인한 후
접견을 실시한다.

공사관리(工事管理)

시설물에 대한 각종 공사가 원활히 진행될 수 있도록 계획하고 관리하는
행위를 말한다. 시공관리라고도 한다. 적절한 시공계획과 최적의 시공법을 선
택하여 공사의 수행을 관리하는 것으로 공정관리, 품질관리, 원가관리, 노무
관리, 자재관리, 안전관리 등을 모두 포함하는 개념이다. 공사시행 절차는 공
사계획 및 설계 → 시행안 보고(공사품의) → 입찰 및 계약체결 → 세부 시행
계획 수립·보고 → 시공 및 공사감독 → 완료 및 준공검사 순으로 이루어진
다. 법무부와 그 소속기관의 공사감독 세부사항에 관해서는 관계법령 외에도
「공사감독자업무규정」에서 구체적으로 정하고 있다. 현재 경과연수가 40년을
초과하는 노후된 교정시설이 많으므로 적절한 공사관리를 통하여 그 기능과
안전을 유지하는 것이 중요하다.

공안사범(公安事犯) · 공안관련사범(公安關聯事犯)

공안사범 또는 공안관련사범이란 현행 형사법령상 명확한 정의규정은 존재하지 않으나, 통상 국가의 존립 내지 공공의 안전을 침해하는 형법상 또는 특별법상 범죄를 저지른 자를 말한다. 이러한 공안(관련)사범에 대하여 교정시설에서는 범죄의 중대성과 수용자의 특수성을 고려하여 엄격히 관리하고 있으며, 공안(관련)사범의 지정 및 해제, 처우 및 관리 등에 대한 구체적인 사항은 비공개된다.

과밀수용(過密收容, Overcrowded Accommodations)

교정시설에 수용자를 과도하게 수용하여 수용관리 및 수용자처우가 곤란할 정도에 이른 것을 말한다. 수용인원의 과밀화 현상은 교도관에게는 과중한 업무부담을 야기하고, 교정시설의 환경을 열악하게 하여 수용자에 대한 충실한 처우를 할 수 없게 되어 '수형자의 건전한 사회복귀'라는 교정의 목표를 달성하기 어렵게 되며, 수용자의 기본적인 인권조차 침해될 소지가 있다.

2019년 기준 전국 교정시설의 수용정원은 총 47,990명인 반면 1일 평균 수용인원은 54,624명으로 수용률은 약 113.8%이며, 과밀수용이 심각한 문제로 부각되어 있다.

과밀수용의 원인은 여러 가지가 있을 수 있으나, 주로 수용인원 대비 교정시설의 부족, 인구의 증가에 따른 수용인원의 증가, 재범률의 증가, 범죄에 대한 국민의 불안감 및 여론에 따른 국가의 강경정책, 법원의 보수화 등을 들 수 있다. 과밀수용의 해소에 관한 전통적인 견해로는 블럼슈타인(Blumstein)의 견해가 있다. 그는 무익한 전략, 선별적 무능력화, 정문정책(Front-door)과 후문정책(Back-door)을 통한 인구감소 전략, 양형결정 시 수용능력을 고려하는 전략, 교정시설의 증설 전략을 제시하고 있다. 이와 함께 일반적으로 논의되는 과밀수용의 해소방안으로는 입법을 통한 개선, 미결구금의 최소화, 자유형 선고의 개선, 대체형벌 및 사회내 처우의 활용, 후문정책의 활용 및 후문입소의 억제, 민영교도소의 설립 등이 있다.

참고문헌 『교정통계연보』 58면 (2020), 임현 『바른교정학』 74면~77면 (2019)

관구(管區)

교정시설의 효율적인 운영과 수용자의 적정한 관리 및 처우를 위하여 수용
동별 또는 작업장별로 나누어진 교정시설 안의 일정한 구역을 말한다. 즉, 몇
개의 사동을 묶어 1관구 또는 2관구, 작업장별로 작업장(공장)관구, 운영지원
관구로 나누어 구분하고, 최근에는 팀이라는 명칭으로 불리기도 한다.

일본에서 사용하는 관구(管區)의 개념은 전국을 8개의 섹터(sector), 즉 삿포
로, 센다이, 도쿄, 나고야, 오사카, 히로시마, 타카마쓰, 후쿠오카의 지역으로
구분하여 교정관구를 설치하고 있으며, 이 조직은 법무성 교정국의 사무를 분
장하는 지방지분부국에 해당한다. 관구를 설치하게 된 계기는 제2차 세계대
전이 한창이던 때 수형자의 군수물자 생산 등 일사분란한 조직운영이 필요하
였는데 이에 대응하기 위한 조직체계로 전국을 일정한 지역으로 나누어 관리
·운영하던 것이 종전 후에도 계속되어 현재에 이르고 있다. 이러한 교정관구
(矯正管區)는 전국 형무소, 구치소, 소년원, 소년감별소 및 부인보도원(婦人補導
院)의 적절한 운영과 관리를 목적으로 하고 있으며, 우리나라의 지방교정청과
동일한 조직이라고 말할 수 있다.

참조법령 「형집행법시행규칙」 제78조

관리급(管理級) · 관리분류급(管理分類級)

「형집행법」 개정 이전에 사용되던 분류급의 하나로 계호의 정도, 처우의
곤란도에 따라 분류하였으며 기준은 수형자의 위험성이다. 관리급은 계호의
정도에 의한 관리분류와 처우의 곤란에 의한 관리분류로 나누어진다. 먼저,

전자의 계호의 정도에 의한 관리분류로는 ① g1급: 경계호자로 구외작업에 적합한 자 ② g2급: 중등계호자로 구내 관용작업에 적합한 자 ③ g3급: 중(重)계호자로 구외작업 및 구내 관용작업에 부적합한 자로 분류한다.

다음으로, 처우의 곤란에 의한 관리분류로는 ① i1급: 약지형(弱志型)으로 성격적으로 의지가 박약하고 사려성, 사회성에 결함이 있어 공동생활에 적응하지 못하고 정신병으로 자살 등의 사고를 일으킬 우려가 있는 자 ② i2급: 격발형(激發型)으로 성격적으로 격정적이고 충동성 내지 안정성에 결함이 있어 수용생활에 적응하지 못하고 난동, 자해 등의 사고를 일으킬 수 있는 자 ③ i3급: 편집형(偏執型)으로 성격적으로 편협, 집요하고 객관성 내지 사려성에 결함이 있어 구금생활에 적응하지 못하고 무고, 참소(讒訴) 등을 일으키는 자이다. 관리급의 판정은 주로 형기, 보호관계, 개선의 유무, 수용생활, 수용자의 특질 등을 기준으로 판정하였다.

참고문헌 서운재 「수형자 분류처우제도의 운영실태와 개선방안에 관한 연구」 (1997)
관련용어 경비처우급

관리사범(管理事犯)

가석방 심사 유형으로, 가석방 적격신청 심사 시 제한사범보다 심사신청기준을 강화하여 검토하며 다음의 범죄가 이에 해당한다. 조직폭력사범(범죄행위 시 기준 조직폭력원으로 판결문에 명시된 경우), 마약류사범(단순투약으로 인한 범죄로 범죄횟수 3범 이하의 자는 제외), 13세 미만 아동, 장애인 및 친족을 상대로 한 성폭력사범, 미성년자 약취 유인 또는 매매 등 일체의 유괴·매매사범이 이에 해당한다. 관리사범의 가석방 적격신청 심사기준은 비공개된다.

참조법령 「가석방업무지침」 제7조

관리운영직교도관(管理運營職矯導官)

교도관(교정공무원) 중의 하나로 관리운영직군 공무원을 말한다. 관리운영직 교도관은 ① 보일러·전기·통신 및 오수정화 시설 등 기계·기구의 취급·설비 관리 ② 그 밖의 교정행정에 관한 사항을 담당한다. 관리운영직교도관은 직무를 수행하기 위하여 필요한 경우에는 수용자를 동행·계호할 수 있으며 이 경우 계호의 원칙 및 징벌대상행위의 보고 등을 준수하여야 한다.

2019년 기준 교정공무원의 정원은 총 16,101명이며, 이 중 관리운영직군 (관리운영직)은 87명으로 약 0.5%를 차지한다.

참조법령 「교도관직무규칙」 제2조·제90조
참고문헌 『교정통계연보』 16면~17면 (2020)

관심대상수용자(關心對象收容者)

엄중관리대상자 중의 하나로 수용자의 일신상 내·외적 요인으로 수용생활에 적응하지 못하거나 폭행, 자살, 자해 등 교정사고의 우려가 현저히 높아 엄중히 관리하여야 하는 수용자를 말한다. 관심대상수용자의 지정대상은 ① 다른 수용자에게 상습적으로 폭력을 행사하는 수용자 ② 교도관을 폭행하거나 협박하여 징벌을 받은 전력이 있는 사람으로서 같은 종류의 징벌대상행위를 할 우려가 큰 수용자 ③ 수용생활의 편의 등 자신의 요구를 관철할 목적으로 상습적으로 자해를 하거나 각종 이물질을 삼키는 수용자 ④ 다른 수용자를 괴롭히거나 세력을 모으는 등 수용질서를 문란하게 하는 조직폭력수용자 (조직폭력사범으로 행세하는 경우를 포함) ⑤ 조직폭력수용자로서 무죄 외의 사유로 출소한 후 5년 이내에 교정시설에 다시 수용된 사람 ⑥ 상습적으로 교정시설의 설비·기구 등을 파손하거나 소란행위를 하여 공무집행을 방해하는 수용자 ⑦ 도주(음모, 예비 또는 미수에 그친 경우를 포함)한 전력이 있는 사람으로서 도주의 우려가 있는 수용자 ⑧ 중형선고 등에 따른 심적 불안으로 수용생활에 적응하기 곤란하다고 인정되는 수용자 ⑨ 자살을 기도한 전력이 있는 사람으로서 자살할 우려가 있는 수용자 ⑩ 사회적 물의를 일으킨 사람으로서 죄책감 등으로 인하여 자살 등 교정사고를 일으킬 우려가 큰 수용자 ⑪ 징벌 집행이 종료된 날부터 1년 이내에 다시 징벌을 받는 등 규율 위반의 상습성이 인정되는 수용자 ⑫ 상습적으로 법령에 위반하여 연락을 하거나 금지물품을 반입하는 등의 방법으로 부조리를 기도하는 수용자 ⑬ 그 밖에 교정시설의 안전과 질서유지를 위하여 엄중한 관리가 필요하다고 인정되는 수용자이다.

이에 해당하는 수용자에 대하여는 분류처우위원회의 의결을 거쳐 관심대상수용자로 지정한다. 다만, 미결수용자 등 분류처우위원회의 의결 대상자가 아닌 경우에도 관심대상수용자로 지정할 필요가 있다고 인정되는 수용자에 대하여는 교도관회의의 심의를 거쳐 관심대상수용자로 지정할 수 있다. 만약 관심대상수용자의 수용생활태도 등이 양호하고 지정사유가 해소되었다고 인정하는 경우에는 위의 절차에 따라 그 지정을 해제한다.

관심대상수용자에 대해서는 사전 신상파악을 철저히 하고 접견, 편지, 출정 등에서 취득한 정보사항을 공유하여 처우에 반영함으로써 수용자를 보호하고 교정사고를 예방하여야 한다. 특히 다수의 관심대상수용자가 수용되어 있는 수용동 및 작업장에는 사명감이 투철한 교도관을 엄선하여 배치하여야 한다.

참조법령 「형집행법」제104조, 「형집행법시행규칙」제194조·제210조·제211조·제213조

교대근무(交代勤務)·4부제(四部制)

교대근무(일시적인 교대근무 제외)란 교도관의 근무를 구분한 것으로 수용자의 계호를 주된 직무로 하는 보안근무 중 주·야간 교대로 근무하는 유형을 말한다. 대체로 제1부, 제2부, 제3부 및 제4부의 4개부로 나누어 서로 교대하여 근무(다만, 교정직교도관의 부족 등 근무의 형편상 부득이한 경우에는 교대근무자를 제1부와 제2부의 2개 부 또는 제1부, 제2부 및 제3부의 3개부로 나누어 근무)한다. 4부제의 경우 일반적으로 알려진 사항은 1일차 야근, 2일차 비번, 3일차 윤번일근 또는 윤번휴무, 4일차 당무일근 순으로 순환(완전한 4부제의 경우 3일

차 휴무)하며, 이 중 윤번일근 또는 윤번휴무는 해당 부의 인원 중 2분의 1이 주간근무(다만, 해당일이 공휴일인 경우 휴무) 또는 휴무를 하고, 당무일근은 해당 부의 전원이 주간근무를 한다. 다만, 교도관의 부족, 직무의 특수성 등 근무의 형편에 따라 특히 필요하다고 인정하는 경우에는 근무시간을 연장하거나 조정할 수 있고 휴일 근무를 명할 수 있다. 이에 따라 윤번휴무의 보장, 나아가 완전한 4부제로의 전환이 교도관의 근무여건상 중요한 과제로 논의되고 있으며, 교대근무의 운영에 관한 구체적인 사항은 비공개된다.

참조법령 「교도관직무규칙」 제5조·제18조·제20조
관련용어 윤번

교도관(矯導官, Prison Officer)·교정공무원(矯正公務員, Correctional Officer)

교도(矯導)란 "잘못된 것을 바로잡아 올바른 길로 인도한다.", 교정(矯正)이란 "잘못된 품성이나 행동을 올바르게 바로잡는다."라는 뜻으로 교정행정에 관한 업무를 담당하는 공무원을 말한다. 일제강점기인 1923년 5월 5일 총독부령제72호에 의해 교도관의 전 용어로서 형무관이라는 명칭이 사용된 이래, 해방과 한국전쟁을 거쳐 1961년 제1차 (구)「행형법」 개정 시까지 형무관이라는 명칭을 사용하였으며, 일본에서는 형무관이라는 명칭을 현재도 사용하고 있다.

대다수는 교정시설(교도소·구치소 및 그 지소) 등에서 근무하며 공안직 봉급표의 적용을 받는 교정직 교도관(교정직렬 공무원)이다. 교정직렬의 경우 ① 최고위 직급으로 고위공무원 가등급(교정본부장) ② 고위간부 직급으로 고위공무원 나등급(정책단장, 지방교정청장, 대형 교정기관장 등), 3급 부이사관(준대형 교정기관장 등), 4급 서기관(중·소형 교정기관장 등) ③ 중간간부 직급으로 5급 교정관(교정기관 과장 등), 6급 교감(교정기관 팀장 등) ④ 실무자 직급으로 7급 교위(교정기관 팀원 등), 8급 교사(앞과 동일), 9급 교도(앞과 동일)로 구성된다. 수용자의 구금 및 형의 집행 등을 수행하는 공안조직의 특성상 엄격한 계급제와 일사불란한 지휘체계가 적용되며, 일부를 제외하면 대체로 교정제복을

착용하고 근무한다. 이외에 소수의 직업훈련·보건위생직·기술직·관리운영직 교도관(공무원)이 각각 전문적인 분야에서 업무를 담당하고 있다. 소수직렬의 경우에도 공안조직의 특성상 일반적인 행정조직의 근무방식과 다소 차이가 있거나 제한이 따른다.

2019년 기준 교정공무원의 정원은 총 16,101명이며, 세부적인 구성은 행정직군(교정직) 15,000명(93.2%), 기술직군(보건위생직 및 기술직) 895명(5.6%), 전문경력관(직업훈련) 119명(0.7%), 관리운영직군(관리운영직)은 87명(0.5%)이다.

> **참조법령** 「교도관직무규칙」 제2조
> **참고문헌** 『교정통계연보』 16면~17면 (2020)
> **관련용어** 간수, 교정직교도관

교도관무도대회(矯導官武道大會)

1949년 교정업무의 특성에 맞는 강인한 체력과 정신력을 배양하고 교정공무원의 상호단결 및 화합 그리고 자기계발을 목적으로 시작된 전국 교도관의 축제의 장이다. 태권도, 유도, 검도 등 3개 종목에 걸쳐 개인과 각 소속기관의 명예를 걸고 틈틈이 갈고 닦아온 무도기량을 마음껏 발휘할 수 있도록 하고 있다. 이는 모든 교도관이 자랑스러운 교정문화를 공유하고 교정발전의 의지를 새롭게 다지는 계기가 되며, 원활한 직무수행, 그리고 각 개인의 훈련 활성화가 교정시설의 경비 측면을 비롯한 운영 면에서도 중요한 역할을 하고 있다.

교도관예절(矯導官禮節)

교정공무원 상·하급자 또는 동료 간에 상호 존중하며 기본적으로 지켜야 할 예절을 말한다. 교정공무원은 항상 용모와 복장을 단정히 하여 제복공무원으로서의 품위를 유지하여야 하며, 서로 친절하고 온화한 언어와 태도로 대하여야 한다. 또한, 상·하급자에 대한 칭호는 성명과 직위(또는 직급)로 호칭하되, 상급자에 대하여는 '님'의 경칭을 사용한다. 성과 이름을 함께 사용하기 곤란한 때에는 이름은 생략할 수 있으며, 지휘·감독의 직위에 있는 상급자에 대하여는 성명을 생략할 수 있다. 상급자를 수행할 경우에는 상급자의 왼쪽 또는 일보 뒤에서 따르고, 수행자가 수인일 때 등 경우에 따라서는 뒤쪽 또는 양쪽에서 따를 수 있다. 다만, 필요한 경우 안내자를 둔 때에는 그에 한하여 상급자의 뒤쪽 적당한 위치에서 따른다. 상급자가 수인일 경우에는 주된 상급자의 뒤쪽 적당한 위치에서 따른다.

참조법령 「교정공무원 예절규정」 제1조·제4조~제6조

교도관회의(矯導官會議)

교정시설의 장의 자문에 응하여 교정행정에 관한 중요한 시책의 집행 방법 등을 심의하는 회의로서, 소장, 부소장 및 각과의 과장과 소장이 지명하는 6급 이상의 교도관으로 구성된다. 소장은 회의의 의장이 되며, 매주 1회 이상 회의를 소집하여야 한다. 교정행정 중요시책의 집행방법, 교도작업 및 교도작업특별회계의 운영에 관한 주요 사항, 각 과의 주요 업무처리, 여러 과에 관련된 업무처리, 주요 행사의 시행, 그 밖에 소장이 회의에 부치는 사항을 일반적 심의사항으로 규정하고 있다. 소장은 심의사항 중 필요하다고 인정하는 경우에는 6급 이하의 교도관을 참석시켜 그 의견 등을 들을 수 있다. 또한 소장은 회의에서 자문에 대한 조언과 그에 따른 심의 외에 필요한 지시를 하거나 보고를 받을 수 있다.

참조법령 「교도관직무규칙」 제21조~제23조

교도소(矯導所, Correctional Institution)

교정조직 중의 하나로 수형자 형집행 및 교정교화를 통한 사회복귀 지원에

47

관한 업무와 미결수용자의 수용에 관한 업무를 관장하는 기관을 말한다. 2021년 현재 서울지방교정청 소속 10개 기관(안양·화성직업훈련·의정부·여주·서울남부·춘천·원주·강릉·영월·강원북부), 대구지방교정청 소속 13개 기관(대구·경북북부제1·창원·부산·포항·진주·경북직업훈련·안동·경북북부제2·김천소년·경북북부제3·경주·상주), 대전지방교정청 소속 7개 기관(대전·청주·천안·청주여자·공주·홍성·천안개방), 광주지방교정청 소속 9개 기관(광주·전주·순천·목포·군산·제주·장흥·해남·정읍)이 있다. 부속기구로는 공통부서로 총무과, 보안과, 직업훈련과, 사회복귀과, 복지과, 의료과를 두고 있으며, 그 외에 기관의 특성 및 기능에 따라 민원과, 출정과, 분류심사과, 시설과, 국제협력과를 두고 있다. 이와 별도로 민영교도소 1개 기관(소망)이 있다.

참조법령 「법무부와 그 소속기관 직제 시행규칙」 제16조
관련용어 교정시설·교정기관, 구치소, 형사시설

교도소화(矯導所化)

수형자가 교도소에 입소한 후 교도소 사회의 규범과 가치에 동화되는 과정을 말한다. 교도소 사회를 최초로 연구한 클레머는 수형자가 여러 유형의 수형자 하위문화로 동화되는 과정을 언급하기 위하여 교도소화라는 용어를 처음으로 사용하였다. 이러한 교도소화의 원인에 관한 이론으로는 수용에 따른 권익의 박탈에 대한 수형자의 저항으로 교도소화가 진행된다는 사이크스(Sykes)와 클레머(Clemmer)의 박탈(Deprivation)모형, 외부의 특정한 문화가 수형자의 입소와 함께 유입되어 교도소화가 진행된다는 어윈(Irwin)과 크레세이(Cressey)의 유입(Importation)모형, 두 모형을 통합하여 교도소화를 설명하려는 통합(Integration)모형이 있다. 또한 수형기간과 교도소화에 관한 연구로는 휠러(Wheeler)의 연구가 대표적인데, 수형기간에 따라 초기단계의 친교도관적 태도(낮은 교도소화) → 중기단계의 반교도관적 태도(높은 교도소화) → 말기단계의 친교도관적 태도(낮은 교도소화)로 변화된다는 U자형 곡선(U-shaped Curve)이론을 제시하였다.

참고문헌 임현 『바른교정학』 68면~70면 (2019)

교도작업(矯導作業, Prison Labor)

교정시설의 수용자에게 부과하는 작업으로, 사전적 의미로는 교화를 목적으로 형의 집행 과정에서 시키는 노역으로서의 작업이다. 교도작업은 수용자의 근로의식을 함양하고 안정적인 사회복귀와 기술습득에 도움을 줄 수 있는 것을 고려하여 선정한다. 작업의 종류로는 직영작업(민간기업의 참여 없이 교도작업제품 생산), 위탁작업(교도작업에 참여한 민간기업을 통하여 교도작업제품 생산), 노무작업(수용자의 노무를 제공하여 교도작업제품 생산), 도급작업(국가와 제3자 간의 공사 도급계약에 따라 수용자에게 부과하는 작업)이 있다. (구)「행형법」(법률제858호, 1961.12.23.) 개정시부터 형무작업에서 교도작업으로 명칭이 변경되었고, 현재 일본에서는 형무작업이라고 한다.

2019년 기준 전국 교도작업의 생산계획 금액은 약 608억원, 생산실적 금액은 약 627억원으로 목표달성률은 약 103%이다.

참조법령 「형집행법」 제66조, 「교도작업법」 제2조, 「교도작업법시행규칙」 제6조
참고문헌 『교정통계연보』 143면 (2020)

교도작업제품우선구매(矯導作業製品優先購買)

국가, 지방자치단체 또는 공공기관은 그가 필요로 하는 물품이 교도작업제품으로 공고된 것인 경우에는 공고된 제품 중에서 우선적으로 구매해야 하는 것을 말한다. 또한 교정시설 안에서 수용자의 작업에 의해 생산된 물품(교도작업제품)이 자비구매물품으로 적합한 품목은, 지정받은 자비구매물품 공급자를 거쳐 우선하여 공급할 수 있도록 하고 있다.

교도작업제품의 우선구매는 1962년 1월 1일 「교도작업관용법」의 시행으로 시작되었으며 교도작업의 능률을 향상함으로써 교도업무의 원활한 수행과 국

고세입의 증가 도모를 목적으로 하였다. 1965년 7월 1일에는 「교도작업관용법」을 일부 개정하여 중소기업의 발전을 저해함이 없도록 유의하고 교도소 소재지의 지방 실정을 참작하여 교도작업에 의하여 생산되는 물건 및 자재의 종류와 수량을 조절토록 하였다. 이후 2010년 1월 1일 「교도작업관용법」과 「교도작업특별회계법」이 폐지되고 「교도작업법」이 시행되면서 현재는 이 법에서 규정하고 있다.

참조법령 「형집행법시행규칙」 제18조, 「교도작업법」 제5조

교도작업특별회계(矯導作業特別會計)

특별회계란 국가에서 특정한 사업을 하고자 할 때, 특정한 자금을 보유하여 운용하고자 할 때, 그 밖에 특정한 세입으로 특정한 세출에 충당함으로써 일반회계와 구분하여 회계처리 할 필요가 있을 때 설치하는 것을 말한다. 우편사업, 우체국금융, 양곡관리 등의 '기업특별회계', 재정자금운용, 대출자금, 국민생명보험, 우편연금, 공무원연금 등의 '자금특별회계'와 경제개발, 원호사업, TV방송사업 등의 '사업특별회계'가 있다. 반면 일반회계는 일반적인 국가활동에 관한 세입·세출을 포괄하는 개념으로 통상적인 국가예산을 말한다.

교도작업특별회계는 교도작업의 효율적·합리적인 운영을 목적으로 설치한 것으로, 1961년 12월 23일 제정되고 1962년 1월 1일 시행된 「교도작업법」에 근거하고 있다. 교도작업특별회계는 수용자의 작업에 의해 제품을 생산·판매하므로 기업적 성격이 강하지만, 교도작업이 수용자의 개선수단으로 운영된다는 점에서 특수한 성격이 있다. 이에 따라 예산의 편성과 집행은 일반회계(디지털예산회계시스템)의 방식으로 처리하고, 사업의 성과를 분석하기 위해 교정정보시스템으로 발생주의에 의한 기업회계결산을 하고 있다. 교도작업특별회계의 세입에는 교도작업으로 생산된 제품 및 서비스의 판매액, 교도작업에 부수되는 수입금, 일반회계로부터의 전입금 및 차입금이 있으며, 세출에는 교도작업의 관리, 작업장의 유지·보수 등 교도작업의 운영을 위한 경비, 수용자에게 지급하는 작업장려금·위로금·조위금, 교도작업 관련 직업훈련을 위

한 경비 등이 있다.

참조법령 「국가재정법」, 「교도작업법」, 「교도작업법시행령」, 「교도작업법시행규칙」, 「교도작업 특별회계 운영지침」

교육형주의(敎育刑主義)

형벌이념(교정이념)에 관한 목적형주의 중의 하나로 형벌을 부과하는 목적은 범죄자의 교화개선 및 건전한 사회복귀를 위한 교육에 있다고 보는 사상을 말한다. 교육형주의는 형식적이고 획일적인 일반처우를 비판하면서 보다 인도적이고 복지적인 관점에서 범죄자의 개별적 특성에 따른 교육이 실시되어야 한다고 주장한다. 즉 범죄자의 반사회적 성격을 개선하여 재사회화시키기 위해서는 반드시 교육이 필요하며, 사회로부터의 격리와 자유의 박탈은 교육을 위한 수단으로 작용할 뿐이라고 보는 것이다. 교육형주의를 정립한 대표적인 학자로는 리프만(Liepmann), 란자(Lanza), 마키노 에이이치(牧野英一)가 있다.

참고문헌 임현 『바른교정학』 19면 (2019)

교육훈련(敎育訓練)

공무원에게 직무수행상 필요한 지식과 기술을 습득하게 하고 가치관과 태도를 발전적으로 개선시키고자 하는 활동을 말한다. 교정공무원의 교육훈련은 크게 국내 교육훈련과 국외 교육훈련으로 구분된다. 국내 교육훈련은 법무연수원에서 주관하는 집합교육 및 사이버교육, 각 교정기관에서 실시하는 직장교육훈련, 국내 대학원 석사과정 등에 대한 위탁교육으로 이루어진다. 국외 교육훈련은 장기훈련과 단기훈련으로 나누어지며, 세계 각국의 대학교, 교정청, 교정협회 등 다양한 기관에서 전문적인 연수를 받을 수 있다. 한편 법무부에서는 승진임용이 적용되는 일반직 4급 이하 공무원의 승진에 교육훈련시간을 반영하여 직장 내 상시학습 분위기를 조성하고 있다(교육훈련시간 승진반영제도).

국외 교육훈련의 경우 최근 10년간(2010년 ~ 2019년) 연수인원은 장기훈련 20명, 단기훈련 42명으로 총 62명이며, 이 중 북미권(미국 등)이 26명(41.9%), 아시아권(일본 등)이 22명(35.5%), 유럽권(독일 등)이 11명(17.7%)으로 대다수를 차지한다.

참고문헌 『교정통계연보』 32면~33면 (2020)

교정(矯正, Corrections)

범죄자 또는 범죄의 우려가 있는 자에 대하여 잘못된 품성을 바로잡아 재사회화하도록 유도하는 국가의 일체의 활동을 말한다. 교정개념의 범위는 최협의, 협의, 광의, 최광의의 네 가지로 나누어 설명할 수 있다. 최협의로는 시설내 처우 중 수형자에 대한 처우를 의미한다. 협의로는 시설내 처우 중 수형자 외에도 미결수용자, 사형확정자, 그 밖의 수용자에 대한 처우가 포함된다. 이는 형집행법에서 채택하고 있는 개념이다. 광의로는 수형자, 미결수용자, 사형확정자, 그 밖의 수용자 외에도 구금성 보안처분(치료감호처분, 소년원 수용처분 등)에서의 처우가 포함되어 시설내 처우 전체를 의미한다. 최광의로는 시설내 처우 외에도 사회내 처우(보호관찰, 갱생보호 등)가 포함되어 범죄자 처우 전체를 의미한다.

「형집행법」에 의하면 교정은 형이 확정된 자를 교정시설에 수용하여 사회로부터 격리시켜 사회의 안전과 질서를 유지하고, 교정시설에 수용된 자에 대하여 형의 집행뿐만 아니라 교육·작업 등 각종의 처우를 실시함으로써 범죄자들을 교화·개선시켜 건전한 시민으로 사회에 복귀하도록 하는 것을 목적으로 하고 있다. 형벌 또는 교정이 추구하는 이념은 역사적으로 응보형주의, 목적형주의(일반예방주의·특별예방주의·교육형주의), 신응보주의·무능력화주의 순으로 전개되어 왔으며, 최근에는 회복적 사법(교정)이 부각되고 있다.

참조법령 「형집행법」제1조·제2조
참고문헌 임현 『바른교정학』 17면~19면 (2019)

교정개혁위원회(矯正改革委員會)

2020년 ○○구치소 등 교정시설 내에서 수용자 사망 등 계속되는 교정사고로 수용자 처우에 대한 의문과 교정공무원의 인권 감수성이 국민 눈높이에 미치지 못한다는 지적 등이 제기되어 수용자의 인권향상과 교정행정의 혁신을 도모하기 위하여 학계·법조계·의료계·시민단체·연구위원 등 다양한 분야의 전문가가 참여하여 출범한 위원회를 말한다. 동 위원회는 교정시설 내 수용자에 대한 인권적 처우에는 문제가 없는지, 교육은 제대로 이루어지고 있는지를 전문가의 시각에서 진단하고 신속한 대안을 제시하여 수용자의 성공적인 사회복귀를 촉진하고 재범률을 낮추어 사회안전망을 튼튼히 할 것으로 기대되며 이를 통해 교정행정이 한 단계 더 발전할 수 있는 기반이 될 것으로 예상하고 있다.

참고문헌 법무부 보도자료

교정공제회(矯正共濟會, Correctional Mutual Aid Association)

교정공무원에 대한 복지·후생·원호사업, 공제사업, 장학사업, 수용자에 대한 교정교화업무 지원사업 등을 하는 특수법인이다. 설립 이후 회원 1만 5천명, 기금 544억원에 이르는 큰 단체로 성장함에 따라 민법상의 법인으로서는 기금 운영상의 제약, 회계처리의 불합리 등 교정공무원의 복지증진에 문제점이 노출되어 특별법인으로 발전시켜 보다 건전하고 효율적인 운영을 도모하게 되었다. 이를 위해 2014년 11월 「교정공제회법」을 발의하여 2015년 8월 공포·시행, 동년 10월 법무부장관의 인가를 받아 2015년 10월 교정공제회가 출범하게 되었다. 현재 회원 1만 5천명, 자산 2,640여억원을 갖춘 재단법인이다.

연혁으로, 1979년 4월 교정복지장학재단을 시작으로, 1980년 9월 재단법인 교도관복지회를 설립하였고, 1983년 4월 교정복지장학재단을 교도관복지회로 통합하여 1988년 3월 재단법인 교정협회로 명칭을 변경하였으며, 2015년 10월 8일 교정공제회로 개편되었다.

일본의 교정협회는 1888년 창립된 대일본감옥협회가 그 전신으로서 동 감옥협회는 에도막부 말기에 체결된 여러 외국과의 불평등조약의 개정을 위해 명치정부가 내건 사법제도와 감옥제도의 개선방침을 민간의 입장에서 지원하기 위해 당시의 감옥관리를 비롯한 형사사법 관계자나 국회의원 등이 회원이 되어 회비를 거출, 자주적으로 설립한 단체이다. 이러한 창립정신 및 운영의 기반은 현재의 교정협회가 이어받아 2013년 4월 공익재단법인으로 변경된 후에도 일관되게 유지하고 있으며, 교정에 관한 학술발전과 교정행정의 운영에 협력하여 범죄 및 비행 예방에 기여하는 것을 목적으로 각종 사업활동을 전개하고 있다. 사업내용으로는 범죄 및 비행 예방을 위한 형사정책 관련 교정도서관의 운영, 중국 감옥공작협회, 한국 교정학회 등과의 국제교류, 교정관련 도서의 출판, 교정활동에 관한 국민의 이해를 위한 홍보활동, 형사정책 의견교환회, 교정활동에 관한 각종 조사연구, 교정활동을 위한 지원, 교정직원의 직무능력 향상지원, 피수용자 처우지원, 형무작업의 원재료 제공, 범죄피해자단체에 대한 기금조성, 회원 복지사업, 교정직원 및 퇴직자를 대상으로 한 자동차보험 등의 사업을 전개하고 있다.

참고문헌) 한국 교정공제회 홈페이지, 일본 교정협회 홈페이지
동의용어) 교정협회(矯正協會)

교정관계국제교류(矯正關係國際交流)

선진 교정정책 수립에 기여하고 변화하는 교정환경에 대처하기 위해 교정공무원을 국외에 파견하는 국외시찰과 우리나라 교정행정을 이해하고 배우기 위한 외국인의 국내 교정시설 참관 등을 말한다.

2019년 기준 국외시찰 인원은 총 93명이며, 이 중 유럽 지역이 35명(37.6%)

으로 가장 많은 비중을 차지한다. 반면 외국인의 국내참관 인원은 총 355명이며, 이 중 동남아시아 지역이 88명(24.8%)으로 가장 많은 비중을 차지한다.

참고문헌 『교정통계연보』 41면·43면 (2020)

교정관계국제규약(矯正關係國際規約)

수용자의 처우 등에 있어서 근거가 되거나 관련이 되는 주요 국제규약을 말한다. 국제연합(UN) 또는 해당기관 회의에서의 채택된 연도를 기준으로 1948년 「세계인권선언」, 1955년 「피구금자 처우에 관한 최저기준규칙('만델라규칙')」, 1966년 「경제적·사회적 및 문화적 권리에 관한 국제규약('국제인권A규약')」 및 「시민적 및 정치적 권리에 관한 국제규약('국제인권B규약')」, 1983년 「수형자의 이송에 관한 협약」, 1985년 「소년사법행정을 위한 국제연합최저기준규칙('베이징규칙')」, 1988년 「형태를 불문한 억류·구금 하에 있는 모든 사람의 보호에 관한 원칙」, 1990년 「피구금자(수용자) 처우에 관한 기본원칙」 등이 있다.

참고문헌 『교정관계 국제규약집』 목차 (2015)

교정관계국제기구(矯正關係國際機構)·회의(會議)

범죄문제 및 범죄자의 처우 등을 연구하고 논의하는 주요 국제기구 또는 국제회의(구 기구 또는 회의 포함)를 말한다. 대표적으로 국제범죄인류학회(IKK), 국제형사학협회(IKV), 국제형법학회(AIDP), 국제범죄학회(ISC), 국제형법 및 형무회의(IPPC), 범죄방지 및 형사사법에 관한 국제연합(UN)회의, 아·태 교정국장회의(APCCA) 등이 있다. 특히 범죄방지 및 형사사법에 관한 국제연합회의는 기존의 국제형법 및 형무회의를 계승하고 각국의 참여율을 높여 현재 형사정책에 관한 최대 규모의 국제적 협력기구로 성장하였다. 그 밖에

아·태 교정국장회의는 아시아 및 태평양 지역 국가의 교정책임자들이 모여 효율적인 교정정책을 강구하고 국가간 교정협력을 강화하기 위한 회의로 매년 개최하고 있다.

참고문헌 임현 『바른교정학』 41면~42면 (2019)

교정관계법령(矯正關係法令)

교정행정에 관한 업무 등에 있어서 근거가 되거나 관련이 되는 주요 법령(법령의 개념을 법률과 명령에 한정)을 말한다. 가장 중심이 되는 법령으로는 「형집행법」 및 「형집행법시행령(대통령령)」·「형집행법시행규칙(법무부령)」이 있다. 이와 별도로 교도작업에 관해서는 「교도작업법」 및 「교도작업법시행령(대통령령)」·「교도작업법시행규칙(법무부령)」이, 민영교도소에 관해서는 「민영교도소법」 및 「민영교도소법 시행령(대통령령)」·「민영교도소법 시행규칙(법무부령)」이 있다. 그 밖에 법률로는 「형법」, 「형사소송법」, 「교정공제회법」, 「대한민국 재향 교정동우회법」 등이, 대통령령으로는 「법무부와 그 소속기관 직제」, 「교정직공무원 승진임용 규정」, 「수형자 등 호송규정」, 「가석방자 관리규정」 등이, 법무부령으로는 「법무부와 그 소속기관 직제 시행규칙」, 「교정직공무원 임용시험의 체력검사에 대한 규칙」, 「교도관직무규칙」, 「교정공무원 복제규칙」 등이 있다.

참고문헌 『교정관계 법령집』 목차 (2020)

교정관계행정규칙(矯正關係行政規則)

교정행정에 관한 업무 등에 있어서 근거가 되거나 관련이 되는 주요 행정규칙을 말한다. 직접적인 근거규정만 하더라도 서무일반, 인사, 복무, 직업훈련, 사회복귀지원, 복지후생, 수용관리, 방호·장비, 인권·청원, 분류처우, 의료처우 등 다양한 분야에서 50여개의 훈령·예규가 있다. 일부 행정규칙은 공개될 경우 직무수행을 현저히 곤란하게 할 수 있어 비공개 또는 부분공개된다. 주요 행정규칙으로는 훈령의 경우 「교정공무원 예절 규정」, 「교정공무원 인사운영 규칙」, 「교도관 급여품 및 대여품 지침」, 「수용자 자비구매물품의 공급에 관한 지침」 등이, 예규의 경우 「수형자 직업능력개발훈련 운영지침」, 「수용자 사회복귀지원 등에 관한 지침」, 「분류처우 업무지침」, 「수용자 의료관리지침」 등이 있다.

참고문헌 『훈령·예규집』 목차 (2019)

교정교육(矯正教育)

대상자의 범죄성을 개선하여 사회적 부적응의 원인을 제거하고 장점을 고양(高揚)시켜 대상자가 사회생활에 적응할 수 있는 능력을 부여하는 교육을 말한다. 광의로는 잘못된 행동을 정상적으로 인도하기 위해 실시하는 교육이며, 협의로는 비행이나 범죄를 저지른 자를 교정하고 사회에 복귀시키는 교육을 의미한다. 즉, 교육·교화프로그램, 직업훈련, 생활지도, 특별활동 등의 처우를 말한다. 광의의 경우에는 학교나 가정을 비롯한 사회 각 장면에서 이루어지지만, 협의의 경우는 교도소 등 교정시설 등의 특별한 시설에서 이루어진다. 교정교육의 이념은 형벌의 목적이 사회방위를 목적으로 하는 것으로 바뀌고 개개인의 범죄적 반사회성을 고려해야 한다는 교육형적인 행형이념이 주장된 제2차세계대전 후부터 구현되고 있다고 할 수 있다.

참고문헌 鴨下守孝·松本良枝 『교정용어사전』 (2006)

교정대상(矯正大賞)

수형자 교정교화와 교정행정 발전에 헌신적으로 봉사해온 교정공무원과 민간 자원봉사자들을 포상, 격려함으로써 교정행정의 발전을 도모하고 교화 활동에 대한 국민의 참여 의식을 높이기 위하여 1983년 6월 17일 발족하였다. 매년 법무부, 서울신문사, 한국방송공사(KBS)와 공동으로 주최하고 교정공제회가 후원하는 행사이다. 교정대상은 교정공무원에게 있어 최고의 영광이자 명예이며, 민간 자원봉사자인 교정위원에게도 자긍심을 고취하는 영예로운 상이다.

교정민원콜센터(1363, Correctional Civil Service Call Center)

교정행정에 관한 다양한 민원에 대하여 교정공무원이 신속, 정확, 친절하게 전화상담 등의 서비스를 제공하는 콜센터를 말한다. 법무부 교정본부는 민원인 중심의 '맞춤형 민원서비스'를 제공하기 위하여 기존의 교정민원대표전화를 대폭 개선하여 2017년 10월 18일 교정민원콜센터(1363)를 구축하였다. 교정민원콜센터는 관련 전문교육을 이수한 교정공무원이 직접 상담을 하여 민원인에게 보다 신속하고 전문적인 상담을 제공하는 한편, 전화 한 통으로 접견 예약에서부터 교정행정에 대한 궁금증 해결까지 가능한 종합적인 교정민원서비스를 제공하고 있다. 아울러 상담내용에 대한 체계적인 관리를 통해 교정민원 상담역량 및 전문성을 강화하고 상담품질을 획기적으로 향상하였다.

2019년 기준 교정민원콜센터는 총 414,091건의 상담요청에 대하여 총 336,485건의 상담처리를 하였으며, 1일 1인당 평균 상담건수는 약 100건이다.

참고문헌 『교정통계연보』 49면~50면 (2020), 법무부 교정본부 홈페이지

교정본부(矯正本部, Korea Correctional Service)

대한민국 법무부의 하부조직 중의 하나로 4개 지방교정청과 54개 교정시설(민영포함)의 교정행정을 총괄하는 중앙기구를 말한다. 1948년 대한민국 정부 수립 후 법무부 형정국으로 출발하여 1962년 5월 교정국으로 변경된 후,

2007년 11월 30일 교정본부로 승격되었다.

법무부장관과 법무부차관 아래에 교정본부장이 있고, 교정행정 전반에 걸쳐 교정본부장을 보좌하는 기구로서 교정정책단장과 보안정책단장이 있으며, 각 소관 업무에 관하여 정책을 입안하는 교정기획과, 직업훈련과, 사회복귀과, 복지과, 보안과, 의료과, 분류심사과, 심리치료과 등 8개 과를 두고 있다.

참조법령 「법무부와 그 소속기관 직제 시행규칙」 제8조
참고문헌 법무부 교정본부 홈페이지

교정사고(矯正事故)

교정시설 내에서의 수용자의 도주, 자살, 자해, 폭행, 난동 등 교정업무의 수행을 저해하는 각종의 현상을 말한다. 교정사고의 원인에는 수용자의 폭력성, 수용에 따른 박탈, 보안설비의 불완전, 무분별한 혼거수용, 심각한 과밀수용, 수용자 관리인원의 부족, 수용자에 대한 열악한 처우, 의사소통의 비효율성 등 다양한 원인이 있을 수 있다. 교정사고의 방지를 위해서는 시설의 소규모화, 과밀수용의 해소, 관리기능의 향상, 적절한 분류수용, 효과적인 교화상담, 전문적인 심리치료, 처우의 효율화 등 다방면에 걸쳐 개선이 요청된다.

2019년 기준 전체 교정사고 중 수용자 간 폭행치사상 사건이 약 50.6%를 차지하고 있으며, 교도관에 대한 폭행사건도 약 6.6%를 차지하는 등 폭행사고의 비중이 가장 크다.

참고문헌 『교정통계연보』 119면 (2020), 임현 『바른교정학』 78면 (2019)

교정상징문양(矯正象徵紋樣, Correctional Symbol Design)

해동청(교정)이 방패(사회방위)를 잡고 하늘로 비상하는 모습을 형상화한 것으로, 해동청(海東靑: 조선의 푸른 매)은 넓은 날개, 날카로운 발톱과 뛰어난 시

력을 가지고 정확하게 목표물을 사냥하는 능력을 지닌 우리 고유의 매로 교정을 상징한다. 방패·칼·열쇠는 범죄로부터 사회를 안전하게 보호하고 엄정한 수용질서를 확립하며 수용자에게 희망을 심어주는 교정의 기능을 형상화한 것이다. 그 밖에 항아리, 원형과 빛, 태극 담은 무궁화, 월계수도 각각 중요한 의미를 담고 있으며, 이 모든 것들이 결합한 교정상징문양은 교정이 사회안전을 도모함과 동시에 수용자의 성공적 사회복귀에 진력함으로써 국민들에게 최상의 교정서비스를 제공하겠다는 교정의 목표를 상징한다.

참고문헌 법무부 교정본부 홈페이지

교정성적(矯正成績, Correctional Score)

수형자의 수용생활 태도, 상벌유무, 교육 및 작업의 성과 등을 종합적으로 평가한 결과를 말한다. 수형자의 처우수준을 처우계획의 시행에 적합하게 정하거나 조정하기 위하여 교정성적에 따라 처우등급을 부여할 수 있다. 수형자에 대한 처우는 교화 또는 건전한 사회복귀를 위하여 교정성적에 따라 상향조정 될 수 있으며, 특히 그 성적이 우수한 수형자는 개방시설에 수용되어 사회생활에 필요한 적정한 처우를 받을 수 있다. 교정성적(수형생활태도)은 최소 2개월간의 평정소득점수를 말하며, 교정성적 채점순위는 교정성적채점순위부에 따라 교정정보시스템 소득점수 관리 프로그램으로 전자적으로 처리한다.

참조법령 「형집행법」 제57조, 「형집행법시행령」 제84조, 「분류처우업무지침」 제68조

교정시설(矯正施設, Correctional Facilities) · 교정기관(矯正機關, Correctional Institutions)

좁은 의미로는 징역, 금고, 구류 등의 자유형을 집행하는 시설을 말하며, 넓은 의미로는 자유형뿐만 아니라 미결수용자, 사형확정자 등 수용자의 수용

을 위한 시설을 말한다. 교정시설은 역사적으로 ① 최초의 교정시설인 1555년 영국의 브라이드웰(Bridewell) 교정원 ② 근대적 형집행시설인 1595년 네덜란드의 암스테르담(Amsterdam) 노역장 ③ 최초의 소년교도소이자 분방식 구조인 1704년 이탈리아의 산 미켈레(San Michele) 감화원 ④ 근대교도소의 효시이자 완화독거제의 기원인 1773년 벨기에의 간트(Gand) 교도소 ⑤ 엄정독거제를 도입한 1790년 미국의 월넛(Walnut) 교도소 ⑥ 최초로 상대적 부정기형을 실시한 1876년 미국의 엘마이라(Elmira) 감화원 ⑦ 완화독거제를 정립하고 최초로 수형자 자치제를 실시한 1914년 미국의 오번(Auburn) 교도소 등을 거쳐 발전되어 왔다.

교정시설의 주요 건축구조로는 ① 장방형(長方型)의 수용동을 방사익형(放射翼型)으로 배열한 분방형 ② 대부분의 교도소가 취하는 병렬식 구조인 파빌리온(Pavillion)형 ③ 벤담(Bentham)이 고안한 이상속의 원형감옥인 파놉티콘(Panopticon)형 ④ 수 개의 수용거실에서 중앙의 작업실로 연결된 오번(Auburn)형 ⑤ 수용동과 부대시설이 여기저기 섞여있는 캠퍼스(Campus)형 ⑥ 수용동과 부대시설이 정원을 둘러싸는 정원형 등이 있다.

「형집행법」에 의하면 신설하는 교정시설은 수용인원이 500명 이내의 규모가 되도록 하여야 하고, 다만, 교정시설의 기능·위치나 그 밖의 사정을 고려하여 그 규모를 늘릴 수 있다. 또한 교정시설의 거실·작업장·접견실이나 그 밖의 수용생활을 위한 설비는 그 목적과 기능에 맞도록 설치되어야 한다. 특히, 거실은 수용자가 건강하게 생활할 수 있도록 적정한 수준의 공간과 채광·통풍·난방을 위한 시설이 갖추어져야 한다.

2021년 현재 전국에는 교도소 40개(민영 포함) 기관, 구치소 11개 기관, 지소 3개 기관 등 총 54개의 교정기관이 있으며, 교도소는 수형자 형집행 및 교정교화를 통한 사회복귀 지원에 관한 업무와 미결수용자의 수용에 관한 업무를 관장하고, 구치소는 주로 미결수용 업무를 관장한다. 부속기구로는 교도소와 구치소의 공통부서로 총무과, 보안과, 사회복귀과, 복지과, 의료과를 두고 있으며, 그 외에 기관의 특성 및 기능에 따라 직업훈련과, 수용기록과, 민원과, 출정과, 분류심사과, 시설과, 국제협력과를 두고 있다.

참조법령	「형집행법」 제6조, 「법무부와 그 소속기관 직제 시행규칙」 제16조
참고문헌	임현 『바른교정학』 43면~47면 (2019)
관련용어	교도소, 구치소, 형사시설

교정심리검사(KCPI: Korea Corrections Psychology Inventory)

  교정심리검사란 수용자의 인격 특성을 측정·진단하기 위해 개발된 인성검사 도구이다. 교정심리검사가 개발되기 전에 주로 사용되었던 MMPI(Minnesota Multiphasic Personality Inventory, 미네소타 다면적 인성검사)는 정신건강의학과 임상장면에서 환자들의 정신 병리를 효율적으로 진단 평가할 목적으로 개발된 자기보고형 인성검사로서, 우리나라 교정시설 내의 수용자에게 적용하여 일반화시키기에는 타당성 등의 문제점이 있었다. 이에 따라 교정현실에 적합한 검사도구의 개발 필요성이 제기되었고, 이에 대한 방책으로 1999년 11월부터 2001년까지 2년여의 연구개발 끝에 법무부와 이수정교수 연구팀(이수정, 변지은)이 교정시설의 수용자에게서 발생할 수 있는 문제행동을 예측하고, 교정처우 등에 사용하기 위해 공동으로 개발한 객관적 위험성 평가 검사도구이다.

  교정심리검사는 총 175개의 문항으로, 1개의 허위성 척도(타당도 척도)를 비롯하여, 6개의 위험성 척도, 즉 비행성향·공격성향·범죄성향·포기성향·자살성향·망상성향 등 총 7개의 하위척도로 구성되어 있다. 척도별 문항으로는 허위성향 24문항, 비행성향 27문항, 공격성향 27문항, 범죄성향 28문항, 포기성향 24문항, 자살성향 23문항, 망상성향 22문항이다.

  교정심리검사 결과 환산된 각 척도별 T점수의 분포유형은 45점 이하, 46~60점 이하, 61점 이하의 3가지로 구분할 수 있다. T점수가 45점 이하는 비교적 낮은 위험성향을 나타내며 특이사항 없는 정상유형의 자이다. T점수 46~60점 이하는 중간정도의 위험성향을 나타내지만 비정상적인 수준은 아닌 대다수의 피검사자들이 소유할 수 있는 위험성향으로 정상유형이다. T점수 61점 이상은 위험성향이 비교적 높거나 위험행동을 할 가능성이 비교적 높은 유형으로 분류할 수 있다.

  교정심리검사는 신입심사의 일환으로 지능검사, 적성검사 등과 병행하여 교정심리검사를 실시하여 그 결과를 바탕으로 수용자 개개인에게 가장 적합한 교정교화프로그램을 수립·시행하게 함으로써 석방 후 건전한 사회인으로 복귀하게 함은 물론 재범예방효과를 높이는데 기여할 것으로 기대하고 있다. 이러한 교정심리검사의 저작권 보호를 위해 2002년 6월 10일 저작권심의조정위원회에서 저작자 및 등록권리자를 법무부로 하는 편집저작물로 등록하여 2002년 6월 20일 정식으로 등록증을 교부받았다.

참고문헌 법무부 보도자료
관련용어 다면적 인성검사

교정심리검사특이자(矯正心理檢查特異者)

수형자에 대한 교정심리검사 결과 각 척도별 T점수(원점수에 평균과 표준편차를 반영하여 변환한 점수)중 2개 이상의 척도에서, ① 포기·자살성향 척도의 T점수가 61점 이상이거나 ② 비행·공격·범죄·망상성향 척도의 T점수가 70점 이상일 경우에 해당하는 자를 말한다. 교정심리검사 결과 지정된 잠정 특이자는 1개월 후 동일한 검사도구로 2차 검사를 실시하고, 2차 검사를 실시한 결과 동일한 결과가 나온 수형자에 대하여 인성검사 특이자로 지정한다. 다만, 심리검사 담당자는 필요한 경우 교정심리검사 이외의 검사를 실시하여 특이자로 지정할 수 있다. 만약 잠정특이자가 2차 검사를 거부하거나 실시가 곤란한 경우에는 1차 검사결과 및 수용생활태도, 관련서류나 기록, 수용관리팀장의 의견 등을 고려하여 잠정특이자 지정을 해제하거나 교정심리검사 특이자로 지정할 수 있다. 수형자를 인성검사 특이자로 지정하는 경우에는 인성검사 결과와 해당 수형자의 생활태도, 과거 정신병력, 자살기도경력, 징벌경력 등의 사정을 종합적으로 고려하여 분류처우위원회에서 지정 여부를 결정한다.

교정심리검사 특이자를 지정하는 이유는 이들에 의한 관규위반 등 교정시설의 안전과 수용질서를 현저하게 침해할 가능성이 매우 높아 교정사고의 발생가능성을 미연에 예방하기 위해서이다. 따라서 이들에 대해서는 관계부서와의 협의를 통하여 시설내 처우의 실시에 만전을 기하여야 함은 물론 특이자의 지정이 형식적이거나 관행적으로 이루어져서는 안 될 것이다.

참조법령 「분류처우업무지침」 제44조

교정연수부(矯正研修部, Correctional Training Department)

법무연수원 교정연수부는 교정공무원을 대상으로 전문적인 교육훈련을 실시하는 기관을 말한다. 1951년 서울특별시 서대문구 현정동에서 '교도관학교'로 시작한 이후 1972년 법무연수원이 신설되면서 편입되어 현재 교정연수부로 편제되어 운영하고 있으며, 2015년 국가균형 발전을 위한 정부정책의 일환으로 충청북도 진천군으로 이전하면서 오늘에 이르고 있다. 세부적으로 법무연수원장 아래에 교정연수부장이 있고, 다양한 교육과정에서 강의하는 교정교수들이 있으며, 교육훈련을 담당하는 교정훈련과와 교육계획·진행·평가를 담당하는 교정연수과를 두고 있다.

참고문헌 법무부 교정본부 홈페이지
관련용어 형무관학교

교정위원(矯正委員, Correctional Advisors)

수용자 교육 및 교화활동에 참여하는 민간자원봉사자로서, 수용자에 관한 전반적인 처우를 후원하기 위하여 교정시설에 명예직인 교정위원을 두고 있으며 소장의 추천을 받아 법무부장관이 위촉한다. 교정위원은 교화분야, 종교분야, 교육분야, 의료분야, 취업·창업분야 등으로 구분하여 각각의 분야에서 자질과 능력을 갖춘 사람으로 구성하고 있다. 이외에 소장의 승인을 받아 수용자 교육 및 교화활동에 참여하는 '준교정위원'과 그 밖의 교정행정에 참여하는 사람 중 학식과 경험이 풍부한 자를 모두 합하여 '교정참여인사'라고 한다.
우리나라의 민간교화활동은 종교인, 사회사업가 등을 중심으로 이어져오다가 1970년 독지방문위원제도가 시행되었고, 1983년 종교위원제도가 시행되었으며, 1992년 지방교정청 설치와 더불어 각 청에 교정연합회가 결성된 이후 1998년 '법무부 교정위원 중앙협의회'가 창설되어 전국적인 규모로 확대되기에 이르렀다.

2019년 기준 총 4,592명의 교정위원이 활동하고 있으며 분야별로 교화위원 1,702명(37.1%), 종교위원 1,864명(40.6%), 교육위원 333명(7.3%), 의료위원 84명(1.8%), 취업인원 609명(13.3%)으로 구성되어 있다.

교정위원의 연혁은 일제강점기 시절로까지 거슬러 올라간다. 당시 일본의 「감옥법」을 모법으로 1912년 제정된 「조선감옥령시행규칙」에 이미 교회사의 용어가 등장하고 있고, 일본에서는 1872년 진종대곡파 앙명사(仰明寺) 대악(對岳)이 교부성(敎部省)에 재소자를 위한 교회를 출원하고 교회를 개시한 것이 시작이라고 한다. 1881년 「감옥칙」에 기결수 및 징치인의 교회를 위하여 교회사가 그 역할을 하게 했고, 1882년부터 1899년에 걸쳐 교회사 양성기관의 정비와 감옥교회에 힘을 기울였다고 한다.

교부성(敎部省): 1872년에 설치되어 종교정책을 관장하던 일본의 정부기관으로, 절·신사의 폐지나 신설, 신관(神官)·승려의 임명 등을 취급했다.

참조법령 「형집행법」 제130조, 「형집행법시행령」 제151조, 「형집행법시행규칙」 제33조, 「교정위원운영지침」 제1조
참고문헌 『교정통계연보』 180면 (2020), 야후재팬 『일본대백과전서』
관련용어 교정협의회, 독지방문위원제도

교정의 날(Corrections Day)

교정공무원의 사기를 제고하고 수용자의 개선의지를 촉진하기 위하여 제정한 국가기념일을 말한다. 매년 10월 28일이다. 10월 28일을 '교정의 날'로 지정한 것은 광복 직후인 1945년 10월 28일 일본으로부터 교정시설 19개소와 수용인원 22,279명, 교정공무원 3,938명 및 교정행정 업무 전반을 인수한 데서 유래한다. '교정의 날'은 1958년 '교도관의 날'이 제정된 이후 1973년부터

'법의 날'에 흡수되었다가 2002년에 독자적인 국가기념일로 제정되었다. 매년 정부과천청사 법무부 대강당에서 기념식을 개최하며, 정부포상, 기념사 및 축사, 홍보영상, 특별공연, '교도관의 노래' 제창 등을 진행한다. 또한 과천시민회관 등 인근에서 교정작품전시회를 개최하여 수용자가 교도작업, 직업훈련, 문화예술교육 등의 과정에서 제작한 우수한 공예작품 및 문예작품을 전시한다. 각 교정기관에서도 직원 체육대회 등 자체행사를 개최하여 '교정의 날'을 기념하고 의미를 되새긴다.

참고문헌 『한국세시풍속사전』(2008)

교정자문위원회(矯正諮問委員會)

수용자의 관리·교정교화 등의 사무에 관한 지방교정청장의 자문에 응하기 위하여 지방교정청에 설치된 위원회를 말한다. 동 위원회는 ① 교정시설의 운영에 관한 자문에 대한 응답 및 조언 ② 수용자의 급양(給養)·의료·교육 등 처우에 관한 자문에 대한 응답 및 조언 ③ 노인·장애인수용자 등의 보호, 성차별 및 성폭력 예방정책에 관한 자문에 대한 응답 및 조언 ④ 그 밖에 지방교정청장이 자문하는 사항에 대한 응답 및 조언을 하는 기능이 있다. 이는 교정시설의 운영과 수용자 처우 등에 관하여 교정에 관한 학식과 경험이 풍부한 외부 인사들로 하여금 자문할 수 있는 시스템의 마련을 통하여 교정행정의 투명성과 공정성을 높이고 수용자 인권보장과 교정행정발전 방향을 모색하여 선진화된 교정행정을 구현하기 위해서이다. 위원회는 10명 이상 15명 이하의 위원으로 성별을 고려하여 구성하고(여성 4명 이상), 위원장은 위원 중에서 호선하며, 위원은 외부인사 중에서 지방교정청장의 추천을 받아 법무부장관이 위촉한다. 위원의 임기는 2년으로 연임할 수 있고, 회의는 위원 과반수의 요청이 있거나 지방교정청장이 필요하다고 인정하는 경우에 개최하며, 재적위원 과반수의 출석으로 개의하고 출석위원 과반수의 찬성으로 의결한다. 위원회의 회의는 공개하지 않으나 위원회의 의결을 거친 경우에는 공개할 수 있다.

참조법령 「형집행법」제129조, 「형집행법시행규칙」제264조~제266조·제268조

교정작품쇼핑몰(Corrections Art Shopping Mall)

전국의 수용자들이 생산하는 교도작업제품 등을 소개하고 판매하기 위하여 법무부 교정본부에서 운영하고 있는 전자쇼핑몰을 말한다. 교정캐릭터인 '보라미'를 인용하여 보라미몰로 칭하기도 한다. 쇼핑몰 홈페이지에는 도자기, 목공예, 생활가구, 사무용가구, 생활용품, 패션잡화, 수건 및 침구류, 기타공예 등 다양한 종류의 제품이 등록되어 있다. 쇼핑몰에서 교도작업제품 등의 판매로 얻은 수익금은 수형자에게 작업장려금으로 지급하여 출소 후 안정된 사회정착을 통한 재범방지에 도움이 되도록 하고 있다.

참고문헌 법무부 교정본부 홈페이지

교정작품전시회(矯正作品展示會, Corrections Art Exhibition)

수용자가 교도작업, 직업훈련, 문화예술교육 등의 과정에서 제작한 우수한 공예작품 및 문예작품을 전시하는 행사를 말한다. 매년 정부과천청사 법무부 대강당에서 10월 28일인 '교정의 날' 기념식을 개최할 때 과천시민회관 등 인근에서 교정작품전시회를 개최한다. 공예작품으로는 목공예, 도자기공예, 한지공예, 금속공예 등 다채로운 작품들이, 문예작품으로는 서예, 한국화, 서양화, 사진 등 다양한 주제를 표현한 작품들이 전시된다. 이외에 국화전시회, 체험행사, 판매장터 등 여러 행사를 함께 진행한다. 교정작품(일부 직원작품 포함)은 각 부문의 전문가들로 구성된 심사위원회가 평가를 실시하며, 대상, 금상, 은상, 동상, 특선, 입선으로 구분하여 시상한다.

참고문헌 『교정작품전시회 홍보책자』(2019)

교정장비(矯正裝備, Correctional Equipment)

교정시설 안(교도관이 교정시설 밖에서 수용자를 계호하고 있는 경우 그 장소를 포함)에서 사람의 생명과 신체의 보호, 도주의 방지 및 교정시설의 안전과 질서유지를 위하여 교도관이 사용하는 장비와 기구 및 그 부속품을 말한다. 교정장비의 종류로는 ① 전자장비 ② 보호장비 ③ 보안장비 ④ 무기가 있다. 교정장비의 보관 및 관리를 위해서는 관리책임자와 보조자를 지정하고, 이에 따라 관리책임자와 보조자는 교정장비가 적정한 상태로 보관·관리될 수 있도록 수시로 점검하는 등 필요한 조치를 하여야 한다. 또한 특정 장소에 고정식으로 설치되는 장비 외의 교정장비는 별도의 장소에 보관·관리하여야 한다. 교정장비의 세부사항에 관해서는 「형집행법」 등 교정관계 법령 등에서 규정하고 있다.

참조법령 「형집행법시행규칙」 제2조·제157조·제158조

교정정보시스템(Correctional Information System)

교정행정에 관한 주요 업무를 처리하기 위하여 교정조직에서 운영하고 있는 전자시스템을 말한다. 교정캐릭터인 '보라미'를 인용하여 보라미시스템으로 칭하기도 한다. 수용기록, 수용관리, 분류심사, 가석방, 출정, 접견, 보관금품, 의료, 구매, 교육교화, 심리치료, 교도작업, 직업훈련 등 전 분야에 걸쳐 교정공무원이 체계적으로 업무를 처리할 수 있도록 구성되어 있다. 2021년 현재 법무부 교정본부는 민원처리의 편의성을 높이고 수형자 재범방지 기능을 강화하기 위하여 최신 정보통신기술(ICT)을 적용한 차세대 교정정보시스템을 도입하여 운영하고 있다.

참고문헌 법무부 교정본부 홈페이지

교정제복(矯正制服)

　교정시설에서 「형집행법」에 따라 교정업무를 담당하는 교정공무원이 다른 법령에 특별한 규정이 있는 경우를 제외하고는 착용하여야 하는 제복을 말한다. 법무부장관 또는 소장은 「교도관직무규칙」의 규정에 따른 교도관의 구분과 담당 업무의 특성 등을 고려하여 교정공무원의 복제와 그 착용에 관한 사항을 따로 정할 수 있으며, 이에 따라 교정직교도관은 대체로 제복을 착용하고 있다. 구체적으로 교정제복은 교정모, 교정복, 교정화, 견장, 표지장 및 그 부속물로 구분하며, 그 밖에 제복 및 제식은 법무부장관이 정할 수 있다. 제복을 착용하는 교정공무원은 복장과 용모를 단정히 하고, 항상 품위를 유지하여야 한다.

　참조법령　「교정공무원 복제규칙」제2조·제3조

교정조직(矯正組織, Correctional Organization)

　교정행정에 관한 업무를 수행하기 위한 행정조직으로, 2021년 현재 법무부 내에 교정본부와 그 소속기관으로 4개 지방교정청 및 54개 교정기관으로 구성되어 있다. 교정기관은 다시 40개 교도소(민영 포함), 11개 구치소, 3개 지소로 구성되어 있다. 교정본부는 교정행정을 총괄하는 중앙기구이고, 지방교정청은 교정기관 업무집행의 지휘·감독을 관장하는 중간 감독기관이며, 교도소는 수형자 형 집행 및 교정교화를 통한 사회복귀 지원에 관한 업무와 미결수용자의 수용에 관한 업무를 관장하고, 구치소는 주로 미결수용 업무를 관장한다.

　참조법령　「법무부와 그 소속기관 직제 시행규칙」제2조

'교정'지('矯正'誌)

교정행정에 관한 업무를 담당하는 교정공무원을 위하여 법무부에서 발행하고 있는 문화교양지이다. 수록되는 내용은 매월 문화적 소양 및 교양상식을 넓힐 수 있는 좋은 글들과 함께 각 교정시설의 일선소식, 교도관들의 활동, 교정에 관한 연구자료, 문예, 사진 등 다양한 꼭지로 구성되어 있다. 누구나 자유롭게 원고나 의견을 투고할 수 있고 간편하게 읽어볼 수 있는 잡지형태로 구성되어 있으며, 교정공무원에게 지식의 전달뿐만 아니라 상호간 소통과 화합을 위한 통로로 활용되고 있다.

'교정'지의 전신은 일제강점기인 1923년까지 거슬러 올라간다. 조선총독부 치형협회에서 월간지인 치형휘보(治刑彙報)를 창간하고, 1932년 치형(治刑)이란 제명으로 광복 전까지 발간하다가 1947년 4월 미군정시절에 행형에 관한 학문적 연구와 행형 실무에 관한 지식을 향상시키기 위하여 형정(刑政)지가 창간되었고, 1952년 교정(矯正)으로 명칭이 변경된 이후 정간, 재창간 등 시련기를 거쳐 1965년 5월 재발행 되었다. 처음에는 계간지로 발행되다가 월간지로 변경되고 또 재정사정 등으로 발간을 중지했다가 1976년 복간된 후 현재에 이르고 있다.

발행인은 법무부 교정본부장이며 인쇄처는 서울남부교도소이고, 편집은 교정본부에서 담당하고 있다. 2021년 현재 '교정'지 제호에는 '세상을 지키는 따뜻한 사람들'이라는 문구가 쓰여져 있다.

참고문헌 이정찬·김근재·남광재 『한국교정교화사』 128면 (2002), 법무부 『월간교정』 목차 (2020)

관련용어 형정지

교정직교도관(矯正職矯導官)

교도관(교정공무원) 중의 하나로 교정직렬 공무원을 말한다. 교정직 교도관은 ① 수용자에 대한 지도·처우·계호 ② 교정시설의 경계 ③ 교정시설의 운영·관리 ④ 그 밖의 교정행정에 관한 사항을 담당한다. 교정직 교도관 중 사회복귀업무를 수행하는 사회복귀업무 교도관은 기본적인 직무 외에 ① 수용자의 편지·집필 ② 수용자의 종교·문화 ③ 수형자의 교육 및 교화프로그램 ④ 수형자의 귀휴, 사회 견학, 가족 만남의 집 또는 가족 만남의 날 행사 ⑤ 수형자의 사회복귀 지원사무를 겸하여 담당한다. 교정직 교도관 중 분류심사업무를 수행하는 분류심사업무 교도관은 기본적인 직무 외에 ① 수형자의 인성, 행동특성 및 자질 등의 조사·측정·평가 ② 교육 및 작업의 적성 판정 ③ 수형자의 개별처우계획 수립 및 변경 ④ 가석방 사무를 겸하여 담당한다. 교정시설의 운영을 위하여 특히 필요하다고 인정하는 경우에는 교정직 교도관으로 하여금 그 밖에 다른 교도관의 직무를 수행하게 할 수 있다.

2019년 기준 교정공무원의 정원은 총 16,101명이며, 이 중 행정직군(교정직)은 15,000명으로 약 93.2%를 차지한다.

참조법령 「교도관직무규칙」 제2조, 제25조, 제59조, 제67조
참고문헌 『교정통계연보』 16면~17면 (2020)
관련용어 간수, 교도관·교정공무원

교정차량(矯正車輛) · 공용차량(公用車輛)

교정행정에 관한 업무를 수행하기 위하여 각 교정기관이 보유·운행하는 차량을 말한다. 출정, 이송 등 수용자 호송을 목적으로 하는 호송버스의 경우 도주방지 및 공간분리를 위한 장치를 갖추고 있으며, 대형(42인승)과 중형(30인승·22인승·12인승)을 교정시설 기능 및 수용인원 비례 등을 고려하여 배정한다. 응급환자 후송을 목적으로 하는 구급차의 경우 응급조치를 위한 장비 및 물품을 가지고 있으며, 중형(5인승)을 교정기관별 1대씩 배정한다. 그 밖에 각종 물품의 운반을 목적으로 하는 트럭 등 여러 공용차량이 있다.

교정차량은 공용차량이므로 정당한 사유 없이 사적인 용도로 사용할 수 없다. 차량관리 부서장은 공용차량을 적정하게 관리·유지하도록 하고, 운전원

에 대하여 안전운행에 관한 교육을 실시하여야 한다. 또한 차량별로 지정된 관리담당 운전원은 차량의 일상점검 및 정비에 철저를 기하는 등 사고예방 활동을 하여야 한다.

참조법령 「교정기관 공용차량 관리지침」 제3조·제5조
참고문헌 법무부 교정본부 홈페이지

교정청(矯正廳)

현재 법무부에 소속되어 있는 교정조직을 독립시켜 법무부 산하 외청으로 설립하려는 조직을 말한다. 독립조직의 명칭은 교정청 외에도 중앙교정청, 교정보호청, 교정교화청 등 다양한 명칭이 제시되고 있다. 교정은 형사사법절차의 최종단계로서 형의 집행 및 수형자의 교정교화 등을 목표로 하고 있으며, 16,000여명의 교정공무원이 55,000여명의 수용자를 관리하는 대규모의 조직이다. 소속직원 수를 기준으로 비교할 때 외청단위 조직으로는 4번째에 해당한다. 이에 검찰청, 경찰청, 소방청 등과 같이 법무부로부터 교정조직을 독립시켜 외청으로 설립하자는 주장이 제기되고 있다. 인사, 예산, 정책 등에 대한 자율적인 권한을 가진 교정청을 설립함으로써 교정에 대한 다양한 요구에 전문적이고 효과적으로 대처할 수 있다는 것이다. 교정청으로의 독립은 교정뿐만 아니라 학계에서도 지속적으로 주장하고 있는 과제이며, 국회에서도 몇 차례 의원발의가 이루어진 적이 있었으나, 법무부의 소극적인 태도 등으로 인하여 더 이상 추진되지 못했다. 그러나 교정조직의 발전을 통하여 "범죄 없는 안전한 사회"를 실현하기 위해서는 교정청으로의 독립이 반드시 추진되어야 할 과제이다.

참고문헌 윤옥경 「교정조직 독립의 필요성과 과제」 49면 (2018년 6월)

교정캐릭터(Characters of Correctional Service)

교도관 제복을 입고 두 팔을 벌린 곰의 모습으로 남성 캐릭터 '보라미'와 여성 캐릭터 '보드미'가 있다. '보라미'는 수용자 교정교화를 직장생활의 보람으로 삼고 헌신적으로 노력하고 있는 교정공무원의 이미지를 나타내며, '보드미'는 '보듬다'에서 따온 이름으로 수용자들을 따뜻한 사랑으로 보듬어 우리사회의 구성원으로 새롭게 출발할 수 있도록 도와주는 교정공무원의 이미지를 표현하고 있다.

참고문헌 법무부 교정본부 홈페이지

교정학(矯正學, Penology)

교정에 관한 학문, 즉 범죄자 등의 교정교화를 통한 재사회화 및 교정의 목적을 수행하는 교정조직의 기능 등에 관하여 이론적·과학적으로 연구하는 학문을 말한다. 교정학은 1870년대에 영국과 프랑스에서 감옥학이라는 이름으로 학문적 체계가 형성되었고, 독일의 경우 형사정책의 한 분야로서 연구된 바 있으며, 그 후 행형학, 교정교육학, 교정보호론 등으로 발전되어 왔다. 교정학은 사회과학 중의 하나인 만큼 실천적인 학문으로서 교정에 관한 연구를 통하여 기존 제도의 문제점을 파악하고 장래의 새로운 대안을 제시하는 것을 목표로 한다.

2021년 현재 국내에서 교정학을 전문적으로 가르치는 교육기관으로는 경기대학교(교정보호학과), 백석대학교(교정보안학과) 등이 있다. 또한, 교정 전반에 관하여 연구하는 학회단체로는 한국교정학회, 한국교정복지학회, (사)아시아교정포럼 등이 있다.

참고문헌 임현 『바른교정학』 20면~21면 (2019)

교정협의회(矯正協議會)

　　법무부장관의 위촉을 받아 수용자 교육 및 교화활동에 참여하는 민간자원봉사자인 교정위원의 자치조직이며, 교정행정의 주요 유관기관이라고 할 수 있다. '교정협의회'는 각 교정기관별 소속 교정위원 전체로 구성되어 있고, '교정연합회'는 각 지방교정청별 산하기관 소속 교정위원 대표로 구성되어 있으며, '교정위원중앙협의회'는 전국 각 교정기관 교정협의회장 등 대의원으로 구성되어 있다.

　　각 자치조직에는 회장, 부회장, 분과위원장, 사무총장, 감사 등을 두며, 자치조직의 활성화를 위하여 적합한 수의 임원을 둘 수 있다. 또한 연 1회 정기총회를 개최하여야 하며, 임시총회, 임원회의, 분과별 위원회의는 필요에 따라 수시로 개최할 수 있다. 각 자치조직은 설치된 기관의 지도·관리를 받으며 다양한 분야에서 적극적인 교정교화 및 지원 활동을 펼쳐 나가고 있다.

> **참조법령**　「교정위원 운영지침」제2조·제15조·제19조·제20조
> **관련용어**　교정위원

교정협회(矯正協會)

> **동의용어**　교정공제회(矯正共濟會)

교통사범(交通事犯)

　　가석방 심사 유형으로, 「교통사고처리법」, 「특정범죄가중법(위험운전 치사상)」 또는 「특정범죄가중법(도주차량 운전자의 가중처벌)」 위반자가 이에 해당한다. 다만, 도로교통법 위반사범은 교통사범이 아니며, 일부합의한 경우에는 미합의 심사기준을 적용한다. 교통사범은 상해 또는 사망사고, 합의유무, 종

합보험 가입유무에 따라 그 심사신청기준에 차이가 있다.

참조법령 「가석방업무지침」 제11조

교형(絞刑)

과거 사형(死刑)의 집행방법 중 하나이며, 고려 때부터 체계적으로 확립되었다. 죄인의 목을 줄로 매어 죽이는 형벌을 말한다. 오늘날의 교수형에 해당한다. 조선의 경우 교형에 처하는 중범죄에 관해서는 경국대전(經國大典), 대명률직해(大明律直解) 등에 규정되어 있었다. 참형에 처하는 경우에 비하여 상대적으로 경한 범죄에 적용하였다.

참고문헌 『대한민국 교정사 I 』116면~117면 (2010)

교화방송(教化放送, Reformation Broadcasting) · 수용자방송(收容者放送)

수용자에게 정서안정 및 사회복귀에 필요한 정보와 지식을 습득시키거나 고지사항을 전하기 위하여 시행하는 방송으로 수용자는 라디오 청취와 텔레비전 시청이 가능하다. 그러나 수형자의 교화 또는 건전한 사회복귀를 해칠 우려가 있거나 시설의 안전과 질서유지를 위하여 필요한 때에는 라디오 및 텔레비전의 방송을 일시 중단하거나 개별 수용자에 대하여 청취 또는 시청을 금지할 수 있다. 즉 수용생활과 재범방지라는 교정의 목표를 달성하는 데 도움이 되도록 뉴스를 통한 사회현실에 대한 직시와 자기개발, 인성함양, 심성순화, 평생 학습차원의 교양·교육기능을 극대화시키는 방향에 중점을 두는 것이 바람직하다. 단지 시간 보내기나 가치나 사고방식의 획일화, 표준화로 인한 다양성 감소, 저속하고 선정적이며 폭력적인 내용의 프로그램은 수용자의 교정교화에 역기능으로 작용하므로 지양해야 할 것이다.

교화방송의 기본원칙은 무상이며 방송의 전문성 강화를 위해 외부전문가와 협력할 수 있고, 모든 수용자를 대상으로 통합방송을 할 수 있다.

방송 편성시간은 수용자의 건강과 일과시간 등을 고려하여 1일 6시간 이내이며, 방송프로그램은 그 내용에 따라 ① 교육콘텐츠(한글·한자·외국어 교육, 보건위생 향상, 성의식 개선, 약물남용 예방 등) ② 교화콘텐츠(인간성 회복, 근로의식 함양, 가족관계 회복, 질서의식 제고, 국가관 고취 등) ③ 교양콘텐츠(다큐멘터리, 생활정보, 뉴스, 직업정보, 일반상식 등) ④ 오락콘텐츠(음악, 연예, 드라마, 스포츠중계 등) ⑤ 그 밖에 수용자의 정서안정에 필요한 콘텐츠로 구성한다. 방송프로그램을 자체 편성하는 경우에는 폭력조장, 음란 등 미풍양속에 반하는 내용이나 특정 종교의 행사나 교리를 찬양하거나 비방하는 내용, 그 밖에 수용자의 정서안정 및 수용질서 확립에 유해하다고 판단되는 내용이 포함되지 않도록 특히 유의해야 한다. 경비처우급에 따라 개방처우급(S1)은 교화방송 시청 또는 지상파방송 자율시청이 가능하고, 완화경비처우급(S2)은 원칙적으로 교화방송을 시청하며 필요시 지상파방송 자율시청이 가능하다. 일반경비처우급(S3)과 중(重)경비처우급(S4)은 교화방송 시청이 가능하다.

> **참조법령** 「형집행법」 제48조, 「형집행법시행규칙」 제37조·제39조·제40조, 「교정시설 경비등급별 수형자의 처우 등에 관한 지침」 제20조, 「수용자 교육교화 운영 지침」 제2조

교화방송자문단(教化放送諮問團)

법무부 교정본부의 교화방송과 관련된 모니터링 및 제도개선에 관한 사항에 대한 자문과 통합방송의 전문성을 강화하고 외부전문가의 협력을 구하기 위하여 방송관련 전문가 등으로 구성된 자문단을 말한다. 자문단은 교화방송의 제도개선에 관한 사항, 교화방송 발전 등 주요 방송정책에 관한 사항, 수용자의 교화방송 민원에 관한 의견제시, 그 밖에 수용자의 교육 및 교화를 위한 방송과 관련하여 자문이 필요한 사항에 대하여 의견을 제시할 수 있다. 자문단의 구성은 위원장을 포함하여 7인 이상 12인 이내로 위원으로 구성하며, 법무행정 및 방송에 관한 학식과 경험이 풍부한 학계·방송계·법조인 등 외

부인사 중에서 법무부장관이 위촉한다. 위원의 임기는 2년으로 연임할 수 있으며, 명예직으로 보수를 지급하지 않는다. 반기별로 각 1회 정기회의를 개최하고 필요한 경우 교정본부장의 요청에 의해 수시로 임시회의를 개최할 수 있다.

참조법령 「형집행법시행규칙」제37조, 「수용자 교육교화 운영지침」제48조

참고문헌 한희도 「수용자 교화방송의 이해와 향후 추진방향」(2007)

교화프로그램(Reformation Programs)

수형자에 대하여는 교육, 상담, 심리치료, 작업, 직업훈련, 그 밖에 교화프로그램 등을 통하여 교정교화를 도모하고 사회생활에 적응할 능력을 함양하도록 처우하여야 한다. 교화프로그램의 종류로는 문화프로그램, 문제행동예방프로그램, 가족관계회복프로그램, 교화상담, 그 밖에 법무부장관이 정하는 교화프로그램이 있다.

문화프로그램은 수형자의 인성함양, 자아존중감 회복 등을 위하여 음악, 미술, 독서 등 문화예술과 관련된 다양한 프로그램으로 한국문화예술교육진흥원지원 체험형문화예술프로그램, 한국출판문화산업진흥원지원 독서치료프로그램, 그 밖에 김천소년교도소의 '제로캠프 뮤지컬공연' 등이 있다. 문제행동예방프로그램은 수형자의 죄명, 죄질 등을 구분하여 그에 따른 심리측정·평가·진단·치료 등의 문제행동예방프로그램을 말하며 마약중독자치료, 알코올중독자치료, 도박치료프로그램 등이 있다. 가족관계회복프로그램은 수형자와 그 가족의 관계를 유지·회복하기 위하여 수형자의 가족이 참여하는 각종 프로그램으로 가족만남의 날, 가족만남의 집, 가족사랑캠프, 가족접견 등이 있다. 교화상담은 수형자의 건전한 가치관 형성, 정서안정, 고충해소 등을 위하여 실시하는 상담이다.

2019년 기준 수형자 문화프로그램은 음악, 미술, 독서 등 다양한 분야에서 총 917회 개최하였다.

참조법령 「형집행법」제55조·제64조, 「형집행법시행규칙」제114조~제117조
참고문헌 『교정통계연보』140면 (2020)

교화행사(教化行事, Reformation Events)

수용자에게 정서함양과 심성순화의 기회를 제공하고 수용생활의 안정을 유도하기 위하여 각 교정기관에서 개최하는 행사를 말한다. 자체계획을 수립하여 행사를 준비하는데, 여러 종류의 행사가 있다. 음악·연극·민속예술 등 다양한 분야에서 교화공연을 실시하거나, 고령자·장애인·소년수용자 등 소외된 수용자를 대상으로 격려행사를 개최하거나, 희망하는 수용자를 대상으로 명절 당일 합동차례를 시행하기도 한다.

구금제도(拘禁制度)

비교적 장기에 걸쳐서 신체의 자유를 구속하는 강제처분인 구금을 통하여 수형자에 대한 자유형 등을 집행하는 구체적인 방식을 말한다. 자유형의 집행방법으로 종래에는 다수의 범죄자를 동일한 공간에 함께 구금하는 혼거제로 운영하여 왔으나, 악풍감염(범죄배양효과), 계호상의 문제점 등 혼거제의 폐해로 인하여 많은 비판을 받아왔다. 이에 영국의 감옥개량가인 존 하워드(John Howard)는 영국과 유럽 각국의 감옥시설을 살펴본 후 1777년 「영국과 웰스의 감옥상태론」을 저술하여 당시 감옥의 폐해에 대하여 비판하고 독거제 실시 등 개선을 주장하기도 하였다. 이후 각각의 범죄자마다 하나의 공간에 단독으로 수용하는 독거제가 생기게 되었다. 그러나 펜실베니아제(Pennsylvania System)와 같은 엄정독거제는 여러 가지의 장점에도 불구하고 범죄자를 지나치게 고립시켜 정신적·신체적으로 피폐해지게 하는 문제점이 있고, 사회적응능력의 함양에도 적합하지 않다는 비판이 제기되면서 독거제와 혼거제를 절충한 오번제(Auburn System)와 같은 완화독거제가 창안되기에 이르렀다.

참고문헌 임현 『바른교정학』 57면 (2019)

구급차(救急車)

응급환자의 이송 등 응급의료의 목적에 이용되는 자동차(「응급의료법」 제2조)를 말한다. 각 교정기관이 보유하고 있는 구급차는 승합자동차 또는 화물자동차로서 지붕구조의 덮개가 있어야 하며, 간이침대 또는 보조 들것에 누운 상태의 환자를 쉽게 실을 수 있는 충분한 크기의 문이 있어야 한다. 구급차로 응급환자를 이송하거나 이송하기 위하여 출동하는 때에는 응급구조사 자격을 가진 1인 이상이 포함된 2인 이상의 인원이 항상 탑승하도록 하여야 한다. 다만, 「의료법」에 의한 의사 또는 간호사가 탑승한 경우에는 응급구조사가 탑승하지 않을 수 있다.

참조법령 「응급의료에 관한 법률 시행규칙」 제39조

구류(拘留)

「형법」에 규정된 형벌 중의 하나로 수형자를 교정시설 내에 구금하여 자유를 박탈하는 것을 내용으로 하는 형벌을 말한다. 구류는 수형자의 신체의 자유를 박탈하는 것을 내용으로 하는 자유형(징역·금고·구류) 중의 하나이며, 그 기간이 1일 이상 30일 미만인 점에서 징역이나 금고와 구별된다. 구류는 교정시설에서 집행하는 것이 원칙이나, 실제로는 경찰서 유치장에서 많이 집행된다.

참조법령 「형법」 제46조 · 제68조

구매신청(購買申請)

수용자가 구매품목에 적시된 물품을 직접 구매하는 행위를 말한다. 수용자는 표준화된 양식의 구매신청서(IMR카드)에 번호, 성명, 신청물품코드 및 신청수량을 정확하게 마킹한 후 무인 날인하여 해당 수용동 근무자에게 제출하고, 수용동 근무자는 제출된 구매신청서를 취합하여 본인 신청 여부를 확인후 서명하여 총무과 자비구매물품 업무담당자에게 인계한다. 식품류의 장기보관 등을 방지하기 위하여 수용자 한 명당 1일 사용한도액은 2만원 이내로하되, 1일 사용한도액은 음식물 구입 등에 한하고 의류·침구·약품·일상용품·도서 등의 구입비용은 제외한다. 다만, 연휴 등 부득이한 사정으로 매일 구매를 허용할 수 없는 경우에는 1일 사용한도액의 2배를 초과하지 않는 범위에서 보관금 사용을 허가할 수 있다. 구매한 물품을 건네줄 경우에는 반드시 수용자 본인이 신청하였는지를 확인하고 특히 다른 수용자에게 지급하지 않도록 유의해야 한다.

참조법령 「보관금품관리지침」 제11조

구분수용(區分收容)

수용자를 연령, 판결확정 유무, 사형확정자 등 일정한 특성에 따라 다른 교정시설에 구분하여 수용하는 것을 말한다. 유사한 개념으로 수용자를 일정한 특성에 따라 교정시설 안에서 분리하여 수용하는 분리수용이 있다.

원칙적으로 수용자는 ① 19세 이상 수형자의 경우 교도소 ② 19세 미만 수형자의 경우 소년교도소 ③ 미결수용자의 경우 구치소 ④ 사형확정자의 경우 교도소 또는 구치소(사형집행시설이 설치되어 있는 교정시설에 수용하되, 수용 중 사형이 확정된 기관 및 교육·교화프로그램·작업의 필요성 고려)에 구분하여 수용한다. 이때 교도소 및 구치소의 각 지소에는 교도소 또는 구치소에 준하여 수용자를 수용한다. 다만, 수형자가 소년교도소에 수용 중에 19세가 된 경우에도 교육·교화프로그램, 작업, 직업훈련 등을 실시하기 위하여 특히 필요하다고 인정되면 23세가 되기 전까지는 계속하여 수용할 수 있다. 또한 ① 관할 법원 및 검찰청 소재지에 구치소가 없는 때 ② 구치소의 수용인원이 정원을 훨씬 초과하여 정상적인 운영이 곤란한 때 ③ 범죄의 증거인멸을 방지하기 위하여 필요하거나 그 밖에 특별한 사정이 있는 때에는 교도소에 미결수용자를 수용할 수 있다. 한편 취사 등의 작업을 위하여 필요하거나 그 밖에 특별한 사정이 있으면 구치소에 수형자를 수용할 수 있다. 만약 사형확정자의 심리적 안정 도모 또는 교정시설의 안전과 질서유지를 위하여 특히 필요하다고 인정하는 경우에는 교도소에 수용할 사형확정자를 구치소에 수용할 수 있고, 구치소에 수용할 사형확정자를 교도소에 수용할 수 있다. 그 밖에 특별한 사정이 있으면 구분수용 기준에 따라 다른 교정시설로 이송하여야 할 수형자를 6개월을 초과하지 않는 기간 동안 계속하여 수용할 수 있다.

참조법령 「형집행법」 제11조·제12조, 「형집행법시행규칙」 제150조

구속(拘束)

「형사소송법」상 구인과 구금을 포함하는 개념으로 구인은 특정인을 강제력에 의하여 특정장소에 인치하는 것을, 구금은 특정인을 강제력에 의하여 특정장소에 가두고 그의 의사에 따른 장소적 이동을 금지하는 것을 말한다. 구속은 검사 또는 사법경찰관이 판사로부터 구속영장을 발부받은 경우에만 가능하다는 점에서 체포와 구별되며, 피의자 구속과 피고인 구속으로 구분할 수 있다.

피의자 또는 피고인의 구속은 죄를 범하였다고 의심할만한 상당한 이유가 있고, ① 일정한 주거가 없는 때 ② 증거를 인멸할 염려가 있는 때 ③ 도망하거나 도망할 염려가 있는 때 구속할 수 있다. 법원은 구속사유를 심사함에 있어서 범죄의 중대성, 재범의 위험성, 피해자 및 중요 참고인 등에 대한 위해 우려 등을 고려하여야 한다. 다만, 다액 50만원 이하의 벌금, 구류 또는 과료에 해당하는 사건에 관하여는 일정한 주거가 없는 경우를 제외하고는 구속할 수 없다.

참고문헌 네이버 법률용어사전

구속집행정지(拘束執行停止)

법원이 상당한 이유가 있는 때에는 결정으로 구속된 피의자 또는 피고인을 친족·보호단체 기타 적당한 자에게 부탁하거나 피의자 또는 피고인의 주거를 제한하여 구속의 집행을 정지하는 것을 말한다. 일반적으로 중병이나 출산, 직계가족의 장례식 참석 등의 상황에서 행해진다. 구속집행정지의 결정을 할 때에는 검사의 의견을 물어야 하지만 급속을 요하는 경우에는 그렇지 않다.

소장은 수용자에 대하여 건강상의 사유로 구속집행정지를 할 필요가 있다고 인정하는 경우에는 의무관의 진단서와 인수인에 대한 확인서류를 첨부하여 그 사실을 검사에게, 기소된 상태인 경우에는 법원에도 지체 없이 통보하여야 한다.

참조법령 「형사소송법」제101조·제209조, 「형집행법시행령」제21조

구인·구직만남의 날(Job Interview Day)

출소 후 취업기회를 제공하기 위해 출소예정자에게 구인을 희망하는 기업체 및 유관기관과의 만남을 알선하는 행사를 말한다. 구인·구직 만남의 날 행사를 통해 구인업체 측에서는 수형자에 대한 이해의 폭을 넓히고 공감대를 형성할 수 있으며, 구직자 측에서는 실질적인 취업기회를 얻거나 정보를 획득할 수 있다. 대체로 연간계획에 따라 분기별로 행사를 개최하며, 취업의지가 높은 수형자를 선정한 후 희망하는 업체별로 직원과의 면접 또는 상담이 이루어지게 한다. 수형자가 이러한 구인·구직 만남의 날 행사에 참석할 때에는 사복을 착용하게 할 수 있다.

참조법령 「수형자 취업 및 창업지원 업무 지침」 제25조

구치감(拘置監)

출정 수용자 등을 구금하기 위하여 법원이나 검찰청의 구내에 설치된 구금 시설을 말한다. 법원의 소환이나 검찰의 출석요구에 의하여 출정한 수용자 등과 이들을 호송하며 계호하는 교도관 등이 재판이나 수사가 진행되기 전까지 임시로 대기할 장소가 필요한데, 이 장소가 호송출장소이다. 구치감은 이 호송출장소 내에 마련된 임시 유치장의 개념으로 도주 등을 방지하기 위하여 쇠창살, 폐쇄회로 텔레비전(CCTV), 디지털 도어록(전자번호키) 등의 설비를 갖추고 있다. 구치감은 교도관이 수용자를 계호하고 있는 그 밖의 장소로서 교도관의 통제가 요구되는 공간이므로 「형집행법」이 적용된다.

참조법령 「형집행법」 제3조

구치소(拘置所, Detention Center)

교정조직 중의 하나로 주로 미결수용 업무를 관장하는 기관을 말한다. 2021년 현재 서울지방교정청 소속 5개 기관(서울·수원·서울동부·인천·서울남부), 대구지방교정청 소속 5개 기관(부산·대구·울산·통영·밀양), 대전지방교정청 소속 1개 기관(충주)이 있다. 부속기구로는 공통부서로 총무과, 보안과, 수용기록과, 사회복귀과, 복지과, 의료과를 두고 있으며, 그 외에 기관의 특성 및 기능에 따라 민원과, 출정과, 분류심사과, 시설과를 두고 있다.

참조법령 「법무부와 그 소속기관 직제 시행규칙」 제16조
관련용어 교도소, 교정시설·교정기관, 형사시설

국가배상소송(國家賠償訴訟)

사법적 권리구제수단 중의 하나로 공무원이 직무상 불법행위로 타인에게 손해를 가한 경우 또는 영조물의 하자로 인하여 타인에게 손해를 발생케 한 경우에 사인이 국가를 상대로 손해배상을 청구하는 소송을 말한다. 국가배상소송은 손해배상청구권이라는 사법상의 권리관계를 대상으로 하기 때문에 「민사소송법」이 적용되고, 피고인 대한민국이 직접 소송을 수행할 수 없기 때문에 소송수행자 지정이 필요하다. 이에 대해서는 「국가소송법」 등이 적용된다.

국가배상소송의 경우 소장부본 접수 → 소장접수 보고 → 소송수행자 지정 건의 → 답변서 및 준비서면 제출 → 변론기일 참석 → 판결문 접수 순으로 업무를 처리한다. 실무상 교정시설에서 발생한 사건의 소송은 개별 교정기관 및 관할 지방교정청 송무업무 담당자가 소송수행자로 지정되어 송무업무를 수행하게 된다. 소송수행자는 답변서·준비서면을 작성·제출하고, 변론기일에 출석하여 주장·입증 등의 소송수행을 하고 소송수행 결과를 검찰청에 보고하여야 한다. 소 취하·화해·상소제기 등 중요한 소송행위에 대해서는 검찰청의 사전지휘를 받아 소송을 수행한다.

2019년 기준 수용자의 국가배상청구 등 민사상 손해배상 청구는 총 152건이며, 그에 대한 처리결과(진행 중인 118건 제외)는 원고패소 34건(100%)이다.

참조법령 「국가배상법」 제2조·제5조
참고문헌 『교정통계연보』 130면 (2020)

국가종합전자조달시스템(나라장터, Korea On-Line E-Procurement System)

조달청에서 운영하고 있는 전자조달시스템으로서 2002년 10월부터 서비스를 개시했다. 대체로 '나라장터'라는 약칭으로 부른다. 기존의 서류중심, 수작업으로 처리하던 조달업무의 전자화 필요성에 따라 공공분야의 물품·시설·용역·외자·리스·비축 등에 대한 입찰과 개찰을 온라인 망을 이용하여 제공하는 시스템이다. 모든 수요기관의 입찰정보가 공고되고 나라장터 1회 등록으로 입찰이나 참가가 가능하다.

참고문헌 네이버 지식백과사전

국유재산(國有財産)

국가는 부동산(토지, 건물 등), 동산(현금, 자동차, 선박 등), 용익물권(지상권 등), 채권, 지적재산권 등 다양한 재산을 소유하고 있고, 넓은 의미에서 국유재산이라고 하는 경우에는 국가가 소유하고 있는 일체의 재산을 말한다(광의의 국유재산). 즉 국가의 부담이나 기부의 채납 또는 법령이나 조약의 규정에 의하여 국유로 된 것을 말한다. 국유재산은 크게 행정재산과 일반재산으로 분류하며, 전자는 국가나 정부기업이 직접 사용하거나 사용하기로 결정한 재산을 말하며, 후자는 행정재산 이외의 모든 국유재산으로 직접 국가의 행정목적에 사용되고 있지 않으므로 매각, 대부, 양여, 신탁 등이 가능한 재산이다.

참조법령 「국유재산법」 제2조·제6조

국제수형자이송(國際受刑者移送)

외국에서 형을 언도받고 외국의 교정시설에서 복역하고 있는 수형자를 모국으로 이송해서 형을 집행하는 것을 말한다. 이는 외국의 교정시설에서의 수형생활은 자유의 박탈이라고 하는 자유형 본래의 고통에 더하여 언어, 습관, 생활양식, 종교, 문화 등의 차이, 가족·친족과의 접촉의 결여 등에서 오는 본래 형벌이 예정하고 있지 않은 고통까지 겪기 때문에 이를 해소하여 수형자의 교정교화 및 원활한 사회복귀를 촉진한다고 하는 인도적 고려에서 검토된 것이다. 이 제도는 유죄판결을 받은 외국인 수형자를 모국으로 이송해서 자유형의 집행을 종료시키는 제도로서 국제형사사법공조제도의 일부를 이루고 있고, 또한 범죄인인도제도의 발전과정의 연장선상에 있는 제도라고 할 것이다.

우리나라는 2005년 11월 유럽평의회의 「수형자이송협약」에 가입하여, 2018년 현재 가맹국 65개국과 수형자 이송협약을 체결하였고, 또한 양국 당사자간 조약으로서 7개국과 수형자이송조약을 체결하여 외국에서 수형 중인 우리 국민을 보호하기 위해 노력하고 있다.

참고문헌 서운재 「한일의 국제수형자이송제도의 현상과 과제」 3면~5면 (2013)

국제협력과(國際協力課, International Cooperation Division)

외국인수용자 전담교정시설에 수용된 외국인수용자의 처우에 관한 사항, 외국인수용자에 대한 통·번역지원 등의 업무를 담당하는 부서로서, 2021년 현재 유일하게 천안교도소에 설치되어 있다. 2010년 1월 기존의 천안교도소를 40개국의 외국인 남성수형자를 수용하는 외국인 전담교정시설로 운영하면서 국제협력과를 신설하였다. 국제협력과에는 중국어 등 외국어를 전공한 15명의 교도관을 배치하여 각국 대사관과의 업무연락과 외국인수용자의 의사소통을 위해 노력하고 있다. 또한 '굿모닝코리아 강좌' 등을 통해 한국문화에 대한 이해를 높이고 안정적 수용생활을 유도하고 있다. 형이 확정된 외국인수형자는 대체로 남성은 대전교도소·천안교도소에, 여성은 청주여자교도소에 수용한다.

참조법령 「법무부와 그 소속기관 직제 시행규칙」 제16조
참고문헌 법무부 교정본부 홈페이지

권리구제제도(權利救濟制度) · 권리구제수단(權利救濟手段)

교정시설에 수용된 수용자가 교정기관으로부터 위법 또는 부당한 처분을 받았을 때 그 처분의 취소 또는 시정을 구하는 제도를 말한다. 이는 수용자의

권리를 실질적으로 보장함과 동시에 형집행의 적정화를 위한 제도적 장치라 할 수 있다. 이에 「형집행법」은 수용자의 권리구제 절차에 관한 사항을 수용자 거실의 보기 쉬운 장소에 붙이는 등의 방법으로 비치하도록 하되, 수용자가 청원, 진정, 소장과의 면담, 그 밖에 권리구제를 위한 행위를 하였다는 이유로 불이익한 처우를 받지 않도록 규정하고 있다. 한편 수용자의 권리구제수단은 그 주체에 따라 비사법적 권리구제수단과 사법적 권리구제수단으로 구분한다.

비사법적 권리구제수단은 행정의 과정에서 발생한 권리침해 등의 문제를 행정적으로 처리함으로써 시간적·경제적 효율성을 기할 수 있고, 간편하고 신속하게 해결될 수 있다는 장점이 있다. 반면 사법적 권리구제수단에 비하여 객관적 시각에서 판단하여 적정한 구제결과를 얻기 어렵고, 교정당국에서 타협의 산물로 처우상의 혜택을 주게 되면 다른 수용자와의 형평성이 문제될 수도 있다는 단점이 있다. 비사법적 권리구제수단에는 「형집행법」에 규정하고 있는 순회점검, 소장면담, 청원 등을 들 수 있으며, 그 외의 수단으로는 진정, 행정심판 등을 들 수 있다.

사법적 권리구제수단은 행정에 대하여 사법기관이 객관적 시각에서 판단하여 수용자의 권리구제를 하는 것으로, 가장 확실한 권리구제수단이며 공정한 제3자에 의한 구제라는 장점이 있다. 반면 비사법적 권리구제수단에 비하여 시간과 비용이 지나치게 많이 들며, 교정당국과 수용자간의 갈등이 심화된다는 단점이 있다. 사법적 권리구제수단에는 사법기관인 법원에 행정소송, 국가배상소송, 형사소송 등 소송을 제기하는 방법이 있고, 헌법재판소에 헌법소원을 제기하는 방법이 있다.

참조법령 「형집행법」제118조, 「형집행법시행령」제12조
참고문헌 임현 『바른교정학』 310면~311면 (2019)

귀가여비(歸家旅費)

교정시설에서 석방되는 자의 귀가에 필요한 여비를 말한다. 소장은 석방을

앞둔 수용자의 보관금, 작업장려금, 보관된 피복상태 등을 종합적으로 판단하여 귀가에 필요한 여비나 의류가 없으면 이를 지급할 수 있다. 귀가여비는 일정한 기준에 의해 현금(교통비, 식비, 숙박비 등)을 지급하며, 피복 등은 겉옷 상·하의, 운동화(남·여 구분), 1회용 비옷을 제공할 수 있다.

> **참조법령** 「수용자 사회복귀지원 등에 관한 지침」 제59조·제60조

귀휴(歸休, the Leave from Correctional Facilities)

교정성적이 양호하고 도주의 위험성이 없는 수형자에 대하여 일정한 사유와 조건 아래 행선지를 제한하여 외출·외박을 허용하는 제도로, 수형자의 외부교통권을 강화한 처우형태라고 할 수 있다. 이 제도는 가족관계나 사회관계 유지를 통하여 수형자의 출소 후 사회적응능력을 높이고 사회복귀를 촉진하기 위한 제도로 귀휴기간은 형집행기간에 산입한다는 특징이 있다. 대상자의 선정기준은 6개월 이상 형을 집행한 수형자로서 형기의 3분의 1(21년 이상의 유기형 또는 무기형의 경우에는 7년)이 지나고 교정성적이 우수한 사람으로 ① 가족 또는 배우자의 직계존속이 위독한 때 ② 질병이나 사고로 외부의료시설에의 입원이 필요한 때 ③ 천재지변이나 그 밖의 재해로 가족, 배우자의 직계존속 또는 수형자 본인에게 회복할 수 없는 중대한 재산상의 손해가 발생하였거나 발생할 우려가 있는 때 ④ 그 밖에 교화 또는 건전한 사회복귀를 위하여 법무부령으로 정하는 사유가 있는 때 1년 중 20일 이내의 귀휴를 허가할 수 있다. 이 외에 특별귀휴로서는 ① 가족 또는 배우자의 직계존속이 사망한 때 ② 직계비속의 혼례가 있는 때 5일 이내의 귀휴를 허가할 수 있다.

경비처우급에 따른 귀휴의 허가범위를 보면 개방처우급(S1)은 1년 중 20일 이내, 완화경비처우급(S2)은 1년중 10일 이내, 일반경비처우급(S3)은 교화·사회복귀 준비 등을 위하여 특히 필요한 경우 허가하고 중(重)경비처우급은 불허한다.

2019년 기준 수형자 중 귀휴 인원은 총 1,193명이며, 수형자 인원 대비 귀휴비율은 약 3.5%이다.

참조법령 「형집행법」제77조, 「형집행법시행규칙」제129조, 「교정시설 경비등급별 수형자의 처우 등에 관한 지침」제29조

참고문헌 『교정통계연보』 149면 (2020)

귀휴심사위원회(歸休審査委員會)

수형자의 귀휴허가를 심사하기 위하여 교정시설에 설치된 위원회를 말한다. 위원회는 위원장을 포함한 6명 이상 8명 이하의 위원으로 구성한다. 위원장은 소장이 되며, 위원은 소속기관의 부소장·과장 및 교정에 관한 학식과 경험이 풍부한 외부인사 중에서 임명 또는 위촉한다. 위원의 임기는 2년으로 연임할 수 있으며, 외부위원은 2명 이상으로 한다. 회의는 재적위원 과반수의 출석으로 개의하고 출석위원 과반수의 찬성으로 의결하며 심사사항으로는 수용관계사항과 범죄관계사항, 환경관계사항으로 나누어 심사한다.

참조법령 「형집행법시행규칙」제131조·제133조

규율(規律)

사람의 행위기준으로서 집단이나 조직의 질서를 유지하기 위하여 정해 놓은 준칙, 즉 특정 조직·단체 등의 안정적인 운영을 위하여 그 구성원들이 지켜야 할 기준을 말한다. 수용자는 교정시설의 안전과 질서유지를 위하여 법무부장관이 정하는 규율을 지켜야 하며 소장이 정하는 일과시간표를 지켜야 하고, 교도관의 직무상 지시에 따라야 한다.

수용자가 해서는 안 되는 행위로는 ① 교정시설의 안전 또는 질서를 해칠 목적으로 다중을 선동하는 행위 ② 허가되지 않은 단체를 조직하거나 그에 가입하는 행위 ③ 교정장비, 도주방지시설, 그 밖에 보안시설의 기능을 훼손하는 행위 ④ 음란한 행위를 하거나 다른 사람에게 성적 언동 등으로 성적 수치심 또는 혐오감을 느끼게 하는 행위 ⑤ 다른 사람에게 부당한 금품을 요구

하거나 허가 없이 다른 수용자에게 금품을 교부하는 행위 ⑥ 작업·교육·접견·집필·전화통화·운동, 그 밖에 교도관의 직무 또는 다른 수용자의 정상적인 일과 진행을 방해하는 행위 ⑦ 문신을 하거나 이물질을 신체에 삽입하는 등 의료 외의 목적으로 신체를 변형시키는 행위 ⑧ 허가 없이 지정된 장소를 벗어나거나 금지구역에 출입하는 행위 ⑨ 허가 없이 다른 사람과 만나거나 연락하는 행위 ⑩ 수용생활의 편의 등 자신의 요구를 관철할 목적으로 이물질을 삼키는 행위 ⑪ 인원점검을 회피하거나 방해하는 행위 ⑫ 교정시설의 설비나 물품을 고의로 훼손하거나 낭비하는 행위 ⑬ 고의로 수용자의 번호표, 거실표 등을 지정된 위치에 붙이지 않거나 그 밖의 방법으로 현황파악을 방해하는 행위 ⑭ 큰 소리를 내거나 시끄럽게 하여 다른 수용자의 평온한 수용생활을 현저히 방해하는 행위 ⑮ 허가 없이 물품을 소지하거나 반입·제작·변조·교환 또는 주고받는 행위 ⑯ 도박이나 그 밖에 사행심을 조장하는 놀이나 내기를 하는 행위 ⑰ 지정된 거실에 입실하기를 거부하는 등 정당한 사유 없이 교도관의 직무상 지시나 명령을 따르지 않는 행위 등이 있다.

참조법령 「형집행법」 제105조, 「형집행법시행규칙」 제214조

균형성과표(均衡成果表, BSC: Balanced Score Card)

균형성과표란 조직의 비전과 전략을 달성하기 위해 수행해야 할 핵심적인 사항을 측정 가능한 형태로 바꾼 성과지표의 집합을 말한다. 노튼(Norton)과 캐플란(Kaplan)이 공동으로 개발한 새로운 성과평가 기법으로, 기존의 재무적인 성과지표뿐만 아니라 기업의 혁신동력이 될 수 있는 비재무적인 성과지표를 균형적으로 포함하여 총 4가지 관점(재무, 고객, 내부프로세스, 학습 및 성장)을 기반으로 한다. 원래 민간부문에서 세계적으로 각광을 받던 성과평가 기법이나, 우리나라 공공부문에서도 종합적이고 효율적인 성과관리를 위하여 도입하였다. 법무부에서도 이러한 균형성과표를 중심으로 한 성과관리시스템을 운영하고 있으며, 교정조직의 성과평가도 이를 활용하여 체계적으로 이루어진다.

참고문헌 이종수 『행정학 사전』(2009)
관련용어 성과관리시스템

근무성적평가(勤務成績評價)

공무원의 근무실적, 직무수행능력 등을 체계적이고 정기적으로 평가하는 것을 말한다. 이를 통해 승진임용, 성과상여금, 보직관리 등 각종 인사관리의 기초자료로 활용하고 조직 전체의 능률을 향상시키는 데 그 목적이 있다. 법무부는 5급 이하 일반직 공무원, 별정직 공무원, 연구직 공무원 등을 평가의 대상자로 하며, 이 중 경력평정 및 가점평정의 대상은 일반직 공무원과 연구직 공무원에 한정된다. 매년 6월 30일과 12월 31일을 기준으로 연 2회에 걸쳐 평가요소별 점수를 합산하는 방식으로 평가한다.

금고(禁錮)

「형법」에 규정된 형벌 중의 하나로 수형자를 교정시설 내에 구금하여 자유를 박탈하는 것을 내용으로 하는 형벌을 말한다. 금고는 수형자의 신체의 자유를 박탈하는 것을 내용으로 하는 자유형(징역·금고·구류) 중의 하나이며, 징역에 복무하지 않는다는 점에서 징역과 구별된다. 다만, 금고의 수형자도 신청에 따라 작업을 부과(「형집행법」 제67조)할 수 있다. 금고는 무기 또는 유기로 하고 유기는 1개월 이상 30년 이하로 한다. 단, 유기금고에 대하여 형을 가중하는 때에는 50년까지로 한다.

참조법령 「형법」 제42조·제68조

금고형수형자(I급: Imprisonment sentenced prisoner)

기본수용급의 하나로서 금고형이 확정된 수형자에게 부여하는 수용급을 말한다. 처우의 기준으로는, 사회규범을 준수하는 습관과 책임감 함양에 주력하고, 자존심에 기초한 자립습관의 함양, 근로의욕의 유지향상을 도모하고, 원활한 사회복귀의 촉진에 노력한다. 금고형 집행 중에 있는 수형자는 신청에 따라 작업을 부과할 수 있다.

참조법령　「형집행법시행규칙」 제73조, 「분류처우업무지침」 제52조·[별표 7]

금지물품(禁止物品)

수용자가 교정시설에 반입·소지·사용하거나 다른 수용자와 수수·교환해서는 안 되는 물품을 말한다. 유사한 개념으로 교정시설 내 반입이 가능하고 수용자들이 소지할 수 있는 물품이지만, 소지·사용 등에 대하여 근무자의 정상적인 허가를 얻지 못한 물품을 부정물품이라고 한다.

금지물품의 종류로는 ① 마약·총기·도검·폭발물·흉기·독극물, 그 밖에 범죄의 도구로 이용될 우려가 있는 물품 ② 무인비행장치, 전자·통신기기, 그 밖에 도주나 다른 사람과의 연락에 이용될 우려가 있는 물품 ③ 주류·담배·화기·현금·수표, 그 밖에 시설의 안전 또는 질서를 해칠 우려가 있는 물품 ④ 음란물, 사행행위에 사용되는 물품, 그 밖에 수형자의 교화 또는 건전한 사회복귀를 해칠 우려가 있는 물품이 있다.

수용자가 허가 없이 무인비행장치, 전자·통신기기를 소지한 경우 2년 이하의 징역 또는 2천만원 이하의 벌금에, 주류·담배·화기·현금·수표를 소지한 경우 1년 이하의 징역 또는 1천만원 이하의 벌금에 처한다. 또한 허가 없이 무인비행장치, 전자·통신기기를 교정시설에 반입한 사람(미수범도 처벌)은 3년 이하의 징역 또는 3천만원 이하의 벌금에, 주류·담배·화기·현금·수표·음란물·사행행위에 사용되는 물품을 수용자에게 전달할 목적으로 교정시설에 반입한 사람(미수범도 처벌)은 1년 이하의 징역 또는 1천만원 이하의 벌금(상습범은 가중처벌)에 처하며 적발된 금지물품은 몰수한다.

참조법령 「형집행법」 제92조·제132조·제133조·제136조·제137조

급식(給食)

교정시설에 구금된 수용자와 근무하는 교도관에게 음식물을 지급하는 것을 말한다. 식품위생직공무원이 급식관리위원회 회의를 거쳐 식단을 편성하면, 그에 맞춰 식재료를 입고한 후 수용자 급식의 경우 취사원 수용자들이, 직원 급식의 경우 별도로 채용된 조리원들이 취사·조리하여 음식물을 제공한다. 음식물로는 주식·부식·음료, 그 밖의 영양물이 있다.

주식의 경우 쌀로 하되, 쌀 수급이 곤란하거나 그 밖에 필요하다고 인정하면 주식을 쌀과 보리 등 잡곡의 혼합곡으로 하거나 대용식을 지급할 수 있다. 부식의 경우 주식과 함께 지급하며, 작업의 장려나 적절한 처우를 위하여 필요하다고 인정하면 특별한 부식을 지급할 수 있다. 수용자에게 제공하는 음식물의 총 열량은 1인당 1일 2,500kcal를 기준으로 하고 있다. 또한 국경일이나 그 밖에 이에 준하는 날에는 특별한 음식물을 지급할 수 있다. 이외에 정상적인 취사·조리가 불가능할 경우에 대비하여 항상 비상식량을 보유·관리하고 있다.

급식업무의 경우 다양한 요인을 고려하여 충분하고 균형잡힌 영양성분을 제공하는 한편, 식중독 예방 등을 위하여 평소 개인위생과 시설위생을 철저히 관리하는 것이 중요하다. 급식업무의 세부사항에 관해서는 「형집행법」 등 교정관계 법령 이외에 「수용자 급양관리 지침」과 「교도관 급양관리 지침」에서 구체적으로 규정하고 있다.

참조법령 「형집행법시행령」 제27조~제29조, 「형집행법시행규칙」 제13조~제15조

급식관리위원회(給食管理委員會)

교정시설에 수용된 자와 종전의 (구)「사회보호법」에 따른 보호감호처분을 받은 피보호감호자의 급식관리에 관한 자문에 응하기 위하여 설치된 위원회

를 말한다. 설치한 기관에 따라 중앙급식관리위원회와 지방급식관리위원회로 구분되며, 구성 및 운영에 있어서 다소 차이가 있다.

중앙급식관리위원회는 급식관리에 관한 법무부장관의 자문에 응하기 위하여 법무부에 설치된 위원회이다. 동 위원회는 ① 교정시설 및 보호감호소에 수용된 수형자·미결수용자·사형확정자 및 피보호감호자의 급식 및 식품위생에 관한 사항 ② 급식에 관한 기준 영양량의 결정에 관한 사항 ③ 수용자의 급식제도 개선에 관한 사항을 심의한다. 위원회는 위원장 1인을 포함하여 7인 이상 9인 이하의 위원으로 구성하며, 위원장은 법무부 교정본부장이 되고 위원은 법무부 교정정책단장, 보안정책단장과 영양 및 조리에 관한 학식과 경험이 풍부한 자 또는 시민단체에서 추천한 자 중에서 법무부장관이 위촉한 자로 한다. 위원의 임기는 2년으로 연임할 수 있다.

지방급식관리위원회는 급식관리에 관한 소장의 자문에 응하기 위하여 교정시설에 설치된 위원회이다. 해당 교정시설의 명칭을 붙인 지방급식관리위원회는 ① 법무부장관이 결정한 수용자에게 급식할 영양섭취 기준 내에서의 식단 선택과 그 수량의 결정에 관한 사항 ② 식단과 수량에 대한 함유 영양량의 검토에 관한 사항 ③ 수용자의 급식에 관한 위생 및 시설관리 그 밖에 운영개선에 관한 사항을 심의한다. 동 위원회는 위원장 1인을 포함하여 5인 이상 7인 이하의 위원으로 구성하며, 위원장은 해당 교정시설의 장이 되고 위원은 해당 교정시설의 과장 이상의 직에 있거나 영양 또는 조리에 관한 경험이 풍부한 자 중에서 소장이 임명 또는 위촉한다. 위원의 임기는 2년으로 연임할 수 있다.

참조법령 「수용자 급식관리위원회 운영지침」 제1조~제5조

기능경기대회(技能競技大會, Skill Contests)

기능인의 사기앙양과 근로의욕의 고취를 목적으로 심신의 건전화 및 기술수준의 향상을 도모하기 위한 행사를 말한다. 매년 4월경 지방기능경기대회가 있고, 지방기능경기대회 입상자(금, 은, 동)에게는 10월경 전국기능경기대

회 참가자격이 주어진다. 기능이 탁월한 수형자는 공공 또는 민간단체에서 주관하는 각종 기능경기대회에 참가하게 할 수 있고, 집중훈련이 필요하다고 인정하는 경우에는 특정 교정시설에 집결하여 훈련할 수 있으며, 이 경우 훈련책임은 집결된 교정시설의 장에게 있다. 기능경기대회에서 입상하면 특별한 사유가 없는 한 매월 작업점수를 우수 이상으로 평가하여야 하며, 가석방의 요건에 해당하는 경우에는 다른 수형자에 우선하여 가석방을 신청할 수 있다. 또한 상금 및 훈련장려금은 금융기관에 예금하고 석방할 때 지급함을 원칙으로 하되, 수형자의 사용신청이 있고 그 사유가 정당하다고 인정되는 경우에는 석방 전이라도 사용을 허가할 수 있다.

2019년 기준 지방기능경기대회에는 114명의 수형자가 참가하여 76명이 입상하였고, 전국기능경기대회에는 36명의 수형자가 참가하여 23명이 입상하였다.

참조법령 「수형자 직업능력개발훈련 운영지침」 제37조~제40조
참고문헌 『교정통계연보』 148면 (2020)

기동순찰팀(CRPT: Correctional Rapid Patrol Team)

보안과 팀 중의 하나로 교정시설 내·외부의 비상상황에 대한 신속한 조치로 사태를 조기에 수습하고, 지속적인 순찰활동을 통하여 기초질서를 확립하며, 그 밖에 선행수용자 및 모범수용자 발굴 등의 업무를 수행하는 팀을 말한다. 교정시설에서 경비업무와 비상대비 보조업무를 담당하던 교정시설 경비교도대가 병무상황의 변화로 순차적으로 폐지되게 되자 종전 경비교도 중심으로 운영되던 기동타격대를 대체하기 위하여 2009년 4월 20일 창설되었으며, 이후 경비교도대는 2012년 12월 27일 완전히 폐지되었다.

기동순찰팀은 교정시설의 안전과 질서유지를 위하여 교정시설에서 발생하고 있는 각종 교정사고(도주·폭행·소란·난동 등)에 대한 대응능력을 강화하고, 질서위반 행위를 지속적으로 단속하여 수용질서 확립에 기여하고 있다. 그 밖에도 중형선고자, 상습규율위반자 등에 대한 계호업무 지원을 통하여 근무자들의 업무부담을 완화시켜 주고 있다. 기동순찰팀에 소속된 교도관은 「교

정공무원 복제규칙」에 따라 기동모, 기동복, 기동화 등의 복장을 착용하고 근무하는 것이 원칙이다.

기본권(基本權)

「헌법」에 의하여 보장되는 국민의 기본적 권리를 말한다. 기본권의 종류에는 포괄적 기본권인 인간의 존엄과 가치 및 행복 추구권, 개별적 기본권인 자유권·평등권·사회권·참정권·청구권이 있다. 한편 기본권을 절대적 기본권과 상대적 기본권으로 구분하기도 한다. 절대적 기본권이란 내심의 자유와 같이 성질상 제한이 불가능한 기본권을 말하며, 절대적 기본권으로는 인간 존엄권, 양심 형성 및 결정의 자유, 신앙의 자유 등을 들 수 있다. 상대적 기본권이란 국가안전보장, 질서유지, 공공복리를 위하여 제한할 수 있는 기본권을 말하며, 절대적 기본권 이외의 모든 기본권이 이에 해당한다. 수용자의 경우 성질상 제한할 수 없는 절대적 기본권 외에는 제한이 가능하고, 특히 형사적 목적에 의하여 시설에 구금된 특수한 신분이므로 일반인에 비하여 더 많은 기본권이 제한될 수 있고 기본권 제한의 정도도 가중된다.

「헌법」 제37조 제2항은 "국민의 모든 자유와 권리는 국가안전보장·질서유지 또는 공공복리를 위하여 필요한 경우에 한하여 법률로써 제한할 수 있으며, 제한하는 경우에도 자유와 권리의 본질적인 내용을 침해할 수 없다."고 하여 국민의 기본권 제한의 근거와 한계에 관하여 규정하고 있다. 수용자에 대한 기본권의 제한은 바로 「헌법」 제37조 제2항에 근거하여 제정된 「형집행법」 등 각종 법률에 의하여 이루어지고 있는 것이다.

참조법령 「헌법」 제37조
참고문헌 임현 『바른교정학』 63면 (2019)

기본수용급(基本收容級)

성별·국적·나이·형기 등에 따라 수용할 시설 및 구획 등을 구별하는 기준으로, 여성수형자(W급: Woman prisoner), 외국인수형자(F급: Foreign prisoner), 금고형수형자(I급: Imprisonment sentenced prisoner), 19세 미만의 소년수형자(J급: Juvenile prisoner), 23세 미만의 청년수형자(Y급: Young prisoner), 65세 이상의 노인수형자(A급: Aged prisoner), 형기가 10년 이상인 장기수형자(L급: Long-term prisoner), 정신질환 또는 장애가 있는 수형자(M급: Mentally handicapped prisoner), 신체질환 또는 장애가 있는 수형자(P급: Physically handicapped prisoner)로 구분한다. 경비등급에 따른 구분수용은 기본수용급·경비처우급별 분류수용을 기준으로 한다. 「형집행법」 개정 이전의 수용분류급에 해당한다.

> **참조법령** 「형집행법시행규칙」 제73조, 「분류처우업무지침」 제52조
> **관련용어** 수용급·수용분류급

기부금품(寄附金品)

기관·단체 또는 개인이 수용자의 교화 등을 위하여 교정시설에 자발적으로 기탁하는 금품을 말한다. 직원복지를 명목으로 기부금품을 받는 것은 금지되며, 모든 기부금품은 기부자의 취지에 맞게 처리하여야 한다. 기부금품의 종류는 크게 물품(소모품 또는 비소모품)과 금전(현금, 수표 등)으로 구분된다. 물품 중 소모품은 기관 실정 및 기부자의 취지에 맞추어 수용자 전부 또는 일부에게 배부·처리하며, 필요 시 부식물 담당 부서 등에 인계하여야 한다. 비소모품은 「물품관리법」에 따라 해당 부서에 물품등록을 신청하고, 사용부서에 출급하여 관리하도록 한다. 한편 금전을 기증받은 경우에는 기관 명의로 개설한 은행에 예치한 후 지출사유가 발생하면 사용부서에서 지출결의서를 작성·처리하여야 한다.

「형집행법」제131조, 「수용자 교육교화 운영지침」제62조~제64조

기술직교도관(技術職矯導官)

교도관(교정공무원) 가운데 공업·농업·시설·전산·방송통신·운전직렬공무원을 말한다. 기술직교도관은 ① 건축·전기·기계·화공·섬유·전산·통신 및 농업 등 해당 분야의 시설공사 ② 수형자에 대한 기술지도 ③ 교정시설의 안전 및 유지관리 ④ 차량의 운전·정비 ⑤ 그 밖의 교정행정에 관한 사항을 담당한다. 기술직교도관은 직무를 수행하기 위하여 필요한 경우에는 수용자를 동행·계호할 수 있으며, 이 경우 계호의 원칙 및 징벌대상행위의 보고 등을 준수하여야 한다.

2019년 기준 교정공무원의 정원은 총 16,101명이며, 이 중 기술직군(기술직 포함)은 895명으로 약 5.6%를 차지한다.

「교도관직무규칙」제2조·제86조
『교정통계연보』16면~17면 (2020)

기초금액(基礎金額)

추정가격에 부가가치세를 더한 금액으로, 복수예비가격 산정을 위한 기준금액을 말한다. 계약담당공무원은 예정가격 결정을 위한 기초금액을 작성하여야 하며, 작성된 기초금액을 입찰개시일 전날부터 기산하여 5일 전까지 '나라장터'(국가종합전자조달시스템)를 통하여 공개해야 한다. 다만 공고기간이 7일 이내이거나 긴급공고, 그 밖에 불가피한 사유가 있는 경우에는 입찰개시일 전날까지 공개가 가능하며 협상계약 및 경쟁적 대화에 의한 계약의 경우에는 공개하지 아니할 수 있다.

조달청 「내자구매 업무처리 규정」제30조

교정용어사전
矯正用語辭典

낙찰하한율(落札下限率)

공사, 용역, 물품에 대한 계약이행능력심사의 때에 입찰가격을 제외한 다른 항목은 모두 만점을 받을 경우를 가정하여 낙찰가능한 최소한의 예정가격 대비 가격 투찰율을 말하며 이 하한율 아래로 투찰하면 낙찰되지 못하는 비율을 말한다. 이 비율은 공사, 용역, 물품이 다르며 물품도 일반물품과 중소기업자간 경쟁물품에 따라 다르다. 따라서 입찰참가업체는 구매방법별로 낙찰하한율을 정확히 알아야 하고 여기에다 자신만의 낙찰하한율을 정확히 파악하고 있어야만, 운이 좋아야 낙찰된다는 입찰제도에서 낙찰될 확률을 조금이라도 높일 수 있게 된다.

내사(內査)

수사기관이 범죄정보의 수집 등으로 수사의 단서를 입수하고 수사의 개시 여부를 결정하기 위하여 수행하는 일련의 조사활동을 말한다. 교정시설 내에서의 내사는 「사법경찰직무법」에 의하여 사법경찰관리의 직무를 행하는 특별사법경찰관리로서 조사담당 교도관이 실무를 수행한다. 주로 익명의 신고 또는 풍문에 의한 경우가 많으며, 특히 출처에 주의하여 진상을 내사한 후 범죄의 혐의가 있다고 인정되는 때에는 즉시 수사에 착수하여야 한다. 반면 내사 결과 범죄의 혐의가 없다고 인정되는 때에는 즉시 내사를 종결하여야 한다.

노무작업(勞務作業)·임대작업(賃貸作業)

교도작업의 경영방식에 따른 분류로, 교도소와 민간인 등이 계약을 하여 교도소는 민간인 등에게 노무를 제공하고 그 대가로 임금을 받는 작업을 말한다. 장점으로는 손실에 대한 부담 및 판로에 대한 부담이 없으며 자본 없이도 상당한 경제적 효과를 얻을 수 있다. 단점으로는 민간의 관여가 많고 일시적이며 단순노동이라 직업훈련에 가장 부적합하다. 또한, 민간과의 결탁으로 인한 부정의 가능성이 있다.

2019년 기준 전국 교도작업의 생산실적 금액은 약 627억원이며, 이 중 노무작업의 생산실적 금액이 약 8억원으로 약 12.9%를 차지한다.

참조법령 「교도작업법시행규칙」 제6조

참고문헌 『교정통계연보』 143면 (2020), 조광근 『나이스교정학』 272면 (2010)

노역수형자(勞役受刑者)

벌금 또는 과료를 완납하지 않아 노역장 유치명령을 받아 교정시설에 수용된 사람을 말한다. 노역수형자는 크게 다음의 세 가지 유형으로 분류 할 수 있다. ① 순수노역자, 즉 교도소 등에 새로 입소한 노역수형자, ② 우선노역자, 즉 형집행순서변경지휘에 의한 노역수형자(예컨대 징역형을 집행 중인 수형자에 대하여 입소 전에 받은 벌금형의 소멸시효가 다가오는 경우 검찰로부터 노역장 유치 집행지휘를 통보받은 경우) 그리고, ③ 계속노역자로, 즉 징역·금고형을 종료함과 동시에 노역장에 유치된 노역수형자(예컨대 징역형의 집행을 종료할 시점에 입소전 범죄로 인해 확정된 벌금을 납부하지 않아 검찰로부터 노역장 집행지휘를 통보받은 경우)가 그것이다. 교정시설에서는 노역장 유치명령을 받은 수형자와 징역형·금고형 또는 구류형을 선고받아 형이 확정된 수형자를 혼거수용해서는 안 되며, 다만, 징역형·금고형 또는 구류형의 집행을 마친 다음에 계속해서 노역장 유치명령을 집행하거나 그 밖에 부득이한 사정이 있는 경우에는 그렇지 않다.

참조법령 「형집행법」 제2조, 「형집행법시행령」 제9조

참고문헌 신양균 「노역수형자에 대한 처우의 현실과 개선방안」 226면 (2007)

노역장유치(勞役場留置)

벌금 또는 과료를 납입하지 않은 자에 대하여 선고되는 환형처분으로 교도소 등의 노역장에 유치하여 작업에 복무시키는 것을 말한다. 법원에서 벌금 또는 과료를 선고할 때에는 납입하지 않는 경우의 유치기간을 정하여 동시에 선고하여야 한다. 이 경우 선고하는 벌금이 1억원 이상 5억원 미만인 경우에는 300일 이상, 5억원 이상 50억원 미만인 경우에는 500일 이상, 50억원 이상인 경우에는 1,000일 이상의 유치기간을 정하여야 한다.

참조법령 「형법」 제70조

노인수형자(A급: Aged prisoner)

기본수용급의 하나로써 분류처우위원회 의결일 기준으로 만 65세 이상 노인수형자에게 부여하는 수용급을 말하며, 나이·건강상태 등을 고려하여 그 처우에 있어 적정한 배려를 해야 한다. 노인수형자 전담시설에는 「장애인 등 편의법 시행령」 별표 2의 교도소·구치소 편의시설의 종류 및 설치기준에 따른 편의시설 및 별도의 공동휴게실을 마련해야 하며 노인이 선호하는 오락용품 등을 갖추어야 한다. 또한 노인거실은 건물의 1층에 설치하고, 특히 겨울철 난방을 위하여 필요한 시설을 마련해야 하며 노인성 질환에 관한 전문적인 지식을 가진 의료진과 장비를 갖추고 외부의료시설과 협력체계를 강화하여 노인수형자가 신속하고 적절한 치료를 받을 수 있도록 해야 한다. 노인수형자는 6개월에 1회 이상 건강검진을 실시하고 노인문제 외부전문가를 초빙하여 교육받을 기회를 확대하며 노인전문오락, 그 밖에 노인의 특성에 알맞은 교화프로그램을 개발·시행해야 한다. 작업을 원하는 경우에는 의무관의 의견을 들어 나이·건강상태 등을 고려하여 해당 수용자가 감당할 수 있는 정도의 작업을 부과한다. 처우의 기준으로는, 건강증진을 위하여 치료 및 양호처우를 실시하고, 보호자 등과의 긴밀한 관계를 유지한다. 또한, 외부 치료기관과 긴밀히 협조하여 응급시 대비토록 한다.

참조법령 「형집행법」제54조, 「형집행법시행령」제81조, 「형집행법시행규칙」제43조~
제48조·제73조, 「분류처우업무지침」제52조·[별표 7]

누진처우제도(累進處遇制度)

교정시설에서 수형자에 대한 처우의 단계를 여러 단계로 나누고 그 각 단
계에서 행형성적에 따라 1계급씩 승급 또는 강급하게 하는 방법으로 그 처우
효과를 증진시키고자 하는 제도를 말한다. 이때 각 단계(4단계)에서의 처우조
건을 서로 다르게 규정함으로써 그 반성과 노력의 정도에 따라 처우를 완화
하여 수형자의 개선을 촉진하고 점차 사회생활에 적응하게 하는 것을 목적으
로 한다.

우리나라에서는 일제강점기 점수제에 의한 「조선행형누진처우규칙(총독부령
제178호 1937.11.)」이 제정·시행되었으나 「행장심사규정(1944년)」으로 바뀌어
일종의 고사제로서 대치되었다. 이후 대한민국 정부 수립과 더불어 그 필요성
은 인정하면서도 시행되지 못하다가 「교정누진처우규정(1969.5.13.)」의 제정으
로 시행하기에 이르렀고, 이를 다시 「수형자분류처우규칙(1991.3.14.)」으로 개
정하였다. 그러나 단계적 처우완화를 통한 수용질서를 확립하고 사회로의 복
귀를 돕는다는 누진처우제도는 그 취지와는 다르게, 모든 수형자를 범죄의 내
용과 무관하게 최하급의 4급에 위치시키는 것이 수형자의 개별특성이나 조건
에 맞게 처우를 행하는 이념(개별처우의 원칙)에 어울리지 않는다고 하는 점,
형기에 따라 일정기간의 경과와 형식적인 행동평가에 따라 진급시킨다고 하
는 획일적인 운용으로 이루어지고 있는 점, 상위급으로 인정되고 있는 우대의
내용이 수형자의 개선의욕을 향상시키는데 충분하지 않다고 하는 점, 단기수형
자나 환자, 정신장애자 등에게는 제도적으로 큰 의미가 없다는 점 등의 문제점
이 지적되어, 「형집행법」시행과 더불어 폐지되고, 교정시설 경비등급제도로
변경되기에 이르렀다.

참고문헌 鴨下守孝·松本良枝 『교정용어사전』 355면 (2006)

능지처사(陵遲處死)

　　과거 사형(死刑)의 집행방법 중 하나이며, 최대한의 고통을 가하는 극형의 방법이다. 죄인의 몸을 여러 부분으로 잘라 죽이는 형벌을 말한다. 정확히는 고통을 서서히 최대한으로 느끼도록 칼로 베어가며 죽이는 것을 능지형(陵遲刑)이라 하고, 팔과 다리를 소나 말에 묶어서 찢어 죽이는 것을 거열형(車裂刑)이라 한다. 중국에서 우리나라로 전래되어 조선의 경우 역모죄, 대역죄, 존속살해죄 등 매우 중한 범죄에 적용하였다. 중국과는 조금 다르게 칼로 머리를 벤 다음 팔과 다리를 자르는 오살(五殺)로 집행하거나, 거열의 방법으로 대체하여 집행하였고, 이를 넓은 의미에서 능지처사로 간주하였다. 능지처사를 집행한 경우 위하적인 효과를 위하여 죄인의 머리를 매달거나 시체를 거리에 내버려 두어 일반 백성에게 보여주기도 하였는데, 전자를 효수(梟首), 후자를 기시(棄市)라고 한다.

참고문헌 『대한민국 교정사Ⅰ』 118면·120면~121면 (2010)

교정용어사전
矯正用語辭典

ㄷ

다면적 인성검사(MMPI: Minnesota Multiphasic Personality Inventory)

다면적 인성검사는 1943년 해서웨이와 매킨리(Hathawy & Mckinley)가 개
발한 대표적인 자기보고형 성향 검사로, 정신건강의학과 임상장면에서 환자
들의 정신병리를 더 정확하게 평가할 목적으로 개발된 인성검사를 말한다. 그
러나 오늘날에는 이러한 목적뿐만 아니라 정상인들의 심리상담, 정신건강 관
련 검사 등 여러 분야에서 광범위하게 활용되고 있다. MMPI는 총 550개의
문항으로 구성되어 있으며, 383개의 축소된 문항으로 구성되어진 두 종류가
있다. 교정시설에서 사용하는 것은 후자의 383문항을 사용한다. MMPI는 응
답 반응에 따라 10개의 임상척도(건강염려증, 우울증, 히스테리, 반사회성, 남·여
특성, 편집증, 강박증, 정신증, 경조증, 내·외향성)와 검사태도를 측정하는 4가지
타당도 척도로 구성되어 있다.

관련용어 교정심리검사

단기실무직업훈련(短期實務職業訓練)

수형자의 취업능력 제고를 위해 기술 자격증 취득보다 현장 실습위주로 운
영되는 6개월 미만의 직업훈련으로 직업훈련의 기술습득과정에 따른 구분이
다. 대상자의 선정은 단기수형자와 직업훈련을 받지 못하고 형기종료가 임박
한 수형자를 우선으로 취업의지 등을 고려하여 선정한다. 단기실무 직업훈련
은 훈련기간 중에 「국가기술자격법」에 따른 자격취득 검정 일정이 없는 경우
에도 실시할 수 있다.

참조법령 「수형자 직업능력개발훈련 운영지침」 제3조·제16조의2·제24조

당직간부(當直幹部)

교정직교도관으로서 보안과의 보안업무 전반에 걸쳐 보안과장을 보좌하고, 휴일 또는 야간(당일 오후 6시부터 다음날 오전 9시까지)에 소장을 대리하는 사람을 말한다. 당직간부는 교대근무의 각 부별로 2명 이상으로 편성하며, 이 경우 정당직간부 1명과 부당직간부 1명 이상으로 한다. 이들은 교정직교도관 점검, 근무상황 순시·감독, 임시 배치, 일과시작·종료의 진행, 보안점검, 비상소집망 점검, 수용·석방사무의 감독, 행정처리, 당직결과 보고 및 인계 등의 직무를 수행한다.

당직간부는 주간, 야간, 휴일 등에 보안과장을 보좌하거나 소장을 대리하는 막중한 임무를 수행하므로 당직간부의 직무수행 방침이나 방향은 수용관리나 기관운영에 막대한 영향을 끼치게 된다. 따라서 당직간부는 제한된 인적·물적 자원을 효율적으로 활용하고 부서 간 협조체제를 유지하여 원활한 기관운영이 되도록 노력하여야 하며, 정당한 업무지시와 직원들의 책임감 있는 직무수행이 조화를 이룰 수 있도록 하여야 한다.

참조법령 「교도관직무규칙」 제2조·제49조~제58조

당직근무(當直勤務)

휴일 또는 근무시간 외의 화재·도난 또는 그 밖에 사고의 경계와 문서처리 및 업무연락을 하기 위해 당번을 정하여 하는 근무를 말한다. 교정시설에서는 해당 기관의 기능 또는 성격상 일정 시간대별로 교대근무를 실시하는 등 정상근무가 상시 이루어지는 경우, 상시 상황실을 운영하고 상황실에 당직임무를 부여한 경우에 해당하여 국가공무원 복무규정에서 정한 당직근무는 실시하지 않는다.

참조법령 「국가공무원복무규정」 제5조

대가지급(代價支給)

공사·제조·구매·용역, 그 밖에 국고의 부담이 되는 계약의 경우 검사를 완료하고 검사조서를 작성한 후에 계약상대자에게 그 대가(代價)를 지급하여야 함을 말한다. 대가는 계약상대자로부터 대가지급의 청구를 받은 날부터 국고의 부담이 되는 계약의 대가는 검사를 완료한 후 5일(재난이나 경기침체, 대량실업 등으로 인한 국가의 경제위기를 극복하기 위해 기획재정부장관이 기간을 정하여 고시한 경우에는 계약상대자의 청구를 받은 날부터 3일) 이내에 지급해야 한다. 이 경우 계약당사자와 합의하여 5일을 초과하지 않는 범위에서 대가 지급기한을 연장할 수 있는 특약을 정할 수 있으며, 법령이 정한 기한까지 지급할 수 없는 경우에는 지연일수(遲延日數)에 따른 이자를 지급해야 한다. 천재·지변 등 불가항력의 사유로 지급기한 내에 대가를 지급할 수 없게 된 경우에는 당해 사유가 소멸된 날부터 3일 이내에 대가를 지급하여야 한다.

참조법령 「국가계약법」 제15조·제16조, 「국가계약법시행령」 제58조

대분류제도(大分類制度)

수형자에 대한 개별처우의 기반을 확고히 하고, 교화프로그램의 시행 여건을 폭넓게 뒷받침해줌으로써 수형자의 개선 효과를 한층 높이기 위해 시행된 제도로 전국의 교정시설을 2범 이하 소와 3범 이상 소로 대분류하여 1994년 시행한 제도를 말한다. 그러나 외부통근 작업자, 구외공장 작업자, 관용부원 등의 확보를 위해, 2범 이하 소에 3범 이상을, 3범 이상 소에 2범 이하를, 구치소에 3범 이상을 다수 수용함으로써 범죄악습 전파방지를 위한 기본분류가 이행되지 못한다는 비판과 함께 2범 이하 소와 3범 이상 소로의 단순한 대분류만으로는 범수별 시설분류나 수형자의 특성에 상응한 개별처우의 적정시행이 곤란하다는 비판이 제기되었다. 즉, 범수 중심의 대분류제도는 선진 교정처우의 척도라 할 수 있는 단계적 교정처우의 실시를 극대화할 수 없다는 점

에서 폐지되기에 이르렀다.

참고문헌 『대한민국 교정사Ⅱ』 433면 (2010)

대사(大赦)

과거 왕의 명령에 의하여 죄인을 석방했던 제도를 말한다. 주로 왕의 즉위, 세자의 탄생, 전쟁에서의 승리 등 국가적인 경사가 있을 때 이를 축하하거나, 가뭄 등 재해가 심할 때 극복을 기원하는 의미에서 시행하였다. 대사의 시행은 삼국시대 고구려와 백제에서는 각 시대별로 불규칙했던 반면 신라에서는 지속적으로 행해졌으며, 삼국통일 이후에는 더 많이 시행하였다. 이는 신라의 왕권이 점차 강화되면서 행형의 시책이 비교적 안정적으로 유지되었던 사실을 보여준다. 이후 고려 때부터는 대사의 시행이 관례가 되어 한 해에 몇 번씩이나 대사를 시행한 적도 있었으며, 조선에서도 확대·발전되어 오다가 현대에 이르러서 사면제도로 정립되었다.

참고문헌 『대한민국 교정사Ⅰ』 41면·57면·84면 (2010)

대용감방(代用監房)

구치소나 교도소 등 교정시설에 없는 지역의 경찰서 유치장을 활용한 시설을 의미하며 「형집행법」 제87조의 "경찰관서에 설치된 유치장은 교정시설의 미결수용실로 보아 이 법을 준용한다."는 규정에 근거하고 있다. 단기 구금시설인 대용감방(유치장)에서 장기간 수용하다 보면 교정시설에 수용된 미결수용자에 비해 숙식, 접견, 위생, 의료지원 및 종교활동 등에 여러 가지 문제가 발생할 수 있어 인권침해의 소지가 적지 않다. 이에 법무부에서는 교정시설 신축과 연계하여 순차적으로 대용감방의 미결수용자를 인수하여 왔고 대용감방 인수에 필요한 인력이 충원되어 2020년 상반기에 대용감방의 미결수용자를 전부 인수하게 되었다. 2000년 이후 여주경찰서 등 12개 대용감방의 미결수를 인수하였고 현재 영동, 남원, 거창, 속초경찰서에 대용감방이 남아있는 상태이다.

참고문헌 법무부 보도자료

대체복무제(代替服務制)

종교적 신앙 등 양심적 병역거부자의 병역의무 이행을 위하여 부과하는 제도를 말하며, 2018년 6월 헌법재판소가 양심적 병역거부자를 처벌하는 조항이 헌법에 어긋나지는 않지만 병역법을 개정해 대체복무를 병역의 종류에 포함하라는 취지로 결정한 게 도입배경이 되었다.

대체복무요원으로 소집되면 대체복무 교육센터(대전)에서 3주간 직무교육을 받은 후 교도소 등 교정시설에서 36개월간 합숙 복무를 하게 된다. 대체복무요원의 구체적 업무 분야는 급식(식자재 운반·조리 및 배식), 물품(구매물품·보관품·세탁 물품 분류 및 배부), 교정교화(도서·신문 분류 및 배부, 도서관 관리, 교육교화 행사 준비), 보건위생(중환자·장애인 이동 및 생활보조, 방역), 시설관리(구내·외 환경미화, 환경개선 작업)에 관한 업무를 하게 되며 다만, 무기를 사용하는 시설 방호업무나 강제력이 동원되는 계호업무는 양심의 자유를 침해할 우려가 있어 제외한다. 이들은 일과표에 따라 하루 8시간의 근무를 원칙으로 하고 업무중에는 근무복을 입고 근무하게 된다. 보수는 현역병의 기준에 맞추어 지급되며 급식은 교정공무원과 동일하게 제공된다. 또한 사기진작 및 자기계발을 위한 휴가, 외출, 외박 등도 합리적인 범위 안에서 허용되며 일과종료 후 및 휴일에는 휴대폰 사용이 가능하도록 외부교통권을 보장받는다. 이들의 인권보호 및 고충처리를 위한 인권진단, 복무만족도 조사, 고충심사 청구 등 다양한 인권도 보장받으며 복무관리 전반에 관한 「대체역복무관리규칙」을 제정, 체계적이고 안정적인 대체복무관리시스템을 구축 운영한다. 소집해제 후에는 예비군훈련에 상응하는 예비군 대체복무를 통하여 1년차부터 6년차까지 대체복무기관에서 3박 4일간 합숙하며 대체업무를 수행할 수 있도록 하고, 예비군 대체복무 시에는 현역 대체복무 요원과 동일한 업무를 수행하게 된다. 이 제도는 2020년 10월부터 시작하였으며, 2023년까지 총 32개 기관에서 1,600명의 대체복무요원이 복무하게 된다.

참고문헌 법무부 보도자료

대한민국재향교정동우회(大韓民國在鄕矯正同友會, Korean National Correctional Officers Veterans Association)

퇴직한 교도관들의 상호간 친목도모를 통하여 교정에 대한 경험과 지식을 공유·발전시키고 교정의 선진화에 기여하기 위한 단체(법인)이며, 교정행정의 주요 유관기관이라고 할 수 있다.

연혁으로 1963년 10월 퇴직한 교정기관장들이 '교우회'를 결성한 이래 1983년 11월부터 '교정동우회'로 단체 명칭을 변경하고 회원을 퇴직한 교도관들로 확대하였으며, 2013년 6월 「대한민국재향교정동우회법」이 제정되어 현재에 이르고 있다. 조직은 본부, 4개 지부, 33개 지회, 1개 특별회로 구성되어 있다. 주요 업무는 회원의 복지증진 및 권익신장을 위한 사업, 회원 상호간 상부상조를 통한 친목도모를 위한 사업, 수형자의 교정교화 및 출소자의 재사회화를 위한 재원의 조성 및 관리 사업 등이다. 교정동우회는 퇴직자들 상호간뿐만 아니라 현직자들과도 수시로 교류하며 교정행정의 발전을 위한 조언과 지원을 아끼지 않고 있다.

참고문헌 대한민국재향교정동우회 홈페이지

도구점검(道具點檢)

작업장에서의 일과를 종료하고 수용사동으로 이동하기 전, 즉 폐방(閉房) 직전에 근무자가 작업장 도구함을 열어서 작업도구 현황을 점검하는 것을 말한다. 작업장 근무자는 당일 사용했던 작업도구를 회수하여 작업 도구함에 넣어 정리하고, 보안과의 도구점검 근무를 명받은 근무자가 작업장에 가서 도구현황표에 따라 입고(入庫) 유무와 수량 등을 다시 점검·확인하는 방식이다. 작업장의 도구점검이 이상 없이 끝나면 폐방절차가 진행된다.

도급작업(都給作業)

교도작업의 경영방식에 따른 분류로 국가와 제3자(민간기업 등)간의 공사도급계약에 따라 수용자에게 부과하는 작업을 말하며, 교정시설이 노동력의 제공과 작업용 자재, 비용, 공사감독 등을 맡아 계약 기일내에 공사를 완성하고 대가를 받는 작업방식이다. 즉 특정공사를 계약하고 기일 내에 공사를 완공하는 작업을 말하며, 교정시설의 현 실정상으로는 보안상 곤란한 작업이라 할 수 있다. 장점으로는 높은 수익이 가능하고 수용자를 대규모로 취업시킬 수 있다는 점이 있으나, 단점으로 계호의 부담 및 보안상의 문제, 민간기업에의 압박 우려, 전문기술력 확보가 곤란하다는 점이 있다.

참조법령 「교도작업법 시행규칙」 제6조
참고문헌 조광근 『나이스교정학』 272면 (2010)

도서(圖書)

「정기간행물법」 및 「출판법」에 따라 발간된 도서·잡지를 말한다. 교정시설에서는 수용자의 지식함양 및 교양습득에 필요한 도서를 비치하거나 소지할 수 있게 함으로써 수용자의 알 권리를 보장하고 있다. 도서의 종류는 크게 비치도서, 개인도서, 무주(無主)도서로 구분된다.

비치도서란 수용자에게 열람시킬 목적으로 구입, 발간 또는 기증을 받아 도서원부에 등재한 도서를 말한다. 속칭 '관책'이라고 부르며, 사회복귀과 내 도서관에서 보유·관리한다. 개인도서란 수용자 개인별로 일정범위 내에서 소지할 수 있는 도서를 말한다. 속칭 '사책'이라고 부르며, 반입경로에 따라 다시 수용자가 사회복귀과를 통해 자비부담으로 구매하는 구입도서, 민원인이 민원과(민원실)을 통해 수용자에게 전달하는 차입도서, 외부인이 우편물을 통해 수용자에게 발송하는 우송도서로 구분된다. 무주도서란 출소자가 두고 간 도서 등 소유자가 분명하지 않은 도서를 말한다. 이러한 도서는 정기적으로 회수하여 비치도서로 전환하거나 폐기한다. 어느 종류이든 도서를 통해 수용자 금지물품을 수수하거나 반입할 가능성이 있으므로 교도관이 이상유무를 철저히 검사하고 있다.

2019년 기준 전국 교정시설의 비치도서는 총 318,006권이며, 유형별 비중으로는 문학(45.7%), 사회과학(18.5%), 종교(7.0%), 기술과학(6.0%), 역사(5.6%), 철학(4.7%), 예술(3.7%) 순이다.

참조법령 「형집행법」 제46조, 「형집행법시행령」 제72조, 「수용자 교육교화 운영지침」 제2조·제35조~제39조
참고문헌 『교정통계연보』 113면 (2020)

도형(徒刑)

고려시대와 조선시대 기본형 중의 하나이며, 일정한 기간 관아에 구금하여 중한 노역에 종사시키는 형벌을 말한다. 오늘날의 유기징역형에 해당하는 것으로 볼 수 있다. 우리나라에서는 고려 때부터 도형을 처음으로 시행하였고, 조선에서는 경국대전(經國大典), 대명률직해(大明律直解), 속대전(續大典) 등 모든 형사법에 도형에 관한 규정을 두어 이를 더욱 구체화시켰다. 조선의 경우 도형의 기간은 최단기 1년에서 최장기 3년까지로 반드시 장형을 병과하였다. 도형의 집행은 군·현 등 각 지방의 관아에서 하였으며, 전국의 도형수에 대하여 형조에서 총괄적으로 관리하였다. 도형에 처할 때의 노역으로는 매일 소금 3근을 굽거나 철 3근을 불리게 하는 작업을 부과시키되, 실제 염장이나 철장이 없는 관아에서는 종이 또는 기와를 만들게 하거나 그 밖에 잡역을 부과시켰다. 특히 노역 대신 군역에 복무시키는 충군이라는 제도가 있었는데, 이

는 주로 군인이나 군에 관계되는 범죄에 대하여 적용했던 것으로 도형의 일종이었다.

참고문헌 『대한민국 교정사Ⅰ』 107면~108면 (2010)
관련용어 충군(充軍)

독거제(獨居制) · 독거수용(獨居收容)

구금제도 중의 하나로 각각의 범죄자마다 하나의 거실에 단독으로 수용하는 방식을 말한다. 범죄자마다 방을 나누었다고 하여 분방제라고도 한다. 독거제는 혼거제의 폐해인 수형자간의 접촉을 통한 악풍감염(범죄배양효과)을 막을 수 있고 위생적이며, 범죄자에게 회오반성을 유도할 수 있다는 장점이 있다. 반면 정신적·심리적 장애를 초래할 수 있고, 공동생활을 전제로 하는 교육·작업·운동 등에 부적합하며, 각각의 범죄자마다 하나의 거실에 수용하여야 하므로 시설비용이 많이 든다는 단점이 있다.

「형집행법」에 의하면 원칙적으로 수용자는 독거수용한다. 다만, ① 독거실 부족 등 시설여건이 충분하지 않은 때 ② 수용자의 생명 또는 신체의 보호, 정서적 안정을 위하여 필요한 때 ③ 수형자의 교화 또는 건전한 사회복귀를 위하여 필요한 때에는 혼거수용 할 수 있다. 이에 따라 교정시설을 새로 설치하는 경우에는 수용자의 거실수용을 위하여 독거실과 혼거실의 비율이 적정한 수준이 되도록 한다.

독거수용은 ① 주간에는 교육·작업 등의 처우를 위하여 일과에 따른 공동생활을 하게 하고 휴업일과 야간에만 독거수용하는 처우상 독거수용 ② 사람의 생명·신체의 보호 또는 교정시설의 안전과 질서유지를 위하여 항상 독거수용하고 다른 수용자와의 접촉을 금지(다만, 수사·재판·실외운동·목욕·접견·진료 등을 위하여 필요한 경우에는 제외)하는 계호상 독거수용으로 구분한다.

참조법령 「형집행법」 제14조, 「형집행법시행령」 제4조·제5조
참고문헌 임현 『바른교정학』 58면 (2019)

독지방문위원제도(篤志訪問委員制度)

1970년에 교정업무에 외부인사를 참여시켜 수형자 교정교화 효과를 높이기 위하여 도입된 제도로, 그 지역 내의 종교인, 교육가, 사회사업가, 법조인, 의사 중에서 적합한 사람을 위촉하여 수형자의 고충처리, 장래생활방침의 지도, 각종 교양과 기능향상의 지도 등을 담당하던 민간인을 말한다. 동 제도는 이외에도 교정시설과 지역사회와의 가교역할을 하였을 뿐만 아니라 사회와 격리된 교정시설에 일반사회의 분위기를 전달하는 매개기능도 수행하였다.

> 참고문헌 김용준·이순길 『교정학』 469면 (1994)
> 관련용어 교정위원

독학에 의한 학위취득과정

독학자(獨學者)에게 학사학위(學士學位) 취득의 기회를 줌으로써 평생교육의 이념을 구현하고 개인의 자아실현과 국가·사회의 발전에 이바지하는 것을 목적으로 2019년 도입된 제도를 말한다. 교정시설에서도 수형자에게 학위취득 기회를 부여하기 위하여 독학에 의한 학사학위 취득과정(이하 '학사고시반 교육')을 설치·운영하고 있다. 국가평생교육진흥원에서 주관해 오던 수형자 독학에 의한 학위취득시험관리가 2012년 교정기관으로 위탁되었으며 교정시설 내에서 운영하고 있는 학사고시반 교육대상자의 자격으로는 ① 고등학교 졸업 또는 이와 동등한 수준 이상의 학력이 인정될 것 ② 교육개시 일을 기준으로 형기의 3분의 1(21년 이상의 유기형 또는 무기형의 경우에는 7년)이 지났을 것 ③ 집행할 형기가 2년 이상일 것이 요구된다. 학사고시반의 교육은 독학에 의한 자율학습을 원칙으로 하며 학습효과를 높이기 위해 집합교육 및 외부강사에 의한 보충교육을 실시할 수 있다.

2019년 기준 수형자 학과교육 인원은 총 1,160명이며, 이 중 학사고시반 교육 인원은 348명으로 약 30.0%를 차지한다.

참조법령 「형집행법시행규칙」제110조, 「독학학위법」제1조, 「수용자 교육교화 운영 지침」제7조

참고문헌 『교정통계연보』137면 (2020)

동성애(同性愛)

남성 동성 또는 여성 동성의 사이에서 연애나 성애의 측면을 포함하는 애정을 말하며, 동성애의 성질을 갖고 있는 사람을 동성애자라고 한다. 교정시설은 특수한 단일성의 사회이고 교정행정 운영의 관점에서 동성애자의 성애행위는 규율위반 행위로서 징벌부과의 대상이 된다. 때로는 이러한 동성애자의 성애행위로 인해 교정사고 발생 원인이 되기도 하며, 일제강점기의 행형기록에서도 동성애로 인해 적지 않은 교정사고가 발생하여 이를 예방하기 위해 고민하였다는 것을 보아 시공을 떠나 동일한 문제가 있었음을 알 수 있다. 따라서 교정시설에서 발생하는 동성애를 방지하기 위해서는 거실지정이나 취업장 선정 등에 신중을 기할 필요가 있다.

참고문헌 鴨下守孝 · 松本良枝 『교정용어사전』253면 (2006)

동정관찰(動靜觀察)

수용자의 동정이란 수용자가 일상적으로 생활하는 일체의 행위를 말하며, 동정관찰이란 교도관이 이러한 수용자의 동정을 세밀히 관찰하는 것을 말한다. 동정관찰은 수용자의 심리적 변화와 특이동정을 파악하여 도주, 자살, 자해, 폭행, 난동 등 교정사고를 예방하는 데 기본적인 목적이 있다. 징벌대상행위 적발 시에는 경중에 따라 삼진아웃제(2회까지는 경고에 그침)를 적용하거나 조사절차로 이행되도록 처리하며, 수용생활에 특별한 고충을 겪고 있을 경우 고충상담 등을 통해 원만히 해소될 수 있도록 조치한다. 근무 중에 발생한 특이동정 사항은 지체 없이 상급자에게 보고하고 필요시 관계부서에도 통보하

여야 한다.

참조법령 「교도관직무규칙」 제28조

동행계호(同行戒護)

출정, 공동행사, 진료, 접견 등을 위해 교도관이 수용자를 특정한 장소로 이동시키며 행하는 계호를 말한다. 교정사고를 방지하기 위해 수용자는 원칙적으로 단독으로 보행(독보)할 수 없기 때문에 교도관의 동행계호는 일부 예외를 제외하고는 필수적으로 행해진다. 또한 '동행진료'와 같이 교정시설 안에서 단시간에 걸쳐 행하는 경우부터 '동행귀휴'와 같이 교정시설 밖에서 장시간에 걸쳐 행하는 경우까지 다양한 유형이 있다. 동행계호 시에는 수용자간 또는 외부인과의 부정한 접촉·연락 등이 없도록 관찰을 철저히 하고, 도주 등 긴급 상황이 발생하면 신속하게 필요한 초동조치부터 취해야 한다.

동행진료(同行診療)

진료 행위 중의 하나로 교도관이 수용자를 직접 의료과 진료실로 동행하여 진료하는 방식을 말한다. 즉 수용자가 진료신청을 하거나 근무자의 진료요청이 있는 경우 의무관이 동행진료의 필요성이 있다고 판단한 수용자를 직접 의료과로 동행하여 의무관의 진료를 받도록 하는 것이다. 동행진료의 대상은 ① 수액, 주사 등의 처치가 필요한 경우 ② 의료장비(x-ray 촬영)를 사용하는 경우 ③ 치과진료, 초빙진료, 원격화상진료를 시행하는 경우 ④ 상처 등으로 인하여 진료가 필요한 경우 ⑤ 응급환자 등 신속한 처치가 필요한 경우 ⑥ 그 밖에 의무관이 동행진료가 필요하다고 인정하는 경우이다.

디지털예산회계시스템(dBrain, Digital Budget and Accounting System)

공공부문에 있어서 재정활동의 전 과정에 관한 통합된 재정정보를 전자적으로 분석하는 시스템을 말한다. 즉, 예산편성, 회계결산, 성과관리 등 재정활동 전 과정이 수행되고 그 결과 정보가 관리되는 시스템으로, 재정활동이 보다 짜임새 있게 이루어지고 쉽고 정확하게 현황을 파악할 수 있으며 재정성과는 향상되어 예산낭비는 줄어드는 효과를 볼 수 있다. 2007년 1월 도입되었으며 국제기준에 의한 재정정보의 비교는 물론 재정통계에 의한 합리적인 정책결정을 가능하게 한다.

참조법령　「디지털 예산회계 시스템 운영지침」 제2조

교정용어사전
矯正用語辭典

ㄹ

래피(REPI)

동의용어 재범예측지표(Recidivism prediction index)

로르샤하 검사(Rorschach test)

1920년 스위스의 정신과 의사 헤르만 로르샤하(H. Rorschach)에 의해 개발된 대표적인 투사법 검사로, 그 후 사무엘 벡(S.J.Beck)과 브루노 클로퍼(B.Klopfer) 등에 의해 체계화되었다. 좌우가 거의 대칭형의 잉크얼룩으로 이루어진 10장의 도판을 1개씩 피검사자에게 제시하고 그것이 무엇으로 보이는가를 답하게 한다. 그래서 반응영역(잉크반점의 어느 부분에 반응했는가), 결정판(반점의 어떠한 속성에 따라 반응이 결정되었는가), 반응내용(무엇을 보았는가), 형태수준(반응의 정확성의 정도)외에 도판의 회전유무, 반응시간, 반응수 등 여러 가지 자료에 근거하여 종합적으로 해석한다. 따라서 이 검사는 엄격한 교육과 훈련을 받은 전문가에 의해 실시되고 해석되어야 한다. 현재 로르샤하 검사는 임상정신의학이나 임상심리학의 영역에서 매우 유효한 인격 성향을 추론하는 정신상태 진단검사라고 할 수 있으며, 범죄나 비행임상의 현장에서도 중요시되고 있다. 장점으로는 피검사자들이 응답을 왜곡하기 어렵고, 정서와 행동, 무의식에 대한 많은 정보를 제공하는 검사로서 의미가 있다. 그러나 검사 실시 및 해석에 전문적인 지식과 통합적 이해가 요구되므로 반드시 충분한 임상적 경험을 가진 전문가에 의해 실시되어야 하며, 투사검사의 특성상 검사의 신뢰도와 타당도가 낮다는 점이 한계로 지적된다.

참고문헌 鴨下守孝・松本良枝 『교정용어사전』 359면 (2006)

교정용어사전
矯正用語辭典

ㅁ

마사키 아키라(正木亮, 1892.03.25.~1971.08.22.)

검사, 변호사, 감옥학·형사정책의 실천적 법학자이다. 1918년 동경제국대학 법률과(독일법)를 졸업하고 사법성 서기관·형정국장, 히로시마·나고야 공소원검사장을 역임했다. 검사 퇴임 후에는 변호사, 카나가와(神奈川) 대학교수, 교정협회 회장 등을 역임했다. 사법성 재직 시에는 고스케(小菅)감옥에서 1개월간 지원수(志願囚)를 체험하고, 가석방심사규정 및 행형누진처우령의 입안에 관여했다. 1984년 동경제국대학 학위청구논문「행형을 기점으로써 고찰한 자유형」을 제출하고 동 논문을 이듬해 「신감옥학」으로 출판했다. 동경대 교수 마키노 에이이치(牧野英一)의 영향을 받아 교육형주의에 기초하여 범죄자의 교정문제에 교육학, 심리학, 정신의학 등을 도입했다. 2차세계대전후 일본에서 사형폐지의 제창자로서 사형폐지 운동의 중심적 역할을 하였다. 저서로『행형상의 제문제(1928)』,『사형(1956)』,『형법과 형사정책(1963)』,『감옥학개론(1974)』등이 있다.

참고문헌 鴨下守孝·松本良枝『교정용어사전』330면 (2006년)

마약류수용자(痲藥類收容者)

엄중관리대상자 중의 하나로 입소시나 수용생활 중 다양한 방법으로 마약 등 금지물품을 반입할 우려가 높아 엄중히 관리하여야 하는 수용자를 말한다. 마약류수용자의 지정대상은 ① 체포영장·구속영장·공소장 또는 재판서에「마약관리법」,「마약거래방지법」, 그 밖에 마약류에 관한 형사 법률이 적용된 수용자 ② 위 ①의 형사법률을 적용받아 집행유예가 선고되어 그 집행유예 기간 중에 별건으로 수용된 수용자이다.

위의 지정대상에 해당하는 수용자는 마약류수용자로 지정하여야 하고, 현재의 수용생활 중 집행되었거나 집행할 형이 위의 ①에 해당하는 경우에도 또한 같다. 이에 따라 마약류수용자로 지정된 사람에 대하여는 석방할 때까지

지정을 해제할 수 없고, 다만, ① 공소장 변경 또는 재판 확정에 따라 지정사유가 해소되었다고 인정되는 경우 ② 지정 후 5년이 지난 마약류수용자로서 수용생활태도, 교정성적 등이 양호한 경우(마약류에 관한 형사법률 외의 법률이 같이 적용된 마약류수용자로 한정)에는 교도관회의의 심의 또는 분류처우위원회의 의결을 거쳐 지정을 해제할 수 있다.

수용자 외의 사람이 마약류수용자에게 물품을 건네줄 것을 신청하는 경우에는 마약류 반입 등을 차단하기 위하여 신청을 허가하지 않는다. 다만, ① 법무부장관이 정하는 바에 따라 교정시설 안에서 판매되는 물품 ② 그 밖에 마약류 반입을 위한 도구로 이용될 가능성이 없다고 인정되는 물품을 건네줄 것을 신청한 경우에는 예외로 할 수 있다. 그 밖에 마약류수용자에 대해서는 마약반응검사 실시, 보관품 등에 대한 수시점검, 재활교육 시행 등 엄중한 관리 및 처우의 제한이 이루어진다.

참조법령　「형집행법」 제104조, 「형집행법시행규칙」 제194조·제204조~제209조

마음나래프로그램(Maumnarae Programs)

법무부 교정본부에서 시행하고 있는 대표적인 직원정신건강 프로그램이다. 교정공무원의 심리적 어려움을 해소하고 마음의 날개를 활짝 펼 수 있도록 지원하는 심리상담 프로그램으로서 직무스트레스, 가족문제, 대인관계 등의 다양한 문제에 대하여 전문상담이 가능하다. 의뢰한 내담자의 사생활과 비밀은 개인정보 보호와 관련된 법률 및 상담윤리에 따라 보호되며, 고객센터(1644-4474), 웹사이트(http://maumnarae.co.kr), 모바일 애플리케이션(Application)을 통해 신청할 수 있다.

참고문헌　『마음나래프로그램 홍보책자』(2020)

만성질환자(慢性疾患者)

교정시설에서 중점관리가 필요한 환자유형 중의 하나로 최소 3개월 이상 지속되는 병적인 상태를 앓고 있는 환자를 말한다. 최근 우리나라에서는 급격한 경제성장, 생활습관 변화, 스트레스 상승 등으로 인하여 만성질환자 발생이 증가하고 있으며, 발병 연령층도 점점 낮아지고 있다. 만성질환은 호전과 악화를 반복하며 점점 악화되는 양상으로 진행된다는 점에서 지속적인 관찰이 요구된다. 주요 만성질환으로는 고혈압, 당뇨병, 호흡기계 질환(폐렴·천식·만성폐쇄성폐질환), 심혈관계 질환(협심증·심근경색증·부정맥), 신부전 등이 있다. 혈액투석이 필요한 질환의 경우 수용자를 집중치료기관(혈액투석실 운영기관)으로 이송하여 지속적인 혈액투석을 받게 할 수 있다.

2019년 기준 전국 교정시설의 환자는 총 24,909명이며, 이 중 고혈압 9,197명(36.9%), 당뇨병 5,131명(20.6%), 혈액투석 89명(0.4%) 등으로 만성질환자가 큰 비중을 차지한다.

참고문헌 『교정통계연보』 95면 (2020)

목욕(沐浴)

수용자의 건강유지를 위하여 정기적으로 몸을 씻을 수 있도록 하는 것을 말하며, 작업의 특성, 계절, 그 밖의 사정을 고려하여 수용자의 목욕횟수를 부득이한 사정이 없으면 매주 1회 이상 되도록 한다.

여성수용자의 목욕횟수를 정하는 경우에는 그 신체적 특성을 특히 고려하여야 하며, 특히 여성수용자가 목욕을 하는 경우에 계호가 필요하다고 인정하면 여성교도관이 하도록 하여야 한다. 또한 노인·장애인·소년수용자의 나이·건강상태 등을 고려하여 필요하다고 인정하면 목욕횟수를 늘릴 수 있다. 만약 노인·장애인수용자 등이 거동이 불편하여 혼자서 목욕하기 어려운 경우에는 교도관, 자원봉사자 또는 다른 수용자로 하여금 목욕을 보조하게 할 수 있다. 그 밖에 관심대상수용자, 보호장비착용자, 공안(관련)사범, 작업수용자, 환자 등의 경우에도 수용자의 특성을 고려하여 목욕을 실시하여야 한다.

참조법령 「형집행법」 제33조, 「형집행법시행령」 제50조 · 제77조, 「형집행법시행규칙」 제46조 · 제54조 · 제59조의6

목적형주의(目的刑主義)

형벌이념(교정이념) 중의 하나로 형벌은 단순한 응보에 그치는 것이 아니라 그 이외의 다른 목적을 가진다는 사상을 말한다. 목적형주의는 19세기 중반에 이르러 제기되기 시작하였으며, 형벌은 사회방위의 수단으로서 범죄자의 격리를 통한 사회 안전을 확보하고 범죄자를 교화개선하는 데 목적을 두어야 한다는 것이다. 목적형주의는 범죄예방의 대상에 따라 일반인의 초범방지에 중점을 두는 일반예방주의와 범죄자의 재범방지에 중점을 두는 특별예방주의로 구분되며, 특별예방의 입장에서 교육의 중요성을 강조한 교육형주의가 있다.

참고문헌 임현 『바른교정학』 18면 (2019)

무기(武器, Weapon)

교정장비 중의 하나로 사람의 생명·신체 및 설비에 대한 중대하고도 뚜렷한 위험을 방지하기 위하여 수용자 또는 수용자 외의 사람에 대하여 사용하는 도구를 말한다. 무기의 종류로는 ① 권총 ② 소총 ③ 기관총 ④ 그 밖에 법무부장관이 정하는 무기가 있다.

교도관은 ① 수용자가 다른 사람에게 중대한 위해를 끼치거나 끼치려고 하여 그 사태가 위급한 때 ② 수용자가 폭행 또는 협박에 사용할 위험물을 소지하고 있어 교도관이 버릴 것을 명령하였음에도 이에 따르지 않는 때 ③ 수용자가 폭동을 일으키거나 일으키려고 하여 신속하게 제지하지 않으면 그 확산을 방지하기 어렵다고 인정되는 때 ④ 도주하는 수용자에게 교도관이 정지할 것을 명령하였음에도 계속하여 도주하는 때 ⑤ 수용자가 교도관의 무기를 탈취하거나 탈취하려고 하는 때 ⑥ 그 밖에 사람의 생명·신체 및 설비에 대한 중대하고도 뚜렷한 위험을 방지하기 위하여 무기의 사용을 피할 수 없는 때에는 수용자에 대하여 무기를 사용할 수 있다. 또한 교정시설의 안(교도관이 교정시설의 밖에서 수용자를 계호하고 있는 경우 그 장소를 포함)에서 자기 또는 타인의 생명·신체를 보호하거나 수용자의 탈취를 저지하거나 건물 또는 그 밖의 시설과 무기에 대한 위험을 방지하기 위하여 급박하다고 인정되는 상당한 이유가 있으면 수용자 외의 사람에 대하여도 무기를 사용할 수 있다.

무기는 소장 또는 그 직무를 대행하는 사람의 명령을 받아 사용하며, 다만, 그 명령을 받을 시간적 여유가 없으면 그렇지 않다. 또한 무기를 사용하려면 공포탄을 발사하거나 그 밖에 적당한 방법으로 사전에 상대방에 대하여 이를 경고하여야 한다. 한편 무기의 사용은 필요한 최소한도에 그쳐야 하며, 최후의 수단이어야 한다.

> **참조법령** 「형집행법」제101조, 「형집행법시행규칙」제189조

무능력화주의(無能力化主義)

형벌이념(교정이념) 중의 하나로 신응보주의를 반영하여 형벌을 통해서 범죄자의 범죄능력을 무력하게 만들어야 한다고 주장하는 사상을 말한다. 무능력화의 방법으로는 집합적 무능력화와 선별적 무능력화가 있는데, 모든 중범죄자를 교정시설에 장기간 구금시키는 집합적 무능력화는 현실적으로 어렵기 때문에 특히 선별적 무능력화를 강조한다. 이는 소수의 상습범죄자들이 중대범죄의 대부분을 저지른다는 가설을 전제로, 이들을 선별하여 사회로부터 장기간 격리시킬 수 있다면, 적어도 그 기간 중에는 범죄능력을 무력하게 만들 수 있다는 것이다. 그리고 그 결과 사회의 범죄량을 대폭 감소시키고 교정시설의 과밀수용 문제도 완화시킬 수 있다고 한다. 무능력화주의를 강조한 대표적인 학자로는 피터 그린우드(Peter Greenwood)가 있다.

참고문헌 김옥현 『교정학』 17면 (2020)

문서관리(文書管理)

각종 공문서를 일정한 기준에 따라 처리하여 업무의 효율화를 도모하기 위한 것으로 공문서의 기안, 결재, 분류, 보관, 폐기에 이르는 모든 문서작업의 관리를 말한다. 공문서의 작성과 성립 등 세부사항에 관해서는 「행정 효율과 협업 촉진에 관한 규정」에서 구체적으로 정하고 있다. 교정행정의 경우 수용자의 구금 및 형의 집행 등을 수행하는 공안조직의 특성상 비밀성이 요구되는 문서가 많은 편이며, 비밀문서에 대해서는 별도의 절차에 따라 철저한 관리가 이루어진다.

물품관리(物品管理)

물품이란 국가가 소유하는 동산과 국가가 사용하기 위하여 보관하는 동산을 말한다. 다만, 현금, 유가증권, 「국유재산법」에 의한 부동산·선박·항공기, 「군수품관리법」에 의한 군수품은 제외한다. 물품의 종류는 크게 1년 이상 사용할 수 있는 내구성물품(비소모품)과 1년 이내에 소모되어 없어지거나 다시 사용할 수 없는 소모품으로 구분된다. 물품관리는 이러한 물품의 취득·보관·사용·처분·결산 등에 관한 전반적인 업무를 말한다. 교정시설에서는 수용자와 교도관이 다양한 종류의 수많은 물품을 필요로 하기 때문에 물품관리의 중요성이 높다고 할 수 있다. 현재 물품관리에 관한 사무가 전산화되어 디지털예산회계시스템(d-Brain), 국가종합전자조달시스템(나라장터), RFID물품관리시스템, 전자자산처분시스템(onbid)을 활용하여 업무를 처리하고 있다. 그 밖에 물품관리 업무의 세부사항에 관해서는 「물품관리법」 등 관계법령에서 구체적으로 규정하고 있다.

ㄱ

ㄴ

ㄷ

ㄹ

ㅁ

ㅂ

ㅅ

ㅇ

ㅈ

ㅊ

ㅋ

ㅌ

ㅍ

ㅎ

참조법령 「물품관리법」 제2조

미결수용자(未決收容者, Unconvicted Inmates)

수용자 중의 하나로 형사피의자 또는 형사피고인으로서 체포되거나 구속영장의 집행을 받아 교정시설에 수용된 사람을 말한다. 2019년 기준 전국 교정시설의 1일 평균 수용인원은 총 54,624명이며, 이 중 미결수용자는 19,343명으로 약 35.4%를 차지한다. 이러한 미결수용자는 무죄의 추정(헌법 제27조)을 받으며 그에 합당한 처우를 받는다.

미결수용자는 구치소에 구분하여 수용하며, 다만, ① 관할법원 및 검찰청 소재지에 구치소가 없는 때 ② 구치소의 수용인원이 정원을 훨씬 초과하여 정상적인 운영이 곤란한 때 ③ 범죄의 증거인멸을 방지하기 위하여 필요하거나 그 밖에 특별한 사정이 있는 때에는 교도소에 수용할 수 있다. 특히 미결수용자로서 사건에 서로 관련이 있는 사람은 분리수용하고 서로 간의 접촉을 금지하여야 한다.

미결수용자가 수용된 거실은 참관할 수 없으며, 미결수용자에게는 신청에 따라 교육 또는 교화프로그램을 실시하거나 작업을 부과할 수 있다. 이 경우 교정시설 밖에서 행하는 작업은 포함하지 않으며, 만약 작업이 부과된 미결수용자가 작업의 취소를 요청하는 경우에는 그 미결수용자의 의사, 건강 및 교도관의 의견 등을 고려하여 작업을 취소할 수 있다. 그 밖에 사복착용, 이발, 변호인과의 접견 및 편지수수 등 각종 처우에 있어서 미결수용자의 특성을 고려한 처우가 이루어지고 있다.

참조법령 「형집행법」 제2조·제12조·제79조~제81조·제86조, 「형집행법시행령」 제103조
참고문헌 『교정통계연보』 58면 (2020)
관련용어 수용자, 수형자

민간투자개발사업(PFI: Private Finance Initiative)

1992년 영국에서 시작된 사회자본정비를 위한 방안 중의 하나이다. 공적부분에서 행해지고 있던 공공사업에 민간의 자본이나 노하우를 도입함으로써 재정부담을 경감시키고 종래보다 효율적이며 효과적인 사회자본의 정비 및 운영을 꾀하는 것이다. 즉, 공공기관이 직접 시설을 건설, 유지관리, 운영할 뿐만 아니라 민간의 자금, 경영능력 및 기술능력을 활용하여 시설의 정비와 공공서비스를 제공하는 새로운 방법의 공공사업이다. PFI에서는 VFM(Value For Money＝지출평가)라고 하는 개념이 중시되어 동일한 공공서비스 아래에서 재정부담을 경감할 수 있는지, 혹은 동일한 재정부담으로 공공서비스의 수준을 향상시킬 수 있는가에 따라 VFM의 유무가 판단된다.

일본의 교정시설에서는 관민협동교도소인 미네사회복귀촉진센터가 최초의 PFI방식에 의하여 2007년에 건설되었다. 일본 PFI 형무소 사업의 도입배경은 과밀수용 대책, 규제개혁, 행형개혁 등 3가지이며, 운영방식은 설계, 건축 및 유지관리와 서비스 업무를 민간에 위탁하는 혼합운영시설형이다. 미네사회복귀촉진센터 이후 시마네아사히, 키츠레카와, 하리마 등 3개소가 추가로 건립되어 총 4개소가 운영 중이다.

참고문헌　鴨下守孝·松本良枝 『교정용어사전』 280면 (2006)

민영교도소(民營矯導所, Private Correctional Institution)

교정의 최종목표는 범죄자를 개선하고 재범을 방지하여 신속하게 사회에 복귀시켜 건전한 사회인으로서의 생활을 영위하도록 하는데 있다. 교정시설 내의 과밀수용, 직원부족, 다양성이 결여된 교화프로그램 등의 문제는 이러한 목표 달성을 곤란하게 하고 있고, 이것이 국가가 독점적으로 운영하는 교정시설에 대한 반성으로 이어졌다.

범죄자의 사회복귀 정책에 대한 비판과 법질서를 유지하기 위한 강력한 형사정책에 대한 요구는 1980년대의 미국과 1990년대의 영국, 오스트레일리아 등에서 교정시설의 과밀수용을 야기하고, 국영교정시설이 범죄자의 개선과 재범방지에 도움이 되지 않는다고 하는 사회적 불안과 통계상 나타난 높은 재범율이 교도소 공영화의 실패라고 하는 결론을 초래했다. 또한, 과밀수용에 대응하기 위한 교도소의 증설이나 관리에 드는 막대한 비용을 지불하는 것도 점점 곤란하게 되었다. 따라서, 종래의 운영 방법과는 다른 새로운 운영방식에 중점을 두어 그 과정 속에서 현실적인 변화를 이루기 위한 하나의 시도로서 도입하게 된 것이 교정시설의 민영화이다.

교정시설의 민영화는 이미 많은 나라에서 교도소의 건설 및 운영에 민간의 자금이나 노하우를 활용하는 방식으로 진행되어 왔다. 미국, 영국, 일본, 브라질을 비롯한 나라들에서 새로운 방식의 민영 교도소가 운영되고 있고, 우리나라도 1999년 (구)「행형법(1950년 법률 제105호)」에 민영교도소 도입의 법적근거를 마련하고, 이 법률을 근거로 아가페재단과 위탁계약을 체결하여 2010년 12월 대한민국 최초의 민영교도소를 개소했다. 한편 일본은 「민간자금 등의 활용에 의한 공공시설 등의 정비 등의 촉진에 관한 법률(1999년 법률 제117호)(일명 PFI법)」에 기초해서 공공시설의 건설, 유지관리, 운영 등을 민간의 자금이나 노하우를 이용하여 시행하는 새로운 방식을 교정영역에 도입하여 2007년 4월 미네사회복귀촉진센타의 개소를 시작으로 3개의 PFI교도소(관민협동교도소)를 운영하고 있다.

일반적으로 민영교도소는 영리(PFI)와 비영리의 2개의 형태로 구분되며, 민영교도소는 국가운영의 교도소 등과 동등한 수준 이상의 교정서비스를 제공하여야 하고 교정법인은 민영교도소에 수용되는 자에게 특별한 사유가 있다는 이유로 수용을 거절할 수 없다. 다만 처우를 위하여 필요한 경우에는 법무부장관에게 수용자의 이송을 신청할 수 있다.

참고문헌   서운재 「형사시설에서의 수형자 처우의 현상과 향후의 과제에 관한 연구」 149면 (2016)

관련용어   소망교도소, 아가페재단

ㄱ
ㄴ
ㄷ
ㄹ
ㅁ
ㅂ
ㅅ
ㅇ
ㅈ
ㅊ
ㅋ
ㅌ
ㅍ
ㅎ

민원(民願, Civil Affairs) · 민원과(民願課)

민원이란 '행정에의 요구', 즉 개인·법인 또는 단체가 행정기관에 대하여 원하는 바를 요구하는 것을 말한다. 민원의 종류는 크게 일반민원과 고충민원으로 구분된다. 일반민원은 다시 법정민원, 질의민원, 건의민원, 기타민원으로 세분화되며, 고충민원은 국민의 권리침해 또는 불편사항에 관한 민원을 지칭한다. 교정민원의 경우 수용자의 가족, 친인척, 지인 등 일반국민이 교정기관에 민원을 제기함으로써 민원인의 지위를 갖게 되고, 수용자도 법령적용(예: 정보공개청구)에 따라 민원인에 해당될 수 있다. 민원처리는 기본적으로 각 교정기관 민원과 또는 총무과의 민원실에서 방문민원 등을 처리하고 있으며, 법무부 교정본부 홈페이지(Homepage), 법무부 온라인민원서비스 애플리케이션(Application), 교정민원콜센터(1363)에서 온라인민원이나 전화민원을 처리하고 있다. 교정행정의 비일반성, 보안성 및 비공개성을 고려할 때 교정기관에서는 적극적이고 투명한 민원처리를 통해 민원인의 불신을 해소하고 교정행정에 대한 신뢰를 확보하려는 노력이 필요하다.

민원과는 수용자의 접견, 보관금품의 검사·관리·출납 등의 업무를 담당하며, 2021년 현재 15곳의 교정시설에 설치되어 있고, 민원과가 없는 시설은 총무과 민원팀에서 업무를 담당한다.

참조법령 「민원처리법」 제2조, 「법무부와 그 소속기관 직제 시행규칙」 제16조

민원인사전등록(民願人事前登錄)

스마트접견(구 인터넷화상접견 포함)을 이용하기 위하여 사전에 등록하여야 하는 절차를 말하며 등록하지 않은 사람은 스마트접견을 이용할 수 없다. 즉, 최초 한 번은 반드시 인근 교정기관을 방문하여 사진 및 가족관계증명서 등 신분확인이 가능한 서류를 지참하여 가족여부를 확인받고 교정정보시스템에 등록하는 것을 말한다. 스마트접견 사전등록이 이루어진 민원인은 인터넷이

나 어플, 콜센터, 교정기관 방문을 통해 접견예약이 가능하고, 고령, 건강문제 등으로 직접 교정기관 방문이 곤란하다고 인정되는 경우에는 최근 6개월 내 촬영된 사진을 제출하여야 하며 사진이 있는 신분증으로 본인여부를 확인한다. 사진은 방문기관에서 즉시 촬영하여 등록할 수 있는 서비스를 제공하기도 한다.

참고문헌 교정본부 홈페이지

교정용어사전
矯正用語辭典

ㅂ

방호(防護)

적의 각종 도발과 위협으로부터 인원·시설·장비의 피해를 방지하고 모든 기능을 정상적으로 유지할 수 있도록 보호하는 활동을 말한다. 교정시설은 국가중요시설로서 국가비상사태 발생 시 신속하고 적절한 방호조치를 취하여야 한다. 이를 위하여 을지태극연습과 같은 국가훈련 외에도 자체 방호계획에 따라 비상소집훈련, 사격훈련 등 주요 훈련을 정기적으로 실시하고 있다. 교정시설의 방호체계 구축 및 운영 등 세부사항에 관해서는 비공개된다.

참조법령 「통합방위법」 제2조

범죄방지 및 형사사법에 관한 국제연합회의

범죄예방 등의 분야의 여러 문제에 대해 세계 각국의 대표가 협의하는 국제연합 주최의 회의를 말하며, 1955년 이래 5년마다 개최하고 있다. 제10회 회의(2000년)까지는 '범죄예방 및 범죄자의 처우에 관한 국제회의'라고 칭하였지만, 제11회 회의(2005년)부터 '범죄방지 및 형사사법에 관한 국제연합회의'(UN Congress on Crime Prevention and Criminal Justice)라고 부르고 있다. 1950년의 국제연합 총회 결의에 따라 종전의 국제형법 및 형무위원회 주최의 국제형법 및 형무회의를 계승하여 국제연합 주최의 동종의 국제회의를 5년마다 개최하기로 결정한 것에서 유래한다. 처음에는 범죄자 처우 분야에서의 의제가 많았지만, 점차 형사정책상의 광범위한 테마가 채택되었다. 각 회의에서는 협의결과에 근거하여 권고나 결의가 채택되지만 구속력은 없다. 제1회 회의에서는 「피구금자 처우에 관한 최저기준규칙('만델라규칙')」이 채택되었고, 이후 각 회의에서도 여러 가지 권고·결의가 채택되어 소위 국제준칙을 형성하고 있다.

참고문헌　鴨下守孝·松本良枝 『교정용어사전』 276면 (2006)

범죄횟수(犯罪回數)

징역 또는 금고 이상의 형을 선고받아 확정된 횟수를 말한다. 다만, 집행유예의 선고를 받은 사람이 유예기간 중 고의로 범한 죄로 금고 이상의 실형이 확정되지 않고 그 기간이 지난 경우에는 집행이 유예된 형은 범죄횟수에 포함하지 않는다. 또한, 형의 집행을 종료하거나 그 집행이 면제된 날부터 3년을 초과하는 징역 또는 금고는 10년, 3년 이하의 징역 또는 금고는 5년의 기간이 지난 경우에는 범죄횟수에 포함하지 않는다. 다만 그 기간 중 자격정지 이상의 형을 선고받아 확정된 경우에는 제외한다. 따라서 범죄횟수와 수용횟수가 동일하지는 않다.

참조법령　「형집행법시행규칙」 제3조, 「분류처우업무지침」 제4조
관련용어　수용횟수

법무타운 · 법조타운(Judical Affairs Town)

넓은 의미로는 형사사법기관인 법원, 검찰청, 교정시설을 함께 설치하여 하나의 단지(Town)로 조성하는 것을 말한다. 이렇게 하면 지하통로 등을 통하여 안전하고 효율적으로 수용자 출정(검찰 조사, 법원 재판)이 가능해지며, 수용자 가족도 재판과 접견에 용이하게 참석할 수 있다. 또한 교정시설 이전에 대한 지역주민의 기피현상이 심한 상황에서 부지를 확보하는 대안이 되기도 한다. 대표적인 예가 인천광역시 미추홀구 학익동의 법무타운으로 인천지방법원, 인천지방검찰청, 인천구치소가 매우 가까워 세 건물이 Y자형 지하통로로 연결되어 있다. 서울특별시 송파구 문정동의 법무타운도 광진구 구의동에 있던 서울동부지방법원, 서울동부지방검찰청과 함께 송파구 가락동에 있던 성동구치소가 법무타운 안으로 이전하면서 서울동부구치소로 이름을 변경했

으며, 역시 지하통로로 법원, 검찰청, 구치소가 연결되어 있다. 다만, 도심형 법무타운의 교정시설은 부지가 한정되어 고층형 구조로 건축할 수밖에 없는 만큼 운동 공간 부족 등 수용자 처우에 다소 제한이 따른다.

참고문헌 『교정시설 이전 홍보책자』 (2015)

법외형(法外刑)

공식적으로 규정된 형벌 이외의 관행적 또는 불법적 형벌을 말한다. 대체로 관아에서 관행적으로 시행하여 일반화되거나, 사가에서 노비의 죄에 대하여 불법적으로 자행하였다. 조선의 경우 주뢰형(周牢刑), 태배형(笞背刑), 압슬형 (壓膝刑), 난장(亂杖), 낙형(烙刑) 또는 포락형(砲烙刑), 의비형(劓鼻刑), 단근형 (斷筋刑) 또는 월족형(刖足刑), 비공입회수형(鼻孔入灰水刑), 고족형(刳足刑), 팽 형(烹刑) 또는 자형(煮刑) 등 여러 종류가 있었다.

이 중 주뢰형은 양다리를 결박한 후 막대기로 좌우를 벌리는 것을, 태배형 은 회초리 등으로 등을 난타하는 것을, 압슬형은 무릎 위에 압력을 가하는 것 을, 난장은 여러 명이 몽둥이 등으로 몸을 난타하는 것을, 낙형 또는 포락형 은 쇠를 불에 달구어 몸을 지지는 것을 말한다. 그리고 의비형은 코를 베는 것을, 단근형 또는 월족형은 다리(단근형) 또는 발뒤꿈치(월족형)의 힘줄을 끊 는 것을, 비공입회수형은 거꾸로 매달아 코에 잿물을 붓는 것을, 고족형은 발 을 쪼개는 것을, 팽형 또는 자형은 물에 삶아 죽이는 것을 말한다.

참고문헌 『대한민국 교정사 I 』 131면~136면 (2010)

법정구속(法庭拘束)

불구속 상태에서 재판을 받던 피고인을 재판부가 직권으로 법정에서 구속 하는 제도를 말한다. 이러한 법정구속은 「인신구속사무의 처리에 관한 예규」

및 실무상 ① 불구속 피고인이 수사과정에서 확인된 혐의사실을 재판과정에서 철저히 부인하는 등 법정태도가 지극히 불량하여 증거인멸의 우려가 높아진 경우 ② 재판진행 도중에 새로운 범죄사실이 밝혀지는 등 상황이 변화되어 도주가능성이 높아진 경우나 정당한 사유 없이 재판에 수회 불출석한 경우 ③ 불구속 피고인에게 실형선고를 하는 경우 등에 행해지고 있다.

구속영장은 검사의 지휘에 의하여 사법경찰관리가 집행한다. 단, 급속을 요하는 경우에는 재판장, 수명법관 또는 수탁판사가 그 집행을 지휘할 수 있으며, 법원사무관 등에게 그 집행을 명할 수 있다. 사법경찰관리가 법원에 상근하지 않는 점을 고려하여 법원사무관 등에게 집행을 명하는 것이 대부분이다. 이 경우에 법원사무관 등은 그 집행에 관하여 필요한 때에는 교도관 또는 법원경위에게 보조를 요구할 수 있다.

참조법령 「형사소송법」 제81조

변호인접견(辯護人接見)

신체구속을 당한 피의자·피고인이 국가권력의 형벌권 행사에 대하여 헌법상·소송법상 권리인 자신의 인권보장과 방어준비를 위하여 변호인이나 변호인이 되려는 자를 선임하여 충분한 조력을 받을 수 있는 제도를 말한다. 변호사가 아닌 사람이 접견을 신청하는 경우에는 법원에서 발부한 변호인을 증명하는 서류 등을 확인한 후에 변호인 접견을 허가하여야 한다. 미결수용자와 변호인과의 접견은 「형집행법」 제41조 제2항에도 불구하고 교도관이 참여하지 못하며, 그 내용 또한 청취 또는 녹취하지 못하고 보이는 거리에서 관찰만할 수 있다. 또한 접견시간과 그 횟수의 제한도 없다. 즉 미결수용자의 접견횟수는 매일 1회이지만 변호인과의 접견은 그 횟수에 포함시키지 않는다. 미결수용자와 변호인간의 편지도 교정시설에서 상대방이 변호인임을 확인할 수 없는 경우를 제외하고는 검열할 수 없다.

참조법령 「형사소송법」 제34조, 「형집행법」 제84조, 「형집행법시행령」 제101조~제 102조

보건위생(保健衛生)

수용자의 건강과 교정시설의 안전을 관리하고 질병 발생을 예방하기 위하여 건강하고 청결한 상태를 유지하는 것을 말한다. 보건위생은 개인위생과 시설위생으로 구분할 수 있다. 개인위생이란 수용자 개인이 주체가 되어 질병을 예방하고 건강을 증진시키는 것을, 시설위생이란 수용자가 시설 내에서 건강하게 생활할 수 있도록 수용동, 작업장, 운동장 등 수용자를 둘러싸고 있는 주변 환경을 청결히 하는 것을 말한다.

소장은 수용자의 건강, 계절 및 시설여건 등을 고려하여 식중독, 감염병 등의 예방을 위한 보건위생관리계획을 정기적으로 수립하고 그 이행에 철저를 기하여야 한다. 이 보건위생관리계획에는 개인위생과 시설위생에 관한 구체적인 사항이 포함되어 있어야 한다.

참조법령 「형집행법시행령」 제46조

보건위생직교도관(保健衛生職矯導官)

교도관(교정공무원) 중의 하나로 의무·약무·간호·의료기술·식품위생직렬 공무원을 말한다. 보건위생직교도관은 ① 의무직교도관(공중보건의를 포함)의 경우 수용자의 건강진단·질병치료 등 의료, 교정시설의 위생 ② 약무직교도관의 경우 약의 조제, 의약품의 보관 및 수급, 교정시설의 위생 보조 ③ 간호직교도관의 경우 환자 간호, 의무관의 진료 보조, 교정시설의 위생 보조, 경미한 의료행위 ④ 의료기술직교도관의 경우 의화학적 검사 및 검사장비 관리업무, 의무관의 진료 보조, 교정시설의 위생 보조 ⑤ 식품위생직교도관의 경우 식품위생 및 영양관리, 교정시설의 위생 보조를 기본적인 직무로 하고 그 밖

의 교정행정에 관한 사항을 담당한다. 보건위생직교도관은 직무상 필요한 경우에 수용자를 동행·계호할 수 있으며, 이 경우 계호의 원칙 및 징벌대상행위의 보고 등을 준수하여야 한다.

2019년 기준 교정공무원의 정원은 총 16,101명이며, 이 중 기술직군(보건위생직 포함)은 895명으로 약 5.6%를 차지한다.

참조법령 「교도관직무규칙」 제2조·제75조
참고문헌 『교정통계연보』 16면~17면 (2020)

보고문(報告文)·보고전(報告箋)

수용자가 자신의 처우상의 요청사항 등을 제출하여 고민 상담이나 처우상의 여러 절차에 관한 지도 등을 요구하고, 시설의 조치 등에 대해 자신의 의견이나 고충 신청을 할 때에 그 뜻을 기재하여 제출하는 용지이다. 교정시설에서는 다수 수용자의 여러 요구사항을 보고문으로 접수하여, 담당 부서에서 회답하는 형식의 사무처리를 하고 있다. 보고문의 서식은 시설마다 비슷하지만, 일반적으로 칭호번호 및 성명, 죄명, 형기, 수용거실·공장, 해당부서, 접수일시, 처리자 등을 기재하는 란이 있고 의견 및 결과를 기재하도록 되어 있다. 보고문에 의해서 수용자의 여러 가지 고충을 문서로 명확하게 하는 것은 적정한 처우를 실시하는데 유용하고 또한 후일 분쟁이 일어났을 때 그 처리상황 등을 확인하는 자료가 된다.

보고문은 일제강점기 시절 조선 행형에서도 사용되었고, 현재 일본에서도 간센(願箋)이라는 우리나라와 동일한 목적의 보고문이 사용되고 있으며 일본 국어사전에서의 표기를 보면 "간센이란, 형사시설에 수용된 수용자가 면회·물품의 구입, 의료진료 등 각종 요구사항이 있을 때 그 내용을 기재하여 제출하는 서면을 말한다."라고 설명하고 있다. 특정한 내용을 기록해 제출하는 쪽지, 편지라는 의미에서 보고전이라고 부르기도 한다.

보관금(保管金)

신입자가 교정시설에 수용될 때에 지니고 있는 휴대금, 수용자 이외의 사람이 보내온 교부금, 그 밖에 법령에 따라 수용자에게 보내 온 금원으로써 교정시설에 보관이 허가된 금원을 말한다. 과거에는 영치금이라고 불렀다. 보관금은 액수와 관계없이 접수가 가능하나 교정시설에 보관하고 수용자가 사용할수 있는 금액은 개인당 300만원으로 하며 이를 초과하는 금액에 대해서는 해당기관 거래은행에 수용자 개인명의의 통장을 개설하여 입금·보관하고 석방할 때 지급한다. 수용자는 보관금으로 음식물과 의류·약품·우표·신문·도서 등을 구입할 수 있으며 자기부담 진료비, 약제비, 세탁비 등으로 사용할 수 있다. 보관금은 가족 등에게 송금할 수 있으며, 벌금납부 등을 위해 사용할 수 있고, 법원의 채권압류 및 추심명령 결정문에 의해 강제로 징수될 수 있다. 교정시설에서는 보관금의 정확하고 투명한 관리를 위하여 보관금 담당자를 두어 관리하고, 수시 또는 정기적으로 보관금 잔액과 전산상의 통계금액을 대조하여 그 이상 유무를 확인한다.

보관금 중 출납공무원이 출소자 환불에 대비하여 보관금액 기준 범위 내에서 현금으로 보관하는 금원을 현금보관금이라고 한다. 해당 기관 사정에 따라 보관금액의 기준을 정할 수 있으며, 보관금은 도난·유용 등 금융 사고를 예방하기 위하여 견고한 이중금고에 보관하고 2명 이상이 열쇠를 따로 관리한다.

2019년(12.31.) 기준 보관금을 보유한 수용자는 총 54,099명이며, 1인 평균액은 약 536,000원(다액보유자로 인해 평균액이 다소 상승)이다.

참조법령　「형집행법시행령」 제34조, 「보관금품관리지침」 제1조의2·제15조
참고문헌　『교정통계연보』 92면 (2020)

보관낭(保管囊)

수용자가 교정시설에 입소하게 되는 경우 입소 시 가지고 온 귀중품이나

수용생활에 필요한 물건 외의 물품을 보관품으로 분류하여 보관하는 가방으로 군용 더블백과 유사하다. 과거에는 영치낭이라 불렀다. 보관낭에는 수용자의 보관품을 넣어 칭호번호별로 정리하여 보관창고에 보관하고 있으며 관리에 주의를 기울이고 있다. 특히 수용자가 입소 시 입고 있던 의류나 신발 등에 땀이 차 있거나 물기 등이 있는 상태로 보관낭에 넣게 되면 곰팡이가 피거나 손상되어 출소시에는 사용할 수 없는 경우가 있어 출소자와 종종 분쟁의 소지가 되기도 한다.

따라서, 통풍이 잘되는 재질의 보관낭에 넣어 보관하거나 보관창고의 습도를 조절할 수 있는 방안을 강구하여 보관품을 청결하게 보관·관리할 수 있도록 해야 할 것이다. 일례로 일본의 경우 개방된 사각형의 박스에 보관품을 보관하고, 보관창고에는 상시 에어컨을 가동시켜 보관품이 손상되지 않도록 하고 있는 점은 바람직한 보관방법이라고 생각된다.

"취사장에서 함께 일한 40대 재소자의 영치낭에는 집 열쇠, 딸 사진, 로또 복권, 출장마사지 명함, 부두 임시출입증이 있었다". (현민, 『감옥의 몽상』 중)

보관품(保管品)

신입자가 교정시설에 수용될 때 지니고 있던 휴대품과 수용자 이외의 사람이 수용자에게 보내 온 물품이나 수용자가 직접 자비로 구매한 물품, 그 밖에 법령에 따라 수용자에게 보내져 온 물품으로써 교정시설에 보관이 허가된 물품을 말한다. 과거에는 영치품이라고 불렀다. 교정시설 내에서 사용 가능한 보관품은 교정시설 내에서 구입한 물품만 가능하며, 이는 교정사고예방을 위하여 외부반입품목을 제한하고 있기 때문이다. 수용자 1인이 소지가 가능한 보관품은 「보관금품관리지침」의 별표3에 명시되어 있다.

보관금품 취급자는 휴대용검신기 등 검사 도구를 적극 활용하여 담배·마약류 등의 부정물품의 은닉여부를 철저히 검사하여야 하고 마약류수용자 등의 보관품은 세탁 후 지급하는 등 보관·관리를 철저히 하여야 한다.

보관품에는 금·은·보석, 시계, 휴대전화, 인감도장, 유가증권, 신분증, 중요문서 등 귀중품으로서 특별히 보관할 가치가 있는 특별보관품이 있다. 특별보관품은 보관낭에 보관하지 않고, 별도의 봉투 등에 봉인하여 보관하며, 보관품은 출소시 본인에게 돌려준다.

2019년 기준 보관품 접수건수는 총 3,574,164건이며, 유형별 비중으로는 자비구매품(63.5%), 입소휴대품(18.4%), 기타보관품(8.7%), 방문차입품(5.7%), 우송차입품(3.7%) 순이다.

참조법령 「형집행법시행령」 제34조, 「보관금품관리지침」 제1조의2·제24조~제25조
참고문헌 『교정통계연보』 91면 (2020)

보라미시스템

동의용어 교정정보시스템

보방(保放)

죄인을 불쌍히 여겨 형벌을 가볍게 하고 인신을 보호하기 위한 휼형(恤刑) 제도 중의 하나이다. 조선의 경우 구금 중인 죄인의 건강이 좋지 않거나 상을 당하게 되면, 죄인을 석방하여 구금하지 않은 상태에서 재판을 받게 하거나 상을 치르고 난 후 다시 구금하였다. 이는 오늘날의 구속집행정지, 형집행정지, 귀휴에 해당하는 제도라고 할 수 있다.

참고문헌 임현 『바른교정학』 35면 (2019)

보안(保安, Security)·보안과(保安課)

교정시설의 안전을 확보하고 질서를 유지하기 위한 모든 수단으로서 수용자에 대한 구금과 교화개선을 위하여 실시하는 경계와 보호를 말한다. 교정의

목적이 처벌이든, 제재이든, 교화개선이든, 치료이건 모든 것은 구금을 전제로 하고 있으며 구금에 있어서 가장 중요한 관심은 보안이라고 할 수 있다.

보안과는 교정시설에 수용되어 있는 수용자들에 대한 직접적인 수용관리를 담당하는 부서로서, 교정기관의 여러 부서들 중 인적·물적 측면에서 가장 규모가 크고 그 업무의 중요성 또한 가장 강조되는 부서이다. 보안과의 주요 업무는 직원의 훈련·점검 및 규율, 수용자의 구금 및 계호, 수용자의 상벌·출정·접견·무기 및 경비 등의 업무라고 할 수 있다.

참조법령 「법무부와 그 소속기관 직제 시행규칙」 제16조

보안근무(保安勤務)

교도관의 근무를 구분한 것으로 수용자의 계호를 주된 직무로 하는 유형을 말한다. 교도관의 근무는 그 내용에 따라 보안근무(근무 방법에 따라 주간근무와 주·야간 교대근무로 구분)와 사무근무로 구분하며, 보안근무와 사무근무의 구분에 필요한 세부사항은 해당 교정시설의 사정이나 근무내용 등을 고려하여 따로 정한다. 기본적으로 보안근무자의 근무시간은 ① 주간근무의 경우 1일 주간 8시간 ② 교대근무의 경우 제1부, 제2부, 제3부 및 제4부의 4개 부로 나누어 서로 교대하여 근무(다만, 교정직교도관의 부족 등 근무의 형편상 부득이한 경우에는 교대근무자를 제1부와 제2부의 2개 부 또는 제1부, 제2부 및 제3부의 3개 부로 나누어 근무)한다. 이러한 보안근무자는 해당 기관이 정하는 바에 따라 근무시간 중에 식사 등을 위한 휴식을 할 수 있으며, 계절, 지역 여건 및 근무내용 등을 고려하여 필요하다고 인정하는 경우에는 보안근무자의 근무 시작시간·종료시간이 조정될 수 있다. 다만, 교도관의 부족, 직무의 특수성 등 근무의 형편에 따라 특히 필요하다고 인정하는 경우에는 근무시간을 연장하거나 조정할 수 있고 휴일 근무를 할 수도 있다.

참조법령 「교도관직무규칙」 제5조·제18조·제20조

보안장비(保安裝備, Security Equipment)

교정장비 중의 하나로 교도봉·가스분사기·가스총·최루탄 등 사람의 생명과 신체의 보호, 도주의 방지 및 시설의 안전과 질서유지를 위하여 교도관이 사용하는 장비와 기구를 말한다. 보안장비의 종류로는 ① 교도봉(접이식을 포함) ② 전기교도봉 ③ 가스분사기 ④ 가스총(고무탄 발사겸용을 포함) ⑤ 최루탄(투척용, 발사용 및 발사장치) ⑥ 전자충격기 ⑦ 그 밖에 법무부장관이 정하는 보안장비가 있다.

교도관은 수용자가 ① 도주하거나 도주하려고 하는 때 ② 자살하려고 하는 때 ③ 자해하거나 자해하려고 하는 때 ④ 다른 사람에게 위해를 끼치거나 끼치려고 하는 때 ⑤ 위력으로 교도관의 정당한 직무집행을 방해하는 때 ⑥ 교정시설의 설비·기구 등을 손괴하거나 손괴하려고 하는 때 ⑦ 그 밖에 시설의 안전 또는 질서를 크게 해치는 행위를 하거나 하려고 하는 때에는 보안장비를 사용할 수 있다. 또한 수용자 외의 사람이 ① 수용자를 도주하게 하려고 하는 때 ② 교도관 또는 수용자에게 위해를 끼치거나 끼치려고 하는 때 ③ 위력으로 교도관의 정당한 직무집행을 방해하는 때 ④ 교정시설의 설비·기구 등을 손괴하거나 하려고 하는 때 ⑤ 교정시설에 침입하거나 하려고 하는 때 ⑥ 교정시설의 안(교도관이 교정시설의 밖에서 수용자를 계호하고 있는 경우 그 장소를 포함)에서 교도관의 퇴거요구를 받고도 이에 따르지 않는 때에도 보안장비를 사용할 수 있다.

강제력 행사의 방법으로 보안장비를 사용하려면 사전에 상대방에게 이를 경고하여야 하며, 다만, 상황이 급박하여 경고할 시간적인 여유가 없는 때에는 그렇지 않다. 한편 보안장비의 사용은 필요한 최소한도에 그쳐야 한다.

참조법령 「형집행법」 제100조, 「형집행법시행규칙」 제186조

보안점검(保安點檢)

교정시설 내의 중요한 장비 및 문서 등에 대한 보안이 제대로 유지되고 있는지 점검하는 것을 말한다. 교정시설의 경우 수용자의 구금 및 형의 집행 등을 수행하는 국가중요시설이기 때문에 보안점검이 매우 중시된다. 당직간부는 매일 총기·탄약·보호장비·보안장비, 그 밖의 교정장비에 이상이 없는지를 확인하고, 각 사무실 등의 화기·전기기구·잠금장치 등에 대한 점검감독을 철저히 수행하여야 한다.

참조법령 「교도관직무규칙」 제54조

보직관리(補職管理)

직무의 전문성을 강화하고 임용의 객관성을 높이기 위해 일정한 기준에 따라 보직을 지정하는 것을 말한다. 공무원을 보직함에 있어서는 직위의 직무요건과 공무원의 인적요건을 고려하여 직무의 전문성과 능력을 적절히 발전시킬 수 있도록 적재적소에 보직하여야 한다. 교정공무원의 보직관리는 4급 이상, 5급, 6급 이하로 구분하여 이루어지며, 각 직급별로 보직의 기간·방식·경로 등 세부사항에 있어서 차이가 있다.

또한 책임성을 확보하기 위해 6급 공무원 중 특정직위를 '필수실무관'으로 지정하기도 하고, 전문성을 제고하기 위해 '전문직위'를 별도로 지정하여 전문관을 선발하거나 '교과분야'(심리상담·간호·방송·교육·전산 등)별로 전문자격을 가진 직원을 선발하기도 한다. 이러한 보직관리의 세부사항에 관해서는 「법무부 소속 공무원 보직관리기준」과 「교정공무원 인사운영 규칙」에서 구체적으로 규정하고 있다.

참조법령 「법무부소속공무원 보직관리기준」 제1조·제3조·제4조·제11조, 「교정공무원 인사운영규칙」 제24조

보호감호(保護監護)

동종 또는 유사한 수 개의 형을 받거나 수 개의 죄를 범하여 상습성이 있다고 인정되는 자에게 자유형의 집행 종료 후에도 다시 범죄를 반복할 우려가 있는 경우에 보호감호시설과 같은 특별한 시설에 수용하는 것을 말한다. 기간은 7년을 초과할 수 없고 (구)「사회보호법(2005.8.4.법률 제7656호로 폐지)」에 규정되어 있던 보호처분제도 중의 하나이다.

1980년대 후반 청송보호감호소의 실태가 일반에게 공개되면서 일사부재리의 원칙 및 이중처벌·인권침해 문제로 폐지가 논의되다가 1989년 헌법재판소에 의해 일부 위헌판결 및 2001년 합헌판정의 과정을 거쳐 2005년 7월 (구)「사회보호법」이 폐지됨에 따라 보호감호제도도 폐지되게 되었다. 이에 따라 청송보호감호소는 경북북부제3교도소로 전환되었으나, 폐지된 후에도 부칙에 따라 2005년 7월 이전에 보호감호 처분을 받은 자는 종전대로 수용되어 있다. 이 역시 논란이 많아 2014년 헌법소원까지 제기됐으나 기각되었다 (2014구합11359).

참조법령   (구)「사회보호법」 제5조

보호관찰심사위원회(保護觀察審查委員會)

보호관찰에 관한 사항을 심사·결정하기 위하여 법무부장관 소속하에 설치·운영되며, 준사법적 기능을 수행하는 합의제 행정기관이다. 서울, 부산, 대구, 광주, 대전 등 5개 고등검찰청 소재지에 설치되어 있고, 위원장을 포함한 5인 이상 9인 이내의 위원으로 구성되어 있다. 위원장은 고등검찰청 검사장 또는 고등검찰청 소속 검사 중에서 법무부장관이 임명한다.

관장사무로서는 가석방과 그 취소에 관한 사항, 임시퇴원, 임시퇴원의 취소 및 퇴원에 관한 사항, 보호관찰의 임시해제와 그 취소에 관한 사항, 보호관찰의 정지와 그 취소에 관한 사항, 가석방 중인 자의 부정기형의 종료에 관한 사항, 성인수형자에 대한 보호관찰 필요여부에 관한 사항, 전자장치 부착명령, 성충동 약물치료명령의 가해제와 그 취소에 관한 사항, 성인수형자에 대한 보호관찰 사안조사 등을 담당한다.

참고문헌 　법무부 홈페이지

보호관찰제도(保護觀察制度, Probation)

범죄자에 대한 사회적 처우 수단의 하나로써 유죄가 인정된 범죄자에 대하여 교정시설 내에서 수용·처우하는 대신 일정기간, 선행의 유지를 조건으로 형벌의 집행을 유예하거나 중단하는 것을 말한다. 즉, 보호관찰에 처해진 자는 사회내에서 자유활동을 하는 가운데 전문지식을 갖춘 보호관찰관의 개별적인 지도·감독을 받게 하고 사회적 원조를 제공하여 적극적으로 범죄자의 교정교화와 사회복귀를 가능하게 함으로써 범죄성을 제거하고 나아가 범죄로부터 사회를 방위하려는 형사사법제도이다.

참고문헌 　菊田幸一 『보호관찰의 이론』 (1969)

보호사범(保護事犯)

가석방 심사 유형으로, 환자, 고령자(70세 이상), 장애인, 임산부 등의 수형자가 이에 해당한다. 이러한 유형에 해당하는 보호사범은 일반사범에 비해 수형자의 건강 등 신체 상태에 따라 가석방 심사신청기준을 다소 완화하여 심사하기도 한다. 특히 생명 중시의 인권 보호적 측면에서 고도의 집중적인 치료가 필요한 중환자의 경우 건강상태, 보호관계 등을 신중히 검토하여 형집행율 적용기준을 낮추어 가석방심사대상자를 늘리려는 정책을 수립·시행하고 있다.

참조법령 「가석방업무지침」 제9조

보호실(保護室)

특별한 보호가 필요한 수용자를 수용하여 보호하는 거실을 말하며, 자살이나 자해 등을 방지하기 위해 거실 바닥과 벽에 충격방지용 매트 등이 설치되어 있다. 보호실 수용은 수용자가 ① 자살 또는 자해의 우려가 있는 때 ② 신체적·정신적 질병으로 인하여 특별한 보호가 필요한 때에 의무관의 의견을 고려하여 수용할 수 있다. 최초 수용자의 보호실 수용기간은 15일 이내로 하며, 특히 계속하여 수용할 필요가 있으면 의무관의 의견을 고려하여 1회당 7일의 범위에서 기간을 연장할 수 있다. 이 경우 수용자를 보호실에 수용할 수 있는 기간은 계속하여 3개월을 초과할 수 없으며, 수용자를 보호실에 수용하거나 수용기간을 연장하는 경우에는 그 사유를 본인에게 알려 주어야 한다. 특히 의무관은 보호실 수용자의 건강상태를 수시로 확인하여야 한다. 만약 보호실 수용사유가 소멸한 경우에는 보호실 수용을 즉시 중단하여야 한다.

참조법령 「형집행법」 제95조, 「형집행법시행령」 제119조
관련용어 진정실

보호장비(保護裝備, Protective Equipment)

교정장비 중의 하나로 수용자 보호를 위해 사용하는 법령에 규정된 장비 일체를 말한다. 보호장비의 종류로는 ① 수갑(양손수갑, 일회용수갑, 한손수갑) ② 머리보호장비 ③ 발목보호장비(양발목보호장비, 한발목보호장비) ④ 보호대(금속보호대, 벨트보호대) ⑤ 보호의자 ⑥ 보호침대 ⑦ 보호복 ⑧ 포승(일반포승, 벨트형포승, 조끼형포승)이 있다.

교도관은 수용자가 ① 이송·출정, 그 밖에 교정시설 밖의 장소로 수용자를 호송하는 때 ② 도주·자살·자해 또는 다른 사람에 대한 위해의 우려가 큰

때 ③ 위력으로 교도관의 정당한 직무집행을 방해하는 때 ④ 교정시설의 설비·기구 등을 손괴하거나 그 밖에 시설의 안전 또는 질서를 해칠 우려가 큰 때에는 보호장비를 사용할 수 있다. 이 경우 수용자의 나이, 건강상태 및 수용생활 태도 등을 고려하여야 한다.

특히 교정시설 안에서 수용자에 대하여 보호장비를 사용한 경우 의무관은 그 수용자의 건강상태를 수시로 확인하여야 하고, 보호장비는 필요한 최소한의 범위에서 사용하여야 한다. 만약 그 사유가 없어지면 사용을 지체 없이 중단하여야 하며, 보호장비를 징벌의 수단으로 사용해서는 안 된다. 과거에는 '계구(戒具)'라는 이름으로 통용되었다.

> **참조법령** 「형집행법」 제97조~제99조, 「형집행법시행규칙」 제169조
> **관련용어** 계구(戒具)

복심제(覆審制)·삼복제(三覆制)

과거 사형(死刑)을 집행할 때 신중을 기하기 위하여 여러 차례 심리단계를 두고 최종적으로 왕의 재가가 있어야만 집행할 수 있도록 한 제도를 말한다. 삼국시대 백제에서는 지방관이 형벌을 남용하는 것을 방지하기 위하여 사형수의 경우 수도의 감옥에서 복심하고 왕의 재가를 받아 집행하는 복심제도를 시행하였다. 백제의 법제는 고구려나 신라에 비하여 더 정비된 제도를 갖추었으며, 행형에 있어서도 이처럼 비교적 법치에 중점을 두고 과도한 처벌을 완화하였다. 이후 고려 때부터는 삼복제로 운영하였는데, 이를 사수삼복제(死囚三覆制)라고도 한다. 사형수에 대하여 1차로 형부에서 검토하고, 2차로 도평의사에서 검토하면, 최종적으로 왕이 판단한 후 형부를 통하여 집행명령을 내리는 형태였다. 조선에서는 복심의 업무를 형조의 4사 중 하나인 상복사(詳覆司)에서 전담하게 하였다. 초복·재복·삼복의 심리단계를 두고 여러 관리가 참여하여 함께 검토하였으며, 최종적으로 왕의 재가가 있어야만 집행할 수 있었다.

참고문헌 『대한민국 교정사Ⅰ』 49면·79면·122면 (2010)

복지(福祉, Welfare)·복지과(福祉課)

복지란 '행복', '풍족함'을 의미하는 단어로, 교정복지는 교정시설 내의 모든 사람에게 최적의 행복과 사회적 원조를 제공하려는 이념이라고 할 수 있다. 수용자가 교정시설에 입소하게 되면 수용생활에 필요한 의류, 침구, 그 밖의 생활용품을 지급하고 있으며, 건강상태, 나이, 부과된 작업의 종류, 그 밖의 개인적 특성을 고려하여 건강 및 체력을 유지하는데 필요한 음식물을 지급하고 있다. 또한 출정, 이송 등을 목적으로 하는 호송버스를 안전하게 관리하며, 적정한 수준의 공간과 채광·통풍·난방을 위한 시설을 조성하고 있다. 이외에 공정하고 투명한 절차를 거쳐 효율적인 예산 집행 및 계약이 실현되도록 하고 있다.

복지과는 교정시설 운영을 위한 물품의 조달, 직원 및 수용자 주·부식의 관리, 공용차량의 관리, 시설물의 유지·수선, 일반회계 예산의 집행 및 계약, 직원복지에 관한 사항 등의 업무를 담당하는 부서로서 전국 교정시설에 설치되어 있다.

과거에는 관청에서 물품을 공급하는 의미의 '용도과(用度課)'로 통용되었다.

참조법령 「법무부와 그 소속기관 직제 시행규칙」 제16조

복직(復職)

휴직, 직위해제, 정직 중이거나 강등으로 직무에 종사하지 못한 공무원을 직위에 복귀시키는 것을 말한다. 휴직사유 소멸 시 30일 이내에 임용권자 또는 임용제청권자에게 신고하여야 하며, 임용권자는 지체 없이 복직을 명하여야 한다. 휴직기간 만료 시에는 휴직기간이 끝난 공무원이 30일 이내 복귀신고하면 당연히 복직된다. 휴직기간이 종료되거나 사유가 소멸되면(질병휴직 중

완치, 해외유학 중 학업중단 등) 임용권자는 공무원의 복직신고가 없더라도 복직을 명하여야 한다. 직위해제 중인 공무원은 직위해제 사유가 소멸되면 즉시 복직시켜야 한다.

참조법령 「국가공무원법」 제73조, 「공무원임용령」 제2조2호

봉급(俸給)

직무의 곤란성 및 책임의 정도에 따라서 직책별로 지급되는 기본급여 또는 직무의 곤란성과 책임의 정도 및 재직기간 등에 따라서 계급(직무등급이나 직위를 포함)별, 호봉별로 지급되는 기본급여를 말한다. 유사한 용어로, 보수란, 봉급과 그 밖의 각종 수당을 합산한 금액을 말하며 연봉제 적용대상 공무원은 연봉과 그 밖의 각종 수당을 합산한 금액을 말한다.

교정공무원의 봉급은 「공무원보수규정」의 '공안업무 등에 종사하는 공무원의 봉급표'에 따라 지급되며, 매년 정부에서 발표하는 공무원 보수인상율에 맞추어 갱신된다.

참조법령 「공무원보수규정」 제4조

봉사원(奉仕員)

담당 교도관의 사무처리와 그 밖의 업무를 보조할 수 있도록 하기 위해, 개방처우급(S1)·완화경비처우급(S2)·일반경비처우급(S3) 수형자로서 교정성적, 나이, 인성 등을 고려하여 다른 수형자의 모범이 된다고 인정되는 경우 봉사원으로 선정한다. 봉사원의 활동기간은 1년 이하로 하되 필요한 경우에는 그 기간을 연장할 수 있으며, 봉사원의 활동과 역할 수행이 부적당하다고 인정되는 경우에는 선정을 취소할 수 있다.

봉사원 선정시, S1급, S2급의 수형자는 해당 수용관리팀장의 추천에 의해

소장이 선정하며, S3급 수형자의 경우 분류처우위원회의 심의·의결을 거쳐야한다.

참조법령 「형집행법시행규칙」 제85조, 「분류처우업무지침」 제77조

부가형(附加刑)

단독으로 부과하는 형벌이 아니라 주된 형에 더하여 부과하는 형벌을 말한다. 고려시대와 조선시대에는 태형, 장형, 도형, 유형, 사형의 5종의 형과 부가형이 존재하였다. 범죄의 종류 등에 따라 부가형을 다르게 적용하였다. 조선의 경우 삽면형(鈒面刑) 또는 삽루형(鈒鏤刑), 경면형(黥面刑) 또는 자자형(刺字刑), 노비몰입(奴婢沒入), 재산몰수(財産沒收), 피해배상(被害賠償), 윤형(閏刑), 금고(禁錮) 등 여러 종류가 있었다.

이 중 삽면형 또는 삽루형은 얼굴에 칼로 새겨 흉터를 남기는 것을, 경면형 또는 자자형은 얼굴(경면형) 또는 신체일부(자자형)에 먹물로 글씨를 새겨 넣는 것을, 노비몰입은 죄인이나 그 가족을 노비에 편입시키는 것을, 재산몰수는 재산의 전부 또는 일부를 몰수하는 것을, 피해배상은 재산을 징발하여 피해자에게 배상하게 하는 것을 말한다. 그리고 윤형은 죄인의 신분을 박탈하는 것을, 금고는 일정기간 관리가 되는 자격을 정지 또는 박탈하는 것을 말한다.

대한민국의 경우 (구) 「형법」은 몰수 이외의 형을 주형으로, 몰수를 부가형으로 규정하였으나, 현행 「형법」은 임의적 몰수를 원칙으로 몰수형의 부가성만을 인정하고 있다.

참조법령 「형법」 제49조
참고문헌 『대한민국 교정사 I 』 75면~76면·128면~131면 (2010)

부정기재심사(不定期再審査)

　상벌 또는 그 밖의 사유가 발생한 경우에 부정기적으로 실시할 수 있는 재심사를 말한다. 부정기재심사는 ① 분류심사에 오류가 있음이 발견된 때 ② 수형자가 교정사고의 예방에 뚜렷한 공로가 있는 때 ③ 수형자를 징벌하기로 의결한 때 ④ 수형자가 집행유예의 실효(취소 포함) 또는 추가사건으로 금고 이상의 형이 확정된 때(헌법재판소의 위헌결정, 감형, 상소권회복, 항고, 재심청구로 인한 형기변경 등의 사유가 발생한 경우에도 동일하게 적용) ⑤ 수형자가 전국기능경기대회 입상, 기사 이상의 자격취득, 전문학사를 제외한 학사 이상의 학위를 취득(취득 예정 포함)한 때 ⑥ 수형자 개별처우 목표의 변경이 필요한 때 ⑦ 그 밖에 수형자의 수용 또는 처우의 조정이 필요한 때에 실시한다. 부정기재심사를 위하여 필요한 경우에는 동정관찰 등 공적사항을 작성하여 제출하여야 하며, 정기재심사와 부정기재심사가 경합하는 경우에는 정기재심사를 실시하되 부정기재심사 사유를 특히 고려하여야 한다.

참조법령　「형집행법시행규칙」 제67조, 「분류처우업무지침」 제32조·제33조
관련용어　재심사, 정기재심사

부정기형(不定期刑)

　소년에게 유기의 징역 또는 금고의 실형을 선고하는 경우, 형기를 확정하지 않고 장기와 단기를 정해서 선고하되 형을 집행하는 과정에서 수형생활의 상태 등을 고려하여 석방 시기를 결정하는 형을 말한다. 소년 형사사건에서의 양형 형태이다. 부정기형은 교정목적의 달성과의 균형으로 형기를 결정하는 것이지만, 죄형법정주의나 수형자의 인권보장의 관점에서는 그 적용에 한계가 있다. 현행 「소년법」에서는 부정기형이 규정되어 있지만, 이는 자유형에 따라 소년의 범죄행위 책임을 물으면서도 그 교육 가능성이나 개선노력에 의해 사회복귀의 시기에 탄력을 가지도록 하려고 하는 소년 행형의 교육주의를

배경으로 하고 있다. 부정기형에는 소년수형자에게 장기와 단기의 형태로 선고하는 상대적 부정기형과 형기가 정해지지 않고 선고하는 절대적 부정기형의 두 종류가 있으나 우리나라에서는 절대적 부정기형은 인정되지 않고 있다.

부정당업자제재(不正當業者制裁)

정당하지 못한 행위로 인해 입찰 참가에 제한을 받는 자를 부정당업자라고 하며, 정부입찰을 통해 1순위 낙찰자로 선정된 업체가 담합, 뇌물, 계약의 부실한 이행, 정당한 사유 없이 계약포기 등의 입찰참가자격 제한 사유가 있는 경우 업종의 종류와 무관하게 2년 이내의 범위에서 대통령령으로 정하는 바에 따라 정부입찰(나라장터와 국방전자조달)의 참가자격을 제한하는 것을 말한다. 이는 공공부문 계약의 투명성 제고를 통해 국민의 신뢰회복과 기업 간 공정한 경쟁의 틀을 마련하기 위해서 필요하다. 따라서 공익을 위한 공법적 성격에 기초하여 부과되는 것이며 그 처분의 내용과 범위가 합리적인 수준에서 이루어져야 한다.

참조법령 「국가계약법」 제27조, 「국가계약법시행령」 제76조

부처(付處)

고려시대와 조선시대 기본형 중 하나인 유형(流刑)의 일종이다. 중한 범죄를 저지른 관원에 대하여 부과하는 것으로 일정한 지역을 지정하여 그곳에서만 머물게 하는 형벌을 말한다. 중도부처(中途付處)라고도 한다. 조선의 경우 숭유정책(崇儒政策)에 의하여 유생에 대해서도 관원에 준하여 부처의 형에 처한 경우가 있었다.

참고문헌 『대한민국 교정사 I 』 113면 (2010)

분개(分介)

거래발생시 그 내역을 간단명료하게 기입하는, 거래에 관한 최초의 기록으로 교도작업특별회계 등 회계업무에 그 거래의 내용을 차변(회계등식의 좌측)과 대변(회계등식의 우측)으로 세분하여 어느 계정에 기재할 것인지를 결정하는 일체의 절차를 말한다. 하나의 거래를 기록할 때 차변 금액의 합계와 대변 금액의 합계는 반드시 일치해야 하는데, 이를 '대차평균의 원리'라고 하며 재무제표는 대차평균의 원리에 의해 작성된다. 따라서 올바른 분개를 통해 적합한 계정에 거래내용을 기재해야 재무정보, 즉 자산·부채·자본·비용·수익 등의 변동 상황을 정확히 파악할 수 있다.

분류검사(分類檢査, Classification Examination)

수형자의 인성·지능·적성에 관한 특성을 측정하고 진단하기 위한 검사를 말하며, 인성·지능·적성검사로 구분한다. 검사를 실시하는 경우에는 개별특성과 시설의 여건 등을 고려하여 수형자에게 적합한 검사를 실시한다.

인성검사는 신입심사 대상자 및 그 밖에 처우 상 필요한 수형자를 대상으로 하며 분류심사가 유예된 때, 그 밖에 인성검사가 곤란하거나 불필요하다고 인정되는 사유가 있는 때에는 인성검사를 하지 않을 수 있다. 이해력의 현저한 부족 등으로 인하여 인성검사를 하지 않은 경우에는 상담내용과 관련서류를 토대로 인성을 판정하여 경비처우급 분류지표를 결정할 수 있다.

지능 및 적성검사는 신입심사 대상자로서 집행할 형기가 형집행지휘서 접수일부터 1년 이상이고 나이가 35세 이하인 경우에 실시한다. 다만, 직업훈련 또는 그 밖의 처우를 위하여 특히 필요한 경우에는 예외로 할 수 있다. 분류검사는 개별상담실 또는 집단검사실 등에서 개별 또는 집단으로 실시하되 ① 분류심사 업무에 상당기간 종사한 자 ② 소정의 교육과정을 이수한 자 ③ 관련 자격증을 소지한 자로 하여금 실시하게 하되 전문적인 판단이 요구되는 심층 심리검사를 실시하는 경우에는 임상심리사 등 자격을 갖춘 직원이 실시하거나 외부전문가에게 실시하게 할 수 있다.

참조법령 「형집행법」 제59조, 「형집행법시행규칙」 제71조, 「분류처우업무지침」 제2조·제39조·제40조

분류센터(High Risk Management Center) · 분류전담시설(分類專擔施設) · 분류전담소(分類專擔所)

　수형자를 과학적으로 분류하기 위한 분류심사를 전담하는 시설로, 고위험군 수형자의 정밀분류심사 등을 실시하는 시설을 말한다. 분류심사를 전담하는 교정시설을 지정·운영하는 경우에는 지방교정청별로 1개소 이상이 되도록 하여야 한다.

　분류센터는 고위험군 수형자의 과학적 선별과 관리 및 처우방안을 제시하며 필요시 유관기관에 관련정보를 공유하는 역할을 한다. 분류센터 심사 대상자는 징역 2년 이상의 형을 선고받아 그 형이 확정된 수형자로 ① 살인 관련 범죄 ② 성폭력 관련 범죄 ③ 방화 관련 범죄 ④ 폭력 관련 범죄에 해당하는 자이다. 분류센터의 대상이 되는 수형자는 형 확정 후, 각 교정시설에서 분류센터로 이송되어 분류센터에서 약 2개월간 신입 분류심사를 실시하고 그 결과에 근거하여 각각의 처우를 실시할 교정시설로 이송된다.

　우리나라의 분류전담소는 수형자 분류심사의 과학화와 처우의 개별화, 전문화를 위한 전문기구설치의 필요성을 인식, 안양교도소에 최초의 분류전담소를 설치하여 경인지구 분류전담소(1984.1.19.)로 지정한 것을 시작으로, 대구교도소(1985.4.19.), 광주교도소(1986.7.1.), 대전교도소(1987.4.22.), 서울구치소(1989.12.11.), 부산구치소(1996.3.1.)를 분류전담소로 지정하여 운영하게 되었다. 그러나 물적·인적기능의 미비로 말미암아 실질적인 분류전담소로서의 기능이 이루어지지 못하다가 「형집행법」 개정과 더불어 「분류센터운영지침(법무부예규 1127호2016.9.1.)」이 제정되어 시행되기에 이르렀다. 이로써, 임상심리사 등의 전문가가 정밀분류심사와 심층면접을 통해 재범 고위험군을 선별, 재범방지를 위한 체계적인 관리를 실시하게 되었다.

참조법령 「형집행법」제61조, 「분류센터운영지침」제11조·제12조

분류심사(分類審査, Classification Review) · 분류심사과(分類審査課)

분류심사를 위해 수형자의 개성과 환경에 대한 광범위한 분류조사가 이루어지는데 이는 개개 수형자에 대한 과학적인 진단을 통하여 개별수형자가 가지고 있는 자질과 문제점을 명확히 함으로써 본인에게 가장 적절한 처우계획을 수립하기 위해서이다. 즉 수형자의 인성, 행동특성 및 자질 등을 과학적으로 조사·측정·평가하고, 범죄원인을 과학적으로 진단·분석하여 수형자에 대한 개별처우계획을 합리적으로 수립하고 조정하기 위하여 실시하는 것이다.

분류심사에는 일반분류심사와 정밀분류심사가 있으며, 일반분류심사란 분류센터를 제외한 교정시설에서 수형자의 기본적인 처우등급 판정과 개별처우계획을 수립하는 분류심사를 말하고, 정밀분류심사는 분류센터에서 수형자의 범죄적, 개별적 특성을 면밀히 분석하기 위해 실시하는 분류심사를 말한다.

수형자의 분류심사는 형이 확정된 경우에 실시하는 신입심사와 일정한 형기가 지나거나 상벌 또는 그 밖의 사유가 발생한 경우에 실시하는 재심사로 구분한다.

분류심사의 사항으로는 ① 처우등급에 관한 사항 ② 작업, 직업훈련, 교육 및 교화프로그램 등의 처우방침에 관한 사항 ③ 보안상의 위험도 측정 및 거실지정 등에 관한 사항 ④ 보건 및 위생관리에 관한 사항 ⑤ 이송에 관한 사항 ⑥ 가석방 및 귀휴심사에 관한 사항 ⑦ 석방 후의 생활계획에 관한 사항 ⑧ 그 밖에 수형자의 처우 및 관리에 관한 사항이 있다.

분류심사과는 수용자의 자질검사, 처우의 분류, 교육 및 작업의 적성판정, 교정성적 평가, 가석방 및 가석방심사위원회의 운영 등의 업무를 담당하며 25개 교정시설에 설치되어 있다. 분류심사과가 설치되지 않은 교정시설에서는 보안과 분류심의실에서 동 업무를 담당한다.

참조법령 「형집행법」제59조, 「형집행법시행규칙」제63조, 「분류처우업무지침」제28조·제29조, 「법무부와 그 소속기관 직제 시행규칙」제16조

분류심사유예(分類審査猶豫)

분류심사를 실시하지 못할 사유가 있는 경우 그 사유가 해소될 때까지 분류심사를 유예하는 것을 말한다. 분류심사 유예자는, ① 상담이 불가능한 중환자 및 정신미약자, 법정감염병에 감염되어 격리된 자, 그 밖에 질병 등으로 분류심사가 곤란한 자 ② 징벌대상 행위의 혐의가 있어 조사중이거나 징벌집행중인 자 ③ 분류심사를 거부한 자 ④ 그 밖의 사유로 분류심사가 특히 곤란하다고 인정되는 자이다.

분류심사가 유예된 자는 분류처우위원회 의결 전까지는 중(重)경비처우급(S4)을 준용하고 분류처우위원회 의결 후에는 유예사유 소멸 후 실시된 분류심사 결과에 따라 결정된 경비처우급을 부여한다. 분류심사가 유예된 환자의 경우 분류조사 및 분류상담을 통하여 분류심사를 실시하고, 상담이 불가능한 중환자는 분류조사 등 그 밖에 관련 자료를 통하여 분류심사를 실시할 수 있다. 수형자가 질병 등의 사유로 인하여 분류심사가 유예된 경우에는 수시로 심사 가능여부를 확인한 후 분류심사를 실시하여 처우등급에 따라 접견 등 처우를 실시한다.

분류심사 거부자에 대하여는 분류처우회의 개최 전날까지 거부 의사를 다시 확인 후 분류처우위원회에 회부하고, 분류심사와 관계 없이 중(重)경비처우급(S4)에 편입하여 처우함을 알려주고, 교정재범예측지표는 거부자로 판정한다. 징벌 또는 조사로 인하여 분류심사가 2회째 유예된 경우 미결수용을 포함하여 금치의 징벌처분을 3회 의결한 이후부터는 분류심사와 관계 없이 중(重)경비처우급(S4)에 편입하고, 교정재범예측지표는 거부자로 판정한다.

분류심사를 거부하는 경우, 해당 수형자를 담당하는 근무자의 입회하에 '분류심사 거부로 인한 처우상 불이익을 받을 수 있음'을 고지하고, 분류심사 거부 확인서에 거부일시, 거부장소, 거부사유 등을 기재하여 거부자의 손도장이나 확인 서명을 받는다.

참조법령 「형집행법시행규칙」 제62조, 「분류처우업무지침」 제9조~제12조

분류심사제외(分類審査除外)

분류심사를 실시하지 않아도 되는 자로 ① 집행할 형기 3개월 미만자 ② 구류형 수형자 ③ 집행할 노역일수가 180일 미만인 순수 노역수형자를 말한다. 분류심사 제외자는 분류처우위원회 의결 전까지는 중(重)경비처우급(S4)을 준용하고 분류처우위원회 의결 후에는 일반경비처우급(S3)에 준하여 처우를 실시한다.

참조법령 「형집행법시행규칙」제62조, 「분류처우업무지침」제8조

분류조사(分類調査, Classification Research)

분류심사를 위하여 수형자의 관련서류·기록을 열람하거나 관계기관에 조회 또는 수형자와의 개별상담을 통하여 수형자의 출생·양육·교육·직업력·생활력·성장과정·범죄경력 등 신상에 관한 개별사안에 대하여 필요한 사항을 조사하는 것을 말한다.

신입 분류조사사항으로서는 ① 성장과정 ② 학력 및 직업경력 ③ 생활환경 ④ 건강상태 및 병력사항 ⑤ 심리적 특성 ⑥ 마약·알코올 등 약물중독 경력 ⑦ 가족관계 및 보호자관계 ⑧ 범죄경력 및 범행내용 ⑨ 폭력조직 가담여부 및 정도 ⑩ 교정시설 총 수용기간 ⑪ 교정시설 수용(과거에 수용된 경우를 포함) 중에 받은 징벌 관련 사항 ⑫ 도주(음모, 예비 또는 미수에 그친 경우를 포함) 또는 자살기도(企圖) 유무와 횟수 ⑬ 상담관찰 사항 ⑭ 수용생활태도 ⑮ 범죄피해의 회복 노력 및 정도 ⑯ 석방 후의 생활계획 ⑰ 재범의 위험성 ⑱ 처우계획 수립에 관한 사항 ⑲ 그 밖에 수형자의 처우 및 관리에 필요한 사항이다.

조사의 방법으로는, 수용기록의 확인 및 수형자와의 상담, 수형자 가족 등과의 면담, 검찰청, 경찰서, 그 밖의 관계기관에 대한 사실조회, 외부전문가에 대한 의견조회, 그 밖에 효율적인 분류심사를 위하여 필요하다고 인정하는 방법 등을 사용한다.

재심사 분류조사 사항으로서는 ① 교정사고 유발 및 징벌 관련 사항 ② 소득점수를 포함한 교정처우의 성과 ③ 교정사고 예방 등 공적 사항 ④ 추가사건 유무 ⑤ 재범의 위험성 ⑥ 처우계획 변경에 관한 사항 ⑦ 그 밖에 재심사를 위하여 필요한 사항 등이다.

참조법령 「형집행법시행규칙」 제69조·제70조, 「분류처우업무지침」 제2조

분류지표(分類指標)

　수형자 수용 및 처우의 기준이 되는 '경비처우급 분류지표'를 말한다. 경비처우급 분류지표는 본범 관련사항 43점, 과거범죄 관련사항 35점, 위험성 및 개선도평가 12점, 도주 또는 위반 10점으로 총 100점으로 구성되어 있다.

　2008년 교정시설에 경비등급별 수용제도가 도입된 후 '경비급 분류지표'와 '처우급 분류지표'의 이원적 분류처우가 실시되다가 2009년 9월 일원적 분류처우 운영방안인 경비급 및 처우급을 통합하는 방안을 검토하여 2010년 5월 「형집행법시행규칙」 개정으로 경비처우급 분류처우제도의 일원화가 시행되기에 이르렀다. 그러나 제도 시행 초기 완화경비처우급(S2)의 과다 양산 우려로 인해 일반경비처우급(S3)의 비율이 69.7%까지 확대되고 일반경비시설에서의 구외작업이나, 운영지원작업자 선정을 위한 적정비율의 S2급 대상자가 필요하게 되는 등 운영상의 문제점이 대두되었다. 또한 형확정자의 조절이송 및 경비처우급 변경에 따른 이송 시행에도 불구하고 기관별 수용비율의 편차가 심화되어 기관별 수용의 적정을 기하기 위한 개선방안을 검토하게 되었고, 이에 따라 경비처우급 분류지표의 일부 개정을 통해 수용비율의 적정성을 도모하게 되었다.

참고문헌 서운재 「형사시설에서의 수형자 처우의 현상과 향후의 과제에 관한 연구」 48면 (2016)

분류처우(分類處遇, Classification Treatment)

분류처우란 수형자에 대한 관리 및 재사회화를 목적으로 수형자의 개별 인격특성이나 각 수형자가 갖고 있는 사회적·환경적 문제 등에 맞게 과학적인 방법으로 일정한 기준에 기초하여 유형화하여 각각의 수형자에게 가장 적절한 처우를 실시하는 것을 의미한다. 이러한 분류의 운용은 보다 합리적 및 과학적인 분류심사와 분류처우 과정에 근거한 수형생활 가운데 범죄성의 전파를 방지하고 수형자를 교정 교화하여 사회 적응능력을 고양하는 것을 통해 수형자의 사회복귀를 실현하기 위한 수단으로서 작용하고 있다. 이 때문에 교정에 있어서 분류는 그 기능이나 역할에 있어서의 범죄학, 형사정책학 분야에서의 범죄의 동기나 행동적 특성에 따라 범죄인을 분류하는 것과 분명하게 선을 긋고 있다. 또한 분류처우란 분류심사에 의해 일정의 유형으로 분류된 수형자를 대상으로 관리와 재사회화를 목적으로 개별처우계획을 산정하고 지도를 행하는 일련의 과정의 하나이다. 일반적으로 유럽의 경우에는 집단별 분류의 방식을 채용하고, 미국의 경우에는 진단, 지도 및 처우를 포함하는 개별화에 중점이 놓여져 있다.

1950년 네덜란드 헤이그에서 개최된 제12회 국제형법 및 형무회의에서 분류의 개념이 개별화를 의미하는 것으로 승인된 이후 오늘날 대부분의 국가가 분류의 중점을 수형자의 개별처우, 즉 분류처우의 효과를 극대화하기 위한 처우의 개별화에 두고 있다.

참고문헌 허주욱·한철호 『교정분류론』 1면 (2000)

분류처우위원회(分類處遇委員會)

수형자의 개별처우계획, 가석방심사신청 대상자 선정, 그 밖에 수형자의 분류처우에 관한 중요 사항을 심의·의결하기 위하여 교정시설에 설치된 위원회를 말한다. 위원회는 위원장을 포함한 5명 이상 7명 이하의 위원으로 구성하고, 위원장은 소장이 되며, 위원은 위원장이 소속 기관의 부소장 및 과장(지소의 경우에는 7급 이상의 교도관) 중에서 임명한다.

분류처우위원회의 심의·의결 사항으로는 ① 분류처우회의에서 회부한 사항 ② 가석방예비심사 ③ 조직폭력수형자 해제심사 ④ 관심대상수형자 지정 및 해제심사 ⑤ 마약류수형자의 해제심사 ⑥ 봉사원 선정, 기간 연장 및 선정취소심사 ⑦ 자치생활 대상자 선정 및 취소심사 ⑧ 인성검사 특이자 지정 및 해제심사 ⑨ 수형자 개별처우계획 수립 및 변경심사 ⑩ 징벌실효 승인 요청에 관한 심사 ⑪ 동기 없는 범죄자 지정 및 해제심사 ⑫ 그 밖에 수형자의 수용 및 처우에 관한 주요 사항이다. 회의는 매월 10일에 개최하며 다만, 위원회 개최일이 토요일, 공휴일, 그 밖에 법무부장관이 정한 휴무일인 때에는 그 다음 날에 개최한다. 수형자의 처우와 관련하여 필요한 경우에는 임시회의를 개최할 수 있으며, 재적위원 3분의 2이상의 출석으로 개의하고, 출석위원 과반수의 찬성으로 의결한다.

참조법령 「형집행법」 제62조, 「형집행법시행규칙」 제97조·제99조, 「분류처우업무지침」 제115조~제121조

분류처우회의(分類處遇會議)

분류처우위원회에 회부할 수형자의 분류처우에 관한 사항과 동 위원회 위원장이 자문한 사항에 대한 심의를 위하여 교정시설에 설치되는 심의기구이다. 분류처우회의는 매월 7일에 개최하며 회의 개최일이 토요일, 공휴일, 그 밖에 법무부장관이 정한 휴무일인 경우에는 해당 휴일이 끝난 다음 날에 개최한다.

분류처우회의 심의·결정사항은 ① 수형자의 각 처우등급별 심의에 관한 사항 ② 수형자의 처우등급 조정 심의에 관한 사항 ③ 수형자의 소득점수 평가 및 평정 심의에 관한 사항 ④ 수형자의 공적사항 심의에 관한 사항 ⑤ 수형자의 개별처우계획 수립 및 변경 사항 심의에 관한 사항 ⑥ 처우와 관련하여 분류처우위원회 위원장이 자문한 사항 ⑦ 그 밖에 수형자의 수용 및 처우

등에 관한 사항이다.

분류처우회의의 의장은 분류심사과장으로 회의에는 교육·작업·보안·심리치료·분류심사·재심사 담당자 및 수용관리팀장 등 관계교도관 중에서 10인 이상 20인 이하의 위원으로 구성하며 의장은 회의의 사무를 주관한다.

분류처우회의 위원으로 선정된 자는 해당 교육·작업장 등 수형자에 대한 평소의 행동을 관찰하여 회의에서 의견을 진술하거나 보고서를 제출할 수 있으며 동 회의에서 의견을 진술하고자 하는 직원은 회의에 참석할 수 있다. 회의는 재적위원 3분의 2 이상의 출석으로 개의하고, 출석위원 과반수의 찬성으로 결정한다. 또한 의장은 수형자 처우와 관련하여 필요한 경우에는 임시회의를 개최할 수 있으며 분류처우회의에서 심의·결정한 사항을 분류처우위원회에 상정한다.

참조법령 「분류처우업무지침」 제107조~제114조

분리수용(分離收容)

수용자를 성별, 연령, 판결확정 유무 등 일정한 특성에 따라 교정시설 안에서 분리하여 수용하는 것을 말한다. 유사한 개념으로 수용자를 일정한 특성에 따라 다른 교정시설에 구분하여 수용하는 구분수용이 있다. 기본적으로 남성과 여성은 분리하여 수용하며, 구분수용의 예외로 수형자와 미결수용자, 19세 이상의 수형자와 19세 미만의 수형자를 같은 교정시설에 수용하는 경우에도 서로 분리하여 수용한다. 특히 미결수용자로서 사건에 서로 관련이 있는 사람은 분리수용하고 서로 간의 접촉을 금지하여야 한다. 그 밖에 징벌대상자가 ① 증거를 인멸할 우려가 있는 때 ② 다른 사람에게 위해를 끼칠 우려가 있거나 다른 수용자의 위해로부터 보호할 필요가 있는 때에는 조사기간 중 분리하여 수용할 수 있으며, 징벌집행을 위하여 필요하다고 인정하면 수용자를 분리하여 수용할 수 있다.

참조법령 「형집행법」 제13조·제81조·제110조·제112조

불용대상물품(不用對象物品)

　사용할 필요가 없거나, 사용할 수 없는 물품이 있는 때 그 물품에 대하여 사용하지 않기로 결정한 물품을 말한다. 그러나 내용연수가 도래한 물품도 사용이 가능할 경우 불용처분을 하여서는 안 되며, 내용연수가 도래하지 않은 물품도 상당한 이유가 있을 때에는 불용처리를 할 수 있다. 물품불용은 재물조사 후속조치로 불용결정을 하거나 물품의 사용 중에 불용사유가 발생한 경우 즉시 조치하여야 하며, 취득단가 500만원 이상인 물품은 중앙관서의 장의 승인을 받아 물품관리관이 불용결정을 하고, 취득단가 500만원 미만의 물품은 물품관리관이 불용결정을 한다.

　참조법령　「물품관리법시행규칙」 제51조

비례원칙(比例原則)

　행정권을 발동할 때 행정목적과 이를 실현하기 위한 수단 사이에는 합리적인 비례관계가 유지되어야 한다는 행정법의 일반원칙을 말한다. 비례원칙은 적합성 원칙(방법의 적절성), 필요성 원칙(제한의 최소성), 상당성 원칙(법익의 균형성)의 3단계 구조로 구성되어 있다. 수용자에 대한 계호권의 행사는 인권침해의 우려가 있는 작용이므로 비례원칙에 부합되도록 행사하여야 하며, 이는 계호권 행사의 정당성을 판단하는 근거가 된다. 비례원칙에 위반되는 계호권의 행사는 재량의 한계를 넘어선 것으로 위법한 행위가 된다. 이 경우 행정심판·행정소송·헌법소원의 대상이 되고, 그로 인하여 손해가 발생한 경우에는 민사소송으로 국가배상청구를 할 수 있으며, 그 자체가 형사상 범죄를 구성하는 경우에는 위법한 행위를 한 자를 대상으로 하여 형사소송이 제기될 수 있다.

　참고문헌　임현 『바른교정학』 259면~260면 (2019)

비상대기숙소(非常待機宿所)

각 교정기관 소속 공무원의 비상대기용으로 사용하는 단독주택, 연립주택, 아파트, 비상대기용 임대아파트, 독신자 합숙소와 그 부대시설을 말한다. 다른 행정기관에서 운영하는 관사와 유사하지만, 거주보다는 교정시설에서 발생할 수 있는 긴급 상황에 대비하는 데 중점을 둔다는 점에서 차이가 있다. 따라서 위치부터 대체로 기관 내 구외지역에 있거나 기관에 인접하여 있으며, 집단난동, 화재발생 등 비상시 기관운영을 위한 필수요원이 입주하고 있다. 비상대기숙소는 국유재산 관리절차에 따라 관리·운영하며, 관리에 필요한 비용은 국고부담, 입주자 공동부담, 입주자 개인부담 사항으로 구분하여 부담한다.

참조법령 「비상대기숙소 관리지침」 제2조·제3조·제5조·제9조

교정용어사전
矯正用語辭典

ㅅ

사건송치(事件送致)

교정시설 안에서 발생한 범죄에 관하여 특별사법경찰관이 수사를 종결한 후 관할 지방검찰청검사장 또는 지청장에게 사건을 송치하는 것을 말한다. 각 교정기관 보안과의 조사담당 교도관은 「사법경찰직무법」에 따라 특별사법경찰관리로서 실무를 수행한다. 따라서 수용자의 징벌대상행위에 대하여 철저한 조사 후 징벌처분과 별도로 형사입건이 필요하다고 판단되면, 관할 수사기관에 사건을 송치하는 것이 원칙이다. 다만, 모든 사건을 송치하는 것은 부적절하기 때문에 경미한 폭행사건 등은 가해자의 반성태도 및 피해자와의 합의 유무를 고려하여 송치하지 않고 징벌처분으로 종료하기도 한다.

2019년 기준 전국 교정시설에서의 사건송치는 총 793건이며, 이 중 상해 200건(25.2%), 폭행치상 115건(14.5%), 폭력행위 등 202건(25.5%)으로 폭력사건이 다수를 차지한다.

참고문헌 『교정통계연보』 118면 (2020)

사망(死亡)

질병, 사고, 자살 등으로 인한 수용자의 죽음으로 수용관계가 종료되는 것을 말하며, 수용자가 사망한 경우에는 그 사실을 즉시 그 가족(가족이 없는 경우에는 다른 친족)에게 알려야 한다.

시신인도 및 시신처리에 관해서는 우선 사망한 수용자의 친족 또는 특별한 연고가 있는 사람이 그 시신 또는 유골의 인도를 청구하는 경우에는 인도하여야 하고, 다만, 수용자가 사망한 사실을 알게 된 사람이 ① 임시로 매장하려는 경우 사망한 사실을 알게 된 날부터 3일 ② 화장(감염병 예방 등을 위하여 필요하면 즉시 화장 가능)하여 봉안하려는 경우 사망한 사실을 알게 된 날부터 60일 이내에 그 시신을 인수하지 않거나 시신을 인수할 사람이 없으면 임시로 매장하거나 화장 후 봉안하여야 한다. 이 경우 이후 2년이 지나도록 시신의 인도를 청구하는 사람이 없을 때에는 ① 임시로 매장한 경우 화장 후 자연장을 하거나 일정한 장소에 집단으로 매장하거나 ② 화장하여 봉안한 경우 자연장으로 처리할 수 있다. 이외에 병원이나 그 밖의 연구기관이 학술연구상의 필요에 따라 수용자의 시신인도를 신청하면 본인의 유언 또는 상속인의 승낙이 있는 경우에 한하여 인도할 수 있다. 한편 법무부장관이 정하는 범위에서 화장·시신인도 등에 필요한 비용을 인수자에게 지급할 수 있다.

참조법령 「형집행법」 제127조·제128조
참고문헌 임현 『바른교정학』 339면 (2019)

사면(赦免)

국가형벌권을 예외적으로 통치권자의 결정으로 포기하게 하는 것으로 국가원수의 특전 내지 은전의 성격을 갖고 있다. 일반사면과 특별사면이 있다. 일반사면이란 대통령령으로 죄의 종류를 정하여 과거의 일정한 죄를 범한 자에 대하여 일률적으로 국가의 형벌권을 소멸시키는 효력을 가진 대통령의 통치행위이며 유죄재판이 확정된 자에 대하여는 그 선고의 효력을 상실시키고 수사 중, 공판 중 등 유죄재판이 확정되지 않은 자에 대하여는 공소권을 소멸시킨다. 특별사면은 형의 선고를 받은 특정한 사람에 대하여 행하여지는 사면을 말한다. 형의 선고를 받았다고 하는 것은 유죄의 선고를 받고 형이 확정된 것을 의미하며, 단순히 판결의 선고만 있는 경우에는 해당하지 않는다. 특별사면이 일반사면과 다른 점은 일반사면이 죄의 종류를 정하여 일반적으로 시행하는 것인 반면, 특별사면은 특정인에 대하여 개별적으로 시행하는 것이라는 점, 일반사면이 형의 확정, 미확정을 불문하여 이루어지는 반면 특별사면은 확정된 형에 대하여 이루어진다는 점이다.

참조법령 「헌법」 제79조 · 제89조, 「형집행법」 제124조

사무근무(事務勤務)

교도관의 근무를 구분한 것으로 수용자의 계호 외의 사무 처리를 주된 직무로 하는 유형을 말한다. 교도관의 근무는 그 내용에 따라 보안근무(근무 방법에 따라 주간근무와 주·야간 교대근무로 구분)와 사무근무로 구분하며, 보안근무와 사무근무의 구분에 필요한 세부사항은 해당 교정시설의 사정이나 근무내용 등을 고려하여 따로 정한다. 기본적으로 사무근무자의 근무시간은 「국가공무원 복무규정」에 따라 1주간 근무시간은 점심시간을 제외하고 40시간으로 하며, 토요일은 휴무함을 원칙으로 한다. 구체적으로 1주 40시간 근무에 관하여 필요한 사항은 인사혁신처장이 정한다. 다만, 교도관의 부족, 직무의 특수성 등 근무의 형편에 따라 특히 필요하다고 인정하는 경우에는 근무시간을 연장하거나 조정할 수 있고 휴일 근무를 명할 수 있다.

참조법령 「교도관직무규칙」 제5조·제19조·제20조

사복착용(私服着用)

일부 수용자의 경우 수사·재판·국정감사 또는 법률로 정하는 조사에 참석할 때에는 사복을 착용할 수 있도록 한 것을 말한다. 그러나 도주우려가 크거나 특히 부적당한 사유가 있다고 인정하면 교정시설에서 지급하는 의류를 입게 할 수 있다.

형사피고인은 유죄의 판결이 확정될 때까지는 무죄로 추정되는 원칙(「헌법」 제27조)에 따라 재판 등에 출석하는 미결수용자의 인격권 및 행복추구권, 공정한 재판을 받을 권리를 실효적으로 보장하기 위해 출정 시 사복착용을 할 수 있도록 제도화되었다. 형사사건으로 수사 또는 재판을 받고 있는 수형자와 사형확정자에 대하여도 미결수용자의 처우가 준용되어 사복을 착용할 수 있다.

참조법령 「형집행법」 제82조·제88조

사전조사(事前調査)

수형자의 가석방 적격심사신청을 위하여 사전에 조사해야 하는 사항으로서 신원에 관한 사항, 범죄에 관한 사항, 보호에 관한 사항을 말한다. 이 경우 필요하다고 인정할 때에는 수형자, 가족, 그 밖의 사람과 면담 등을 할 수 있다. 먼저, 신원에 관한 사항으로는 ① 건강상태 ② 정신 및 심리상태 ③ 책임감 및 협동심 ④ 경력 및 교육정도 ⑤ 노동능력 및 의욕 ⑥ 교정성적 ⑦ 작업장려금 및 작업상태 ⑧ 그 밖의 참고사항으로 수용한 날부터 1개월 이내에 실시해야 한다. 다음 범죄에 관한 사항은 ① 범행 시의 나이 ② 형기 ③ 범죄횟수 ④ 범죄의 성질·동기·수단 및 내용 ⑤ 범죄 후의 정황 ⑥ 공범관계 ⑦ 피해 회복여부 ⑧ 범죄에 대한 사회의 감정 ⑨ 그 밖의 참고사항으로 수용한 날부터 2개월 이내에 실시해야 한다. 마지막으로 보호에 관한 사항은 ① 동거할 친족·보호자 및 고용할 자의 성명·직장명·나이·직업·주소·생활 정도 및 수형자와의 관계 ② 가정환경 ③ 접견 및 편지의 수신·발신내역 ④ 가족의 수형자에 대한 태도·감정 ⑤ 석방 후 돌아갈 곳 ⑥ 석방 후의 생활계획 ⑦ 그 밖의 참고사항으로 형기의 3분의 1이 지나기 전에 실시해야 한다.

사전조사시의 유의사항으로 가석방 적격심사신청과 관련하여 특히 피해자의 감정 및 합의여부, 출소 시 피해자에 대한 보복성 범죄 가능성 등에 유의해야 한다. 조사한 사항은 매월 분류처우위원회의 회의 개최일 전날까지 분류처우심사표에 기록해야 한다.

> **참조법령** 「형집행법시행규칙」 제246조·제247조~제249조

사형(死刑)

고대부터 존재하여 왔고 현대에도 상당수의 국가에서 시행하고 있는 형벌로서, 범죄자의 생명을 박탈하는 가장 강력한 형벌이다. 우리나라에서는 고조선시대부터 존재하여 왔고 고려시대와 조선시대에 기본형 중의 하나였으며,

현재 대한민국에서도 20년 넘게 집행하지 않고 있지만 형식적으로는 사형제를 유지하고 있다.

조선의 경우 사형은 형조의 4사 중 하나인 상복사(詳覆司)에서 전담하였으며, 초복·재복·삼복의 심리단계를 두고 최종적으로 왕의 재가가 있어야만 집행할 수 있도록 신중을 기하였다. 사형의 집행방법으로는 범죄의 중대성 등에 따라 교형, 참형, 능지처사, 사사(賜死) 등이 있었다. 교형은 목을 줄로 매어 죽이는 것을, 참형은 목을 칼로 베어 죽이는 것을, 능지처사는 몸을 여러 부분으로 잘라 죽이는 것을, 사사는 독약을 마시게 하여 죽이는 것을 말한다. 참형이나 능지처사를 집행한 경우 위하적인 효과를 위하여 죄인의 머리를 매달거나 시체를 거리에 내버려 두어 일반 백성에게 보여주기도 하였는데, 전자를 효수(梟首), 후자를 기시(棄市)라고 한다. 다만, 죄인이 이미 죽은 경우 그 무덤을 파헤쳐 시체를 꺼내 참형을 집행하기도 하였는데, 이를 부관참시(剖棺斬屍)라고 한다.

대한민국의 경우 「형법」에 규정된 형벌 중의 하나이다. 일반적인 사형은 교정시설의 사형장에서 교수하여 집행(「군형법」의 경우 총살)한다. 우리나라는 1997년 12월 30일 사형을 집행한 이후 지금까지 사형을 집행하지 않고 있어 사형제의 존치를 두고 사회적으로 찬반논란이 지속되고 있다. 국제 인권단체인 앰네스티(Amnesty)에서는 우리나라를 실질적인 사형폐지 국가로 분류하고 있다. 따라서 향후에도 사형확정자에 대한 집행가능성이 적다는 점을 고려할 때 이들에 대한 처우는 의미가 있다.

참조법령 「형법」 제66조
참고문헌 『대한민국 교정사 I 』 116면 (2010), 임현 『바른교정학』 255면 (2019)

사형확정자(死刑確定者, Condemned Prisoners)

수용자 중의 하나로 사형의 선고를 받아 그 형이 확정되어 교정시설에 수용된 사람을 말한다. 2019년 기준 전국 교정시설의 1일 평균 수용인원은 총 54,624명이며, 이 중 사형확정자는 총 56명으로 약 0.1%를 차지한다. 이들에 대하여 종래 미결수용자에 준하여 처우하던 것을 사형확정자의 신분적 특수성을 고려하여 2007년 「형집행법」 개정부터 그 처우에 대해 별도로 규정하고 있다.

사형확정자의 경우 교도소 또는 구치소(사형집행시설이 설치되어있는 교정시설에 수용하되, 수용 중 사형이 확정된 기관 및 교육·교화프로그램·작업의 필요성 고려)에 구분하여 수용한다. 원칙적으로 사형확정자는 독거 수용한다. 다만, 자살방지, 교육·교화프로그램, 작업, 그 밖의 적절한 처우를 위하여 필요한 경우에는 미결수용자 또는 수용자와 혼거수용할 수 있다. 이 경우에도 사형확정자가 수용된 거실은 참관할 수 없다.

사형확정자의 심리적 안정 및 원만한 수용생활을 위하여 교육 또는 교화프로그램을 실시하거나 신청에 따라 작업 등을 부과할 수 있으며 이러한 처우를 실시하기 위해 전담교정시설에 수용할 수 있다. 그 밖에 이송, 접견, 전화통화, 상담 등 각종 처우에 있어서 사형확정자의 특성을 고려한 처우가 이루어지고 있다. 접견횟수는 매월 4회, 전화통화는 월 3회 이내의 범위에서 허가할 수 있다. 사형의 집행은 형이 확정된 날로부터 6개월 이내에 법무부장관이 집행명령을 한 때로부터 5일 이내에 교정시설의 사형장에서 교수형으로 집행한다.

참조법령   「형집행법」 제2조·제11조·제89조·제90조, 「형집행법시행규칙」 제150조·제155조

참고문헌   『교정통계연보』 65면 (2020)

사회견학(社會見學, Field Trip) · 사회봉사(社會奉仕, Voluntary Activities)

사회적 처우의 일환으로 수형자에게 교정시설 밖으로 견학 또는 봉사활동의 기회를 제공하는 것을 말한다. 수형자의 사회적응능력 향상을 통해 성공적인 사회복귀를 도모하기 위한 목적으로 시행하고 있다. 봉사활동의 경우 교정캐릭터인 '보라미'를 인용하여 교도관과 교정위원도 함께 참여하는 '보라미봉사단'을 구성·운영하기도 한다. 사회견학 및 봉사활동의 대상자는 가석방 신

청 수형자, 개방처우급·완화경비처우급 수형자로 하되, 처우 상 특히 필요한 경우 일반경비처우급 수형자도 가능하다.

사회견학의 범위는 ① 직업능력개발훈련 과정과 연계한 대학, 산업시설 견학 ② 사회적응에 도움이 되는 문화유적지 탐방, 박물관 등 견학 ③ 연극·영화 등 문화공연 관람 ④ 그 밖의 외부 종교행사 참석 등이다. 봉사활동의 범위는 ① 독거노인·소년소녀가장 세대, 복지시설 등 방문 봉사 ② 지역사회 공공시설 보수 ③ 이·미용, 배관, 보일러 등 기능자격 보유자의 봉사활동 ④ 그 밖의 봉사활동이 필요한 경우 등이다. 사회견학 및 봉사활동 시 수형자의 복장은 모범수형자복으로 하며, 사전에 수형자에게 준수사항을 고지하고 준수사항을 위반한 경우에는 즉시 환소 조치한다.

2019년 기준 1일 평균 수형자 인원(노역수형자 제외)은 33,813명이고 사회견학 및 봉사활동 참여인원은 총 4,859명이며, 수형자 인원 대비 참여율은 약 14.4%이다.

참조법령 「형집행법시행규칙」 제92조, 「수용자 사회복귀지원 등에 관한 지침」 제52조·제54조~제56조
참고문헌 『교정통계연보』 156면 (2020)

사회내 처우(社會內 處遇, Community Treatment)

범죄자를 교정시설에 구금하지 않고 지역사회 내에서 생활하게 하면서 보호관찰관 등의 지도·감독과 원호를 통하여 그 개선 및 갱생을 도모하려는 처우 방식을 말한다. 사회내 처우는 시설내 처우에 대응하는 개념으로 비시설처우 또는 지역사회교정이라고도 한다. 그 기원은 1841년 미국 매사추세츠(Massachusetts)주에서 범죄자의 사회복귀를 목적으로 한 보호관찰 제도를 최초로 입법화하면서 시작되었다. 우리나라는 1988년 「소년법」에 보호관찰 및 사회봉사명령·수강명령 제도가 도입되었고, 1989년 「보호관찰법」이 제정되면서 사회내 처우에 관한 입법이 이루어졌다. 사회내 처우의 종류로는 가석방, 보호관찰, 법무보호(구 갱생보호), 사회봉사명령, 수강명령, 배상명령, 벌금형 등이 있다. 전

통적인 처우방식인 시설내 처우가 낙인효과, 범죄배양효과, 교정비용증가 등 부정적인 결과를 초래함에 따라, 그 대안으로 현대의 교정은 시설내 처우(폐쇄형처우)를 점차 완화하는 한편, 사회적응력 향상과 실질적인 재사회화가 이루어질 수 있도록 사회적 처우(개방형처우)와 사회내 처우(사회형처우)를 확대하는 방향으로 전개되고 있다.

참고문헌 　 임현 『바른교정학』 396면 (2019)

사회복귀(社會復歸, Social Reintegration) · 사회복귀과(社會復歸課)

　수형자의 성공적인 사회정착을 위해 수형자 개인의 기본적인 인성과 태도, 품성을 배양하고 수형자와 그 가족의 관계회복을 지원하는 등 사회적응에 필요한 각종 교육 및 프로그램을 실시하는 업무를 말한다. 업무분야는 크게 교육, 교화프로그램, 종교 · 문화, 사회적 처우, 편지, 교정위원 등으로 구분된다. 교육으로는 학과교육, 집중인성교육, 석방전교육 등을, 교화프로그램으로는 문화프로그램, 교화상담, 교화행사 등을 진행한다. 또한 종교활동과 도서 · 신문 · 집필 등 문화활동을 지원하고, 사회적 처우로 가족관계회복지원, 사회봉사, 귀휴 등을 시행한다. 이외에 편지 수 · 발신 업무를 처리하고, 교화 · 종교 · 교육 · 의료 · 취업 분야별 교정위원의 활동을 관리한다.

　사회복귀과는 수형자의 교육 · 교화 · 생활지도 및 편지, 귀휴와 석방자 보호 등의 업무를 담당하는 부서로서 전국 교정시설에 설치되어 있다.

　과거에는 교육에 관한 업무에 중점을 둔 '교무과(教務課)'로 통용되었다.

참조법령 　 「법무부와 그 소속기관 직제 시행규칙」 제16조

사회적 처우(社會的 處遇, Social Treatment)

　시설내 처우의 엄격한 격리와 계호를 완화하여 일반사회와 접촉하고 교류

하는 것을 확대시켜 수형자를 사회와 교통하게 함으로써 그들이 석방된 후에 사회 적응을 용이하게 하기 위한 각종의 처우체계를 말한다. 사회적 처우는 시설내 처우와 사회내 처우의 중간적 형태로서 개방처우 또는 중간처우라고도 한다. 사회적 처우는 시설내 처우를 원칙으로 하는 형태와 사회내 처우를 원칙으로 하는 형태로 구분할 수 있으며, 전자는 개방교도소, 외부통근제, 주말구금제, 귀휴제, 부부특별면회제 등이 있고, 후자는 중간처우의 집, 석방전 지도센터, 다목적센터, 집단처우센터 등이 있다.

현재 우리나라에서 시행하고 있는 사회적 처우로는 개방교도소, 귀휴, 외부통근작업, 가족만남의 집, 가족만남의 날, 중간처우시설 이용, 사회봉사 등이 있다.

참조법령 「형집행법시행규칙」 제92조, 「분류처우업무지침」 제103조

사회적응훈련원(Social Adjustment Training Center)

중간처우를 전담하는 독립된 직업연계형 시설로서 중·장기수형자의 다양한 사회생활 체험 및 직업훈련 등을 실시하기 위해 2009년 4월 천안개방교도소에 개원하였다. 대상자는 개방처우급(S1) 혹은 완화경비처우급(S2) 수형자로 ① 형기가 3년 이상인 사람 ② 범죄횟수가 2회 이하인 사람 ③ 중간처우를 받는 날부터 가석방 또는 형기 종료 예정일까지 기간이 3개월 이상 1년 6개월 이하인 사람이다. 동 훈련원은 일반사회와 유사한 환경을 조성하여 교정시설의 상징처럼 여겨지는 높은 담장 대신 낮은 펜스, 거실 창문에는 철격자가 아닌 방충망을 설치하여 마치 기업의 연수원처럼 갖춰진 시설이다. 이는 오랜 세월 사회와 격리되어 변화된 사회생활에 낯설어하는 수형자들에게 각종 사회체험학습을 통해 익숙하지 않으면 불편한 사회생활에 관한 것들을 배우고 익혀 출소 후 사회적응을 원활히 하고, 이를 통해 교정시설과 사회를 연결하는 징검다리 역할을 하게 함으로써 수형자들이 단계적으로 가정과 사회, 사람들과 가까워지도록 하여 새로운 삶에 대한 희망을 키워 준비된 사회인으로 거듭나도록 유도하고 있다.

매월 30명 정도의 수형자를 6개월간 3단계의 과정으로 사회적응훈련을 실시하고 있으며, 제1단계로 시설적응과 체험훈련을 위한 준비과정, 제2단계로 외부통근작업 등 가족관계회복 지원프로그램, 사회견학 및 봉사활동, 시설내 구비된 사회체험시설을 활용하는 등 제한적 체험교육과 사회 및 근로에 대한 적응력을 함양하는 과정, 제3단계로 사회복귀과정을 거치게 된다. 이러한 적극적인 처우는 수형자들에게 낯선 사회에 대한 두려움과 갑작스런 생활환경 변화에 따른 정신적 충격을 최소화하고 빠른 적응을 통해 성공적인 사회복귀로 이어지는 성과로 나타나고 있다.

참조법령 「형집행법시행규칙」 제93조
참고문헌 법무부 보도자료

삼진아웃제(three out change)

수용자의 경미한 징벌대상행위에 대하여 경고카드(규율위반행위 적발보고서)를 발급하되, 경고카드 3회 발급 시 조사절차를 거쳐 징벌처분을 받을 수 있도록 한 제도이다. 삼진아웃제는 일회적 지시불이행, 기초질서 위반 등 경미한 잘못에 대하여 모두 조사절차를 거치는 것은 부적절하기 때문에 수용자에게 자발적인 개선의 기회를 주면서도 최종적으로 엄정한 수용질서를 확립하기 위한 것이다. 대체로 수용동 근무자, 수용팀장(생활지도·상담관), 기동순찰팀(CRPT)이 수용동 내의 동정을 관찰하거나 기초질서를 단속하는 과정에서 적용하고 있다.

상훈(賞勳)

공무원으로서 직무에 정려(精勵)한 자나 사회에 공헌한 공적이 현저한 자에 대하여 훈장·포장을 수여하거나 표창을 하는 것을 말한다. 교정행정의 경우 대표적인 상훈으로는 교정대상(대상·본상·특별상), '교정의 날' 기념 훈장·포장·표창(대통령/국무총리/장관), 모범공무원 선정 등이 있다. 교정공무원은 국가관·사명감·공직관이 투철한 공무원 중 국가경쟁력 강화에 기여한 자, 성실하고 창의적·혁신적인 자세로 업무발전에 기여한 자, 친절·봉사 행정을 실천하고 남다른 선행으로 타의 귀감이 되는 자를 선정한다. 또한 교정행정에 적극적이고 헌신적으로 참여함으로써 수형자 교정교화에 크게 기여한 교정참여인사도 별도로 선정하여 교정공무원과 함께 시상한다.

참고문헌 『교정통계연보』 35면 (2020)

'새길'지(誌)

수용자의 자발적인 참여를 바탕으로 법무부에서 발행하고 있는 종합문예지로 수용자의 교정교화에 큰 기여를 하고 있다. 수용자에게 보장되는 기본권 중의 하나로서 원칙적으로 집필이 가능하므로, 어느 수용자든 특별히 부적절한 내용이 아닌 한 『새길』에 자유롭게 투고할 수 있다. 이를 바탕으로 매년 분기별로 시, 수필, 독후감, 소감문, 수기, 서간문, 감상문 등 다양한 종류의 원고를 담아 발행하고 있다. 『새길』은 이러한 문예활동을 통하여 수용자에게 심리적 안정과 함께 적극적인 교화개선의 계기를 제공하고 있다. 『새길』지는 1948년 미군정시대에 창간하였으나, 한국전쟁 등으로 발행이 중단되었다가 수용자의 정서순화와 교양을 위해 1952년 재발행하게 되었다.

참고문헌 법무부 『새길』 목차 (2020)

생활용품(生活用品)

수용자의 생활을 위해 기본적으로 필요한 의류, 침구, 그 밖의 물품을 말한다. 의류의 품목으로는 평상복, 특수복, 보조복, 의복부속물, 모자, 신발이 있고, 침구의 품목으로는 이불 2종(솜이불·겹이불), 매트리스 2종(일반매트리스·

환자매트리스), 담요, 베개가 있다. 그 밖의 물품은 치약, 칫솔, 세면비누, 세탁비누, 수건, 화장지, 생리대 등이 있다. 수용자에게 지급하는 의류 및 침구는 1명당 1매로 하되, 작업 여부 또는 난방 여건을 고려하여 2매를 지급할 수 있다. 그 밖의 물품의 지급수량, 사용기간, 지급횟수 등에 관해서는 별도의 기준을 수립하여 적용하고 있다.

> **참조법령** 「형집행법시행규칙」 제4조·제6조·제8조

생활지도(G급: Guidance)

개별처우급의 하나로써 생활태도 및 개선의지에 문제가 있어 특히 철저한 생활지도를 필요로 하는 자에게 부여하는 수용급이다. 처우의 기준으로 교양강좌를 실시하고 적극적인 독서지도를 실시하며 용모·복장의 단정, 청결, 정돈, 예의, 법도 등에 유의토록 하고 정서적 안정 등을 통한 취미활동을 장려한다. 또한, 집단훈련, 체육훈련을 실시하고 교육 및 인성함양에 주력한다.

> **참조법령** 「형집행법시행규칙」 제76조, 「분류처우업무지침」 제54조·[별표 7]

석방(釋放) · 출소(出所)

수용자의 구금을 해제하여 교정시설에서 출소시킴으로써 사회에 복귀하도록 하는 것을 말한다. 석방의 사유와 시기는 수형자인 경우와 미결수용자인 경우로 구분된다.

수형자인 경우 사면, 가석방, 형의 집행면제, 감형에 따른 석방은 그 서류가 교정시설에 도달한 후 12시간 이내(다만, 그 서류에서 석방일시를 지정하고 있으면 그 일시)에 하여야 한다. 또한 형기종료(노역종료 포함)에 따른 석방은 형기종료일(05:00 이후)에 하여야 하며, 형의 집행정지 등 권한이 있는 자의 명령에 따른 석방은 서류가 도달한 후 5시간 이내에 하여야 한다. 미결수용자인

경우 무죄, 면소, 형의 면제, 형의 선고유예, 형의 집행유예, 공소기각 또는 벌금이나 과료를 과하는 판결이 선고된 때에는 구속영장의 효력을 상실하여 법정에서 즉시 석방(다만, 본인의 희망 시 교정시설로 환소 후 출소)한다. 반면 구속의 취소, 불기소, 보석, 구속의 집행정지 등 권한이 있는 자의 명령에 따른 석방은 서류가 도달한 후 5시간 이내에 하여야 한다. 그 밖에 수용자가 사형, 자살, 변사, 병사 등으로 사망한 경우에는 사망한 일자를 기준으로 석방처리를 한다.

2019년 기준 수형자의 석방인원은 총 56,900명이며, 석방사유별 구성은 사면 561명(1.0%), 가석방 8,174명(14.4%), 형기종료 21,092명(37.1%), 노역종료 16,896명(29.7%), 그 밖에(노역수형자 벌금납부 등) 10,177명(17.9%)이다.

참조법령 「형집행법」 제123조·제124조
참고문헌 『교정통계연보』 170면 (2020)
관련용어 가석방

석방전교육(釋放前敎育) · 출소예정자교육(出所豫定者敎育)

출소예정자를 대상으로 출소 후 건전한 사회구성원의 역할을 수행할 수 있도록 실질적인 도움을 주기 위한 교육을 말한다. 출소예정자교육이라는 명칭을 사용한다. 교육대상자는 형기종료 2개월 내외의 자, 가석방 예정자를 대상으로 하되, 정신적·신체적 장애나 동정관찰에 의하여 교육이 부적합하다고 인정되는 자는 교육을 제외할 수 있다. 교육과정은 ① 사회보장절차, 신용회복절차, 보호관찰, 한국법무보호복지공단 안내, 취·창업지원 정보 제공 ② 출소 후 사회적응에 필요한 인성교육 등을 중심으로 편성하고, 교육시간은 15시간으로 한다. 석방전 교육시간의 80% 이상을 이수한 경우 교육을 수료한 것으로 인정한다.

참조법령 「수용자 교육교화 운영지침」 제9조~제11조

석방청원제(釋放請願制)

1945년 광복 이후 미군정시대에 시행하였던 행형제도 중의 하나이다. 검사에 의하여 공소가 제기되지 않고 조사 중에 있는 피의자 또는 공소가 제기되어 재판 중에 있는 피고인으로서, 경찰서 유치장이나 형무소에 30일 이상 수감 중에 있는 자는 법무국장에게 석방청원서를 제출할 수 있었다. 법무국장은 청원수령 후 10일 이내에 그 피의사실이나 공소사실에 대한 증거의 유무를 확인하여 확실한 증거가 없다고 인정하면 석방을 명하도록 하였다. 이러한 석방청원제는 피의자나 피고인에 대한 부당한 신체 구속을 규제함으로써 인권을 보장하고자 한 조치였다.

참고문헌 『대한민국 교정사 I』 345면 (2010)

석방통보(釋放通報)

일정한 사유가 있을 경우 교정시설에서 석방하려는 사람에 관계되는 사실을 관할 경찰관서 등에 통보하는 것을 말한다. 석방통보에 해당하는 수용자로는 민생침해사범, 가석방자, 위치추적 전자장치 부착 대상자, 외국인수용자 등이 있다.

석방될 수형자의 재범방지, 자립지원 및 피해자 보호를 위하여 필요하다고 인정하면 해당 수형자의 수용이력 또는 사회복귀에 관한 의견을 그의 거주지를 관할하는 경찰관서나 자립을 지원할 법인 또는 개인에게 통보할 수 있다. 다만, 법인 또는 개인에게 통보하는 경우에는 해당 수형자의 동의를 받아야 한다. 만약 그의 거주지를 관할하는 경찰관서에 통보하는 경우에는 「형사절차전자화법」에 따른 형사사법정보시스템을 통해 통보할 수 있다.

참조법령 「형집행법」 제126조의2, 「형집행법시행령」 제143조

선시제도(善時制度, Good Time System)

선시제도란 수형자가 교정시설 안에서 일정기간 선행을 유지하면서 수형생활을 하는 것에 대하여 그에 대한 포상으로, 확정된 자유형의 형기를 단축하여 형기만료 전에 석방하는 제도를 말한다. 여기서 '선시(善時)'란 'Good Time'을 직역한 용어로 선행에 대한 포상으로 삭감된 '좋은 시간'을 의미하며, 이러한 점에서 선행보상제도, 선행감형제도, 자기형기단축제도라고도 한다. 선시제도는 가혹한 정기형에 대한 완화책으로 영국의 벤담(Bentham)이 고안한 것이며, 1817년 미국 뉴욕주에서 채택되어 세계 최초로 제도화된 이후 1960년대에는 미국 대부분의 주에서 부정기형과 연계하여 시행되었다.

우리나라에서는 1945년 광복 이후 미군정시대에 「우량수형자 석방령」에 의해 잠시 시행된 적이 있었으나, 1953년 「형법」이 제정되면서 폐지되고 그에 대체하여 가석방제도가 도입되었다. 선시제도는 무기수형자나 단기수형자를 제외한 중장기수형자를 대상으로 수형생활태도 등을 세밀히 평가하여 선행을 판단하며, 형기가 실질적으로 단축되어 잔형 기간이 남지 않은 상태에서 석방되므로 감형이나 가석방과 구별된다.

참고문헌 김옥현 『교정학』 126면~128면 (2020)

성과관리시스템(Performance Management System)

법무부의 경우 법무부와 그 소속기관의 미션과 비전을 달성할 수 있도록 전략목표, 성과목표, 추진과제 등을 연계하고, 성과지표를 근거로 목표달성의 수준을 측정해서 균형적으로 관리할 수 있는 IT기반의 성과관리 및 평가시스템을 말한다. 즉 성과관리시스템은 조직의 성과관리체계(성과계획 수립 → 실행상황 점검 → 성과달성 평가 → 인사관리 반영)를 실행하기 위한 전자시스템이다. 법무부에서는 균형성과표(Balanced Score Card)를 중심으로 한 성과관리시스템을 운영하고 있으며, 교정조직의 성과평가도 이를 활용하여 체계적으로 이루어진다. 균형성과표는 원래 민간부문에서 세계적으로 각광을 받던 성과평가 기법이나, 우리나라 공공부문에서도 종합적이고 효율적인 성과관리를 위하여 도입하였다.

참조법령 「법무부 성과관리운영규정」 제3조
관련용어 균형성과표(Balanced Score Card)

소년수형자(J급: Juvenile prisoner)

기본수용급의 하나로써 분류처우위원회 의결일 기준으로 만 19세 미만 소년·소녀 수형자에게 부여하는 수용급이다. 나이, 적성 등 특성에 알맞은 교육·교화프로그램을 개발하여 시행해야 하고, 전담교정시설에는 별도의 공동학습공간을 마련하여 학용품 및 소년의 정서함양에 필요한 도서, 잡지 등을 갖추어야 한다. 필요하면 접견 및 전화통화 허용횟수를 늘릴 수 있고, 사회견학, 사회봉사, 종교행사 참석, 연극·영화, 그 밖의 문화공연 관람에 해당하는 활동을 허가할 수 있다. 또한 나이, 건강상태 등을 고려하여 필요하다고 인정하는 경우 주·부식 등의 지급, 운동, 목욕, 전문의료진 등 및 작업에 관하여 노인수형자 규정을 준용한다. 처우의 기준으로는 범죄성의 진전 및 악풍감염의 방지에 노력하고, 상식의 습득 및 규범을 준수하는 습관을 함양하며, 학과 및 직업에 관한 자격의 취득에 노력한다. 또한, 특기 및 적성발견에 노력하고 보호자와의 관계유지에 노력한다.

참조법령 「형집행법시행규칙」 제59조의2~제59조의6·제73조, 「분류처우업무지침」 제52조·[별표 7]

소도(蘇塗)

고대 삼한(마한·진한·변한)에서 법집행의 예외로 존재했던 특별구역을 말한다. 삼한은 제정(祭政)이 일찍부터 분리되어 통치권을 가진 족장 이외에 제사권을 가진 '천군'이라는 제사장이 있었으며, 각 부족사회에는 제사를 지내기 위한 목적으로 '소도'라는 특별구역을 두었다. 여기에는 큰 나무를 세우고 방울과 북을 달아서 신성한 지역의 표지로 삼았다. 소도에는 법률의 힘이 미치지 못하여 죄인이 이 지역 안으로 도망쳐 오더라도 붙잡아 가지 못하게 되어 있었다. 다만, 소도와 같은 특별한 경우 이외에 삼한의 법집행은 엄격하였으며, 삼국지(三國志) 위지(魏志)의 변진조(弁辰條)에 "삼한에는 법질서가 엄연하였다."고 기재되어 있다.

참고문헌 『대한민국 교정사Ⅰ』 38면~39면 (2010)

소득점수(所得點數)

형집행지휘서가 접수된 다음 달부터 기산하며, 매월 초일부터 말일까지 수형생활 태도와 작업·교육성적 점수를 합산하여 채점하는 점수를 말한다. 수형생활 태도 5점 이내, 작업 또는 교육성적 5점 이내의 범위에서 소득점수 평가 및 통지서에 따라 채점하며 수형생활태도와 작업·교육점수를 합산하여 수는 9점~10점, 우는 7점~8점, 미는 5점~6점, 양은 3점~4점, 가는 1점~2점이다. 소득점수 채점은 객관적이고 공정하게 이루어져야 하며 평가 및 평정과 통보 등의 절차는 교정정보시스템에서 전자적으로 처리한다.

[교도관의 소득점수 채점행위에 대한 헌법소원(12헌마601.2012.7.24.): 교도관의 소득점수 채점행위가 수형자의 직접적인 권리의무에 영향을 미치지 않으므로 헌법소원의 대상이 되지 않는다(각하).]

참조법령 「형집행법시행규칙」 제77조·제78조, 「분류처우업무지침」 제61조

소득점수평가(所得點數評價) · 소득점수평정(所得點數評定)

매월 작업장 또는 수용동으로부터 제출된 수용생활태도 및 작업·교육점수의 사정(査定) 결과를 말한다. 매월 평가된 소득점수를 합산하여 평정기간의 개월 수로 나누어 평균을 구한 점수(이 경우 소수점 이하는 반올림)로, 수형생활태도 점수와 작업 또는 교육성적 점수를 채점할 경우, 수는 소속 작업장 또는 교육장 전체 인원의 10퍼센트를 초과할 수 없고, 우는 30퍼센트를 초과할 수 없다. 다만, 작업장 또는 교육장 전체인원이 4명 이하인 경우에는 수·우를 각각 1명으로 채점할 수 있다. 작업장 중 작업의 특성이나 난이도 등을 고려하여 필수 작업장으로 지정하는 경우, 소득점수의 수는 5퍼센트 이내, 우는 10퍼센트 이내의 범위에서 각각 확대할 수 있으며, 수형자가 부상이나 질병, 그 밖의 부득이한 사유로 작업 또는 교육을 받지 못한 경우에는 3점 이내의 범위에서 작업 또는 교육성적을 부여할 수 있다. 평가방법은 수형생활 태도로 품행[1점] · 책임감[2점] 및 협동심[2점]의 정도에 따라 매우양호(수, 5점) · 양호(우, 4점) · 보통(미, 3점) · 개선요망(양, 2점) · 불량(가, 1점)으로 구분하여 채점한다. 작업 또는 교육성적은 부과된 작업·교육의 실적정도[2점]와 근면성[3점] 등에 따라 매우우수(수, 5점) · 우수(우, 4점) · 보통(미, 3점) · 노력요망(양, 2점) · 불량(가, 1점)으로 구분하여 채점한다. 이때 수형자의 작업 또는 교육성적을 평가하는 경우에는 작업숙련도, 기술력, 작업기간, 교육태도, 시험성적 등을 고려할 수 있다. 보안·작업 담당교도관 및 관구의 책임교도관은 서로 협의하여 소득점수를 채점 평가한다.

참조법령 「형집행법시행규칙」 제79조·제80조, 「별지제1호서식」 소득점수평가 및 통지서, 「분류처우업무지침」 제2조

소망교도소(所望矯導所)

1990년대 후반 경제위기로 인한 범죄자 수의 급증으로 말미암아 교정시설

의 과밀화가 심각한 문제로 대두하게 되어 이를 해결하기 위한 수단으로 교정시설을 확충해야 했지만, 경제위기 상황에서 적지 않은 예산이 투입되는 교도소 신설은 쉬운 일이 아니었다. 따라서 이를 해결하기 위한 대안으로 민영교도소 도입이 검토되기에 이르렀고 기존의 국영교도소의 교정효과에 대한 반성도 하나의 원인이었다.

소망교도소의 설립은 1999년 12월 (구)「행형법」을 개정하여 그 근거를 마련하고 2000년 1월 「민영교도소법」을 제정·공포하여 대학교수, 변호사, 교정전문가 등 13명으로 구성된 수탁선정심사위원에서 아가페재단을 민영교도소 수탁대상자로 결정함으로써 2010년 12월 대한민국 최초의 민영교도소인 소망교도소가 개소하게 되었다.

동 교도소는 경기도 여주시 북내면 아가페길 140(외룡리 16-1)에 위치하고 있으며, 기독교 정신에 입각하여 수형자 교정교화에 주력하고 있다. 입소자격은 형기가 7년 이하에 잔여형기 1년 이상인 자, 전과 2범 이하의 20세 이상 60세 미만의 남성수형자로 공안, 마약, 조직폭력사범은 제외된다.

2020년 현재 재범율이 4% 이하로 나타나고 있으며 수용자의 60% 이상이 강력범임에도 불구하고 국영교도소에 비해 재범율에 크게 낮아 그 결과를 긍정적으로 평가하고 있다. 조직으로는 소장과 부소장 아래 총무과, 보안과, 직업훈련과, 관리과, 교육교화과, 의무과, 대외협력과의 7개의 과로 구성되어 있다.

소망교도소의 운영경비는 90%를 국가에서 부담하고 나머지 10%를 운영주체인 아가페재단의 수익사업과 기부금으로 충당하고 있다.

참고문헌 서운재 「형사시설에서의 수형자 처우의 현상과 향후의 과제에 관한 연구」 153면 (2016)
관련용어 민영교도소, 아가페재단

소망의 집(the House of Hope)

2009년 안양(교), 춘천(교), 창원(교), 순천(교), 청주여자(교)에 개원한 시설로써 교정시설 구외(외정문 안, 정문 밖)에 설치되어, 출소예정자에게 일정기간 가정과 같은 시설에서 생활하며 외부공장에 출퇴근하는 등 단계별 사회적응 훈련 시설을 말한다. 즉, 개방시설로 가정과 유사한 환경을 조성하여 사회생활 적응에 필요한 단계별 교육 및 취업·창업교육을 실시하는 것이다. 대상자는 개방처우급(S1급), 완화경비처우급(S2급)의 자로 중간처우개시일로부터 4개월에서 1년 내에 가석방이 가능하며 건강상태가 양호하여 교육훈련을 감당할 수 있고 모범수형자로 도주의 우려가 없는 2범 이내의 형기 2년 이상의 자가 해당된다. 목적은 출소전 사회체험 훈련을 통하여 수형자의 성공적인 사회정착을 도모하고 사회적 처우를 통한 사회복귀능력을 배양하기 위해서이다.

중간처우시설(교정시설에 설치된 개방시설) 수용 대상자 선정시 고려되는 사항은 경비처우급, 도주 및 재범가능성, 연령, 건강, 정신상태 등을 고려한 작업 또는 교육훈련 감당여부, 가석방 가능여부, 형기종료일까지의 기간 등이며, 조직폭력, 마약사범, 추천기준일 현재 1년 이내 징벌자, 직업훈련생, 교육생 등은 중간처우 대상자 선정에서 제외한다. 소망의 집 수용인원은 10명 내외로 운영하고 있다.

참조법령 「형집행법시행규칙」 제93조, 「교정시설 경비등급별 수형자의 처우 등에 관한 지침」 제39조·제40조

소방(消防)

화재를 예방하고 진압하는 활동을 말한다. 교정시설은 다수의 수용자를 한정된 공간에 구금하고 있기 때문에 화재가 발생할 경우 대형사고로 이어질 위험성이 높다. 이에 교정시설에서는 화재 및 재난상황으로부터 인명과 재산을 보호하기 위해 관계법령에 따라 소방훈련 및 교육, 소방시설의 유지·관리 등의 소방업무를 수행하고 있다. 또한 소방업무를 원활하게 수행하기 위해 「공공기관의 소방안전관리에 관한 규정」에 따른 소방안전관리자를 선임하여 소방계획서의 작성 및 시행 등 필요한 업무를 지정하고 있다.

소송서류(訴訟書類)

소송이란 분쟁의 당사자 이외의 제3자(법원)를 관여시켜 그 판단을 구함으로써 분쟁을 해결하기 위한 법률적 절차를 말한다. 현대에서는 국가의 사법권 행사에 따라 그 권력을 배경으로 분쟁을 강제적으로 해결하기 위한 절차를 소송이라고 하고 조정, 중재, 화해 등과 구별되며 반의어로 자력구제가 있다. 이러한 소송을 수행하기 위해서는 관련서류를 법원에 제출하거나 법원이 작성하는 서류가 있는데 이를 소송서류라고 한다. 여기에는 피고 또는 피의사건에 관하여 작성되는 서류뿐만 아니라 행정·민사소송 등의 관련서류 일체를 포함한다.

수용자의 소송관련 서류는 재판 등에 지대한 영향을 미치는 중요한 서류이므로 신속·정확하게 처리하여야 한다. 이러한 소송서류로는 구속적부심사청구서, 보석허가청구서, 항소장·항소이유서, 상고장·상고이유서, 헌법소원심판청구서, 민사소송서류 등이 있다.

소장면담(所長面談)

비사법적 권리구제수단 중의 하나로 수용자가 소장에게 자신의 처우에 관하여 면담을 신청하는 것을 말한다. 소장면담은 수용자의 처우상 고충을 소장의 면담을 통하여 해결함으로써 수용생활의 안정을 도모할 수 있는 반면 수용자가 자신의 부당한 요구를 관철하기 위하여 면담을 신청하는 경우가 있어 이에 대한 적절한 대처가 필요하다.

소장면담의 경우 소장면담 요청 → 팀 사무실 보고 → 수용자 상담 → 소장 보고 → 소장면담 실시 → 수용자 통지 순으로 업무를 처리한다. 소장은 수용자의 면담신청이 있으면 ① 정당한 사유 없이 면담사유를 밝히지 않는 때 ② 면담목적이 법령에 명백히 위배되는 사항을 요구하는 것인 때 ③ 동일한 사유로 면담한 사실이 있음에도 불구하고 정당한 사유 없이 반복하여 면담을 신청하는 때 ④ 교도관의 직무집행을 방해할 목적이라고 인정되는 상당한 이유가 있는 때를 제외하고는 면담을 하여야 한다. 다만, 특별한 사정이 있으면 소속 교도관으로 하여금 그 면담을 대리하게 할 수 있다. 이 경우 면담을 대리한 사람은 그 결과를 소장에게 지체 없이 보고하여야 하며, 만약 면담결과 처리가 필요한 사항이 있으면 그 처리결과를 수용자에게 알려야 한다.

참조법령 「형집행법」 제116조

소환(召喚)

특정인에 대하여 지정된 일시에 지정된 장소로 출석할 것을 명하는 법원의 재판을 말한다. 이는 광의의 강제처분으로 보는 것이 통설이다. 피고인을 소환함에는 소환장을 발부하여야 하며, 소환장은 송달하여야 한다. 다만, 구금된 피고인에 대하여는 교도관에게 통지하여 소환하며, 피고인이 교도관으로부터 소환통지를 받은 때에는 소환장의 송달과 동일한 효력이 있다.

소환의 방법으로는 재감인 소환부(「형사소송법」에 따라 교정기관에 수용 중인 피고인에 대해 소환을 통지하는 문서)에 의한 소환, 기일통지(민사·가사 재판부에서 사건별로 공판기일을 기재한 문서를 송달)에 의한 소환, 공판정(공판기일에 출석한 피고인에 대하여 차회 기일을 정하여 출석을 명령)에서의 소환, 유선연락 등 그 밖의 방법(시일이 임박하였거나 갑작스러운 기일의 변경이 있는 경우)에 의한 소환이 있다.

참조법령 「형사소송법」 제73조·제76조

속전(贖錢)

고려시대와 조선시대에 중한 범죄를 제외하고는 일정한 경우 형벌을 받는 대신 금전을 납부하여 대체할 수 있었던 제도를 말한다. 속전은 오늘날의 벌금과 유사하나, 벌금은 형의 선고 자체가 재산형인 반면 속전은 기본형을 선고받은 후 재산형으로 대체한다는 점에서 구별된다. 다만, 모든 형벌을 대체할 수 있는 것은 아니었으며, 속전할 수 있는 요건을 법으로 규정해 두었다. 속전은 형을 집행하는 기관에서 징수하였는데, 중앙은 형조·한성부·사헌부에서, 지방은 관아의 수령이 담당하였다. 징수된 속전은 호조로 이송하여 국가재정에 충당하거나, 관아에 소속된 관원의 급료와 관청의 유지비 등으로 사용하였다.

참고문헌   『대한민국 교정사Ⅰ』 122면·126면 (2010)

손도장증명

수용자가 작성한 문서로서 해당 수용자의 날인이 필요한 것은 오른손 엄지손가락으로 손도장을 찍게 한다. 다만 오른손 엄지손가락으로 손도장을 찍을 수 없을 경우에는 다른 손가락으로 손도장을 찍게 하고 그 손도장 옆에 어느 손가락인지를 기록하게 한다. 문서작성 시 참여한 교도관은 서명 날인하여 해당 수용자의 손도장임을 증명하여야 한다. 이러한 이유는 수용자 자신이 작성한 문서임을 증명하여 그 책임의 한도를 명확하게 하는 동시에 자신도 모르는 사이 작성되어 제출되는 문서의 오류를 방지하기 위하여 이를 분명하게 하기 위함이다.

이전 수용자에게 보관금품을 교부할 경우 수용자의 손도장을 찍게 한 것을 두고 국가인권위원회의 권고사항에 따라 「보관금품관리지침」을 개정하여 손도장 또는 서명을 받도록 한 사실이 있으므로, 현재 「교도관직무규칙」의 손도장 관련 규정은 향후 '손도장 또는 서명'으로 개정이 필요해 보인다.

참조법령   「교도관직무규칙」 제14조

수당(手當)

공무원의 직책, 능력, 자격에 따라 일률적으로 지급하는 보수가 아니라 근무여건이나 생활여건의 특수성에 따라 기준 외 보수로서 기본급을 보완해 주는 부가급(附加給)을 말한다. 현대 사회에서는 직업의 성격과 업무 조건이 복잡해지고 다양화되기 때문에 수당제도 등을 통해 기본급의 미비점을 보완하고 있다. 교정공무원에게 지급되는 수당 등은 통상 성격에 따라 상여수당·가계보전수당·특수지근무수당·초과근무수당 등으로 나눌 수 있고 그 외 실비변상 등이 있다. 그 내역을 살펴보면, 상여수당에는 대우공무원수당, 정근수당, 성과상여금이 있고, 가계보전수당에는 가족수당, 자녀학비보조수당, 육아휴직수당이 있다. 특수지근무수당에는 위험근무수당, 특수업무수당, 민원업무수당이 있으며 초과근무수당에는 시간외근무수당, 야간근무수당, 휴일근무수당이 있다. 그 외 퇴직수당에는 명예퇴직수당, 조기퇴직수당이 있으며 실비변상에는 정액급식비, 명절휴가비, 연가보상비, 직급보조비 등이 있다.

참조법령 「공무원보수규정」 제4조

수용(收容)·입소(入所)

국가가 피의자, 피고인 또는 수형자 등을 시설에 구금하여 신체활동의 자유를 박탈하고 수용자로서의 신분을 설정하는 처분을 말한다. 따라서 이미 수용자로서 신분이 부여된 자를 다른 시설로 이송하는 경우, 적법하게 시설 밖으로 나간 수용자들이 시설로 돌아오는 경우, 도주한 수용자를 체포하여 재수용하는 경우는 여기에 포함되지 않는다. 수용의 요건으로는 형식적 요건과 실질적 요건이 있다. 형식적 요건이란 수용에 필요한 사항들이 제대로 기재된 법정서류들이 구비되어야 함을 말한다. 형식적으로 서류가 구비된 경우라 하더라도 법령이 정한 서식이 아닌 경우, 필요적 기재사항이나 서명·날인이 누락된 경우, 유효기간이 경과한 경우 등은 형식적 요건을 충족한 것이라고 할 수 없다. 실질적 요건이란 법정서류에 표시된 내용이 사실과 일치하고 수용거절의 사유가 없어야 하며, 시설에 수용능력이 구비되어야 함을 말한다. 수용을 위한 형식적 요건이 구비된 경우라도 실질적 요건이 결여된 경우에는 수용을 거부하게 된다.

2019년 기준 수형자의 입소인원은 총 56,420명이며, 입소사유별 구성은 직입소(기결로 입소, 노역입소 포함) 21,827명(38.7%), 형확정(미결로 입소) 29,225명(51.8%), 그 밖에(보호관찰법 위반 등) 5,368명(9.5%)이다.

참고문헌 『교정통계연보』 68면 (2020)

수용거절(收容拒絶)

일정한 사유가 있을 경우 교정시설에 수용하려는 사람의 입소를 거절하는 것을 말한다. 수용거절의 사유로는 서류미비(수용의 형식적 요건 결여), 서류불일치 또는 감염병환자(수용의 실질적 요건 결여)가 있다. 이 중 '서류미비'는 입소관계 서류에 판사의 서명·날인누락, 검사의 서명·날인누락, 수용일자·수용기관·수용자성명 등이 기재되지 않은 경우 등이다. '서류불일치'는 서류상의 인물과 실제의 인물이 일치하지 않는 경우이다. '감염병환자'는 다른 사람의 건강에 위해를 끼칠 우려가 있는 감염병에 걸린 사람인 경우이다. 이는 제한된 공간에 다수의 수용자들이 밀집되어 생활하는 교정시설의 특성상 감염병의 전염 및 확산에 매우 취약할 수 있기 때문에 감염병의 유입을 원천적으로 차단하기 위한 것이다. 이 경우 수용을 거절하였으면 그 사유를 지체 없이 수용지휘기관과 관할 보건소장에게 통보하고 법무부장관에게 보고하여야 한다.

참조법령 「형집행법」 제18조

수용급(收容級)·수용분류급(收容分類級)

수형자 분류급의 하나로써 수용해야 할 시설 또는 시설내의 구획을 구별하는 기준이 되는 분류급을 말한다. 수용급의 최초형태는 근대 초기의 감옥개량운동에 있어서의 남녀, 소년·성년, 초범·누범 등의 분류수용에서 보여지며 당시는 오로지 혼거에 따른 악풍감염의 방지라고 하는 소극적 목적에 기인한 것이었지만, 20세기 이후의 수용분류는 교정교화의 효과적인 실시라고 하는 적극적 목적의 관점에서 공통하는 등질집단을 형성하기 위한 전제절차로써 적용했던 경향이 강했다.

수용급은 2008년 「형집행법」 개정 이전에 사용되던 분류급으로 다음 4개의 유형으로 분류되었다. ① 성별·국적·나이·형기 등에 의한 분류로, W급(여성수형자), F급(외국인수형자), I급(금고형수형자), J급(소년수형자), Y급(20세 이상 만 23세 미만의 성인수형자), L급(형기 10년 이상의 장기수형자) ② 범죄경향의 진전에 의한 분류로 A지표(범죄 경향이 그다지 진전되어 있지 않다고 인정되는 자)와 B지표(범죄 경향이 진전되어 있다고 인정되는 자) ③ 정신장애 또는 신체상의 질환 및 장애에 의한 분류로 M급(정신질환 또는 장애가 있는 수형자)와 P급(신체질환 또는 장애가 있는 수형자). 여기서 M급은 다시 M_1급(정신박약 및 이에 준한 처우를 필요로 하는 자), M_2급(정신병질자 및 정신병질 경향이 상당정도 인정되는 자), M_3급(정신분열증, 조울병 등 협의의 정신병에 걸려 있는 자)으로 세분. P급은 P_1급(신체상의 질환 또는 임신 및 출산을 위하여 상당기간 의료 또는 양호의 필요가 있는 자), P_2급(신체장애로 양호처우가 필요하다고 인정되는 자와 맹아 및 농아자), P_3급(연령 60세 이상으로 노쇠현상이 상당정도 인정되는 자로 신체허약으로 인하여 양호처우를 필요로 한다고 인정되는 자)으로 세분. ④ 사상 불건전에 의한 분류로 C_1급(불번의(不翻意)한 확신범)과 C_2급(불번의한 좌익사범)으로 구분하였다. 수용급은 2008년 「형집행법」 개정 이후의 기본수용급에 해당한다.

참고문헌 서운재 「수형자 분류처우제도의 운영실태와 개선방안에 관한 연구」(1997)
관련용어 기본수용급

수용기록(收容記錄, Inmate Records) · 수용기록과(收容記錄課)

수용기록의 업무범위는, 수용자의 입소 시부터 출소 시까지의 신상을 기록하는 수용기록부 관리, 피고 또는 피의사건에 관하여 작성되는 서류뿐만 아니라 수용자와 관련된 행정·민사소송 관계서류 등을 처리하는 소송서류 관리, 공소가 제기되지 않은 피의자와 공소가 제기된 피고인의 구속기간 등의 관리, 법원의 판결 선고에 따라 확정된 수용자를 검사의 집행지휘에 의해 형 집행하는 업무, 수용구분에 따른 교정시설로의 이송과 법무부장관에게 이송 신청한 후 승인을 받아 이송하는 업무, 형기종료 및 집행유예 등 석방사유 발생 시 석방시키는 업무 등이다. 수용기록 업무의 세부사항에 관해서는 「형집행법」 등 교정관계 법령 등에서 규정하고 있다.

수용기록과는 수용자의 수용 및 석방, 수용기록부 관리, 구속기간 및 형기계산, 수용자의 소송업무, 수용자의 이송 및 수용통계, 교도작업의 운영(구치소에 한함) 등의 업무를 담당하며, 11곳의 교정시설(구치소)에 설치되어 있다. 수용기록과가 설치되어 있지 않은 시설은 총무과의 수용기록계(구 명적)에서 그 업무를 담당하고 있으며 직업훈련과가 교도소에만 설치되어 있는 것과 대조된다.

참조법령 「법무부와 그 소속기관 직제 시행규칙」 제16조

수용기록부(收容記錄簿)

수용기간 동안 수용자의 신상을 기록·관리하는 장부로 수용지휘·구속영장 등을 보관하는 기본철과 주소·죄명 등을 기록하는 수용기록카드로 구성된다. 즉 수용자의 과거 경력이나 범죄력, 출생부터 입소 전의 가정사정, 입소 후의 태도 등을 자세하게 기록한 서류로 수용생활 중 새로운 사실이 발생할 때마다 추가 기록된다. 과거에는 신분장과 신분카드로 부르기도 했다. 수용자가 교정시설에 입소하게 되면 수용한 날로부터 3일 이내에 수용기록부 등을 작성·정비하고 필요한 사항을 기록하여야 하며 신입자의 신원에 관한 사항을 조사하여 수용기록부에 기록하여야 한다. 또한 신입자의 본인확인 및 수용자의 처우 등을 위하여 불가피한 경우에는 「개인정보보호법」 23조에 따른 정보, 같은 법 시행령 18조 2호에 따른 범죄경력 자료에 해당하는 정보 등이 포함된 자료를 처리할 수 있다. 수용기록부는 수용자에 관한 가장 중심이 되는 서류라고 할 수 있으며, 현재 교정정보시스템에 의하여 전산으로도 관리되고 있다.

수용동(收容棟)

교정시설에 구금된 수용자가 생활하는 공간으로서 여러 개의 거실로 구성된 단위건물을 말한다. 수용동은 수용자의 형확정 여부에 따라 미결수용동과 기결수용동으로, 성별에 따라 남성수용동과 여성수용동으로, 취업 여부에 따라 취업수용동과 미취업수용동으로 구분한다. 처우의 목적에 따라서는 특별한 의료적 처우가 필요한 수용자를 수용하는 의료수용동, 징벌대상행위 등으로 별도의 처우가 필요한 수용자를 수용하는 조사·징벌수용동, 수용자의 자립심 배양과 사회적응 능력의 함양을 목적으로 하는 자치수용동 등으로 구분한다. 도주방지 등을 위한 수용설비 및 계호의 정도에 따라서는 개방처우수용동, 완화경비수용동, 일반경비수용동, 중(重)경비수용동으로 구분한다.

수용동청소(收容棟淸掃)

각 수용동이나 작업장에 배치되어 기상 시간부터 일과 종료 후까지 청소, 온수 및 음식물 배식, 구매물 지급 등에 종사하고 있는 수용동청소 취업자를 말한다. 구내운영지원작업 취업자 선정기준에 따라 그 대상자을 선정하고 있으며, 수용동청소 취업자에 대하여는 지정장소이탈 및 수용동 청소부에 의한 부정편지·부정물품 전달 방지를 위하여 2개월마다 다른 수용동으로 순환 교체하도록 하고 있다.

과거에는 일본식 발음인 '소지(掃除: そうじ)'라는 용어로서 사용하다가 '사동청소'로, 변경된 이후 다시 '수용동청소'로 그 용어를 변경하였다. 소지의 일본어의 뜻은 쓸거나 닦거나 하여 쓰레기나 먼지, 얼룩 등을 제거한다는 의미이다.

참조법령 「분류처우업무지침」 제89조

수용생활안내서(收容生活案內書)

수용자가 교정시설 내에서 생활하는 동안 지켜야 할 사항 및 권리구제 제도 등을 요약하여 설명한 안내문을 말한다. 2000년 2월부터 최초 발간하여 배포하기 시작하였으며, 모든 수용자가 알아야 할 사항, 즉 수용생활준칙, 청원, 상담, 진료, TV시청, 신문구독, 접견, 편지, 독서, 국가인권위원회의 진정절차, 각 교정시설 수용자 고충처리반 이용방법 등 최근 도입된 수용자 인권보호 관련내용 및 각종 제도들을 수용자가 이해하기 쉽도록 현실에 맞게 폭넓게 수록하여 수용자의 처우와 인권향상에 큰 기여를 하고 있다.

수용을 위한 체포

교정시설에 수용된 수용자가 허가 없이 교정시설로부터 불법적으로 이탈하는 경우 교도관이 체포하는 것을 말한다. 교도관은 수용자가 도주 또는 출석의무 위반 등을 한 경우에는 도주 후 또는 출석기한이 지난 후 72시간 이내에 체포할 수 있다. 이때 출석의무 위반 등은 ① 정당한 사유 없이 재난으로 인한 일시석방 후 24시간 이내에 교정시설 또는 경찰관서에 출석하지 않는 행위 ② 귀휴·외부통근, 그 밖의 사유로 소장의 허가를 받아 교도관의 계호 없이 교정시설 밖으로 나간 후에 정당한 사유 없이 기한까지 돌아오지 않는 행위를 말한다.

체포를 위하여 긴급히 필요하면 도주 등을 하였다고 의심할만한 상당한 이유가 있는 사람 또는 도주 등을 한 사람의 이동경로나 소재를 안다고 인정되는 사람을 정지시켜 질문할 수 있다. 이에 따라 질문을 할 때에는 그 신분을 표시하는 증표를 제시하고 질문의 목적과 이유를 설명하여야 한다. 또한 체포를 위하여 영업시간 내에 공연장·여관·음식점·역, 그 밖에 다수인이 출입하는 장소의 관리자 또는 관계인에게 그 장소의 출입이나 그 밖에 특히 필요한 사항에 관하여 협조를 요구할 수 있다. 이에 따라 필요한 장소에 출입하는 경우에는 그 신분을 표시하는 증표를 제시하여야 하며, 그 장소의 관리자 또는 관계인의 정당한 업무를 방해하여서는 안 된다.

참조법령 「형집행법」 제103조·제134조

수용자(收容者, Inmates)

수형자·미결수용자·사형확정자 등 법률과 적법한 절차에 따라 교도소·구치소 및 그 지소에 수용된 사람을 말한다. 이 중 수형자란 징역형·금고형 또는 구류형의 선고를 받아 그 형이 확정되어 교정시설에 수용된 사람과 벌금 또는 과료를 완납하지 않아 노역장 유치명령을 받아 교정시설에 수용된 사람을, 미결수용자란 형사피의자 또는 형사피고인으로서 체포되거나 구속영장의 집행을 받아 교정시설에 수용된 사람을, 사형확정자란 사형의 선고를 받아 그 형이 확정되어 교정시설에 수용된 사람을 말한다. 그 밖에 "법률과 적법한 절차에 따라 교정시설에 수용된 사람"이란 법원의 감치명령, 보호관찰 준수사항 위반 등으로 교정시설에 수용된 사람을 말한다. 이러한 기본적인 구분 외에도 수용자의 특성에 따라 특별한 보호가 필요한 수용자(여성·노인·장애인·외국인·소년수용자), 엄중관리대상자(조직폭력·마약류·관심대상수용자), 장기수형자, 노역수형자, 공안(관련)사범, 일일중점관찰대상자 등 다양한 유형으로 구분할 수 있으며, 각 유형에 적합한 처우가 이루어져야 한다.

2019년 기준 전국 교정시설의 1일 평균 수용인원은 총 54,624명이며, 이 중 수형자가 35,225명으로 약 64.5%를, 미결수용자가 19,343명으로 약 35.4%를, 사형확정자가 56명으로 약 0.1%를 차지한다.

참조법령 「형집행법」 제2조,「형집행법시행규칙」 제194조
참고문헌 『교정통계연보』 58면 (2020)
관련용어 미결수용자, 수형자

수용자번호(收容者番號)

　신입자 및 다른 교정시설로부터 이송되어 온 모든 수용자에 대하여는 수용자번호를 지정하고 수용생활 중 번호표를 상의의 왼쪽 가슴에 붙이게 한다. 다만, 수용자의 교화 또는 건전한 사회복귀를 위하여 특히 필요하다고 인정하면 번호표를 붙이지 않을 수 있다. 수용자 각 개인에게 번호를 붙이는 이유는 다수의 사람이 집단생활을 하는 교정시설에서 수용자 관리를 보다 효율적으로 하기 위한 측면이 있으나, 과거 응보적 관점에서 범죄자를 한 사람의 인격체로 존중하지 않고 사물로써 관리하려고 했던 측면이 있었던 것도 일견 엿보여진다.

　수용자 번호표의 색상을 보면 일반적인 수용자는 흰색의 색상으로 구분하고, 특별한 관리가 필요한 관심대상수용자와 조직폭력수용자는 노란색으로, 마약류수용자는 파란색으로, 사형수는 붉은색의 색상으로 구분하고 있다.

참조법령　「형집행법시행령」 제17조, 「형집행법시행규칙」 제195조

수용증명서(收容證明書)

　교정시설에 수용된 사람의 수용 사실을 증명하는 서류로써 수용증명서에는 수용자의 성명과 생년월일, 수용기관, 구속일자, 입소일자, 형확정일, 형기종료일 등의 수용사항이 기재되어 있다. 발급은 직접 전국 교정시설 민원실을 방문하여 신청하거나, 인터넷 사이트 형사사법포털에서 신청 가능하다. 출소증명서는 신청과 동시에 발급 가능하며 수용증명서는 수용자 본인의 동의 여부를 확인한 후 발급받을 수 있다.

수용횟수(收容回數)

징역 또는 금고 이상의 형을 선고받고 그 집행을 위하여 교정시설에 수용된 횟수를 말한다. 「형법」 및 「형실효법」을 기준으로 산정된 범수(범죄횟수)는 교정시설에 수용된 수형자 처우의 기준으로 미흡하다는 문제 제기가 있었다. 범수는 누범가중을 위해 (구)「교정누진처우규정(법무부령제111호, 1936.5.13.)」에서 처음 사용하였으며, (구)「수형자 분류처우 규칙(법무부령제480호, 1999.5.20.)」 제5차 개정 시부터 「형법」과 「형실효법」을 반영한 범수를 사용하게 되었다. 당시의 범수는 대분류제도에 따른 수용시설의 결정 및 책임점수 산정에 중요한 기준으로 활용되었으나, 「형집행법」이 시행됨에 따라 대분류제도 및 누진처우제도가 폐지되면서 교정시설의 범수 개념은 교정처우에 적절한 기준으로서의 역할을 수행하지 못했다. 즉, 수회의 입소경력이 있는 자가 형의 실효로 인해 초범으로 분류되었고, 범수만으로 과거 범죄경력, 범죄성향의 진전도 등을 평가하기에는 미흡한 실정이었다. 그러나 당시의 범수도 교정시설에서 사면·감형의 기준설정 등 외부기관(검찰, 경찰 등)과의 업무협력 및 일반사회의 통념상 필요한 기준제시 등에서 중요한 지표로 사용되었고, 따라서 합리적인 형의 집행 및 처우를 위한 기준으로 교정시설에 입소한 횟수, 즉 수용횟수를 활용하는 것이 적정하다고 여겨졌다. 이에 따라 당시의 범수에 형의 집행을 위해 실제 입소한 횟수인 수용횟수를 병기하여 처우의 기준으로 활용함이 적합하다는 판단에 의해 「형집행법시행규칙」의 제정으로 용어를 정비하고 전술한 내용을 반영하게 되었다.

참조법령 「분류처우업무지침」 제2조·제5조
관련용어 범죄횟수

수의계약(隨意契約)

경매나 입찰 등의 경쟁계약에 의하지 않고, 적당한 계약대상자를 임의로 선택하여 체결하는 계약방법을 말한다. 따라서 수의계약을 체결하게 되면 경쟁 상대가 없어서 공정성이 떨어지고 비리 발생의 소지가 있기 때문에 국가, 지방자치단체 등이 체결하는 모든 계약은 경쟁계약의 방법을 취하는 것이 원칙이나, 수의계약은 그 원칙에 대한 예외이므로 대상을 엄격히 제한하고 있다. 수의계약의 대상으로는, 경쟁에 부칠 여유가 없거나 경쟁에 부쳐서는 계약의 목적을 달성하기 곤란한 경우, 특정인의 기술이 필요한 경우 등 경쟁이 성립될 수 없는 경우, 「건설산업기본법」에 따른 추정가격 2억원 이하 건설공사, 추정가격 1억원 이하 전문공사, 그 밖에 추정가격 8천만원 이하의 공사인 경우, 경쟁입찰을 실시한 결과 입찰참가자격을 갖춘 자가 1인밖에 없는 경우, 재공고 입찰 후 입찰자 또는 낙찰자가 없는 경우, 특정 단체와의 계약, 계약 이행에 착수하지 않는 경우 등이 있다.

참조법령 「국가계약법시행령」 제26조

수형자(受刑者, Sentenced Inmates)

수용자라는 용어 속에 포함되는 개념으로 징역형·금고형 또는 구류형의 선고를 받아 그 형이 확정되어 교정시설에 수용된 사람과 벌금 또는 과료를 완납하지 않아 노역장 유치명령을 받아 교정시설에 수용된 사람을 말한다. 이러한 수형자는 교도소에 수용하지만, 취사 등의 작업을 위하여 필요하거나 그 밖에 특별한 사정이 있으면 구치소에 수용할 수도 있다.

미결수용자로서 자유형이 확정된 사람에 대하여는 검사의 집행 지휘서가 도달된 때부터 수형자로 처우할 수 있다. 이 경우 검사는 집행 지휘를 한 날부터 10일 이내에 재판서나 그 밖에 적법한 서류를 소장에게 보내야 한다.

수형자에 대하여는 교육·교화프로그램, 작업, 직업훈련 등을 통하여 교정교화를 도모하고 사회생활에 적응할 능력을 함양하도록 처우하여야 한다. 이를 위하여 개별처우계획의 수립, 처우등급의 부여, 외부전문가의 심리치료 등이 이루어지고 있다.

2019년 기준 전국 교정시설의 1일 평균 수용인원은 총 54,624명이며, 이 중 수형자는 35,225명으로 약 64.5%를 차지한다.

참조법령 「형집행법」 제2조·제12조·제55조, 「형집행법시행령」 제82조

참고문헌 『교정통계연보』 58면 (2020)

관련용어 미결수용자, 수용자

수형자역할유형(受刑者役割類型)

수형자가 교도소 사회에 적응하는 방식에 따라 역할을 유형화한 것을 말한다. 수형자 역할유형에 관한 연구로는 쉬랙(Schrag)의 연구가 대표적인데, 그는 수형자 역할유형을 다섯 가지 유형으로 구분하였다. 구체적으로 교도소 내의 규율을 성실히 준수하는 친사회적인 수형자인 고지식자(Square johns), 사회를 부정적으로 보고 다른 범죄자들을 주도하는 반사회적 수형자인 정의한(Right guys), 교도관과 수형자를 모두 이용하려는 교활한 가사회적 수형자인 정치인(Politicians), 난폭한 성향으로 인하여 사회성이 결여된 비사회적 수형자인 무법자(Outlaws), 정신적 장애로 인하여 사회성이 결여된 비사회적 수형자인 정신장애자(Dings)를 제시하였다.

참고문헌 임현 『바른교정학』 67면~68면 (2019)

수형자취업지원협의회(受刑者就業支援協議會)

수형자의 건전한 사회복귀를 지원하기 위하여 각 교정기관에 설치한 취업알선 및 창업지원에 관한 협의기구를 말한다. 협의회는 회장 1명을 포함하여 3명 이상 5명 이하의 내부위원과 10명 이상의 외부위원으로 구성한다. 회장은 소장이 되고, 부회장은 2명을 두되, 1명은 소장이 내부위원 중에서 지명하고 1명은 외부위원 중에서 호선한다. 내부위원은 소장이 지명하는 소속기관의 부소장·과장(지소의 경우에는 7급 이상의 교도관)으로 구성하며, 외부위원은

210   교정용어사전

교정에 관한 학식과 경험이 풍부하고 수형자 사회복귀 지원에 관심이 있는 외부인사를 소장의 추천을 받아 법무부장관이 위촉한다. 외부위원의 임기는 3년으로 하며, 연임할 수 있다.

협의회의 회의는 반기마다 개최한다. 다만, ① 수형자의 사회복귀 지원을 위하여 협의가 필요할 때 ② 회장이 필요하다고 인정하는 때 ③ 위원 3분의 1 이상의 요구가 있는 때에는 임시회의를 개최할 수 있다. 회의는 재적위원 과반수의 출석으로 개의하고, 출석위원 과반수의 찬성으로 의결한다. 회장이 협의회 업무를 총괄하되, 만약 회장이 부득이한 사유로 직무를 수행할 수 없을 때에는 소장이 지정한 부회장이 그 직무를 대행한다.

참조법령 「형집행법시행령」 제85조, 「형집행법시행규칙」 제145조~제148조

수형자 하위문화(受刑者下位文化)

교도소 사회에서 수형자들이 가지고 있는 고유의 문화적 성향 또는 지향하는 가치를 말한다. 수형자 부문화(副文化)라고도 한다. 수형자 하위문화에 관한 연구로는 서덜랜드(Sutherland)와 크레세이(Cressey)의 연구가 대표적인데, 이들은 수형자 하위문화를 세 가지 유형으로 구분하였다. 구체적으로 수용생활의 편의를 위해 교도소 내의 생활방식에 적응하려는 수형자들의 수형지향적(Convict-oriented) 하위문화, 반사회적 범죄자문화를 고집하고 범죄생활 자체가 일상화된 수형자들의 범죄지향적(Thief-oriented) 하위문화, 교도소 내의 규율을 성실히 준수하는 준법적인 성향을 가진 수형자들의 합법지향적(Legitimacy-oriented) 하위문화를 제시하였다.

참고문헌 임현 『바른교정학』 67면 (2019)

숙련직업훈련(熟練職業訓鍊)

직업훈련의 기술습득 과정에 따른 구분으로 수형자가 양성직업훈련 또는 향상직업훈련을 이수한 후 현장 적응 중심의 기술습득을 위하여 실시하는 직업훈련을 말한다. 숙련직업훈련 대상자를 선정하는 경우 해당 직종 또는 유사한 직종의 기술을 보유하고 있거나 훈련과정을 수료한 수형자 중 장래 작업희망이나 사회복귀의 시기 등을 고려하여야 한다.

참조법령 「수형자 직업능력개발훈련 운영지침」 제3조
관련용어 양성직업훈련, 향상직업훈련

순회점검(巡廻點檢)

법무부장관이 교정시설의 운영, 교도관의 복무, 수용자의 처우 및 인권실태 등을 파악하기 위하여 매년 1회 이상 교정시설을 순차적으로 점검하거나 소속 공무원으로 하여금 순차적으로 점검하게 하는 것을 말한다. 이를 위해 순회점검반은 ① 「형집행법」 제8조에 따른 순회점검 ② 순회점검 기간 중 순회점검공무원에 대한 수용자의 청원 접수 및 처리 ③ 교정행정 분야의 비리 적발·조치 등 ④ 피점검기관의 성실직원 발굴·표창의 임무를 수행한다.

점검은 실지점검 또는 서면점검의 방법으로 실시하며, 실지점검은 점검요원을 피점검기관에 파견하여 실시하고, 서면점검은 피점검기관으로 하여금 관계서류를 제출하게 하여 실시한다. 만약 실지점검만으로 점검의 목적을 달성하기 곤란하다고 인정될 때에는 먼저 서면점검을 거친 후 실지점검을 실시한다. 법무부장관은 필요한 경우 순회점검 업무의 일부를 지방교정청장에게 위임할 수 있으며 이를 위임받은 지방교정청장은 순회점검을 실시하고 그 결과를 법무부장관에게 보고하여야 한다.

참조법령 「형집행법」 제8조, 「순회점검반 운영지침」 제2조·제6조·제9조

순회진료(巡廻診療)

　교정시설내 수용자 진료 중의 하나로 의료진이 수용동, 작업장 등 별도의 공간에서 진료하는 방식을 말한다. 즉 교정시설 내에서는 순회진료 계획에 따라 진료반을 편성하여 수용동, 작업장 등에서 수용자를 진료하는 것이다. 순회진료는 수용자가 의무관의 진료를 받기 위해 의료과로 이동하는 과정에서 발생할 수 있는 보안상 문제를 사전에 예방할 수 있다는 점과 동행의 번거로움 없이 의무관이 수용현장에서 다수의 수용자를 상대로 진료할 수 있다는 점에서 효율적인 진료방식이다.

참조법령 「수용자 의료관리지침」 제8조

스마트접견(Smart Visit)

　민원인이 교정기관을 방문하지 않고 민원인의 스마트폰(태블릿 PC 등 모바일 기기 포함) 또는 PC를 이용하여 영상통화로 수용자와 접견하는 제도를 말한다. 즉, 집에서도 수용자와 영상통화가 가능한 서비스로 접견을 위해서는 교정기관을 방문해야 하는 번거로움이 있었는데 이를 개선한 것이 스마트접견이다. 기결수용자만 이용이 가능하며 미결수용자는 이용할 수 없는 시스템으로, 접견시간, 가능요일, 횟수, 접수시간 등은 일반접견과 동일하다. 동반접견인이 있을 시에는 동반접견번호를 입력하거나 한 사람이 예약 후 접견 전에 해당기관 민원실에 알려 동반인 신원확인 절차를 거쳐야 한다. 만 14세 미만은 이용할 수 없으나 동반인으로는 가능하다. 접견내용을 녹화, 녹음, 촬영할 시에는 접견이 중단되고 처벌받을 수 있다. 스마트접견은 사전등록이 되어있는 민원인만 접견 예약이 가능하고, 인터넷이나 어플, 콜센터, 방문 등을 통해 예약이 가능하다. 예약과정은 휴대폰 등을 이용하여 인증 후 수용자를 조회하고, 수용자 정보를 확인한 후 신청자의 정보를 입력하여 신청한다.

참고문헌 교정본부 홈페이지

승진(昇進)

공무원 인사관리의 일환으로 현재의 직위보다 상위 계급(등급)의 직위로 이동하는 것을 말한다. 유사한 개념으로 승급이란 동일한 계급(등급) 내에서 호봉만 상승하는 것을 말한다. 승진은 일반적으로 직무의 난이도와 책임도가 증대되는 것을 의미하며, 그에 따른 보수의 증액을 수반한다. 승진의 종류로는 심사승진, 시험승진, 근속승진, 특별승진이 있으며, 각 종류별로 승진의 시기·대상·기준 등 세부사항에 있어서 차이가 있다. 교정공무원의 경우 다른 직렬에 비해 상대적으로 직급별 승진 소요기간이 긴 편이므로 조직구조 개편 및 상위직급 확대 등의 필요성이 꾸준히 제기되고 있다.

시구문(屍口門)

사체(死體)를 내가는 문이란 뜻으로 사형 집행 후 그 사실을 은폐해야 할 경우 시신을 외부로 몰래 반출하기 위해 뚫어놓은 비밀통로를 말한다. 일제강점기 고문 등으로 그 흔적이 많은 경우, 외부에 사형 사실을 알릴 수 없는 경우, 시신을 인도할 유족이 없는 경우 등에 이용되었다. 현재 서대문형무소에 시구문이 남아 있으며, 총길이가 200미터로 외부와 연결되어 있었으나 해방 직전 일제가 붕괴시켰던 것을 1992년 서대문형무소 역사 독립공원 조성 당시 시굴하여 약 40미터를 복원하였다.

참고문헌 『독립과 민주의 현장 서대문 형무소 역사관』127면 (2014)

시설(施設, Facilities) · 시설과(施設課)

사회생활을 영위하는 가운데 이용하는 구조물이나 건축물, 그 밖의 설비 등을 말한다. 국민의 생활향상에 필요한 공공시설을 사회자본 · 인프라스트럭처(infrastructure)라고 한다. 교정시설의 경우 수용동, 작업장, 청사 등의 건물, 그리고 건물 내의 전기설비, 기계설비, 상 · 하수도, 가스설비, 소방시설 등이 모두 시설물에 해당된다.

시설과는 시설유지관리 종합계획의 수립 · 조정, 시설공사계획의 수립 · 지도 · 감독 및 검사, 시설물 안전점검 · 유지보수 및 하자관리, 국유재산의 관리 등의 업무를 담당하는 부서이다. 전국 교정시설 중 서울구치소, 안양교도소, 서울남부구치소, 경북북부제1교도소 4개소에 설치되어 있으며, 시설과가 없는 대부분의 기관은 복지과 시설팀에서 업무를 담당한다.

참조법령 「법무부와 그 소속기관 직제 시행규칙」 제16조

시설내 처우(施設內 處遇, Institutional Treatment)

범죄자를 사회로부터 격리하고 교정시설에 구금하여 처우를 하는 전통적인 처우방식을 말한다. 시설내 처우는 자유형의 집행을 전제로 하며, 자유형의 집행방법으로 오늘날 유형주의(流刑主義)는 거의 사라졌으므로 실질적으로 구금주의를 의미한다고 할 수 있다. 최초의 교정시설인 1555년 영국의 브라이드웰(Bridewell) 교정원, 근대적 형집행시설인 1595년 네덜란드의 암스테르담(Amsterdam) 노역장 등을 계기로 교정시설의 변화와 함께 시설내 처우도 발전을 거듭하여 점차 다양하고 복잡한 체계를 갖추게 되었다. 그러나 시설내 처우는 범죄자를 정신적 · 신체적으로 고립시키고, 사회와의 격리 및 낙인효과로 인하여 범죄자의 교화개선이라는 목적을 달성하는 데 한계가 있으며, 범죄 배양효과 및 교정비용증가 등 부정적인 결과를 초래하였다. 이에 대한 대안으로 현대의 교정은 시설내 처우(폐쇄형처우)를 점차 완화하는 한편, 사회적응력

향상과 실질적인 재사회화가 이루어질 수 있도록 사회적 처우(개방형처우)와 사회내 처우(사회형처우)를 확대하는 방향으로 전개되고 있다.

참고문헌 　임현『바른교정학』396면 (2019)

시설보수(施設補修) · 영선(營繕)

교정시설내 시설물의 유지·관리에 있어서 신속한 대응과 지속적인 관리를 통해 시설물의 노후화를 방지하고 쾌적한 수용환경을 조성하여 궁극적으로 수용자의 인권을 보호하고 국가 예산 절감 등의 효과를 기하기 위해 기능을 보유한 수용자를 선발하여 운영하는 작업을 말한다. 즉, 시설물에 대한 지속적인 점검과 사전정비를 효과적이고 체계적인 방법으로 실시하여 시설물의 기능을 유지하고 이용자의 안전과 편의를 도모함은 물론, 적기(適期)에 보수의 타당성을 판단, 적정한 규모와 경제적인 방법으로 보수를 시행하여 예산낭비 등의 요인을 방지할 수 있다. '기존의 시설물을 수리한다.'는 뜻에서 흔히 영선이라고 부른다. 시설보수(영선부)의 선정은 운영지원작업 취업자 선정절차에 따른다.

시설위생(施設衛生)

보건위생 중의 하나로 수용자가 시설 내에서 건강하게 생활할 수 있도록 수용동, 작업장, 운동장 등 수용자를 둘러싸고 있는 주변 환경을 청결히 하는 것을 말한다. 이를 통하여 시설 내 위생환경을 높은 수준으로 유지하도록 하는 것이다. 수용자는 자신이 사용하는 거실·작업장, 그 밖에 수용시설의 청결유지에 협력하여야 한다. 만약 교도관이 수용시설의 청결을 유지하기 위하여 필요한 지시를 한 경우에는 이에 따라야 한다.

교정시설은 수용자가 사용하는 모든 설비와 기구가 항상 청결하게 유지되도록 하여야 하며 이에 따라 거실·작업장·목욕탕, 그 밖에 수용자가 공동으로 사용하는 시설과 취사장, 주식·부식 저장고, 그 밖에 음식물 공급과 관련된 시설을 수시로 청소·소독하여야 한다. 특히 「감염병예방법」에 따라 4월부터 9월까지는 2개월에 1회 이상, 10월부터 3월까지는 3개월에 1회 이상 정기적인 소독을 실시하여야 한다. 또한 저수조 등 급수시설은 6개월에 1회 이상 청소·소독하여야 한다. 이와 함께 관할 시장·군수·구청장에게 「먹는물검사규칙」에 따른 수질검사를 의뢰하여야 한다.

참조법령 「형집행법」 제31조·제32조, 「형집행법시행령」 제47조·제48조

시설점검(施設點檢)

시설물의 객관적인 상태를 확인하고 필요시 보수·보강하여 시설물의 기능과 안전을 유지하는 것을 말한다. 시설점검은 「시설물안전법」, 동법 시행령·시행규칙 및 「시설물의 안전 및 유지관리 실시 등에 관한 지침」에 따라 시설물 점검계획 수립, 점검·진단, 결과 검토 및 보수·보강 조치에 이르기까지 구체적으로 정하여 시행하도록 하고 있다. 시설점검의 종류로는 정기안전점검, 정밀안전점검, 정밀안전진단, 긴급안전점검이 있다. 교정시설의 경우 시설점검이 필요한 분야는 구내·외 구조물 및 건축물, 전기설비, 기계설비, 상·하수도, 오수처리시설, 가스설비, 소방시설 등이다. 현재 경과연수가 40년을 초과하는 노후된 교정시설이 많으므로 철저한 시설점검을 통하여 그 기능과 안전을 유지하는 것이 중요하다.

참조법령 「시설물안전법」 제2조

시찰(視察)

판사 또는 검사가 형사피의자 또는 형사피고인의 수용실태, 형집행의 적법여부 등을 파악하여 업무에 참고하기 위하여 교정시설을 방문하여 관찰하는

것을 말한다. 시찰은 소장의 허가가 필요하지 않고 관찰의 범위에도 제한이 없다. 따라서 판사와 검사 외의 사람이 학술연구 등의 목적으로 소장의 허가를 받아 제한된 범위만을 관찰할 수 있는 참관과는 구분된다.

판사와 검사는 직무상 필요하면 교정시설을 시찰할 수 있다. 이에 따라 판사 또는 검사가 교정시설을 시찰할 경우에는 미리 그 신분을 나타내는 증표를 제시해야 하며, 소장은 교도관에게 시찰을 요구받은 장소를 안내하게 해야 한다.

참조법령 「형집행법」제9조, 「형집행법시행령」제2조

식강(食缶) · 식깡

조리가 끝난 음식을 보온을 유지하며 운반하기 위한 용기로 보통 식당에서 국을 끓이거나 보관할 때 많이 사용하는 대용량 국솥을 이르는 말이다. 일본어의 食缶(しょっかん: 숏캉)에서 유래하였다. 위생용기, 들통, 육수통 등으로 부르기도 한다. 크롬과 탄소 외에 용도에 따라 니켈, 텅스텐, 바나듐, 구리, 규소 등의 원소를 함유한 부식이 잘되지 않는 강철로 만든 제품이다. 교정시설에서는 각 수용동의 수용자에게 배식을 하기 위해 다수의 인원이 먹을 수 있는 밥 또는 국을 담아주는 통으로 사용하며 수용자들은 일명 '식간통' 또는 '깡'으로 부르기도 하지만 공식 명칭은 '밥통' 또는 '국통'이다.

식구통(食口通)

수용사동의 각 거실마다 설치되어 매 식사 시간에 수용자에게 필요한 밥과 반찬을 넣어주는 가로×세로 25cm가량 크기의 네모난 구멍을 말한다. 수용자들은 이 식구통을 일명 '개밥통'이라고 부르기도 한다.

식재료검수(食材料檢收)

식재료의 품질은 급식의 질과 위생 및 안정성 확보와 직결되므로 음식물의 위생을 철저하게 관리하는 것을 전제로 하고 있다. 따라서 식재료의 검수에는 식품위생직원을 검수관으로 하고, 필요할 경우에는 1인을 추가하여 계약된 물품의 규격, 수량, 원산지, 제조일자, 유통기한, 품질, 식재료 온도 및 견본과 일치여부를 중점적으로 검수해야 한다. 특히 육류를 시중에서 구입할 경우 축산물 등급 판정확인서 및 이력관리 확인서를 첨부하도록 하여 급식관리에 만전을 기하여야 한다. 검수 시 품질평가 기준으로 안정성, 청결성, 완전성, 균일성, 보존성에 중점을 두어 확인토록 하고, 검수결과 신선도, 품질 등에 이상이 있거나 규격기준에 맞지 않는 식재료는 반품 후 검수기준에 맞는 식재료로 재납품하도록 해야 한다. 반품 시에는 반품확인서를 발행하며 반품이 재발되는 업체에 대해서는 납품참여 제한 등의 제재조치 등을 강구토록 한다.

참조법령 「수용자 급양관리지침」제10조

신문(新聞)

교정시설에서의 수용자에 대한 신문의 열람은 수용자의 지식함양 및 교양의 습득은 물론 변화하는 일반사회의 소식을 신속하게 접하여 원활한 사회복귀에 도움이 되도록 하는데 그 목적이 있다. 수용자는 자신의 비용으로 신문·잡지 또는 도서(이하 '신문 등'이라 한다)의 구독을 신청할 수 있으며 구독을 신청한 신문 등이 「출판법」에 따른 유해간행물인 경우를 제외하고는 구독을 허가해야 한다. 구독을 신청할 수 있는 신문 등은 교정시설의 보관범위 및 수용자가 지닐 수 있는 범위를 벗어나지 않는 범위에서 신문은 월 3종 이내로, 도서(잡지를 포함)는 월 10권 이내이다.

수용자가 ① 허가 없이 다른 거실 수용자와 신문 등을 주고받을 때나 ② 그 밖에 법무부장관이 정하는 신문 등과 관련된 지켜야 할 사항을 위반하였을 때에는 신문구독의 허가를 취소할 수 있다.

2019년(12. 31.) 기준 신문 구독인원은 전체 수용자의 약 30.0%인 총 16,430명이고 구독부수는 총 19,205부이다.

참조법령 「형집행법」 제47조, 「형집행법시행규칙」 제35조·제36조
참고문헌 『교정통계연보』 114면 (2020)

신분대조(身分對照)

교정시설에 수용자가 입소하게 되면 수용절차를 진행하게 되는데 이때 관련소송서류 등을 확인한 후 수용자의 신분확인을 위해 신분대조를 하게 되는 것을 말한다. 신분대조는 인적사항 등의 대조를 통해 본인임을 확인하는 절차로 동명이인의 수용 또는 성명모용 등의 행위를 방지하기 위한 수용절차의 첫 단계로 매우 중요한 절차이다.

신상정보등록제도(身上情報登錄制度)

「성폭력처벌법」에 따라 성범죄 예방 및 수사 활용과 공개·고지 명령 집행을 위해 성범죄자 신상정보(성명, 주민등록번호, 주소, 실거주지, 직업 및 직장 등의 소재지, 키·몸무게, 차량등록번호)를 등록·관리하는 제도를 말한다. 법원에 의해 결정된 등록대상자가 교정시설에 수용된 경우에는 소장에게 기본신상정보를 제출하여야 하며, 기본신상정보가 변경된 경우에는 그 사유와 변경내용을 변경사유가 발생한 날부터 20일 이내에 제출하여야 한다. 기본신상정보와 변경정보를 받으면 관련 서류를 확인하는 방법으로 그 진위를 확인하여야 한다. 또한 등록대상자의 정면·좌측·우측 상반신 및 전신 컬러사진을 각각 구분하여 전자기록으로 저장·보관하여야 한다. 이후 등록대상자가 출소하려는 경우 사진의 전자기록과 출소정보를 기재한 서면을 출소 2개월 전까지 법무부장관에게 송달하여야 한다. 다만, 등록대상자가 가석방 또는 가출소되는 경

우에는 출소 5일 전까지 법무부장관에게 송달하여야 한다.

참고문헌 네이버 '슬기로운 법률생활'

신원(伸寃)

조선시대에 죄인으로 처벌받은 사람에게 차후에 정당함이 인정되면 죄를 없애 주고 명예를 회복시켜 주는 제도를 말한다. 신원은 왕의 은혜로 베푸는 사면과는 다르게 그의 신념이나 충성심을 높이 평가하여 죄를 없애 주고 벼슬을 내려 줌으로써 완전히 복권시켜 주는 것이다. 이는 주로 정치범에 대하여 적용하였으며, 비록 사후에 이루어지게 되지만 연좌에 의하여 처벌받은 죄인의 가족이나 관련자들에게는 매우 중요한 일이었다. 조선의 건국에 반대했던 정몽주를 비롯하여 이색, 두문동의 72인에 대하여 왕조가 어느 정도 안정되자 신원을 하여 준 이래 조선의 독특한 제도로 정착되었다.

참고문헌 『대한민국 교정사 I 』144면 (2010)

신응보주의(新應報主義)

형벌이념(교정이념) 중의 하나로 과거 응보형주의로 회귀하여 범죄자의 개선보다는 범죄에 상응한 정당한 처벌을 중시하는 사상을 말한다. 신응보주의는 특별예방주의나 교육형주의에 바탕을 둔 교정정책이 범죄자의 재범방지에 실패했다는 사실을 배경으로 1970년 중반 미국에서 활성화되었다. 신응보주의는 범죄자는 범죄를 통해 사회에 해악을 끼쳤으므로 마땅히 처벌받아야 한다는 당위적 공과론에 입각하고 있으며, 동일한 범죄에 대하여 동등한 형벌을 부과하는 원칙 등을 강조한다. 신응보주의를 정립한 대표적인 학자로는 알렌(Allen), 모리스(Morris), 윌슨(Wilson), 포겔(Fogel), 마틴슨(Martinson)이 있다.

참고문헌 김옥현『교정학』16면 (2020)

신입식(新入式)

교정시설에 입소한 신입수용자가 각 거실로 지정되면 동 거실에 수용중인 수용자들이 신입수용자에게 신입신고를 목적으로 행하는 규율위반 행위를 말한다.

신입식은 신입수용자에게 그들만의 방 생활에서의 질서와 자신들이 세운 규칙을 과시함으로써 말 잘 듣는 아래 것을 만들기 위한 목적과 오랜 기간 동안의 무료한 수용생활에서 오는 지루함을 달래기 위한 수단으로서 잠깐동안의 재밋거리를 찾는 과정에서 발생하게 된다. 즉, 수용생활의 스트레스를 해소함은 물론 지루한 시간을 보내기 위한 이유로 변태적인 장난기가 상승작용을 일으켜 때로는 말도 안 되는 상황까지 이르게 된다. 교정시설에서는 이러한 신입식을 예방하기 위하여 계도를 지속하고 이와 관련된 수용자들에게는 규율위반으로 징벌에 처하는 등의 조치를 하여 현재는 거의 자취를 감추었다고 볼 수 있다. 이와 더불어 신입수용자는 대개 화장실 옆으로 취침자리가 고정되는 경우가 많은데, 이를 시정하기 위해 취침자리제를 도입하여 매일 밤 취침자리가 변경되도록 하고 있고 근무자는 이 제도가 잘 이행되는지 매일 확인하고 있다.

신입심사(新入審査)

신입수형자를 대상으로 실시하는 분류심사를 말하며, 매월 초일부터 말일까지 형집행지휘서가 접수된 수형자를 대상으로 그 다음 달까지 실시해야 한다. 특별한 사유가 있는 경우에는 그 기간을 연장할 수 있다. 신입심사는 심리학, 교육학, 사회학, 정신의학 등 인간관계에 관한 과학 분야들의 지식과 기술을 응용하여 수형자에 대해 필요한 자료 등을 수집하고 이를 토대로 수형자의 능력이나 관심 방향을 파악한다. 이는 검사의 결과와 수형자에 대한 일상의 감독·보호를 담당하는 담당교도관에 의한 행동관찰의 결과 등을 종합하여 개별 수형자의 특성과 요구사항을 발견하기 위한 것이다. 신입심사의 결과는 수형자분류처우심사표에 기재하며 그 후 일체의 처우경과를 함께 기재하여 처우를 위한 가장 중요한 자료로 활용된다.

참조법령 「형집행법시행규칙」 제64조, 「분류처우업무지침」 제2조

신입자(新入者)

신입자란 법원·검찰청·경찰관서 등으로부터 처음으로 교정시설에 수용되는 사람을 말하며 신입자에 대해서는 집행지휘서, 재판서, 그 밖에 수용에 필요한 서류를 조사한 후 수용한다. 이후 지체 없이 신체·의류 및 휴대품을 검사하고 3일 이내에 건강진단을 실시하여야 하며, 신입자는 교정시설에서 실시하는 검사 및 건강진단을 받아야 한다. 다만, 구인피의자 등 일부 신입자의 경우에는 간이입소절차를 실시한다. 또한 다른 사람과의 식별을 위하여 필요한 한도에서 사진촬영, 지문채취, 수용자 번호지정, 그 밖에 대통령령으로 정하는 조치를 하여야 한다. 교육 시에는 말이나 서면으로 수용생활에 필요한 기본적인 고지사항을 알려 주어야 한다. 그 밖에 신입자의 수용사실을 수용자의 가족(배우자, 직계 존속·비속 또는 형제자매)에게 지체 없이 알려야 한다. 다만, 수용자가 알리는 것을 원하지 않으면 그렇지 않다.

참조법령 「형집행법」 제16조·제16조의2·제17조·제19조·제21조

신청작업(申請作業)·청원작업(請願作業)

교정시설 내에서 금고형 또는 구류형 수형자, 미결수용자, 사형확정자 등에게 스스로의 신청에 따라 부과하는 작업을 말한다. 본래 이에 해당하는 자는 법률상 작업에 복무할 의무가 없지만, 스스로 작업을 원하는 경우까지 그 취

업의 기회를 가로막는 것은 헌법상 근로의무의 측면에서도 타당하지 않기 때문에 마련된 제도이다. 특히 금고형 수형자의 경우 약 90% 이상이 작업을 신청하고 있다.

참조법령 「형집행법」 제67조·제86조·제90조

신체검사(身體檢査)

신입자를 인수한 경우에는 교정시설의 안전과 질서유지를 위하여 신입자의 신체·의류 및 휴대품을 지체 없이 검사하여야 한다. 신체검사는 사전에 검사목적을 설명한 후 이동식 칸막이 등이 설치된 독립된 공간에서 가운과 속옷을 착용한 상태에서 실시하며 다른 수용자가 볼 수 없는 차단된 장소에서 실시하여야 한다. 검사는 전자영상장비 등을 이용하여 세밀하게 하여야 하고, 특히, 머리카락, 귓속, 겨드랑이, 손가락 및 발가락 사이, 항문, 입속 등 부정물품을 은닉할 가능성이 있는 신체 부위를 검사대상에 포함하고 있다. 신체를 검사하는 경우에는 불필요한 고통이나 수치심을 느끼지 않도록 유의하여 신속히 진행한다. 신체검사는 이러한 신입절차 외에도 접견, 집회, 교육, 작업, 출정 등 다양한 상황에 따라 수시로 실시하고 있다.

참조법령 「형집행법」 제93조, 「형집행법시행령」 제14조·제114조
참고문헌 네이버 '착하게 살자, 교도소생활 더 알아보기'

신체질환 또는 장애가 있는 수형자(P급: Physically handicapped prisoner)

기본수용급의 하나로써 신체질환 또는 장애가 있는 수형자에게 부여하는 수용급을 말한다. 처우의 기준으로는, 건강증진 및 신체상의 기능장애 회복 또는 기능증진을 위한 치료 및 양호처우에 노력한다. 또한, 보호자 등과의 긴밀한 관계유지에 노력하고, 외부 치료기관과 긴밀히 협조하여 응급시에 대비

한다.

작업지정은 신체질환 및 장애정도, 건강상태, 작업감당 여부 등을 종합적으로 고려하여 지정한다. P급은 ① P$_1$급: 신체상의 질환 또는 임신 중에 있거나 출산을 위하여 상당 기간의 의료 또는 양호를 필요로 하는 자 ② P$_2$급: 신체장애로 인하여 양호처우가 필요하다고 인정되는 자 또는 시각·청각·언어장애인 등으로 세분한다.

참조법령 「형집행법시행규칙」 제73조, 「분류처우업무지침」 제52조·[별표 7]

심리치료(心理治療, Psychological Programs) · 심리치료과(心理治療課)

심리치료(psycho therapy)란 인간의 여러 가지 심리적 고통이나 불안, 직면하고 있는 문제를 심리학적인 방법을 이용하여 해결함으로써 삶의 질을 향상시키도록 돕는 전문적인 활동을 말한다. 다양한 심리적 문제들은 결국 인간관계에서 발생하는 경우가 대부분이기 때문에 그 치료방법도 약물이나 환경조정에 의하지 않고 치료자와 환자와의 면담에 의한 것이 주가 된다. 그러나 최면요법이나 심리극, 행동요법 등 특수한 이론과 기술을 이용하는 것도 넓게 심리치료라고 한다. 교정시설에서의 수용자 심리치료는 성폭력, 아동학대, 마약류, 알코올, 상습폭력, 도벽, 정신질환 등 치료적 접근이 필요한 범죄자를 대상으로 집중적인 심리치료를 실시함으로써 출소 후 재범을 방지하기 위한 것이며, 최근에 중요성이 높아지고 있는 분야이다. 이는 문제행동예방프로그램의 일환으로 크게 '전문상담'과 '심리치료프로그램'으로 구분된다. 심리치료업무의 세부사항에 관해서는 「심리치료 업무지침」에서 구체적으로 규정하고 있다.

심리치료과는 수용자의 심리치료 업무 집행에 관한 사항, 성폭력사범·아동학대사범에 대한 치료프로그램의 이수명령 집행에 관한 사항, 중독수용자 등 특이수용자 교육 및 고충상담 등의 업무를 담당하는 부서이다. 2021년 현재 전국 교정시설 중 5개소에 설치되어 있으며, 심리치료과가 없는 대부분의 시설은 보안과 심리치료팀에서 업무를 담당한다. 교정시설에 수용된 다양한 범죄자의 체계적이고 전문적인 재활교육과 관리를 위해 향후 전국 교정시설에 확대 설치할 예정이다.

참조법령 「법무부와 그 소속기관 직제 시행규칙」 제16조, 「심리치료업무지침」 제2조

참고문헌 鴨下守孝·松本良枝 『교정용어사전』 204면 (2006)

심리치료센터(Psychological Programs Center)

재범 고위험군 수용자에 대한 전문적이고 체계적인 심리치료를 위해 운영하고 있는 특수한 기능의 조직이다. 2011년 10월 서울남부교도소 내에 심리치료센터를 개원한 이후 전국 여러 기관에 확대 설치되었다. 2021년 현재 서울남부교도소(설치일자－2011.10.29.), 포항교도소(2013.1.30.), 청주교도소(2013.5.30.), 군산교도소(2013.11.28.), 밀양구치소(2014.9.30.), 목포교도소(2018.1.17.), 청주여자교도소(2019.3.6.)의 7개 센터를 거점으로 운영하고 있다.

심리치료센터에서는 성폭력사범, 아동학대사범, 마약류사범, 알코올관련사범, 정신질환자 등 다양한 유형의 수용자를 대상으로 심리치료프로그램을 실시하며, 각 센터마다 실시하는 프로그램 및 세부과정에 다소 차이가 있다. 구체적으로 재범유발 원인을 면밀히 분석하여 재범위험성이 높은 상황에서 범죄로 이어지지 않게 대처기술 및 능력을 함양해 나갈 수 있는 내용 등을 포함하여 임상면접, 심리검사, 재범위험성 평가, 분노조절훈련, 집단상담 등을 실시하고 있다.

참고문헌 법무부 「보도자료」

심리치료중앙자문위원회(心理治療中央諮問委員會)

심리치료 업무에 대한 자문을 위하여 법무부에 설치된 위원회를 말한다. 동위원회에서는 ① 자살우려자, 중형수용자, 동기 없는 범죄수용자 등에 대한

상담·관리에 관한 사항 ② 마약류, 알코올 등 약물중독수형자의 심리치료에 관한 사항 ③ 도벽 등 행위중독수형자의 심리치료에 관한 사항 ④ 이수명령 집행에 관한 사항 ⑤ 정신질환 등 수용자 정신건강에 관한 사항 ⑥ 직원 정신건강에 관한 사항 ⑦ 그 밖에 법무부장관이 필요하다고 인정하는 사항에 관한 자문에 응하고 의견을 제시할 수 있다. 위원회는 10명 이상 15명 이하의 위원으로 구성하고, 위원장은 위원 중에서 호선하며, 위원은 심리치료에 관한 학식과 경험이 풍부한 내·외부인사 중에서 법무부장관이 위촉하며, 위원의 임기는 2년으로 연임할 수 있다. 회의는 재적위원 과반수의 요청이 있거나 법무부장관이 필요하다고 인정하는 경우에 개최하고, 의결은 재적위원 과반수의 출석으로 개의하고 출석위원 과반수의 찬성이 필요하다.

참조법령 「심리치료업무지침」 제8조~제11조

심리치료프로그램(Psychological Programs)

교정시설에서의 수용자 심리치료는 문제행동예방프로그램의 일환으로, 크게 '전문상담'과 '심리치료프로그램'으로 구분된다. 심리치료프로그램은 치료적 접근이 필요한 수형자의 개선 및 문제행동예방을 위하여 그 특성을 고려하여 시행하는 프로그램을 말한다.

대상이 되는 범죄는 ① 성폭력 범죄 ② 아동학대 범죄 ③ 마약류·알코올이나 그 밖의 약물중독관련 범죄 ④ 상습폭력·도벽이나 그 밖의 행위중독관련 범죄 ⑤ 동기 없는 범죄 ⑥ 정신질환관련 범죄 ⑦ 그 밖에 심리치료가 필요한 경우(상습규율위반 등)이다. 이러한 범죄를 저지른 수형자의 전문적이고 체계적인 심리치료를 위해 전국 7개 심리치료센터와 5개 심리치료과에서 다양한 프로그램 운영을 전담하는 한편, 심리치료과가 설치되어 있지 않은 시설에서는 보안과 심리치료팀에서 전문상담과 함께 자체적인 프로그램을 운영하기도 한다. 각 프로그램마다 수형자의 특성을 고려하여 프로그램의 과정 및 내용에 다소 차이가 있다.

2019년 기준 위의 범죄유형별 심리치료프로그램 수료인원은 ① 성폭력 범죄 2,306명 ② 아동학대 45명 ③ 약물중독관련 범죄 1,768명 ④ 행위중독관련 범죄 303명 ⑤ 동기 없는 범죄 16명 ⑥ 정신질환관련 범죄 423명 ⑦ 상습 규율위반 48명이다.

참조법령 「심리치료업무지침」 제2조·제22조
참고문헌 『교정통계연보』 160면~165면 (2020)

교정용어사전
矯正用語辭典

아가페재단(the Agape Foundation)

　명성교회 김삼환 원로목사를 비롯하여 개신교계가 대한민국 유일의 민영교도소인 소망교도소의 설립과 원활한 운영을 목적으로 설립한 재단으로, 법적성격은 행정법상 '공무수탁사인'이며 법무부 교정본부가 운영을 감독하고 있다.
　동 재단은 기독교 교도소 설립을 목적으로 2001년 8월 설립등기를 완료하여 법무부에 민영교도소 설치·운영에 관한 제안서를 제출, 2002년 3월 민영교도소 수탁자 선정심사위원회에서 수탁능력을 인정받아 수탁대상자로 결정되었다. 이에 따라 교정법인 설립허가 감사예배 개최와 기금모금을 위한 신용카드 사업을 의결 후 2003년 2월 법무부와 민영교도소 위탁계약을 체결한다. 이후 동 재단은 구 재정경제부로부터 공익성 기부금 대상 단체로 지정되어 여러 언론사 등과 협력 조인식을 거행 후 각 교단 대표 등을 초청하여 기독교교도소 설명회를 개최하고 기부금 대상 단체를 지정하여 기독교교도소 설립을 위한 계기를 마련한다. 2004년 1월에는 아가페 소식지를 창간하고 교정선교에 뜻있는 자원봉사자에 대한 교육을 실시 후 소망교도소 설립을 시작하게 된다. 2010년 12월 7일 아가페재단 주최로 교계지도자, 국회의원, 법무부장관, 지역주민, 여주시관계자, 자원봉사자, 소망교도소 직원 등 790여명이 참가하여 소망교도소 준공 감사예배와 함께 대한민국 최초의 민영교도를 개소하여 운영하고 있다.

참고문헌 　소망교도소 홈페이지
관련용어 　민영교도소, 소망교도소

아시아교정포럼(Asian Forum for Correction)

　사단법인 아시아교정포럼 학회는 교정전반에 관하여 연구하는 전문 학술단체로서 교정행정의 주요 유관기관이다. 2007년 3월 창립기념 학술대회를 개최한 이래 현재까지 "인문학적 교정", "교정의 인문학적 가치"를 통섭하는 선도적이고 선진적인 학회로서 역할을 수행하고 있다. 구체적으로 연 2회 이상 학술대회를 지속적으로 개최하여 왔고, 연 3회 학술지『교정담론』을 발간하여 전국 국가기관, 도서관, 대학교 등에 무상으로 배부하고 있으며, '교정인문학'을 체계적으로 추진하기 위해 포럼 산하에 '인문교정연구소'를 창립하는 한편, 미국, 중국, 일본, 대만, 태국 등지의 기관 및 학교와 국제 학술교류를 진행하여 왔다.

주요 활동으로는 ① 세미나, 포럼, 강연회의 개최 ② 학회지, 소식지, 학술 간행물, 기타도서의 발간 ③ 조사 연구, 도서·문헌자료의 수집 및 연구 장려 ④ 국내·외 관련 연구단체와 학술교류 및 연수 ⑤ 교정보호분야 및 공익사업의 협찬, 건의 및 자문 등을 수행하고 있다. 이를 통해 학계전문가, 현장실천가, 교정실무자들이 함께 참여하고 성장하는 교정의 플랫폼(Platform) 조성을 목표로 하고 있다.

참고문헌 (사)아시아교정포럼 홈페이지

아일랜드제(Irish System)

누진처우의 한 형태로 1854년 아일랜드 감옥국장이 된 크로프톤(Crofton)이 마코노키(Machonochie)의 점수제를 응용하여 창안하였으며 매월의 소득점수로 미리 정한 책임점수를 소각하는 방법을 말한다. 4단계의 처우과정으로 이루어지며 제1단계에서는 8~9개월간 엄정독거구금, 제2단계에서는 토목공사 등에 혼거취업, 제3단계에서는 중간감옥으로 완전개방시설에서의 처우, 제4단계에서는 가석방 후 경찰감시를 실시하여 보호관찰부 가석방의 시초가 되는 단계로 이루어진다. 이러한 과정 가운데 제2단계 혼거취업에서는 고사급, 제3급, 제2급, 제1급, 최상급의 5계급의 처우를 실시하여 누진제와 점수제를 도입한 점에 특색이 있고, 이 점수제는 후에 미국에서 도입되는 엘마이라제에 많은 영향을 끼치게 되었다.

참고문헌 조광근 『나이스교정학』(2010), 鴨下守·松本良枝 『교정용어사전』(2006)

안옥도(犴獄圖)

옥(獄)에 대한 표준설계도면을 말한다. 세종은 재위 8년(1426년)에 안옥도를 반포하여 여름옥과 겨울옥을 만들게 하고 세종 14년(1432년)에는 남녀 옥을 구분하는 등 수형자들의 건강유지에 힘썼다고 한다. 안옥도의 세부사항으로는 "높은 대를 쌓고 서늘한 옥 3간을 그 위에 만들고, 문과 벽은 두꺼운 판자를 사용하며, 밖의 벽에는 틈과 구멍을 내어서 바람의 기운을 통하게 한다. 남자의 옥 4간과 여자의 옥 2간을 지어 각기 경(輕)한 죄와 중(重)한 죄를 구분하되 모두 판자를 깔고 처마 밖에는 4면으로 차양(遮陽)을 만들어 죄인들이 더운 때에는 형편에 따라 앉아 눕게 하고 밤이 되면 옥으로 들어오게 하여 자물쇠를 채운다."라는 내용이 기록되어 있다.

참고문헌 『대한민국 교정사Ⅰ』145면 (2010), 네이버 '발굴로 드러난 조선시대 교도소-경주옥사(獄舍)'

안치(安置)

고려시대와 조선시대 기본형 중 하나인 유형(流刑)의 일종이며, 조선에서 체계적으로 확립되었다. 중한 범죄를 저지른 왕족이나 고위관리에 대하여 부과하는 형(刑)으로 유형지에서 다시 일정한 곳에서만 머물게 하는 형벌을 말한다. 안치는 유형 중에서도 행동의 제한을 가장 많이 받으며, 조선의 경우 다시 본향안치(本鄕安置), 절도안치(絶島安置), 위리안치(圍籬安置)로 구분된다. 본향안치는 죄인을 그의 고향에 안치시키는 것을, 절도안치는 죄인을 외진 섬에 격리시키는 것을, 위리안치는 집 주위에 가시나무를 둘러치고 죄인을 그 안에 유폐시키는 것을 말한다.

참고문헌 『대한민국 교정사Ⅰ』114면 (2010)

양성직업훈련(養成職業訓鍊)

양성(養成)이란 실력이나 역량 등을 길러서 발전시킨다는 의미로써 수형자에게 직업에 필요한 기초적 직무수행 능력을 습득시키기 위하여 실시하는 직업훈련을 말한다. 양성직업훈련 대상자를 선정하는 경우에는 수형자의 적성과 장래희망 등을 고려하여 선정해야 한다.

참조법령 「수형자 직업능력개발훈련 운영지침」제3조
관련용어 향상직업훈련, 숙련직업훈련

양형참고자료(量刑參考資料)

법관이 구체적인 행위자에 대하여 선고할 형을 정하는 양형을 할 때 참고할 수 있는 자료를 말한다. 교정시설에서 규율위반행위를 하여 징벌을 부과하게 되는 미결수용자에게는 그 징벌대상 행위를 양형참고자료로 작성하여 관할 검찰청 검사 또는 관할 법원에 통보할 수 있다. 실무에서는 피의자의 경우 관할 검찰청 검사에게만 통보하고 있으며, 기소된 피고인의 경우 관할 검찰청 검사와 관할 법원에 통보하고 있다.

참조법령 「형집행법」제111조의2

언론홍보(言論弘報)

교정기관의 주요 행사나 정책 등을 언론매체를 통해 국민들에게 전달하는 활동을 말한다. 이를 통해 교정행정에 대한 이해를 향상시키고 대국민 교정이

미지를 제고하는데 그 목적이 있다. 주로 각 교정기관에서 홍보의 필요성이 있는 내용을 보도자료로 작성하여 배포하면, 이후 언론사에서 신문 기사 또는 인터넷 뉴스로 보도하는 형태가 많다. 교정행정의 경우 그동안의 개선에도 불구하고 아직까지 사회적 관심이 부족하다는 점에서 다양한 방면으로 적극적인 언론홍보가 필요한 상황이다.

엄중관리대상자(嚴重管理對象者)

교정시설의 안전과 질서유지를 위하여 다른 수용자와의 접촉을 차단하거나 계호를 엄중히 하여야 하는 수용자를 말한다. 엄중관리대상자는 ① 조직폭력 수용자 ② 마약류수용자 ③ 관심대상수용자로 구분하며, 엄중관리대상자로 관리하는 경우에도 기본적인 처우를 제한하여서는 안 된다.

엄중관리대상자의 번호표 및 거실표의 색상은 ① 관심대상수용자의 경우 노란색 ② 조직폭력수용자의 경우 노란색 ③ 마약류수용자의 경우 파란색으로 구분한다. 만약 엄중관리대상자 구분이 중복되는 수용자의 경우 그 번호표 및 거실표의 색상은 위의 순서에 따른다. 또한 엄중관리대상자 중 지속적인 상담이 필요하다고 인정되는 사람에 대하여는 상담책임자를 지정한다. 이 경우 상담책임자는 감독교도관 또는 상담 관련 전문교육을 이수한 교도관을 우선하여 지정하여야 하며, 상담대상자는 상담책임자 1명당 10명 이내로 하여야 한다. 이에 따라 상담책임자는 해당 엄중관리대상자에 대하여 수시로 개별 상담을 함으로써 신속한 고충처리와 원만한 수용생활 지도를 위하여 노력해야 한다. 그 밖에 엄중관리대상자에게 작업을 부과할 때에는 분류심사에 따른 조사나 검사 등의 결과를 고려해야 한다.

참조법령 「형집행법」 제104조, 「형집행법시행규칙」 제194조~제197조

엘마이라제(Elmira System)

1870년 미국 신시내티주에서 개최된 교도소협회회의의 개혁안을 드와이트 (Dwigt), 와인즈(Wines), 브록웨이(Brockway), 산본(Sanborn) 등이 채택하여 엘마이라제가 잉태되었다. 이를 실제로 최초 실천한 곳이 뉴욕주의 엘마이라 감화원(1876년)으로 이곳에는 16세 이상 30세 이하의 청소년이 수용되었다. 처우의 중심은 누진제와 점수제로 1급에서 3급으로 나누어 신입자는 2급에 편입하고 작업이나 교육성적에 따라 매월 3점 이하의 점수를 부여하여 54점 이 되면 제1급으로 진급시킨다. 이후 1급에서 54점이 되면 조건부 가석방을 실시하고 이후 6개월간 선행을 유지하면 형의 집행을 면제하여 완전한 석방 을 얻게 하였다. 이 엘마이라 감화원의 성공은 다른 주의 청소년 처우제도에 영향을 끼쳐 17개 주에서 동일한 시설이 설치되기에 이르렀고 영국의 보스탈 제(Borstal System)에도 영향을 끼쳤다.

참고문헌 鴨下守孝·松本良枝 『교정용어사전』(2006)

여성수형자(W급: Woman prisoner)

기본수용급의 하나로써 성별을 기준으로 한 분류로 여성인 수형자에게 부 여하는 수용급을 말한다. 처우의 기준으로는, 정서적 안정성을 함양시키고 교 양활동 등과 관련된 취미활동을 권장하며 건강관리에 유의토록 한다. 또한 가 족 또는 보호자 등과의 관계유지에 노력하고 여성의 신체적·심리적 특성을 고려하여 처우하여야 하며, 건강검진을 실시하는 경우에는 나이·건강 등을 고려하여 부인과 질환에 관한 검사를 포함시켜야 한다. 생리 중인 여성수용자 에 대하여는 위생에 필요한 물품을 지급하여야 하고, 상담·교육·작업 등을 실시하는 때에는 여성교도관이 담당하도록 하여야 한다. 남성교도관이 1인의 여성수용자에 대하여 실내에서 상담 등을 하려면 투명한 창문이 설치된 장소 에서 다른 여성을 입회시킨 후 실시하여야 한다.

참조법령 「형집행법」제50조·제51조, 「형집행법시행규칙」제73조, 「분류처우업무지침」
제52조·[별표 7]

영선(營繕)

동의용어 시설보수

예산(豫算)

일정기간 동안의 수입과 지출의 예정이나 계획이라고 하는 의미가 있고, 정
부뿐만이 아니라 기업 및 그 밖에 조직체는 물론이고 가계의 경제주체에 관
한 세입과 세출의 계획을 포함한다. 즉, 필요한 비용을 미리 계산한 금액이나
국가 또는 단체에서 한 회계년도의 수입과 지출을 계산하여 정한 계획을 말
한다. 예산은 입법부가 행정부를 통제하기 위한 수단으로서의 '재정통제적 기
능'과 정부의 정치적 행동계획을 화폐적으로 표현하는 수단이 되는 '정치적
기능', 그리고 예산이 자금의 효율적인 이용을 높이는 관리 수단으로서의 '관
리적 기능', 예산이 경제정책 등의 정책의 계획 및 운영의 수단이 되는 '계획
기능'을 갖고 있다.

예약접견(豫約接見)

접견신청자가 온라인 등을 이용하거나 교정시설을 직접 방문하여 접견일
전에 미리 예약신청하면 그 예약한 시간에 수용자를 접견실에 대기하게 하고,
민원인은 별도 접견신청 절차 없이 예약사항만 확인한 후 바로 접견을 할 수
있어 접견 대기시간이 단축되는 편리한 제도를 말한다. 예약접견 접수 기간은
접견을 희망하는 날의 10일 전부터 전일까지이며 민원인이 직접 방문하여 접
견을 예약하는 경우의 접수시간은 일반접견 방문 접수시간과 같다. 예약접견

신청일에 방문접견 신청이 있는 경우에는 예약접견이 우선하며, 접견예약 후 해당 수용자가 이송, 출정 등으로 접견이 불가능하게 된 경우에는 그 사실을 예약신청자에게 알려야 한다.

접견예약 신청은 교정민원콜센터(1363), 인터넷(교정본부 홈페이지), 모바일(교정전자민원서비스) 또는 직접 방문을 통해서 할 수 있다.

참고문헌 교정본부 홈페이지

예정가격(豫定價格)

계약담당공무원이 낙찰자 또는 계약자의 결정기준으로 삼기 위하여 입찰 또는 계약체결 전에 미리 작성·비치하여 두는 가액으로, 복수예비가격 15개 중 추첨된 4개 금액의 산술평균 금액을 말한다. 예정가격 작성은 의무사항이나 턴키공사(건설업체가 어려운 복합공사의 설계부터 시공까지 도맡아 하는 입찰공사), 추정가격 1억원(전문공사 7천만원, 전기공사등 5천만원)이하인 공사, 추정가격 3천만원 미만의 물품 등을 수의계약에 의하고자 할 경우 등에는 생략이 가능하다. 예정가격의 결정기준으로는 거래실례가격, 원가계산가격, 실적공사비가격, 감정·견적가격에 의하고, 계약담당공무원이 예정가격을 결정할 때에는 계약수량의 다과, 계약이행기간의 장단, 수급상황, 계약이행의 난이도, 계약조건, 그 밖에 제반여건을 참작하여 정하되 부당하게 감액하거나 과다하게 계산되지 않도록 유의해야 한다.

참조법령 「국가계약법시행령」 제7조·제9조

오번제(Auburn System)·완화독거제(緩和獨居制)

구금제도 중의 하나로써 주간에는 침묵 하에 동료 수형자와 함께 작업을 실시하고 야간에는 독방에 수용하여 교화개선을 시도하는 방식을 말한다. 완화독거제, 반독거제, 절충제, 교담금지제라고도 불린다. 오번제는 1823년 미국 뉴욕의 오번(Auburn) 교도소 소장 엘람 린즈(Elam Lynds)가 엄정독거구금과 혼거구금의 단점을 제거하고, 장점만을 취합하여 양 제도를 절충한 형태의 구금방식으로 창안하였다. 다만, 오번제로 체계화되기 전에도 그와 같은 유형의 구금방식은 1773년 벨기에의 간트(Gand) 교도소에서 이미 시행된 바 있다. 오번제는 엄정독거제의 상시 독거수용으로 인한 문제점을 개선하고 혼거제의 사회성 함양 효과를 얻을 수 있다는 장점이 있다. 반면 양 제도를 절충한 형태인 만큼 독거제의 문제점과 혼거제의 문제점을 여전히 내포하고 있다는 단점이 있다.

참고문헌 임현 『바른교정학』 59면~60면 (2019)

온비드(Onbid)

동의용어 전자자산처분시스템(On-Line Bidding System)

완화경비시설(緩和警備施設)

도주방지를 위한 통상적인 설비 및 수형자에 대한 관리·감시를 일반경비시설보다 완화한 교정시설로써 완화경비처우급(S2) 수형자를 수용한다. 완화경비시설은 사회복귀를 위한 수용생활이 필요한 자 등을 수용하며 자율과 책임의식 함양을 위한 처우를 중점으로 실시한다. 통상적인 도주방지시설을 설치하고, 수용자에 대한 관리·감시를 다소 완화한다. 수용자는 일과 후 거실 내에서 자율적 여가활동이 가능하며 야간에는 자치제(전부 또는 일부)를 실시하기도 한다.

참조법령 「형집행법」 제57조

완화경비처우급(S2급: Security Level 2)

경비처우급의 하나로, 완화경비시설에 수용되어 자율과 책임에 근거한 통상적인 수준보다 높은 수준의 처우가 필요한 수형자로, 경비처우급분류지표에 의해 판정된다. 작업은 개방지역 작업 및 필요시 외부통근작업이 가능하다. 월 6회의 접견이 가능하고 월 3회 이내의 전화통화가 가능하며 개방지역 직업훈련 및 필요시 외부출장직업훈련이 가능하다. 가석방이 가능한 처우급으로 자율과 책임의식을 함양시키고 사회복귀력 향상을 위한 집중처우가 필요하다. 처우의 기준으로는 적성에 따른 직업훈련을 실시하고 자율을 부여하여 그에 따라 책임이 수반되는 사회적 훈련·자치활동을 실시하며 보호자와의 유대를 강화한다. 또한, 석방 시에는 취업준비 및 사회복귀 준비에 노력하고 일상생활에 필요한 기본적 지식을 습득하게 하며 용모·복장의 단정, 청결, 정돈, 예의 등에 유의한다.

> **참조법령**　「형집행법시행규칙」제74조,「분류처우업무지침」제53조·[별표 7]

외국인수형자(F급: Foreign prisoner)

기본수용급의 하나로써 대한민국 국적을 갖지 않은 외국인 수형자에게 부여하는 수용급을 말한다. 외국인 수형자 전담교정시설에서는 외국인의 특성에 알맞은 교화프로그램 등을 개발·시행해야 하며, 외국어에 능통한 소속 교도관을 전담요원으로 지정하여 일상적인 개별면담, 고충해소, 통역·번역 및 외교공관 또는 영사관 등 관계기관과의 연락 등의 업무를 수행하게 해야 한다. 또한 외국인 미결수용자에게 소송 진행에 필요한 법률지식을 제공하는 등의 조력을 해야 한다. 수용 거실을 지정하는 경우에는 종교 또는 생활관습이 다르거나 민족감정 등으로 인하여 분쟁의 소지가 있는 외국인수용자는 거실을 분리하여 수용하고 생활양식을 고려하여 필요한 수용설비를 제공하도록 한다.
외국인수용자에게 지급하는 음식물의 총열량은 소속 국가의 음식문화, 체

격 등을 고려하여 조정할 수 있고 쌀, 빵 또는 그 밖의 식품을 주식으로 지급
하되, 소속 국가의 음식문화를 고려한다. 수용자가 질병 등으로 위독하거나
사망한 경우에는 그의 국적이나 시민권이 속하는 나라의 외교공관 또는 영사
관의 장이나 그 관원 또는 가족에게 이를 즉시 알려야 한다. 처우의 기준으
로, 직원, 동료 수형자와의 의사소통을 도모하고, 수용생활의 안정화를 강조
하여 처우토록 한다. 또한, 자국 수용자와의 갈등 제거에 노력하며 자국 문화
이해증진에도 주력하여야 하고 언어·생활문화 등을 고려하여 적정한 처우를
실시하여야 한다.

일본의 경우, 국적에 관계없이 의사소통 및 그 사람의 문화가 외국인으로서
의 처우를 해야 하는가에 따라 F급을 부여하고 있지만, 우리나라의 경우 의사
소통과는 관계없이 한국 국적을 취득하지 않은 외국인은 모두 F급으로 분류
한다. 향후에는 의사소통 등이 가능한가 여부 등을 고려하여 F급을 보다 세분
화할 필요성이 제기된다.

참조법령 「형집행법」 제54조, 「형집행법시행규칙」 제55조~제59조·제73조, 「분류처우
업무지침」 제52조·[별표 7]

외부의사진료(外部醫師診療)

교정시설내 진료 중의 하나로 외진·초빙·원격의 방법으로 교정시설 밖의
의사가 진료하는 방식을 말한다. 외부의사가 수용자를 진료하는 경우에는 법
무부장관이 정하는 사항을 준수하여야 하며, 수용자가 자신의 비용으로 외부
의사에게 치료받기를 원하면 의무관의 의견을 고려하여 이를 허가할 수 있다.

또한, 수용자에 대한 적절한 치료를 위하여 필요하다고 인정되면 외부의료
시설에서 진료(필요 시 입원)를 받게 할 수 있다. 이 경우 그 사실을 그 가족
(가족이 없는 경우에는 수용자가 지정하는 사람)에게 지체 없이 알려야 한다. 다
만, 수용자가 알리는 것을 원하지 않으면 그렇지 않다. 만약 수용자가 자신의
고의 또는 중대한 과실로 부상 등이 발생하여 외부의료시설에서 진료를 받은
경우에는 그 진료비의 전부 또는 일부를 수용자에게 부담하게 할 수 있다. 특

히 필요하다고 인정하면 외부의료시설에서 근무하는 의사를 교정시설로 초빙하여 수용자를 치료하게 할 수 있다. 그 밖에 2005년 10월부터 시행하고 있는 원격진료는 수용자를 외부로 이동시키지 않으면서 협력병원과 연계하여 원격으로 진료하는 시스템으로, 시간과 장소의 제약을 덜 받으면서 다양한 의료서비스를 제공할 수 있는 이점이 있다. 이러한 원격진료는 만성적인 의료인력 부족에 따른 의료공백 및 의료기기의 노후화 등의 문제를 해결하여 의료서비스의 향상을 도모하고자 도입한 비대면 의료체계로써 2021년 현재 전국 53개 교정시설에서 원격진료시스템을 구축하여 운영하고 있다.

2019년 기준 외부의료시설 진료의 경우 진료건수는 총 39,824건이고 입원인원은 총 2,090명이며, 원격진료의 경우 실시인원은 총 22,554명이다.

참조법령 「형집행법」 제37조~제39조, 「형집행법시행령」 제55조
참고문헌 『교정통계연보』 98면~99면·102면 (2020)

외부출장직업훈련(外部出場職業訓鍊)

교정성적이 우수하고 도주의 우려가 없는 모범수형자를 외부산업체나 직업훈련 전문기관 등에 출장시켜 현장훈련을 할 필요가 있다고 인정되는 경우 법무부장관의 승인을 받아 실시하는 직업훈련을 말한다. 외부출장 직업훈련 중인 수형자가 당해 산업체 등에 취업이 보장된 경우에는 가석방 신청 시 이를 반영하여야 한다.

참조법령 「수형자 직업능력개발훈련 운영지침」 제3조
관련용어 집체직업훈련, 지원직업훈련, 작업병행직업훈련, 현장직업훈련, 단기실무직업훈련

외부통근작업(外部通勤作業)

건전한 사회복귀와 기술습득을 촉진하기 위하여 외부기업체 또는 교정시설

안에 설치된 외부기업체의 작업장에 통근하며 하는 작업을 말한다. 본래적 의미로서는 교정시설에 수용된 수형자에 대하여 무 계호 아래 교정시설 이외의 사업소에서 사회일반의 근로자와 같은 조건에서 취업하게 하고, 야간과 휴일에는 교정시설 내에서 생활하게 하는 자유형 집행의 한 방법으로서의 작업형태를 말한다.

선정기준으로는 개방처우급(S1) 및 완화경비처우급(S2) 수형자로서 집행할 형기가 7년 미만으로 18세 이상 65세 미만이며 작업 수행에 건강상 장애가 없고 가석방에 제한이 없는 등의 요건을 갖추어야 한다.

참조법령 「형집행법시행규칙」 제2조·제120조~제123조
참고문헌 김용준·이순길 『교정학』 532면 (1995)

용수 · 용수갓

본래 술이나 장을 거르는데 쓰거나 꿀을 채취할 때 벌에 쏘이지 않도록 머리에 쓰는 둥근모양의 모자를 말한다. 일제강점기 수용자의 이송 또는 출정시 일반인이 수용자의 얼굴을 보지 못하도록 할 뿐만 아니라 보는 사람으로 하여금 무언의 공포심과 혐오심을 자아내게 하려는데 목적이 있었다.

서대문형무소 역사관에는 일제강점기 독립운동가의 얼굴을 노출시키지 않기 위해 사용했던 용수가 전시되어 있다. 주로 짚으로 만들었으나 싸리, 대오리로 만들기도 하였다. 수용자에게 사용했던 것은 짚으로 만들었으며, 일제강점기 당시 교정시설에서 자체 생산하여 보급하기도 하였다.

참고문헌 『독립과 민주의 현장 서대문 형무소 역사관』 47면 (2014)

우량수형자 석방령(優良受刑者釋放令)

1945년 광복 이후 미군정시대에 시행하였던 행형제도 중의 하나인 선시제

도에 관한 근거규정이다. 미군정시대에는 일제강점기의 잔재가 남아 있었으나, 미국 교정의 이념을 바탕으로 수용자 인권보장 및 처우개선을 위한 노력이 있었다. 이러한 노력의 일환인 「우량수형자 석방령」은 수형자의 개전 및 자력갱생을 촉진하여 사회생활에 적응하게 하는 것을 목적으로 징역 또는 금고의 형에 처한 자로서, 성실히 규율을 준수하여 수용 중에 징벌을 받지 않은 자는 형기보다 일정한 비율에 의하여 삭감한 기간이 경과하면 석방할 수 있도록 하였다. 즉 법관에 의하여 선고된 형기를 수형자 자신의 선행과 규율준수로 인하여 단축시키는 선시제도(Good Time System)를 도입한 것이다. 그러나 선시제도는 시행 중에 운영상의 여러 문제점이 있어 정착되지 못하고 정부수립 이후 유명무실해지고 말았다. 결국 1953년 「형법」이 제정되면서 그 부칙에 의하여 폐지되고 그에 대체하여 가석방제도가 도입되었다.

참고문헌 『대한민국 교정사Ⅰ』 345면~346면 (2010)

운동(運動)

수용자의 건강유지를 위하여 정기적으로 몸을 움직일 수 있도록 하는 것을 말한다. 수용자는 매일(공휴일 및 법무부장관이 정하는 날은 제외) 「국가공무원 복무규정」에 따른 근무시간 내에서 1시간 이내의 실외운동을 할 수 있고, 다만, ① 작업의 특성상 실외운동이 필요없다고 인정되는 때 ② 질병 등으로 실외운동이 수용자의 건강에 해롭다고 인정되는 때 ③ 우천, 수사, 재판, 그 밖의 부득이한 사정으로 실외운동을 하기 어려운 때에는 실외운동을 실시하지 않을 수 있다.

노인·장애인·소년수용자는 나이·건강상태 등을 고려하여 필요하다고 인정하면 운동시간을 연장할 수 있다. 그 밖에 관심대상수용자, 공안(관련)사범, 독거수용자, 환자 등의 경우에도 수용자의 특성을 고려하여 운동을 실시한다.

한편 징벌 중 금치처분을 받았을 때 실외운동은 ① 도주의 우려가 있는 경우 ② 자해의 우려가 있는 경우 ③ 다른 사람에게 위해를 끼칠 우려가 있는 경우 ④ 그 밖에 시설의 안전 또는 질서를 크게 해칠 우려가 있는 경우로서 법무부령으로 정하는 경우에는 건강유지에 지장을 초래하지 않는 범위에서 제한할 수 있다. 특히 징벌로 30일 이내의 실외운동 정지를 부과하는 경우 또는 금치처분을 받았을 때 실외운동을 제한하는 경우라도 (완전한 정지가 아님) 수용자가 매주 1회 이상 실외운동을 할 수 있도록 하여야 하며, 의무관은 사전에 그리고 집행 중에 수용자의 건강을 확인하여야 한다.

참조법령 「형집행법」 제33조·제112조, 「형집행법시행령」 제49조, 「형집행법시행규칙」 제46조·제54조·제59조의6

운영지원작업(N급: National employment work)

개별처우급의 하나로써 이발, 간병, 그 밖에 교정시설의 운영과 관리에 필요한 작업장에 취업한 수용자를 말한다. 선정기준으로는 ① 면담 등을 통해서 작업을 감당할 수 있다고 판단되는 자 ② 수용생활 태도가 양호한 자 ③ 분류심사 결과 운영지원작업 취업에 적합한 자 ④ 인성검사 결과 이상인성이 아닌 자 등이 이에 해당한다. 처우의 기준으로, 특정의 관리업무에 경험 또는 적성이 있어 운영지원작업에 적합한 자로, 기능유지에 유의하고 능률향상에 노력하며, 근로의 습관을 함양시킨다. 또한 일상생활에 필요한 기본적 지식을 습득케 하고, 용모·복장의 단정, 청결, 정돈, 예의 등에 유의하며 보호자 등과 긴밀히 연락하여 보호관계 유지에 노력한다. 운영지원작업 취업자 선정은 분류심사과장(보안과장)이 심사하여 소장 또는 부소장이 선정하고, 취사업무에 종사하는 자를 선정하는 경우에는 의무관의 협조를 받아야 한다.

운영지원작업 취업자의 작업시간은 휴식·운동·식사·접견 등 실제 작업을 실시하지 않는 시간을 제외하고 1일 12시간 이내, 1주 52시간 이내로 한다. 과거에는 운영지원작업을 관청에서 일하는 사람이란 의미의 '관용부(官用夫)'라고 불렀다.

참조법령 「형집행법시행규칙」 제76조, 「분류처우업무지침」 제54조·제85조·제87조·제94조·[별표 7]

원형옥(圓形獄)

원형의 건물 안에 죄인들이 머무르게 한 구금시설을 말하며, 삼국지(三國志) 위지(魏志) 동이전(東夷傳) 중에 "부여(夫餘)의 성책(城柵)을 만드는데 그 모양이 원으로써 뇌옥과 같더라"라는 기록이 원형옥 형태에 관한 가장 오래된 기록이다. 원형옥은 우리나라의 인본주의에 기초한 행형제도를 상징적으로 보여주는 교정시설 건축으로 임재표 전 서울지방교정청장이 최초로 연구하여 정리하였다. 원형은 우주를 의미하며, 옥을 원형(圓形)으로 만든 것은 우주의 기운으로 사람을 살리고자 한다는 취지를 담고 있다. 즉, 죄인을 구금하는 외에 인(仁)으로 상징되는 원형옥에 수용하여 새로운 사람으로 개선시키기 위한 목적을 가진 시설 형태라는 것이다. 조선 중·후기에 작성된 각 읍지(邑誌) 및 풍속화 등에서도 원형으로 옥을 표현하고 있으며, 경주 등지에서는 조선시대의 원형으로 된 옥터가 발굴되었고, 공주의 원형옥은 일제강점기인 1924년 발간된 『조선형무소 사진첩』에서 실제의 모습을 확인할 수 있다.

참고문헌 임재표 「대한민국 전통 교정시설(원형옥)에 관한 연구(상)」 『교정』 39면~41면 (1998년 2월호), 임재표 「조선시대 인본주의 형사제도에 관한 연구」 (2002), 금용명 『조선형무소 사진첩』 (번역서) 59면 (2020 재발간)

위로금(慰勞金)

수용자와 피보호감호자가 작업 또는 직업훈련으로 인한 부상 및 질병으로 신체에 장해가 발생한 때에 지급하는 보상금이다. 위로금 지급은 석방할 때에 본인에게 지급한다. 위로금을 지급받을 사람이 국가로부터 동일한 사유로 「민법」이나 그 밖의 법령에 따라 위로금에 상당한 금액을 지급받은 경우에는 그 금액을 위로금으로 지급하지 않는다. 위로금 지급 근거는 의사의 장해등급판정 진단서이며 「산재보험법」에서 고시하는 최저보상기준금액에 장해급여표의 장해등급에 따른 장해보상일시금 해당일수를 곱한 금액으로 산정하여 법무부장관의 승인을 받아 지급이 결정되며 승인 후에는 본인의 통장 또는 보관금에 입금된다. 위로금을 지급받을 권리는 다른 사람 또는 법인에게 양도하거나 담보로 제공할 수 없으며, 다른 사람 또는 법인은 이를 압류할 수 없고 조세와 그 밖의 공과금을 부과하여서는 안 된다.

참조법령 「형집행법」 제74조~제76조, 「교도작업법」 제9조

위탁작업(委託作業) · 단가작업(單價作業)

교도작업의 경영방식에 따른 분류로, 교도작업에 참여한 민간기업 또는 개인 위탁자로부터 작업에 필요한 시설·기계·기구 및 재료 등을 제공받아 교도작업제품을 가공·생산하여 위탁자에게 교부하고 교도소는 가공비 또는 그 단가를 대가로 받는 작업을 말한다. 위탁작업의 기간은 6개월 또는 1년으로 하여 법무부장관의 승인을 받아 시행하며, 기존 기업과의 재계약은 지방교정청장의 승인을 받는다. 위탁작업의 장점으로는 설비·원자재의 구입자금이 불필요하고 경기에 직접 영향을 받지 않으며 작업의 통일성을 유지할 수 있다. 또한, 다수인원의 취업이 가능하고 민간기업을 압박하는 문제가 거의 없다. 단점으로는, 교도소와 특정업체의 연계로 인한 부당경쟁이 발생할 우려가 있고, 직업훈련에 부적당하며 교도작업 본래의 목적에는 부합하지 않는다.

2019년 기준 전국 교도작업의 생산실적 금액은 약 627억 원이며, 이 중 위탁작업의 생산실적 금액이 약 201억 원으로 약 32.1%를 차지한다.

참조법령 「교도작업법시행규칙」 제6조
참고문헌 『교정통계연보』 143면 (2020), 조광근 『나이스교정학』 271면 (2010)

위험관리수준(危險管理水準)

범죄의 위험성 및 재범가능성에 따라 교정시설 안에서의 관리수준과 출소

후 재범방지를 위한 유관기관의 개입 및 원조 수준을 말한다. 고위험군 수형자의 위험관리수준(RM 등급, Risk Management)은 다음과 같이 구분한다. ① 1 등급: 범죄의 위험성과 재범가능성이 낮게 평가된 사람으로 교정기관의 통상적인 처우·관리가 가능한 수준 ② 2등급: 범죄의 위험성과 재범가능성이 보통으로 평가된 사람으로 교정기관의 통상적인 처우·관리가 가능하고, 석방시 필요한 경우 재범방지를 위하여 유관기관의 개입이 필요한 수준 ③ 3등급: 범죄의 위험성과 재범가능성이 높게 평가된 사람으로 석방시 재범방지를 위하여 유관기관의 적극적인 개입과 재범위험 관리가 필요한 수준 ④ 4등급: 범죄의 위험성과 재범가능성이 매우 높게 평가된 특별관리 대상자로 석방 시 재범방지를 위하여 유관기관의 실질적인 개입과 원조적 관리가 필요한 수준의 4등급으로 구분하고 위험관리수준을 평가하는 경우에는 '위험관리 종합 평가서'를 작성한다.

참조법령 「분류센터운영지침」 제27조

유관기관(有關機關, Relevant Organization)

공동의 목표 또는 유사한 목표를 달성하는 과정에서 상호 관련성이 있는 조직을 말한다. 형의 집행 및 수형자의 교정교화 등을 목표로 하는 교정조직의 유관기관은 다양하며, 교정조직 단독으로는 이러한 목표를 효과적으로 달성하기 어렵기 때문에 유관기관과의 협력체계(Network)가 매우 중요하다. 우선 형사사법절차에 따른 필수적인 관계인 경찰, 검찰, 법원, 보호기관 등 형사사법기관이 있다. 또한 교정시설의 신축 또는 이전과 관련하여 지방자치단체, 수용자 또는 교도관의 인권문제와 관련하여 국가인권위원회가 있다. 이외에 법률지원 또는 법무보호를 위한 공공기관으로 대한법률구조공단, 정부법무공단, 한국법무보호복지공단, 범죄문제 또는 교정전반에 관한 연구기관(단체)으로 한국형사정책연구원, 한국교정학회, 한국교정복지학회, (사)아시아교정포럼 등이 있다. 그 밖에 퇴직교도관의 상호간 친목도모를 위한 대한민국재향교정동우회, 교정공무원의 복지증진을 목적으로 하는 교정공제회, 민간부문 자원봉사자인 교정위원의 자치조직인 교정협의회(기관)·교정연합회(지방청)·교정위원중앙협의회(전국) 등이 있다.

참고문헌 양혜경 「교정행정조직 유관기관 운영 활성화 방안」 12면~16면 (2018년 12월)

유독물질(有毒物質)

유해성이 있는 화학물질로서 화학물질관리법상 유독물질의 지정기준에 따라 환경부장관이 정하여 고시한 것(「화학물질관리법」 제2조)을 말한다. 이에 해당하는 것으로는 벤젠, 염화에틸, 염산, 암모니아, 수산화나트륨, 포름알데히드, 페놀 등이 있다. 교정시설에서 주로 관리되는 유독물질은 x-ray 현상액, 정착액, 수은, 살균제, 살충제 등이 있다. 사용기간이 경과한 유독물질 및 사용 후 잔여 유독물질은 폐기물 처리업체에 위탁하여 처리한다.

참조법령 「수용자 의료관리지침」 제42조

유류금품(遺留金品)

수용 중 사망자 또는 도주자가 남겨두고 간 보관금과 보관품을 말한다. 사망자의 경우 그 상속인에게, 도주자의 경우에는 그 가족에게 그 내용 및 청구절차를 알려주어야 하며, 다만, 부패하거나 없어질 우려가 있는 것은 폐기할 수 있다. 상속인 또는 가족이 사망자와 도주자의 유류금을 청구하면 지체 없이 교부하여야 하고, 청구절차의 고지를 받은 날로부터 1년이 지나도 청구가 없으면 그 금품은 국고에 귀속되며, 유류금품 정리부에 그 경위를 기록 유지하여야 한다.

참조법령 「형집행법」 제28조, 「보관금품관리지침」 제18조

유연근무(柔軟勤務)

「국가공무원 복무규정」제9조 제2항에서 정한 기본근무(09:00~18:00)를 변경하여 일정한 시간과 공간에 제한받지 않고 탄력적으로 근무하는 제도를 말한다. 유형에 따라 시간선택제 근무, 탄력근무, 원격근무제도가 있다. 시간선택제, 전환 근무제는 주 40시간보다 짧은 시간을 근무하는 형태이고, 탄력근무제는 주 40시간을 근무하되, 출퇴근 시각·근무시간·근무일을 자율적으로 조정할 수 있는 형태인데 탄력근무제의 방식으로는 시차 출퇴근, 근무시간 선택형, 집약 근무형, 재량 근무형의 방식이 있다. 원격근무제는 특정한 근무장소를 정하지 않고 정보통신망을 이용하여 근무하는 형태로 재택근무와 스마트 워크 근무형태가 있다.

> **참조법령** 「국가공무원 복무규정」제9조, 「국가공무원 복무·징계 관련 예규」제104호 (2020)

유형(流刑)

고려시대와 조선시대 기본형 중의 하나이며, 먼 지방으로 보내어 왕의 명령이 없는 한 죽을 때까지 고향으로 돌아오지 못하게 하는 형벌을 말한다. 오늘날의 무기징역형에 해당하는 것으로 볼 수 있다. 우리나라에서는 고려 때부터 유형을 보편적으로 시행하였고, 조선에서도 이를 지속하여 광범위하게 시행하였다. 특히 조선시대에 정치의 주도권을 둘러싸고 전개된 당쟁으로 인하여 많은 정치범이 생겨났는데, 사형을 면한 대다수의 정치범은 유형으로 처벌되었다. 조선의 경우 유형을 받은 죄인을 관리하는 책임은 각 지방의 수령에게 있었으며, 전국의 유형수에 대하여 형조에서 총괄적으로 관리하였다. 구체적으로 유 2,000리, 유 2,500리, 유 3,000리의 3종이 있었으며, 이러한 유형에는 장형을 병과하였다. 이외에도 유형의 일종으로서 부처·안치·천사가 있었는데, 죄인의 신분에 따라 다르게 적용하였다. 부처와 안치는 관리나 왕족을 일정한 지역 또는 장소에서만 머물게 하였고 천사는 일반 양민을 가족과 함께 국경지역으로 이주시켰다.

참고문헌 『대한민국 교정사Ⅰ』 112면~113면 (2010)

육아기근로시간단축(育兒期勤勞時間短縮)

근로자가 만 8세 이하 또는 초등학교 2학년 이하의 자녀를 양육하기 위하여 근로시간의 단축을 신청하는 경우에 이를 허용해야 하는 것을 말한다. 이는 헌법이 보장한 남녀평등의 기회와 대우를 보장하고, 모성보호와 여성고용을 촉진하여 남녀고용평등을 실현함과 아울러 근로자의 일과 가정의 양립을 지원함으로써 모든 국민의 삶의 질 향상에 이바지하는 것을 목적으로 하는 「남녀고용평등법」에 근거하고 있다. 제도의 내용으로 사업주가 육아기근로시간단축을 허용하지 않는 경우에는 해당 근로자에게 그 사유를 서면으로 통보하고 다른 조치를 통하여 지원할 수 있는지를 근로자와 협의하여야 하며, 근로시간은 주당 15시간 이상이어야 하고 35시간을 넘어서는 안 된다. 또한, 자녀 1명당 육아휴직과 근로시간 단축을 합산하여 최대 2년까지 사용할 수 있으며 동기간 동안의 급여는 평균임금 산정기간에서 제외한다. 신청은 근로자가 단축 개시 예정일의 30일 전까지 육아기 근로시간 단축신청서를 작성하여 제출하고, 육아기 근로시간 단축을 시작하는 시점에 조건을 충족하면 된다.

참조법령 「남녀고용평등법」 제19조의2·제192조의3, 「남녀고용평등법 시행령」 제15조

윤번(輪番)

번(番)이란 교대로 행해지는 근무형태 및 이를 위해 편성된 집단으로, 차례로 당직이나 숙직을 하는 것을 이르는 말이다. 현대에 있어서 교도관이나 경찰관, 병원, 공장 등에서의 근무나 경비원를 비롯하여 많은 사람이 순번을 정

해서 교대로 사무에 임하는 것을 윤번(輪番)이라고 한다. 교정시설에서의 교대근무의 일반적인 형태로는 4개의 팀이 4교대로 주야간 근무를 하고 있다.

관련용어　교대근무·4부제

응급처치경연대회(應急處置競演大會)

2013년부터 매년 교정시설 내 응급환자 발생에 대비해 교정직원들의 신속한 대처능력을 기르기 위해 법무연수원에서 실시하는 대회를 말한다. 각 지방교정청별 예선을 통과한 팀이 본선에 진출하여 교정시설에서 발생할 수 있는 응급상황을 가정하여 심폐소생술과 자동심장충격기 사용법 숙련도 등에서 가장 우수한 능력을 가진 팀을 선정, 법무부장관상을 수여하고 있다.

응보형주의(應報刑主義)

형벌이념(교정이념) 중의 하나로 형벌의 본질은 범죄라는 해악적 행위에 대한 정당한 응보에 있다고 보는 사상을 말한다. 18세기 이전에는 교정의 목적에 대한 특별한 논의가 이루어지지 않았으며, 18세기에서 19세기에 이르러서는 계몽주의, 이성주의 사조를 기초로 스스로의 자유의지에 의하여 범죄를 저지른 자는 그에 대한 책임으로 일정한 형벌이 따라야 한다는 응보형주의가 주류를 이루었다. 이때는 처벌 이상의 목적 관념이 존재하지 않은 시기였다. 응보형주의를 정립한 대표적인 학자로는 칸트(Kant), 헤겔(Hegel), 비르크마이어(Birkmeyer)가 있다.

참고문헌　임현 『바른교정학』 18면 (2019)

의료(醫療, Medical Care) · 의료과(醫療課)

의료, 더 구체적으로 교정의료란 교정시설에서 의료직원이 수용자의 건강을 유지·회복·촉진하기 위해 진료 등을 실시하는 것을 말한다. 국가권력에 의해 강제로 구금된 수용자의 건강을 유지하고 질병을 치료하는 것은 국가의 기본적인 의무이며, 교정의료는 국가공무원인 교정의무관 등이 수용자인 환자에게 의료처우를 제공한다는 점에서 일반사회에서의 의료와 기본적으로 동일하다. 다만, 세부적인 측면에서 일반의료와 다른 몇 가지 특징이 있는데 첫째, 원칙적으로 수용자에게는 외부에서의 진료가 필요한 경우에도 의료시설이나 의사를 선택할 수 있는 자유가 없다는 점, 둘째, 수용자 중 일부는 위장되거나 과장된 행동으로 의료직원 등을 기만하려고 할 수 있다는 점, 셋째, 일반적인 진료는 자유로운 분위기와 쾌적한 환경에서 환자의 심신상태를 고려하여 이루어지는 반면 수용자의 진료는 교정시설이라는 권위적인 분위기와 폐쇄적인 환경에서 이루어진다는 점, 넷째, 원칙적으로 수용자의 진료는 무상으로 이루어진다는 점, 다섯째, 일반적인 진료는 이익을 위해 과잉진료의 경향이 나타날 수 있는 반면 수용자의 진료는 이익을 위한 과잉진료가 없다는 점, 여섯째, 법률이 정하는 바에 의해 경우에 따라서는 수용자에게 강제적인 치료를 할 수 있다는 점, 일곱째, 수용자가 교정시설에서 출소하게 되면 치료가 중단되므로 연속성이 부족하다는 점 등이다.

의료과는 이처럼 '교정시설'이라는 특수한 환경 하에서 '수용자'라는 특수한 신분을 가진 환자를 대상으로 의료 업무를 수행하는 부서이다. 의료과의 주요 업무는 소내의 위생, 수용자의 보건·의료 및 약품조제 등의 업무라고 할 수 있다.

과거에는 의료에 관한 사무나 의사로서의 업무라는 의미로서 '의무과(醫務課)'로 통용되었으나, 이후 수용자의 건강을 유지·회복·촉진하기 위한 여러 활동을 포괄하는 의미에서 의료과(醫療課)로 명칭을 변경하였다.

참조법령 「법무부와 그 소속기관 직제 시행규칙」 제16조

참고문헌 서운재「형사시설에서의 수형자 처우의 현상과 향후의 과제에 관한 연구」69면 (2016)

의료처우(T급: Medical Treatment)

　　개별처우급의 하나로써 세분하여 T_1급과 T_2으로 나누어진다. ① T_1급(경환자)은 M_1급이거나 보통의 지능을 가진 자들과의 집단처우에 있어서 잘 적응하지 못하지만 동급의 구성원집단 가운데에서 특별처우를 행함으로써 처우효과를 기대할 수 있는 자 및 M_2급 및 M_3급으로 단기적 약물치료, 정신치료 또는 특별한 양호적 처우에 의하여 치료효과를 기대할 수 있는 자이다. 또한 P_1급, P_2급으로 적당한 작업 종목의 선정 또는 일과의 경감에 의하여 건강한 일반수형자에 준한 처우가 가능한 자이다. 처우기준으로는, 보호관계의 유지회복에 노력해야 하며 정신장애를 제거, 경감하기 위하여 치료 또는 양호처우를 실시하고, 신체에 대한 단기적 질환의 치료 및 양호처우를 실시한다. 또한, 건강증진을 위하여 치료와 양호를 행하고 신체질환(장애) 정도, 건강상태, 작업감당여부 등을 종합적으로 고려하여 적정한 작업지정을 한다. ② T_2급(중환자)은 M_1급으로 지적장애인 및 지적장애와 정신병을 합병하고 있으며 계속적인 약물치료를 필요로 하는 자이고, M_2급 및 M_3급으로 계속적인 약물치료와 정신요법을 필요로 하는 자, P_1급, P_2급으로 계속적인 치료조치 및 장기 휴양을 필요로 하는 자가 이에 해당한다. 처우기준으로는, 가족 및 보호자와의 연락, 사회복지시설 등 관계기관과 관계를 긴밀히 유지하여 보호관계의 유지회복에 노력하고 정신장애를 제거, 경감하기 위하여 치료 또는 양호처우를 실시한다. 또한 신체에 대한 장기적 질환 및 건강증진을 위하여 치료 및 양호를 실시한다.

참조법령 「형집행법시행규칙 제76조」, 「분류처우업무지침」 제54조·[별표 7]

의료폐기물(醫療廢棄物)

보건·의료기관, 동물병원, 시험·검사기관 등에서 배출되는 폐기물 중 인체에 감염 등 위해를 줄 우려가 있는 폐기물과 인체 조직 등 적출물, 실험 동물의 사체 등 보건·환경보호상 특별한 관리가 필요하다고 인정되는 폐기물(「폐기물관리법」 제2조)을 말한다. 의료폐기물의 종류로는 격리의료폐기물, 위해의료폐기물(조직물류·병리계·손상성·생물화학·혈액오염폐기물), 일반의료폐기물이 있으며, 의료폐기물에 접촉된 폐기물도 의료폐기물에 준하여 처리한다. 의료폐기물은 의료폐기물 전용용기에 담아 폐기물 처리업체에 위탁하여 처리한다.

참조법령 「폐기물관리법」 제2조

의약품(醫藥品)·의료용품(醫療用品)

의약품이란 사람이나 동물의 질병을 진단·치료·경감·처치 또는 예방할 목적으로 사용하는 물품 중 기구·기계 또는 장치가 아닌 것 등(「약사법」 제2조)을 말한다. 교정시설에서 사용하는 의약품은 지급유형에 따라 ① 국가지급의약품(수용자에게 투약하기 위하여 예산으로 구입하여 처방하는 의약품) ② 자비구매의약품(수용자가 본인의 건강유지, 질병예방 및 치료를 목적으로 소장의 허가를 받아 자신의 비용으로 구입하여 지급하는 의약품) ③ 교부허가의약품(수용자의 질병치료를 위하여 그 가족이 교부를 신청한 경우 소장이 이를 허가한 의약품) ④ 지원의약품(보건소 등 유관기관으로부터 무상으로 지원받아 수용자에게 사용하는 의약품) ⑤ 외부의료시설 처방의약품(외부의료시설 진료 또는 초빙진료 후 외부의사에 의하여 수용자에게 처방된 의약품)으로 구분하여 관리한다.

의료용품이란 의료적인 목적으로 사용하는 각종 물품(의약품 제외)을 말한다. 교정시설에서 사용할 수 있는 의료용품으로는 ① 공통품목(의무관의 의견을 들어 소장이 허가 여부를 결정하는 의료용품)의 경우 안경(시력교정용), 보호대, 보청기, 의족·의수, 목발, 휠체어 등 ② 공통외 품목(의무관의 의견을 고려하여 교도관 회의에서 허가 여부를 결정하는 의료용품)의 경우 허리보조기, 무릎보조기 등이 있다.

교정시설은 필요한 품목, 소요량, 유효기간을 검토하여 적정량의 의약품을 구입하고, 「약사법」 등 관련 법령에 따라 적절히 관리하여야 한다. 또한 수용정원과 시설여건 등을 고려하여 적정한 양의 비상의료용품을 갖추어 두어야 한다. 특히 의약품의 효율적인 관리와 수용자에 대한 올바른 투약교육을 통하여 약품 오·남용 및 과다복용 등의 사고를 예방하고 수용자의 건강을 증진시키는 것이 필요하다.

참조법령 「형집행법시행규칙」 제24조, 「수용자 의료관리지침」 제26조, 제35조, [별표] 수용자 의료용품 공통품목

이송(移送)

수용자를 다른 교정시설로 보내어 그 교정시설에서 수용절차가 진행되도록 하는 것을 말한다. 미결수용자 및 재판계류 중인 수형자는 별도의 이송신청 절차 없이(검사의 이송지휘서 추후 송부 가능) 수용구분에 따라 해당 교정시설로 이송하고, 형이 확정된 수형자 및 그 밖의 이송사유가 발생한 수형자는 법무부장관 등에게 이송신청한 후 승인을 받아 이송한다. 다만, 형이 확정된 소년, 피치료감호자, 피보호감호자, 한센병 환자, 외국인 등과 같이 별도의 이송신청 절차 없이 수용구분에 따라 각각 해당 교정시설로 이송하는 경우도 있다.

신청에 의한 이송은 소장이 수용자의 수용·작업·교화·의료, 그 밖의 처우를 위하여 필요하거나 시설의 안전과 질서유지를 위하여 필요하다고 인정할 때에 이루어지며, 법무부장관은 이송승인에 관한 권한을 지방교정청장에게 위임(관할 내 이송으로 한정)할 수 있다. 이를 위임받은 지방교정청장은 ① 수용시설의 공사 등으로 수용거실이 일시적으로 부족한 때 ② 교정시설 간 수용인원의 뚜렷한 불균형을 조정하기 위하여 특히 필요하다고 인정되는 때 ③ 교정시설의 안전과 질서유지를 위하여 긴급하게 이송할 필요가 있다고 인정되는 때에는 수용자의 이송을 승인할 수 있다.

소장은 수용자를 다른 교정시설에 이송하는 경우에 의무관으로부터 수용자가 건강상 감당하기 어렵다는 보고를 받으면 이송을 중지하고 그 사실을 이송 받을 소장에게 알려야 한다. 이송업무의 세부사항에 관해서는 「형집행법」 등 교정관계 법령 등에서 규정하고 있다.

참조법령 「형집행법」 제20조, 「형집행법시행령」 제22조·제23조

이수명령(履修命令)

「성폭력처벌법」, 「청소년성보호법」 및 「아동학대처벌법」에 따라 법원이 성폭력 범죄 또는 아동학대 범죄를 범한 사람에 대하여 벌금형 또는 징역형 이상의 실형을 선고하는 경우 재범예방에 필요한 성폭력 또는 아동학대 치료프로그램의 이수명령을 병과하는 것을 말한다.

벌금형 또는 형의 집행유예와 병과하는 경우 보호관찰소의 장이, 징역형 이상의 실형과 병과하는 경우 교정시설의 장이 집행하는 것이 원칙이다. 교정시설의 경우 이수명령 집행담당관은 보안과장으로 하되, 심리치료과가 있는 경우 심리치료과장으로 한다. 이수명령 집행담당자는 심리치료프로그램을 운영하는 교도관으로 하며, 이수명령 집행계획의 수립, 이수명령 집행 대상자 명부 작성 등의 업무를 수행한다. 이수명령은 법무부장관이 정하는 운영계획에 따라 집행하되, 필요한 경우 개별상담에 의한 심리치료 등 별도의 이수과정을 운영하여 집행할 수 있다. 별도 이수과정의 경우 심리치료프로그램 시행시간을 이수명령 집행시간으로 인정한다.

참조법령 「심리치료업무지침」 제41조·제44조

이입자(移入者)

이미 수용 중인 다른 교정시설로부터 이송되어 당해 교정시설에서 수용절

차가 진행되는 사람을 말한다. 이입자도 신입자와 마찬가지로 다른 사람과의 식별을 위하여 필요한 한도에서 사진촬영, 지문채취, 수용자 번호지정, 그 밖에 대통령령으로 정하는 조치를 하여야 한다. 교육 시에는 말이나 서면으로 수용생활에 필요한 기본적인 고지사항을 알려 주어야 한다. 그 밖에 이입자의 수용사실을 수용자의 가족(배우자, 직계 존속·비속 또는 형제자매)에게 지체 없이 알려야 한다. 다만, 수용자가 알리는 것을 원하지 않으면 그렇지 않다.

참조법령 「형집행법」 제17조·제19조·제21조

인권(人權)

인간이라면 누구나 가지는 기본적 권리를 말한다. 이는 인간이 태어나면서 하늘로부터 부여받은 권리(천부 인권)이고, 국가에서 법으로 보장하기 이전에 자연적으로 주어진 권리(자연권)이며, 인종·성별·지위 등을 초월하여 모든 사람이 동등하게 누리는 권리(보편적 권리)이자, 국가 권력이나 다른 사람이 함부로 침해할 수 없는 권리(불가침의 권리)이다.

「형집행법」은 제4조에서 법 집행 시 수용자의 인권의 존중, 제5조에서 수용자에 대한 합리적인 이유 없는 차별(성별·종교·장애·나이·사회적 신분·출신지역·출신국가·출신민족·신체조건·병력·혼인 여부·정치적 의견·성적 지향 등)의 금지를 규정하여 형집행 및 처우의 과정에 있어서 수용자의 인권을 보장하도록 하고 있다. 수용자의 인권을 침해하는 행위는 위법한 행위가 되며, 위법한 행위의 취소 및 시정을 위하여 각종 권리구제제도가 존재한다. 인권업무의 세부사항에 관해서는 「형집행법」 등 교정관계 법령 이외에 「수용자 인권업무 처리지침」에서 구체적으로 규정하고 있다.

참조법령 「형집행법」 제4조·제5조
참고문헌 임현 『바른교정학』 310면 (2019)

인원점검(人員點檢)

교정시설의 수용자 인원을 파악하는 기본적인 업무로서 다른 모든 업무에 우선해야 하는 수용관리의 핵심 업무라고 할 수 있다. 소장은 당직간부의 지휘 아래 교정직 교도관으로 하여금 전체 수용자를 대상으로 하는 인원점검을 매일 2회 이상 충분한 간격을 두고 실시하여야 하며, 인원점검을 한 당직간부는 그 결과를 소장에게 보고하여야 한다. 또한 전체 인원점검 외에도 각 교도관은 자신이 담당하는 수용자를 대상으로 작업 등의 시작 전, 종료 후, 인원변동 시 등에 수시로 인원점검을 실시하여야 한다. 특히 수용자가 동작 중인 경우에는 항상 시선으로 인원에 이상이 있는지를 파악하여 도주 등을 방지하는 것이 필요하다.

참조법령 「교도관직무규칙」 제35조

일과시작(日課始作) · 개방(開放)

교정시설에서의 일반적 의미로는 작업·교육 등 일과를 위하여 수용자를 거실에서 나오도록 거실문을 여는 것을 말한다. "방을 연다."는 뜻에서 흔히 개방이라고 부른다. 당직간부는 수용자의 기상시간에 인원점검을 하고, 이상이 없으면 수용자가 일과활동을 하는 작업장 등에 교도관을 배치한 후 일과시작을 명한다. 일과시작 시에는 수용자를 대상으로 다시 인원점검을 실시한 후 이상이 없을 때 비로소 거실문 밖으로의 이동절차가 시작된다.

참조법령 「교도관직무규칙」 제36조·제53조

일과종료(日課終了)·폐방(閉房)

교정시설에서의 일반적 의미로는 작업·교육 등 일과를 마치고 수용자를 거실로 들여보낸 다음 거실문을 잠그는 것을 말한다. "방을 닫는다."는 뜻에서 흔히 폐방이라고 부른다. 당직간부는 수용자의 작업 등 일과활동이 끝나면 교정직 교도관으로 하여금 수용자가 일과활동을 한 작업장 등에서 인원 및 도구를 점검하게 하고, 그 결과를 보안과장에게 보고한 후 수용자를 거실로 들어가게 하여야 한다. 이후 수용자가 거실로 들어가면 다시 인원점검을 하고, 그 결과를 소장에게 보고한 후 일과종료를 명한다.

> **참조법령** 「교도관직무규칙」 제36조·제53조

일반개별처우계획(一般個別處遇計劃)

교도소, 구치소 등 각 교정시설에서 운영하고 있는 교육, 작업, 직업훈련 등 통상적인 처우가 필요한 수형자를 대상으로 별도의 이행평가가 필요하지 않는 처우계획을 말한다. 일반개별처우계획 수립대상자는 형기 2년 이상의 수형자중 교정시설 신입심사 대상자(단, 집행할 형기가 1년 이하의 자는 제외)이다. 다만, ① 상담이 불가능한 중환자 ② 법정감염병 감염자 ③ 분류심사 거부자 등 분류심사 불가능자 ④ 노역수형자는 처우계획을 수립하지 않는다. 처우계획을 수립하는 경우, 분류검사 결과, 수형자 작성의 수용생활계획서, 개별처우목표, 상담결과 등을 종합적으로 고려한다.

> **참조법령** 「분류처우업무지침」 제55조·제57조, 제58조

일반경비시설(一般警備施設)

　도주방지를 위한 통상적인 설비를 갖추고 수형자에 대하여 통상적인 관리·감시를 하는 교정시설로서 일반경비처우급(S3) 수형자를 수용한다. 일반경비시설은 시설내 생활적응을 위한 수용생활이 필요한 자 등을 수용하며 근로의욕·근로습관 고취 및 올바른 가치관을 함양할 수 있는 처우를 중점으로 실시한다. 일반경비시설의 경우에는 시설내의 일부 수용동을 정하여 완화경비수용동으로 지정하고, 개방처우급(S1)·완화경비처우급(S2) 수형자를 수용할수 있다. 일반경비시설은 일반적인 교정시설 수준의 시설형태로써, 안전한 구금확보 및 수용자에 대하여 일반적인 관리·감시기능을 유지하는 정도의 계호가 필요하고 현재의 일반적인 수용자 처우내용과 동일한 처우가 실시된다.

> **참조법령**　「형집행법」 제57조, 「교정시설 경비등급별 수형자의 처우 등에 관한 지침」 제5조

일반경비처우급(S3: Security Level 3)

　경비처우급의 하나로써 일반경비시설에 수용되어 통상적인 수준의 처우가 필요한 수형자로, 경비처우급분류지표에 의해 판정된다. 작업은 구내작업 및 경우에 따라서는 개방지역 작업이 가능하다. 월 5회의 접견이 가능하고, 처우상 특히 필요하다고 인정하는 경우에는 월 2회 이내의 전화통화가 가능하며, 구내직업훈련 및 필요시 개방지역직업훈련이 가능하다. 일반경비처우급(S3) 수형자는 준법정신 함양을 위한 엄정한 형집행에 따른 처우를 원칙으로 하며 수용질서의 안정을 도모한다. 원칙적으로 가석방이 불허(제한적 가능)되며 자발적 자기개선 및 규칙을 준수하도록 한다.

> **참조법령**　「형집행법시행규칙」 제74조, 「분류처우업무지침」 제53조·[별표 7]

일반경쟁입찰(一般競爭入札)

입찰정보를 공고하여 일정한 조건을 갖춘 불특정 다수의 업자가 입찰에 참가할 수 있도록 하고, 발주자에게 가장 유리한 조건으로 신청한 업자를 계약자로 결정하는 방식을 말한다. 이때 계약이행의 난이도, 이행실적, 재무상태, 사회적 신인도, 시공능력평가 등으로 입찰 참가자격을 사전에 심사하고, 해당 조건들이 만족되는 업체만 입찰에 참여할 수 있게 하는 과정을 거친다. 경쟁입찰은 법령이 정하는 경우를 제외하고 일반경쟁이 원칙이며, 2인 이상이 참가하여야 유효한 입찰로 성립한다.

참조법령 「국가계약법」 제7조, 「국가계약법시행령」 제11조

일반사범(一般事犯)

가석방 심사신청시 제한사범에 비해 심사신청기준을 완화하여 검토하는 대상으로, 무기수형자, 관리사범, 장기수형자, 보호사범, 제한사범, 교통사범 이외의 자를 말한다. 단, 마약류사범(단순투약으로 인한 범죄로 범죄횟수 3범 이하의 자에 한함) 중 교정시설 내에서 실시하는 재활교육을 이수하고 가석방 출소 후 사회 내 전문 치료보호기관(재활교육기관) 치료조건에 동의한 자는 일반사범에 포함한다.

참조법령 「가석방업무지침」 제12조

일반수용비(一般收容費)

통상적인 교정조직 운영에 소요되는 기본적인 행정사무비, 그 밖에 업무수행과정에서 소규모로 발생되는 물품의 구입비를 말한다. 즉, 사무용품구입비,

인쇄·유인물제작비, 안내·홍보물 제작비, 소모성 물품 구입비, 간행물 구입비, 비품 수선비 및 각종 수수료·사용료 등이 포함된다. 일반수용비로는 소모품을 구입해야 하며, 소모품이란 일반적으로 1년 이내에 소모되어 없어지거나 다시 사용할 수 없는 물품으로 계획적인 수급관리가 필요하고 이에 해당하지 않는 물품은 자산취득비에 포함된다. 교정시설의 경우 복사지, 사무용 문구류, 징벌위원회·귀휴심사위원회의 외부위원 수당, 체육대회경비, 퇴임식 경비, 각종장비검사수수료, 방화관리·전기안전관리자교육, 통신유지보수료, 전기안전관리대행료 등이 포함된다. 수용자와 직접 관련되는 일반수용비로는 수용자 관련 일상용품, 노트, 펜, 레크레이션용품, 칫솔·비누 등 소모성 생활용품, 장례비, 학과교육, 문화프로그램, 수용자 교화행사, 성폭력사범교육경비, 창업·구인구직행사 경비 등이 포함된다.

참조법령 「예산 및 기금운용계획 집행지침」 159면~161면 (2020)

일반예방주의(一般豫防主義)

형벌이념(교정이념)에 관한 목적형주의 중의 하나로 형벌은 범죄를 행할 잠재적 가능성이 있는 일반인에게 형벌의 공포감을 심어주어 범죄를 저지르지 못하도록 억제함으로써 범죄를 예방하는 것을 목적으로 한다는 사상을 말한다. 일반예방주의는 범죄의 원인에 관한 비결정론(자유의사론)적 관점을 바탕으로 하는 반면 특별예방주의는 결정론(실증주의)적 관점을 바탕으로 한다. 또한 일반예방주의는 일반인의 초범방지에 중점을 두는 반면 특별예방주의는 범죄자의 재범방지에 중점을 둔다. 일반예방주의를 강조한 대표적인 학자로는 포이에르바흐(Feuerbach)가 있다.

참고문헌 김옥현 『교정학』 14면 (2020)

일반직업훈련(一般職業訓鍊)

교화상 필요한 경우 예산 및 그 밖의 사정을 고려하여 「직업능력개발법」의 훈련기준 외의 방법으로 실시하는 훈련을 말한다. 직업훈련은 「직업능력개발법」 적용여부에 따라 공공직업훈련과 일반직업훈련으로 구분한다. 그러나 일반직업훈련을 실시하는 경우에도 「직업능력개발법」 등이 정한 훈련기준에 상응한 훈련이 되도록 노력하여야 한다.

> **참조법령** 「수형자 직업능력개발훈련 운영지침」 제3조
> **관련용어** 공공직업훈련

일반회계(一般會計)

국가나 지방자치단체 활동의 주요한 세입과 세출에 관한 일을 종합하여 처리하는 회계로, 조세수입 등을 주요 세원으로 하여 국가의 일반적인 세출에 충당하기 위하여 설치한다. 특별회계에 대립되는 개념이다. 일반회계 세입은 소득세, 법인세, 부가가치세 등의 국세와 각종 수수료 등의 세외수입, 전년도에 쓰고 남은 이월금 및 차입금이며, 일반회계 세출은 중앙행정기관의 운영경비와 사업비가 포함되며 기능별로 분류하면 경제개발비, 교육비, 방위비, 사회개발비, 지방재정교부금, 채무상환, 예비비 등으로 구성된다.

> **참조법령** 「국가재정법」 제4조
> **참고문헌** 네이버 지식백과사전

일시석방(一時釋放)

교정시설의 안에서 천재지변이나 그 밖의 사변에 대한 피난의 방법이 없는

경우에는 수용자를 다른 장소로 이송할 수 있으나, 이송도 불가능하면 수용자를 일시적으로 석방하는 것을 말한다. 이에 따라 석방된 사람은 석방 후 24시간 이내에 교정시설 또는 경찰관서에 출석하여야 하며, 만약 출석의무 위반을 한 경우에는 출석기한이 지난 후 72시간 이내에 교도관이 체포할 수 있다.

참조법령 「형집행법」 제102조

일시수용(一時收容)

피석방자가 질병이나 그 밖에 피할 수 없는 사정으로 귀가하기 곤란한 경우에 본인의 신청이 있으면 일시적으로 교정시설에 수용하는 것을 말한다. 이는 피석방자 본인의 자발적인 의사에 의한 것이므로 이후 일시수용의 사유가 해소되면 피석방자를 즉시 석방하여야 한다. 이는 피석방자의 의사에 반하여 강제로 일시 수용하여 발생할지도 모르는 인권침해를 방지하기 위해 고려된 조문이라고 생각되나, 의사능력이 부족하여 본인의 신청이 곤란한 환자 또는 지적장애를 갖고 있는 사람의 경우에는 어떻게 할 것인가의 문제가 제기된다. 일시수용의 근거를 명확히 해야 할 필요가 있다.

참조법령 「형집행법」 제125조

일일교무과장제(一日敎務課長制)

교정참여인사들의 교정행정에 대한 이해증진을 도모하기 위하여 1995년 2월 27일부터 매월 1회 또는 2회씩 교정참여인사를 1일 교무과장으로 위촉하여 일과 중에 교무과장(현 사회복귀과장) 결재란에 복수결재를 하는 등의 방법으로 교무행정에 참여하게 한 제도를 말한다. 그러나 이 제도는 시행초기 교정참여인사가 개인사정 등으로 위촉을 회피하고 1일 9시간여 동안 교정시설 내에 상주하기가 곤란하며 복수결재로 인해 교무업무가 지연되는 등의 문제점이 노출되었다. 이에 따라 1997년 5월 17일, 1일 교무과장의 근무시간을 각 기관별로 자율적으로 정하고 업무의 내용도 정신교육, 상담, 교리지도 등을 중심으로 하여 월 4회 이상 교정기관별로 자율적으로 시행하도록 하였으나 현재는 시행하지 않고 있다.

참고문헌 『1500년의 시간과 공간 공주교도소史』 242면 (2020)

일일중점관찰대상자(一日重點觀察對象者)

자살기도 등의 교정사고의 전력이나 심적 안정상태 등을 고려하여 수용관리상 중점적인 관리가 필요한 수용자를 말한다. 이러한 일일중점관찰대상자는 도주·자살·자해·폭행·난동 등 다양한 교정사고를 예방함으로써 교정시설의 안전과 질서를 유지하기 위한 목적에서 비롯된 것이며, 일일중점관찰대상자의 지정 및 해제, 처우 및 관리 등에 대한 구체적인 사항은 비공개된다.

일일평균수용인원(一日平均收容人員)

전국의 교정시설에 수용되어 있는 수용자의 1년간의 평균 인원으로, 1년을 단위로 해서 1일 평균 교정시설의 수용자 수를 나타내는 지표이다. 즉 1월 1일부터 12월 31일까지 매일 수용자 수의 합계를 365일로 나눈 수치이다.

일책십이법(一責十二法)

고대 부여(夫餘)에서 절도죄에 대하여 적용했던 법으로 "훔친 물건에 대하여 12배의 배상을 부과한다."는 것을 말한다. 일책십이법은 같은 부여계열인 고구려에서도 시행하였으며, 고구려에서는 만약 가난하여 배상하지 못하게 되면 그 자녀를 노비로 삼아 갚게 하였다. 이러한 강력한 재산형은 부여와 고구려의 형벌제도가 응보형주의를 바탕으로 매우 엄격하게 시행되었던 사실을 보여준다.

참고문헌 『대한민국 교정사Ⅰ』 35면·46면 (2010)

임시배치(臨時配置)

주로, 수용자들이 다수 이동하는 개방시간이나 폐방시간에 주·야간 본 근무를 마치고, 사동이나, 작업장, 주복도 등에서 신체검사 등의 업무에 배치되어 불필요한 부정물품의 소지 여부 및 동행질서 등을 준수하게 하고, 개·폐방이 완료되면 다음 근무자에게 인수인계 후 철수하는 근무형태를 말한다.

임출(臨出)

'임시출역(臨時出役)'의 약자로, 수용동에서 청소나 배식 등에 취업하고 있는 수용동청소부가 휴업하거나 질병 등으로 작업을 일시정지하게 되면 임시로 그 역할을 할 수 있도록 취업하게 하는 수용자를 이르는 말이다.

입찰(入札)

물품의 매매나 도급계약을 체결할 때 계약의 희망자가 복수인 경우, 희망자들에게 각자의 낙찰 희망가격을 서면으로 제출하게 하고 그 중에서 가장 유리한 내용을 표시한 자를 계약의 상대로 결정하는 것을 말한다. 반드시 서면으로 의사표시를 하게 하고 타인의 청약내용을 알 수 없도록 하여 비밀을 유지한다. 입찰은 크게 일반경쟁입찰, 제한경쟁입찰, 지명경쟁입찰로 구분한다.

국가, 공공단체, 정부투자기관 등의 입찰방식은 전국민에게 기회균등, 공정성, 경제성을 확보하기 위하여 일반경쟁입찰을 원칙으로 하고 있으며 공정성을 해하지 않는 한도에서 일정기준을 정하여 참가자의 자격을 제한하거나 응찰자를 지명하는 경우도 있다.

참고문헌 네이버 지식백과사전

입찰보증금(入札保證金)

입찰참여자가 입찰과정에서 낙찰이 되고도 정당한 이유 없이 계약을 체결하지 않는 등 이에 대한 담보를 하기 위한 보증금으로 입찰신청 마감일까지 납부하여야 하는 보증금을 말한다. 계약담당공무원은 낙찰자가 계약을 체결하지 않았을 때에는 해당 입찰보증금을 국고에 귀속시켜야 하며, 정당한 사유 없이 낙찰된 후 계약을 체결하지 않은 자에 대해서는 부정당업자 입찰참가자격 제한을 하여야 한다. 다만, 수의계약 견적서 제출자에 대하여는 적용되지 않으므로 수의견적 후 계약을 체결하지 않는다 하여 부정당업자로 제재처분을 할 수는 없다.

참조법령 「국가계약법」 제9조, 「국가계약법시행령」 제38조, 「국가계약법시행규칙」 제43조

잉글랜드제(England System)

누진처우 점수제의 한 형태로 마코노키(Machonochie)가 호주에서 개발한 것을 영국에서 채택하여 잉글랜드제라고 한다. 수형자의 형기를 고려하여 책임점수를 부여하고 매일의 수형생활과 작업성적에 따라 책임점수를 소각하면 상위급으로 진급시켜 우대하였다. 3단계의 처우를 실시하였으며, 제1단계로 수형자를 최초 9개월간 독거구금을 하고, 제2단계로 공공작업교도소(Public Work Prison)에 혼거시켜 강제노역에 취업하게 하였으며, 이때 수형자를 고사급, 제3급, 제2급, 제1급, 특별급의 5계급으로 나누어 처우하였다. 마지막 제3단계에서는 가석방을 허가하여 경찰의 감시를 받도록 하였다.

참고문헌 김용준·이순길 『교정학』 236면 (1995)

교정용어사전
矯正用語辭典

ス

자금(資金)

사업의 운영이나 특정 목적을 위하여 사용되는 금전을 말한다. 즉 개인의 생활, 조직의 운영, 그 밖의 활동에 필요한 비용으로 화폐가 가계의 소비자금, 저축자금, 기업의 경영자금, 설비자금, 정부의 국고자금 등을 의미한다. 현대와 같은 신용경제 시대에서는 통화보다 그 개념이 넓고 저축성예금, 유동성이 높은 유가증권의 보유도 자금에 포함된다. 특히 국가가 조성하는 자금을 기금(基金)이라고 하며, 일반회계 및 특별회계와 함께 국가재정을 구성한다.

자리지정

수용자들이 서로 접촉할 수 있는 장소에서 수용자의 자리를 지정하는 것을 말한다. 자리지정도 거실지정과 유사하게 수용자의 생명·신체의 보호, 증거인멸의 방지 및 교정시설의 안전과 질서유지를 위한 목적에서 하는 것이다. 필요하다고 인정하면 혼거실·교육실·강당·작업장, 그 밖에 수용자들이 서로 접촉할 수 있는 장소에서 수용자의 자리를 지정할 수 있다. 특히 수용자들이 일상적으로 생활하는 혼거실의 경우 수용자간 갈등으로 인한 교정사고 방지 등을 위하여 취침자리 지정제를 운영하고 야간에 취침자리 실태를 점검하고 있다.

참조법령 「형집행법시행령」 제10조

자립형교도작업(自立型矯導作業)

수형자의 근로의욕 향상과 출소 후 생활정착금 마련을 위하여 1일 실제 작업시간 8시간 확보 및 공임책정을 수량과정으로 산정하는 제도로서 작업생산량 증가실적에 따라 작업장려금이 인상되도록 하는 집중근로제를 말한다. 자립형교도작업은 기존 교도작업의 문제점인 작업시간 부족 및 근로의욕 미흡을 보완하기 위해 2012년부터 도입·시행된 작업형태이다. 자립형작업자는 자립형작업장 취업을 원하는 자로서 집행할 형기가 3년 이상인 자 중에서 선정한다. 다만, 작업 또는 교화상 필요하다고 인정하는 경우에는 집행할 형기가 3년 미만인 자 중에서 자립형작업자로 선정할 수 있다.

참조법령 「교도작업운영지침」 제3조 · 제108조

자매결연상담(姉妹結緣相談)

교정위원 등 교정참여인사와 특별한 상담이 필요한 수용자가 자매결연을 맺고 정기적으로 실시하는 교화상담을 말한다. 상담자는 성직자 등 종교분야 교정참여인사가 주를 이루며, 대상자는 사형확정자나 마약류수용자와 같이 교정사고의 우려가 있고 심신의 안정이 필요한 수용자이다. 자매결연상담은 대체로 종교적 신념을 매개로 종교인이 교정시설에 직접 방문하여 실시하는 상담이라는 점에서 교도관에 의한 기존 상담과는 차별화된 측면이 있으며, 수용자에게 지속적이고 심층적으로 수용생활의 안정을 유도할 수 있다는 장점이 있다.

참조법령 「형집행법시행규칙」 제33조

자비구매물품(自費購買物品)

수용자가 허가를 받아 자신의 비용으로 구매할 수 있는 물품을 말한다. 수용자가 자비로 구매하는 물품은 교화 또는 건전한 사회복귀에 적합하고 교정시설의 안전과 질서를 해칠 우려가 없는 것이어야 한다. 자비구매물품의 종류로는 음식물, 의약품 및 의료용품, 의류·침구류 및 신발류, 신문·잡지·도서 및 문구류, 수형자 교육 등 교정교화에 필요한 물품, 그 밖에 수용생활에 필요하다고 인정되는 물품 등이다. 자비구매물품 중 음식물은 주 2회, 생필품과

의류 및 기타 수용생활에 필요한 물품 등은 주 1회 공급하며 신입수용자의 처우, 기관별 특성 및 계절적 요인 등을 고려하여 공급횟수를 조정할 수 있다.

자비구매물품의 공급은 교정시설간 균형 및 교정시설의 안전과 질서유지를 위하여 공급물품의 품목 및 규격 등에 대한 통일된 기준을 제시할 수 있으며 수용자가 자비구매물품의 구매를 신청하는 경우에는 교정성적 또는 경비처우 급을 고려하여 정하는 보관금의 사용한도, 교정시설의 보관범위 및 수용자의 소지범위에서 허가한다.

참조법령 「형집행법」 제24조, 「형집행법시행령」 제31조, 「형집행법시행규칙」 제2조·제16조·제17조, 「수용자 자비구매물품의 공급에 관한 지침」 제2조·제10조

자산취득비(資産取得費)

세출에 있어서 자본지출 과목 중 자본형성비에 속하는 비용으로, 소모성 물품과 구별되며 재산이 될 만한 물건을 말한다. 즉, ① 건물 및 공작물(토지를 포함하는 경우에는 토지매입비가 구분되지 않는 경우는 이를 포함)·대규모기계·기구·차량·선박·항공기 등의 취득비 ② 사업·업무 또는 실험·실습 조사용 품목으로서 물건의 성질 및 형상이 변하지 않고 비교적 장기간 사용할 수 있는 기계기구의 구입비 ③ 물건의 성질상 장기간 또는 물품관리 규정에 의하여 고정자산으로 취득되는 집기류 구입비 ④ 도서관용 등 자본형성적 도서구입비 ⑤ 사전조사비·구매경비·실용시험비·제조기관의 감독 및 관리비 등 장비 및 자산취득에 소요되는 직접경비 등을 말한다.

참고문헌 네이버 의회용어사전

자치생활(自治生活)

수형자가 일과시간 종료 후부터 기상 시까지 자율적인 수용생활을 하면서

취미활동 등 건전한 여가활동을 하게 하여 자립심을 배양하고 사회적응능력을 향상시키도록 하는 제도를 자치제라고 하며, 원활한 자치제 운영을 위해 인원점검, 거실 안에서의 생활, 일정한 구역 안에서의 생활, 취미활동 및 종교활동 등 취침 전까지 자율적인 활동을 하는 것을 자치생활이라고 한다. 자치생활을 허가할 수 있는 경비처우급은 개방처우급(S1)·완화경비처우급(S2)으로 자치생활 수형자들은 월 1회 이상 교육실, 강당 등 적당한 장소에서 토론회를 할 수 있으며 월 2회 이내에서 경기 또는 오락회를 개최하게 할 수 있다. 만약 자치생활 수형자가 법무부장관 또는 소장이 정하는 준수사항을 위반한 경우에는 자치생활 허가를 취소할 수 있다.

참조법령 「형집행법시행규칙」 제86조·제91조, 「분류처우업무지침」 제2조

자치처우(H급: Halfway Treatment)

개별처우급의 하나로써 개방처우급(S1)·완화경비처우급(S2) 수형자 또는 개방시설 수형자로 자치처우 전담교정시설 수용이 적합하다고 분류처우위원회에서 의결된 자가 이에 해당한다. 판정기준으로는 현재의 행동 및 심리상태가 안정된 자로 사회적응 능력 및 공동생활에 따른 책임의식 함양을 위하여 석방전 중간적 처우가 적당하다고 인정되는 자이다. 처우기준으로는 자치생활을 실시하고 취미활동, 교양강좌 및 체육활동을 실시한다. 또한 적극적인 독서지도 및 도덕교육을 실시하고 복장단정, 청결, 예의 등에 유의하게 하며 보호자 등과 긴밀히 연락하여 보호관계를 강화하고 석방 후의 생활계획을 수립한다.

참조법령 「형집행법시행규칙」 제76조, 「분류처우업무지침」 제54조·[별표 7]

작업병행직업훈련(作業竝行職業訓鍊)

교도작업에 취업 중인 수형자를 대상으로 교도작업 생산시설을 이용하여

실시하는 현장훈련으로 기술향상과 교도작업의 활성화를 위하여 필요한 경우에는 교도작업 수형자를 직업훈련 수형자로 선정하여 교도작업과 직업훈련을 병행하는 직업훈련을 말한다. 직업훈련 수형자로 선정된 수형자 중에서 해당 교도작업에 관한 기능이 우수한 수형자로 하여금 작업지도를 보조하게 할 수 있다.

참조법령 「수형자 직업능력개발훈련 운영지침」 제3조
관련용어 집체직업훈련, 지원직업훈련, 외부출장직업훈련, 현장직업훈련, 단기실무직업훈련

작업장(作業場)

징역형이 확정된 수형자, 노역장 유치명령을 받은 수형자, 작업을 신청한 미결수용자와 사형확정자 등이 작업을 하는 장소를 말한다. 수용자들은 작업을 통해 정역의무 등을 이행하는 한편, 사회정착에 필요한 기술습득 및 근로정신을 함양할 수 있다. 작업장의 주요 유형으로는 ① 취사, 청소, 시설보수, 세탁, 이발 등 교정시설 자체의 기능을 유지하기 위하여 실행하는 '운영지원작업장' ② 작업시간 중 접견, 운동, 전화사용, 교육, 교화활동 등을 시행하지 않고 휴게시간 외에는 작업에만 전념토록 하는 '집중근로작업장' ③ 사회복귀와 기술습득을 촉진하기 위하여 직영 또는 위탁 형태의 개방지역작업장에 통근하는 '외부통근작업장' ④ 석방 후 취업에 필요한 직무수행능력을 습득·향상시키기 위하여 실시하는 '직업훈련작업장' 등이 있다. 이러한 작업장은 다수의 수용자가 모여 작업하는 장소인 만큼 각종 도구가 상시 비치되어 있고 외부업체와 연계된 경우가 많아 도주·부상·금지물품 반입 등 교정사고의 개연성이 높으므로 교도관의 세심한 관리가 필요하다.

작업장려금(作業獎勵金, Work Incentives)

수형자의 근로의욕을 고취하고 건전한 사회복귀를 지원하기 위하여 작업종류, 작업성적, 그 밖의 사정을 고려하여 지급되는 장려금을 말하며, 수형자에게 부과된 작업을 수행하는 과정에서 발생하는 작업수입은 국고로 귀속된다. 법적성격은 정책적으로 급부하는 공법적 성질의 청구권이 인정되지 않는 은혜적 급부이다. 작업장려금은 석방할 때 본인에게 지급하며, 수용 중에 가족생활 부조, 교화 또는 건전한 사회복귀를 위하여 특히 필요하면 석방 전이라도 그 전부 또는 일부를 지급할 수 있다. 규율을 위반한 수형자의 경우 징벌부과기준에서 3개월의 작업장려금 삭감 조항이 있다.

2019년 기준 수용자 작업장려금 지급총액은 약 231억원이며, 1인당 1일 평균액은 약 4,400원이다.

참조법령 「형집행법」 제73조, 「형집행법시행규칙」 제215조
참고문헌 『교정통계연보』 144면 (2020)

작업지도(R급: Regular Work)

개별처우급의 하나로써 사회복귀를 위하여 작업중점 처우가 적당하다고 인정되는 자가 이에 해당한다. 처우기준으로는, 직업에 관한 자격면허 등의 취득에 노력하고 응용범위가 넓은 직종에 대한 지식 및 기능을 습득시킨다. 또한, 직업에 대한 통신교육을 활용하고 직종을 선정하여 그 기능 및 숙련을 도모한다.

참조법령 「형집행법시행규칙」 제76조, 「분류처우업무지침」 제54조·[별표 7]

장기수형자(L급: Long-term prisoner)

기본수용급의 하나로써 형기가 10년 이상인 수형자 또는 무기수형자에게

부여하는 수용급을 말한다. 처우의 기준으로는, 장기적 전망에 따른 처우를 실시하고, 감정, 정서, 태도 등의 변화 파악에 유의한다. 또한, 숙련 또는 일정기간 학습을 요하는 직업훈련 또는 학과교육을 권장하고, 사회정보 공유에 노력한다. 건강관리 및 체력유지에 노력하고, 보호자와의 지속적인 관계유지에 노력한다.

이러한 장기수형자는 장기간 사회로부터 격리되어 생활하기 때문에 가족관계 단절로 인한 심리적 불안요인이 증가하고, 수용생활의 권태감과 긴장감 이완으로 인한 교정사고 발생가능성이 높아 각별한 관심과 주의가 요구된다. 따라서 장기수형자에 대해서는 수용생활 초기부터 가족접견, 가족 만남의 날 참여 기회를 제공하여 가족관계의 회복과 유지를 강화함으로써 심리적 안정을 유도하여야 한다. 또한 교도관이 장기수형자와 상담 시 심리상태, 최근동정, 수용생활 적응 여부 등에 착안하여 상담을 실시하고 심층적인 상담이 필요하다고 판단될 때는 심리치료팀에 의뢰하여 심층상담을 통한 고충해소에 노력하여야 한다. 그 밖에 수용생활 부적응과 자살충동 등 심리적 불안감 해소를 위하여 종교활동(집회·교리지도·신앙상담 등) 강화 및 종교거실 우선지정 등의 방법을 강구할 수 있다.

참조법령 「형집행법시행규칙」 제73조, 「분류처우업무지침」 제52조·[별표 7]

장소변경접견(場所變更接見)

접촉차단시설이 없는 일정한 장소에서 통상적인 접견방식에 따라 접견하는 것으로 수형자의 교정성적이 우수하거나 교화 또는 건전한 사회복귀를 위하여 특히 필요한 사유가 있는 경우, 미결수용자와 사형확정자의 교화나 심리적 안정을 도모하기 위해 특히 필요한 경우, 여성수용자와 미성년자인 자녀와 접견하는 경우 등에 한해 실시하고 있다. 과거에는 특별접견이라 하였다.

장소변경접견을 희망하는 민원인에게는 방문·이메일·모사전송(FAX)·민원실 등에서 신청서를 제출하도록 하고 있으며, 조직폭력수용자와 마약류수용자, 징벌 집행 중인 수용자, 관심대상수용자 등은 제한하고 있다.

장소변경접견은 평일에 실시하고, 그 시간은 회당 30분 내외로 하며, 청취·

기록을 위하여 교도관이 참여한다.

참조법령 「형집행법」 제41조, 「형집행법시행령」 제59조, 「형집행법시행규칙」 제202조
참고문헌 교정본부 홈페이지

장애인수용자(障礙人收容者)

「장애인복지법 시행령」 별표 1의 제1호부터 제15호까지의 규정에 해당하는 사람으로서 시각·청각·언어·지체(肢體) 등의 장애로 통상적인 수용생활이 특히 곤란하다고 인정되는 수용자를 말한다. 장애인 전담교정시설에서는 장애의 종류별 특성에 알맞은 재활치료프로그램을 개발하여 시행해야 하며 「장애인등편의법 시행령」 별표 2의 교도소·구치소 편의시설의 종류 및 설치기준에 따른 편의시설을 갖추어야 한다. 장애인수용자의 거실은 건물의 1층에 설치하고, 특히 장애인이 이용할 수 있는 변기 등의 시설을 갖추어야 한다. 또한, 장애인의 재활에 관한 전문적인 지식을 가진 의료진과 장비를 갖추도록 노력해야 하며, 장애인 수형자에 대한 직업훈련이 석방 후의 취업과 연계될 수 있도록 그 프로그램의 편성 및 운영에 특히 유의해야 한다. 장애인 수형자에게는 교육받을 기회를 확대하고, 그 특성에 알맞은 교화프로그램을 개발·시행해야 한다. 작업을 원하는 경우에는 의무관의 의견을 들어 나이·건강상태 등을 고려하여 해당 수용자가 감당할 수 있는 정도의 작업을 부과한다.

참조법령 「형집행법시행규칙」 제49조~제54조·제73조

장형(杖刑)

고려시대와 조선시대 기본형 중의 하나이며, 큰 가시나무 회초리로 죄인의 볼기를 치는 형벌을 말한다. 장형의 기원에 관한 일설에 의하면 약 2,000년 전 중국 전한(前漢)시대 문제(文帝) 때 코나 발꿈치를 베어내는 가혹한 형벌

대신 인도주의적 조치로서 태형과 장형을 처음으로 시행하였다고 한다. 우리나라에서는 고려 때부터 장형을 보편적으로 시행하였고, 조선에서도 이를 지속하였다. 장형은 5종의 기본형 중 태형보다 중한 형벌로 60대에서 100대까지 5등급으로 나누어졌다. 조선의 경우 장형의 집행은 죄인을 형대에 묶은 다음 하의를 내리고 둔부를 노출시켜 대수를 세어가면서 집행하였는데, 부녀자인 경우에는 원칙적으로 옷을 벗기지 않으나 예외적으로 간음한 여자는 옷을 벗기고 집행하였다. 다만, 나이가 70세 이상이거나 15세 이하인 자와 치료할 수 없는 중병에 걸린 자는 장형을 집행하지 않고 속전을 받았으며, 임신한 여자도 70세 이상인 자에 준하여 처리하였다. 장형은 대체로 도형 또는 유형에 병과 하는 방식으로 집행하였으며, 조선 말기 갑오개혁 이듬해인 1895년 행형제도를 개혁하면서 폐지되었다.

참고문헌 『대한민국 교정사Ⅰ』 106면~107면 (2010)

재물조사(財物調査)

효율적인 물품관리를 위하여 물품관리 장부상의 재고와 현품을 품목별로 그 수량, 상태 및 위치 등을 정확히 조사하여 보유물품을 정리하고 발견된 과부족에 대한 재고조정이나 그 밖에 필요한 조치를 취하는 것을 말한다. 각 중앙관서의 장은 연 1회 소관물품에 대한 정기재물조사를 실시하여야 하고 필요하면 수시로 재물조사를 실시할 수 있으며 또한 물품관리관이나 물품출납공무원이 교체되었을 때에는 그 소관물품에 대하여 재물조사를 실시하여야 한다.

참조법령 「물품관리법」 제19조, 「물품관리법시행규칙」 제27조
참고문헌 네이버 의회용어사전

재범률(再犯率)・재복역자(再服役者)

대체로 출소자의 재복역률로 가늠하는데, 이는 금고 이상의 형을 선고받고 교정시설에 수용된 자가 출소한 후, 범죄행위로 금고 이상의 형을 선고받고 그 집행을 위해 3년 이내 다시 교정시설에 수용되는 비율을 말한다. 이때 교정시설에 재수용(첫 번째 입소에 한정)된 자를 재복역자라고 한다. 재범률은 형사사법기관의 성과를 평가하고 형사정책을 수립하는 데 필요한 정보를 제공한다. 구체적으로 재범률(3년 이내 재복역률) = (4년 전 출소자 중 3년 이내 재복역자수 ÷ 4년전 출소자수) × 100으로 산출된다.

2019년 기준 2015년 출소자(금고 이상의 형을 선고받고 교정시설에 수용된 후 출소한 자)는 총 24,356명이고 3년 이내 재복역자는 총 6,486명이며, 이를 재범률로 환산하면 약 26.6%이다.

참고문헌 『교정통계연보』171면~172면 (2020)

재범예측지표(REPI: Recidivism Prediction Index)

교정시설 내 문제행동 예측검사인「교정심리검사」의 기능을 보완하기 위한 필요성 및 수형자의 경비등급, 분류심사에 따른 교정·교화프로그램 적용시행 후 개선가능성 평가, 가석방 심사시 신뢰성을 높이기 위해 객관화·정형화된 평가예측지표의 필요성 등에 따라 검토되었다. 신입심사 결과 도출된 또는 REPI 재심사 결과 변경된 등급으로, 평가는 교정재범예측지표(CO-REPI) 점수에 따른 위험등급으로 판정하며, 재수용 위험등급이 가장 낮은 REPI-1부터 가장 높은 REPI-5까지의 총 5단계로 구성되어 있다. REPI-1은 재수용 위험이 거의 없으며, 사회적응능력이 충분(범죄경력이 없는 수용횟수 1회자 수준)한 자이고, REPI-2는 재수용 위험이 없는 편으로, 사회적 처우를 통한 사회적응능력 배양이 가능(수용횟수 1회자 수준)한 자이다. REPI-3은 재수용 위험성이 있고, 사회적 지원, 각종 교육 및 프로그램 참여를 통한 사회적응능력

배양이 필요(수용횟수 2~3회자 수준)한 자이며, REPI-4는 재수용 위험성이 높고, 시설내 생활적응 및 관련 치료프로그램이 필요(수용횟수 4~5회자 수준)한 자이다. REPI-5는 재수용 위험성이 매우 높으며, 전문적인 치료나 문제행동 프로그램 참여가 요구(수용횟수 6회 이상 수준)되는 자이다.

평가방법으로서 교정재범예측지표를 사용한다. 평가항목으로 본범관련사항, 이전범죄관련사항, 가족관련사항, 성장관련사항, 입소 전 경제상태 등 객관적인 사항만으로 평가하는 요소인 정적요인(Static Factor) 18개와 출소 후 재범환경, 공권력에 대한 태도, 교정심리검사 등 평가자의 주관성이 개입될 수 있는 동적요인(Dynamic Factor) 5개, 총 23개의 지표 등으로 구성되어 있다. 재범예측지표 결과는 가석방 등 출소자의 재복역 가능성 예측에도 활용되는 등 재범예방을 위한 자료로 활용된다.

참고문헌 박종관「교정재범예측지표(CO-REPI) 타당성 분석에 관한 연구」207면~236면『교정연구』(2015년 9월)

동의용어 래피(REPI)

재범위험성평가(再犯危險性評價, Assessment of Recidivism Risk)

재범 가능성을 효과적으로 예측하는 평가로서, 신입 분류심사를 실시하는 경우에 재범의 위험성을 평가하며 이 평가를 통해 수형자에게는 재수용위험 등급인 REPI 등급을 결정하게 된다. 평가는 신입심사 대상자를 평가하는 신입평가와 형기 3분의 2 정기재심사를 실시할 때, 집행할 형기가 20년을 초과하는 수형자의 경우에는 20년 도달 시점과 20년 시점 이후 매 3년 시점에 도달한 때에 실시하는 정기평가로 나누어진다. 그 외 부정기 재심사 사유가 발생한 때와 가석방적격심사신청을 위해 실시하기도 한다. 이 평가는 재범 위험성에 따른 처우계획의 수립, 가석방의 신청 및 석방 후 보호관찰 단계에서까지 활용되고 있다. 이를 위하여 교정재범예측지표를 작성하며 서구 선진국 역시 재범방지를 위한 범죄 위험성 수준을 평가하여 그에 상응하는 처우계획을 수립하여 시행하고 있다.

참조법령 「형집행법시행규칙」 제69조, 「분류처우업무지침」 제73조~제74조

재범위험성평가위원회(再犯危險性評價委員會)

분류센터 수형자의 위험관리수준 및 처우등급 결정 등을 위하여 분류센터를 관할하는 지방교정청에 두는 위원회를 말한다. 동 위원회의 회의는 매월 10일에 개최하며 위원회 개최일이 토요일, 공휴일, 그 밖에 정부에서 정하는 공휴일인 때에는 그 다음 날에 개최한다. 위원회의 심의·의결사항으로는 ① 위험관리수준 결정에 관한 사항 ② 처우등급, 재범예측등급 등 분류심사에 관한 사항 ③ 개별처우계획 수립에 관한 사항 ④ 처우시설로의 이송에 관한 사항 ⑤ 그 밖에 수형자의 처우와 관련된 사항이다. 위원회의 구성은 위원장을 포함한 5명 이상 7명 이하의 위원으로 구성하고, 위원장은 지방교정청장이 된다. 위원은 지방교정청 소속 각 과장, 분류센터장, 5급 이상 직원 중에서 지방교정청장이 임명하며 위원장과 위원의 임기는 해당 직위의 보직기간동안으로 하며 위원장이 부득이한 사유로 그 직무를 수행할 수 없을 때에는 위원장이 미리 지정한 위원이 그 직무를 대행한다. 회의는 재적위원 3분의 2 이상의 출석으로 개의하고, 출석위원 과반수의 찬성으로 의결한다. 위원회의 회의에는 위원장이 필요하다고 인정하는 경우 자문위원이 참여할 수 있다.

참조법령 「분류센터운영지침」 제29조~제34조

재소자(在所者)

감옥에 갇혀 있는 사람이란 사전적 의미로 교도소, 구치소에 수용되어 있는 미결수용자 및 수형자를 총칭하는 의미로 사용되었다. 그러나 (구)「행형법시행령」(대통령령제14756호, 1995.08.26.)의 일부개정으로 이전까지 혼재하여 사용하던 재소자, 미결수용자, 수형자란 용어를 현실에 맞게 정비하여 수용자, 미결수용자, 수형자로 구분하여 사용하기 시작하였다.

관련용어 미결수용자, 수용자, 수형자, 피수용자

재심사(再審査)

신입심사를 완료한 모든 수형자를 대상으로 신입심사 결정사항의 이행여부를 확인하고 개별처우계획을 조정할 것인지를 결정하기 위한 분류심사로서, 형기가 일정기간에 도달한 때 정기적으로 심사하는 정기재심사와 부정기적인 사유가 발생하여 실시하는 부정기재심사로 구분한다. 재심사를 할 때에는 재심사지표에 따라 조정하고, 그 사유가 발생한 달의 다음 달까지 완료하여야 하며, 재심사에 따라 경비처우급을 조정할 필요가 있는 경우에는 한 단계의 범위에서 조정한다. 다만, 수용 및 처우를 위하여 특히 필요한 경우에는 두 단계의 범위에서 조정할 수 있다.

수형자 처우의 성격과 환경은 끊임없이 변화하므로 처우가 현실적으로 효과적인 것이 되기 위해서는 상황에 따라 처우의 중점을 변경하거나 처우계획을 수정할 필요가 있다. 즉 정기적으로 또는 임시로 재심사를 실시하여 개별처우계획을 재검토하고 필요하면 처우등급을 변경시키는 절차가 필요한 것이다. 그런 점에서 재심사도 신입심사 이상의 중요성을 가진다고 할 수 있다.

참조법령 「형집행법시행규칙」 제65조, 제68조
관련용어 부정기재심사, 정기재심사

적격심사(適格審査)

각 중앙관서의 장 또는 계약담당공무원은 국고의 부담이 되는 경쟁 입찰의 경우에는 예정가격 이하로서 최저가격으로 입찰한 자의 순으로 계약이행능력 및 기획재정부장관이 정하는 일자리창출 실적 등을 심사하여 낙찰자를 결정한다. 즉, 기획재정부가 고시한 금액 이상의 입찰 품목에 대하여 최저가격을 제시한 업체로부터 기술능력과 입찰가격 및 계약이행능력을 심사하는 것을 말한다. 「조달청 물품구매적격심사 세부기준」의 별지2－2호를 참고하여 해당 물품 납품이행능력(경영상태)과 입찰가격, 신인도평가를 통해 종합평점을 산정하고 입찰공고시의 낙찰자 결정 방법에 따라 종합평점 이상인 업체를 낙찰자로 결정한다.

참조법령 「국가계약법시행령」 제42조, 「조달청 물품구매적격심사 세부기준」 제1조·제4조~제6조·제9조

적성검사(適性檢査, Aptitude Test)

특정 과제 영역에서 과제를 효율적 및 정확하게 처리할 수 있는 능력이나 특성을 판정하는 것으로 분류심사를 위하여 필요한 검사 중의 하나이다. 적성검사의 종류에는 직업, 진학, 예술, 운전 등 목적별로 다양한 적성검사가 고안되어 있고, 채용시험이나 입학시험 등에 활용되고 있다. 현재 교정시설에서 실시하고 있는 적성검사로는 직업선호도검사 등이 실시되고 있으며 검사대상자는 신입심사 대상자로서 집행할 형기가 형집행지휘서 접수일부터 1년 이상이고 나이가 35세 이하인 경우에 실시한다. 다만, 직업훈련 또는 그 밖의 처우를 위하여 특히 필요한 경우에는 예외로 할 수 있다. 검사결과는 개별처우계획의 수립, 교육·교화프로그램실시, 직업훈련이나 작업지정 등에 사용한다.

참조법령 「형집행법」 제59조, 「형집행법시행규칙」 제71조, 「분류처우업무지침」 제39조

전문대학위탁과정(專門大學委託課程)

교정시설에 수용된 수형자들에게 전문대학과정의 교육기회를 부여하기 위하여 「고등교육법」 제2조에 따른 전문대학 위탁교육과정을 설치·운영하는 것을 말한다. 2001년 2월 주성대학 흥덕캠퍼스를 시작으로, 2003년 순천대학 청암캠퍼스가 법무부와 위탁교육 협약을 체결하고 전국 교정시설에서 교정성

적이 우수한 수형자 중 진학희망자를 대상으로 위탁교육과정에 합격한 자를 선발하여 입학시키고 있다. 입학요건으로는 고등학교 졸업 또는 이와 동등한 수준 이상의 학력이 인정되고, 교육개시일을 기준으로 형기의 1/3을 집행하였으며, 집행할 형기가 2년 이상인 개방처우급(S1)·완화경비처우급(S2)·일반경비처우급(S3) 수형자이다. 본 과정의 설치목적은 수형자에게 전문학사과정의 고등교육을 실시하여 지식정보사회에 적응할 수 있는 자활능력을 배양하고, 고급전문인력 양성을 통한 재범방지로 안정적이고 건전한 사회일원으로서의 수형자의 완전한 사회복귀에 있다.

2019년 기준 수형자 학과교육 인원은 총 1,160명이며, 이 중 전문대학위탁교육 인원은 48명으로 약 4.1%를 차지한다.

참조법령 「형집행법시행규칙」 제112조
참고문헌 『교정통계연보』 137면 (2020)

전문상담(專門相當)

교정시설에서의 수용자 심리치료는 문제행동예방프로그램의 일환으로, 크게 '전문상담'과 '심리치료프로그램'으로 구분된다. 그리고 전문상담은 심리치료과 또는 심리치료팀의 상담전담 직원이 실시하는 '내부상담'과 정신과 전문의 등이 실시하는 '외부전문가 상담'으로 구분한다.

이 중 내부상담은 다시 5가지 유형이 있는데, ① 수용자의 특성 및 심리상태 분석을 통해 자살우려 등 특이동정 파악과 상담방향을 설계하기 위한 '초기상담' ② 수용자의 심리상태를 지속적으로 관찰할 필요가 있거나 잠재적인 문제유발 가능성을 파악하기 위해 실시하는 '심층상담' ③ 자살, 자해, 폭력 등의 문제행동을 일으킬 가능성이 높거나 문제행동을 일으켜 심리적으로 매우 불안하다고 판단되는 수용자에 대하여 해당 수용자가 심리적 안정을 찾을 때까지 실시하는 '위기상담' ④ 수용자의 처우나 신상에 대하여 실시하는 상담으로 단순 고충이 아닌 전문적인 상담이 필요하다고 판단되어 보안과 수용관리팀 책임자가 요청하는 경우에 실시하는 '고충상담' ⑤ 위기상담, 심층상담 및 외부전문가 상담을 종결한 후 일정기간이 경과한 시점에서 수용자의 심적 변화 및 안정도를 파악하는 '추수상담'이 있다.

외부전문가 상담은 정신과 전문의, 상담기관 전문가 등 외부전문가에 의해 세밀한 심리상태 분석 등이 필요하다고 판단되는 수용자를 대상으로 실시한다. 수용자의 입장에서는 교도관에 의한 내부 상담보다 외래인에 의한 외부전문가 상담을 상대적으로 선호하는 경향이 있다.

2019년 기준 수용자 전문상담 실적은 총 145,576건이며, 이 중 내부 상담이 142,363건으로 약 97.8%를, 외부전문가 상담이 3,213건으로 약 2.2%를 차지한다.

참조법령 「심리치료업무지침」 제2조·제16조
참고문헌 『교정통계연보』 160면 (2020)

전보(轉補)

공무원 인사관리의 일환으로 동일한 직렬 내에서 직위를 이동하는 것을 말한다. 유사한 개념으로 전직이란 직렬을 달리하는 직위로 이동하는 것을 말한다. 소속공무원의 안정적 직무수행, 적재적소 적임자 배치 및 기관별 인력균형 유지 등을 위하여 공정한 기준에 따른 전보를 실시하는 것이 원칙이다. 전보의 종류로는 기관간 전보, 기관내 전보, 고충전보, 승진전보, 문책전보가 있으며, 각 종류별로 전보의 시기·대상·기준 등 세부사항에 있어서 차이가 있다. 교정공무원의 경우 교정기관이 도심에서 떨어진 외곽지역에 위치한 경우가 많으므로 생활·문화여건 등을 고려한 고충전보의 중요성이 높은 편이다.

참조법령 「교정공무원 인사운영규칙」 제36조

전옥(典獄)

구(舊) 제도 하에서 감옥 사무를 관장하는 직(職)또는 관리를 이르는 말로 현재의 교도소장을 말한다. 1907년 기유각서로 말미암아 조선의 감옥사무가 일본에 위탁되자 일본인 직원을 초빙하여 감옥의 장(長)을 전옥(典獄)으로 하였다. 1923년 감옥을 형무소(刑務所)로 개칭한 후에도 형무소장은 직명(職名)으로 전옥(典獄)은 직급으로 사용하였다. 전옥서(典獄署)의 약칭으로도 불렀다.

참고문헌 『조선의 행형제도』 9면 (1938)

전옥서(典獄署)

고려시대와 조선시대에 설치·운영하였던 독립된 구금기관(감옥시설)을 말한다. 고려 초기 모든 행정조직을 정비하면서 감옥에 관한 사무를 관장하기 위하여 설치하였다. 그 이전에도 각 기관별로 설치된 뇌옥(牢獄)이라는 것이 있었으나, 이는 어느 한 기관에 부설된 감옥이었을 뿐이며 독립된 감옥시설은 아니었다. 전옥서는 개경에 설치된 감옥으로 주로 오늘날의 공안사범 등에 해당하는 국사범에 관련된 죄인을 수용하였다.

조선에서도 고려의 제도를 계승하여 6조 중의 하나이자 중앙행형기관인 형조에 속하는 관청으로 전옥서를 운영하였다. 당시 한양에 설치되어 있었으며, 죄를 범한 자를 구속하는 동시에 재판에 의하여 결정된 형을 집행하는 역할을 담당하였다. 이후 조선 말기인 1894년 갑오개혁으로 경무청감옥서(警務廳監獄署)로 개칭한 후 대한제국 시기인 1907년 경성감옥(京城監獄)으로 명칭을 변경하였다.

참고문헌 네이버 한국민족문화대백과사전, 『대한민국 교정사Ⅰ』 65면~66면·146면 (2010)
관련용어 감옥

전자자산처분시스템(Onbid: On-Line Bidding System)

한국자산관리공사(캠코)가 운영하는 온라인 공매 시스템으로, 토지, 주거용 건물, 상가운영권, 중고자동차 등 국가, 지방자치단체, 공기업 등의 자산매각 정보를 실시간으로 제공하고 입찰·계약·등기 등의 관련 절차를 온라인으로 쉽고 편리하게 처리할 수 있도록 도와주는 시스템을 말한다. 즉, 공공기관은 저렴한 비용으로 공정하고 투명하게 자산을 처분하여 재정수입을 확보하고 국민들은 공공기관 등의 다양한 물건을 온라인에서 편리하게 취득할 수 있도록 공공자산 처분시스템으로서의 역할을 수행하고 있다. 2002년 10월 온비드 서비스를 시작한 이래 2020년 현재 누적 거래금액 80조원, 입찰참가자 205만 명을 돌파하였다.

참고문헌 온비드(Onbid) 홈페이지

전자장비(電子裝備, Electronic Equipment)

교정장비 중의 하나로 수용자 또는 시설을 계호하기 위하여 사용하는 전자기술이 적용된 각종 장비를 말한다. 전자장비의 종류로는 ① 영상정보처리기기(일정한 공간에 지속적으로 설치되어 사람 또는 사물의 영상 및 이에 따르는 음성·음향 등을 수신하거나 이를 유·무선망을 통하여 전송하는 장치) ② 전자감지기(일정한 공간에 지속적으로 설치되어 사람 또는 사물의 움직임을 빛·온도·소리·압력 등을 이용하여 감지하고 전송하는 장치) ③ 전자경보기(전자파를 발신하고 추적하는 원리를 이용하여 사람의 위치를 확인하거나 이동경로를 탐지하는 일련의 기계적 장치) ④ 물품검색기(고정식 물품검색기와 휴대식 금속탐지기로 구분) ⑤ 증거수집장비(디지털카메라, 녹음기, 비디오카메라, 음주측정기 등 증거수집에 필요한 장비) ⑥ 그 밖에 법무부장관이 정하는 전자장비가 있다.

교도관은 자살·자해·도주·폭행·손괴, 그 밖에 수용자의 생명·신체를 해하거나 시설의 안전 또는 질서를 해하는 행위를 방지하기 위하여 필요한 범위에서 전자장비를 이용하여 수용자 또는 시설을 계호할 수 있다. 다만, 전자영상장비로 거실에 있는 수용자를 계호하는 것은 자살 등의 우려가 큰 때에만 할 수 있다. 이 경우 계호직원·계호시간 및 계호대상 등을 기록하여야 하며, 수용자가 여성이면 여성교도관이 계호하여야 한다. 특히 피계호자의 인권이 침해되지 않도록 유의하여야 한다.

참조법령 「형집행법」 제94조, 「형집행법시행규칙」 제160조·제163조

전화통화(電話通話)

수용자가 허가를 받아 교정시설의 외부에 있는 사람과 전화로 대화를 나누는 것을 말한다. 전화통화(발신만 가능)를 신청하는 수용자에 대하여 ① 범죄의 증거를 인멸할 우려가 있을 때 ② 형사법령에 저촉되는 행위를 할 우려가 있을 때 ③ 「형사소송법」에 따라 접견·편지수수 금지결정을 하였을 때 ④ 교정시설의 안전 또는 질서를 해칠 우려가 있을 때 ⑤ 수형자의 교화 또는 건전한 사회복귀를 해칠 우려가 있을 때가 아니면 전화통화를 허가할 수 있다. 전화통화의 허가에는 통화내용의 청취 또는 녹음을 조건으로 붙일 수 있다. 이에 따라 통화내용을 청취 또는 녹음하려면 사전에 수용자 및 상대방에게 그 사실을 알려 주어야 한다.

교도관은 전화통화 중인 수용자 또는 그 상대방이 ① 범죄의 증거를 인멸하려고 하는 때 ② 금지물품을 주고받으려고 하는 때 ③ 형사법령에 저촉되는 행위를 하려고 하는 때 ④ 수용자의 처우 또는 교정시설의 운영에 관하여 거짓사실을 유포하는 때 ⑤ 수형자의 교화 또는 건전한 사회복귀를 해칠 우려가 있는 행위를 하려고 하는 때 ⑥ 시설의 안전 또는 질서를 해하는 행위를 하려고 하는 때에는 전화통화를 중지할 수 있으며, 전화통화를 중지한 경우에는 그 사유를 즉시 알려주어야 한다.

전화통화는 매일(공휴일 및 법무부장관이 정한 날은 제외) 「국가공무원 복무규정」에 따른 근무시간 내에서 실시하며, 통화시간은 특별한 사정이 없으면 3분 이내로 한다. 다만, 평일에 전화를 이용하기 곤란한 특별한 사유가 있는 수용

자에 대해서는 전화이용시간을 따로 정할 수 있다. 한편 전화통화 요금은 수용자가 부담하되, 교정성적이 양호한 수형자 또는 보관금이 없는 수용자 등에 대하여는 예산의 범위에서 요금을 부담할 수 있다.

2019년 기준 수용자의 전화통화는 총 588,130건이며, 1인당 연평균 통화건수는 약 10.8건이다.

참조법령 「형집행법」 제42조·제44조, 「형집행법시행령」 제70조, 「형집행법시행규칙」 제25조·제26조·제29조

참고문헌 『교정통계연보』 108면 (2020)

점수제(點數制) · 점수소각제(點數消却制)

누진처우제도에서의 누진심사의 한 방법을 말한다. 일일 또는 월마다 행형성적을 점수로 나타내는 것으로 각 계급마다 책임점수를 정해서 일 또는 월의 소득점수를 가지고 소각해 가는 방법이 일반적이다. 수형자의 노력이 점수라고 하는 객관적인 숫자로 표시되므로 수형자의 이의를 없애고 스스로 개선을 촉진할 수 있는 이점이 있는 반면, 번잡하고 사무적, 기계적, 형식적으로 흐르기 쉬우며 가석방 부적격자 등이 최상급에 진급하는 단점이 있다. 1937년 11월 제정·시행된 「조선행형누진처우규칙」에서는 당초, 점수제가 시행되었지만, 1944년 「행장심사규정」으로 바뀌어 일종의 고사제로 대치되었고, 1969년 5월 13일 「교정누진처우규정」의 제정으로 다시 점수제로서 시행되다가 동 규칙을 1991년 3월 14일 (구)「수형자분류처우규칙」으로 개정하여 시행하였다. 그러나 누진처우제도의 여러 폐단으로 말미암아 2008년 12월 「형집행법」 시행과 더불어 폐지되기에 이른다.

참고문헌 김용준·이순길 『교정학』 236면 (1994)

접견(接見)

교정시설에 구금된 수용자가 가족·친지·변호인 등 다른 사람과 만나 교담을 나누거나 법률적인 조력을 받는 것으로 외부교통권의 대표적인 제도이다. 또한, 타인과 교류하는 인간의 기본적인 생활관계가 신체 구속으로 인해 단절되는 것을 방지하기 위하여 「헌법」 제10조가 보장하고 있는 인간으로서의 존엄과 가치 및 행복추구권에 포함되는 권리이다. 수용자의 접견은 공휴일 및 법무부장관이 정한 날을 제외하고는 「국가공무원 복무규정」 제9조에 따른 근무시간(09시부터 18시까지)내에 실시하고, 토요일은 사전예약제로 운영하고 있으며 변호인과 접견하는 미결수용자를 제외한 모든 종류의 접견시간은 회당 30분 이내로 한다.

접견에는 일반접견, 화상접견, 스마트접견, 장소변경접견, 가족접견 등이 있으며, 통상의 접견인 일반접견은 실제 면대 면으로 이루어진다. 1회당 접견인원은 최대 3~5명 이내로, 10분~15분의 시간이 주어지며 경비처우급에 따라 그 횟수를 달리한다. 원칙적으로 개방처우급(S1)은 1일 1회, 완화경비처우급(S2)은 매월 6회, 일반경비처우급(S3)은 매월 5회, 중경비처우급(S4)은 매월 4회, 노역수형자는 매월 5회, 사형확정자는 매월 4회, 미결수용자는 매일 1회 가능하다. 다만, 2021년 현재, 코로나19로 인하여 교정기관 거리두기 단계에 따라 접견횟수를 조정해서 운영하고 있다. 1일 접견횟수는 일반접견, 화상접견, 스마트접견을 구분하지 않고 1일 1회에 한하며, 접견민원인은 같은 교정시설에서 접견 방식과 대상자를 구분하지 않고 1일 1회 접견할 수 있다.

일반접견 신청은 당일(평일)접수, 예약(방문)접수, 온라인접수, 교정민원 콜센터접수로 가능하다. 당일(평일)접수는 민원인이 해당 교정기관의 민원창구를 방문하여 신청하며 신분증 지참이 필수이다. 예약(방문)접수는 접견 전일부터 10일 전까지 가능하며(공휴일 제외), 해당 교정기관의 민원창구를 방문하여 예약한다. 역시 신분증 지참이 필수이다. 온라인접수는 법무부 온란인 민원서비스 사이트에 접속하여 '일반예약접견예약'을 클릭하고 휴대전화 등으로 본인 인증후 '대상자(수용자)관리' 메뉴에서 면회하고 싶은 수용자의 수용기관, 수용번호, 성명을 입력 후 등록한다. 이후 '일반접견예약' 메뉴에서 미리 등록한 수용자를 선택하고 예약신청자 성명과 주민등록번호입력, 동반접견번호를 입력한 후 '조회 및 신청서 작성하기' 선택 후 신청인의 인적사항을 작성하고 '예약가능일자선택'메뉴에서 접견예약일과 시간을 선택 후 완료버튼을 클릭하면 된다. 교정민원 콜센터 접수는 1363 대표전화로 신청하며 상담접수시간은 평일 오전 8시 30분에서 오후 4시까지 가능하고, 상담이 필요 없는 ARS는 24시간 가능하며 등록민원인만 가능한 서비스이다.

2019년 기준 전국 교정시설의 접견인원은 총 3,158,924명이며, 유형별 비중으로는 일반접견(78.3%), 변호인접견(11.5%), 화상접견 및 스마트접견(10.0%), 장소변경접견(0.2%) 순이다.

참조법령 「헌법」제10조, 「형집행법」제41조
참고문헌 교정본부 홈페이지, 『교정통계연보』105면 (2020)

정기재심사(定期再審查)

신입심사를 완료한 모든 수형자를 대상으로 ① 형기의 3분의 1 ② 형기의 2분의 1 ③ 형기의 3분의 2 ④ 형기의 6분의 5에 도달한 때 실시하는 재심사이다. 형집행지휘서가 접수된 날로부터 6개월이 지난 후부터 가능하며, 형집행지휘서 접수일로부터 6개월이 지나지 않은 경우에는 정기재심사를 실시하지 않는다. 따라서 형집행지휘서 접수일로부터 6개월이 지난 후에 형기의 3분의 1 정기재심사 시점이 도래하는 수형자의 경우 전 형기 중 4회의 정기재심사를 실시하지만, 형집행지휘서 접수일로부터 6개월 이내에 정기재심사 기간이 도래한 경우에는 정기재심사를 실시하지 않는 관계로 도래하지 않은 정기재심사만 실시하게 된다. 정기재심사의 도래일은 최종형기종료일을 기준으로 하며, 확정된 모든 형을 합산한 후 계산한다.

참조법령 「형집행법시행규칙」제66조, 「분류처우업무지침」제28조
관련용어 부정기재심사, 재심사

정밀안전진단(精密安全診斷)

시설물의 물리적·기능적 결함을 발견하고 그에 대한 신속하고 적절한 조치를 하기 위하여 구조적 안전성과 결함의 원인 등을 조사·측정·평가하여 보수·보강 등의 방법을 제시하는 행위를 말한다. 대상시설물은 10년이 경과된 1종 시설물(공동주택제외)로써 최초 준공일을 기준으로 하며 A등급은 6년에 1회, B-C등급은 5년에 1회, D-E등급은 4년에 1회 실시하도록 규정되어 있다. 전회 정밀안전진단 일을 기준으로 하여 시행주기를 산출하고, 종합평가는 A~E등급의 5단계로 평가한다.

참조법령 「시설물안전법」 제2조·제12조

정보공개(情報公開)

공공기관이 국민의 알권리를 보장하고 국정에 대한 국민의 참여와 국정 운영의 투명성을 확보하기 위하여 국민의 청구에 의하여 보유·관리하는 정보를 국민에게 공개하는 제도이다. 모든 국민은 정보의 공개를 청구할 권리를 가지며, 외국인으로서 국내에 일정한 주소를 두고 거주하거나 학술연구를 위하여 일시적으로 체류하는 사람, 국내에 사무소를 두고 있는 법인 또는 단체도 정보의 공개를 청구할 수 있다.

교정시설의 수용자는 「정보공개법」에 따라 법무부장관, 지방교정청장 또는 소장에게 정보의 공개를 청구할 수 있다. 공공기관이 직무상 작성 또는 취득하여 관리하고 있는 문서(전자문서 포함)·도면·사진·필름·테이프·슬라이드 및 그 밖에 이에 준하는 매체 등에 기록된 사항은 모두 정보공개 대상 정보이다. 정보공개는 청구권자의 청구에 의해서 청구되며 해당기관에서 접수하여 정보공개 여부를 판단하여 정보공개를 실시하고, 그 결정문을 교부하여 비용을 부담하는 절차를 두고 있다.

참조법령 「형집행법」제117조, 「정보공개법」제1조

정보보고(情報報告)

법무부 교정본부와 소속기관 간에 유기적인 정보공유체계를 구축하여 사건·사고에 신속히 대처하고, 정확한 현황파악을 통해 실효성 있는 정책을 수립·시행하기 위하여 소속기관이 중요사항에 대해 보고하는 것을 말한다. 정보보고의 주요 사항으로는 직원 복무, 수용자 교정사고, 언론보도, 대내·외 행사 등이 있다. 정보보고는 신속하고 간결하고 명확하게 이루어져야 하며, 세부사항에 관해서는 「교정본부 보고사무지침」에서 규정하고 있다.

참조법령 「교정본부 보고사무지침」제1조~제3조

정신질환 또는 장애가 있는 수형자(M급: Mentally handicapped prisoner)

기본수용급의 하나로써 정신과 의사, 판결문의 내용, 그 밖에 수용기록상 정신지체자 또는 지적장애인(M_1급), 성격장애자(M_2급), 정신병자(M_3급)로 판정된 자에게 부여하는 수용급을 말한다. 처우의 기준으로는, 정신건강 증진을 위하여 치료 및 양호처우에 노력하고, 성격상의 기능장애 회복 또는 기능증진을 위한 치료 및 양호처우에 노력한다. 또한, 보호자 등과의 긴밀한 관계유지에 노력하고, 외부치료기관과 긴밀히 협조하여 응급시 대비한다.

M급은 다음과 같이 세분한다. ① M_1급: 지적장애인(지능발달이 저지되어 자기 신변의 일을 처리하거나 환경에 적응하는 것이 어려운 상태에 있는 자) 및 이에 준하는 처우를 필요로 하는 자(＝정신지체자) ② M_2급: 성격장애자(협의의 정신병으로는 인정되지 않으나 성격적 결함이 큼으로써 사회생활상 현저한 장애가 있는 자(＝성격이상자, 정신병적 성격장애자, 인격장애자라고 함)) ③ M_3급: 정신건강증진 및 정신질환자 복지서비스 지원에 관한 법률에 따라 망상, 환각, 사고(思考)나 기분장애 등으로 인하여 독립적으로 일상생활을 영위하는 데 중대한 제

약이 있는 사람(=정신질환자), 진단서 등 공식적인 기록에 의하여 정신질환의 의심이 있다고 판정된 사람, 신경증에 걸려 있다고 진단받은 사람, 구금성 반응, 약물에 의한 중독증 또는 알코올에 의한 중독증 및 그 후유증이 현저히 인정된다고 판정된 사람이다.

참조법령 「형집행법시행규칙」 제73조, 「분류처우업무지침」 제52조·[별표 7]

정신질환자(精神疾患者)

교정시설에서 중점관리가 필요한 환자 유형 중의 하나로 정신기능의 장애 때문에 적절한 자기통제 내지 사회적 적응이 되지 않는 환자를 말한다. 주요 정신질환으로는 조현병, 우울증, 망상장애, 공황장애, 불안장애 등이 있다.

정신질환자는 정신기능의 손상으로 인하여 규율위반과 교정사고의 가능성이 높은 반면 교도관의 효과적인 통제가 이루어지기 어렵다는 점에서 약물치료와 심리상담의 적절한 병행이 필요하다. 정신질환이 있다고 의심되는 수용자가 있으면 정신건강의학과 의사의 진료를 받을 수 있도록 하여야 하며, 정신질환자에 대한 진료는 주로 외부의사 초빙진료 및 원격진료, 외부의료시설 진료에 의하여 이루어진다. 또한 수용자의 정신질환 치료를 위하여 필요하다고 인정하면 집중치료기관 또는 치료감호시설로 이송할 수 있다. 치료감호시설로 이송하는 경우 수용자에 준하여 처우한다.

2019년 기준 전국 교정시설의 환자는 총 24,909명이며, 이 중 정신질환자는 4,748명으로 약 19.1%를 차지한다.

참조법령 「형집행법」 제37조·제39조
참고문헌 『교정통계연보』 95면 (2020)

제한경쟁입찰(制限競爭入札)

발주기관의 장이 경쟁에 부치는 경우 계약의 목적·성질·규모 등을 고려하여 필요하다고 인정되면 공고문에 입찰참가자의 자격을 제한하는 경우를 말한다. 제한경쟁은 입찰방법이나 입찰방법에 준하여 경매의 방법으로 해야 하고 참가할 자의 자격을 제한하는 경우에는 이행의 난이도, 규모의 대소, 수급상황 등을 적정하게 고려해야 한다. 제한사항에는 공사실적·시공능력에 의한 제한, 기술보유상황에 의한 제한, 지역제한, 유자격자 명부에 의한 제한, 재무상태에 의한 제한 등이 있다.

참조법령 「국가계약법」 제7조, 「국가계약법시행령」 제10조·제21조, 「국가계약법시행규칙」 제25조

제한사범(制限事犯)

가석방 심사신청 시 일반사범에 비해 심사신청기준을 상향하여 검토하는 대상으로, 다음의 범죄가 이에 해당한다. 수용생활 중 범죄행위로 벌금형 이상을 선고받은 자, 규율위반으로 징벌처분이 의결되고 「형집행법시행규칙」 제234조에 규정된 기간이 가석방 기준일까지 경과하지 않은 자, 형기종료 후 1년 이내 재범자(과실범 제외), 가석방·사면 후 3년 이내 재범자(과실범 제외), 일체의 살인죄로 유기징역 또는 유기금고를 집행 중인 수형자, 일체의 강도죄로 유기징역 또는 유기금고를 집행 중인 수형자, 일체의 강간 및 강제추행의 죄로 유기징역 또는 유기금고를 집행 중인 수형자, 범죄로 인하여 발생한 피해금액 중 변제 혹은 합의되지 않은 금액의 합계가 20억 원 이상인 자, 아동학대·가정폭력사범, 아동·청소년 등에 대한 성매매·알선행위로 유기징역 또는 유기금고를 집행 중인 수형자가 이에 해당한다.

참조법령 「가석방업무지침」 제10조

조사(調査)

교정시설에서 징벌대상자(징벌사유에 해당하는 행위를 하였다고 의심할만한 상당한 이유가 있는 수용자) 등에 대하여 적법한 절차와 방식에 따라 구체적인 사실관계를 파악하고 관련되는 적용 법조를 검토하여 필요한 조치를 결정하는 활동을 말한다. 조사의 종류로는 징벌대상자 조사 이외에 교정공무원 조사, 민원 조사, 그 밖의 조사가 있다. 이러한 조사업무는 「사법경찰직무법」에 의하여 사법경찰관리의 직무를 수행하는 특별사법경찰관리로서 조사담당 교도관이 실무를 수행한다.

징벌대상자가 ① 증거를 인멸할 우려가 있는 때 ② 다른 사람에게 위해를 끼칠 우려가 있거나 다른 수용자의 위해로부터 보호할 필요가 있는 때에는 조사기간 중 분리하여 수용할 수 있다. 또한 위의 사유가 있으면 접견·편지수수·전화통화·실외운동·작업·교육훈련, 공동행사 참가, 중간처우 등 다른 사람과의 접촉이 가능한 처우의 전부 또는 일부를 제한할 수 있다.

수용자의 징벌대상행위에 대한 조사기간(조사를 시작한 날부터 징벌위원회의 의결이 있는 날까지)은 10일 이내이나 특히 필요하다고 인정하는 경우에는 1회에 한하여 7일을 초과하지 않는 범위에서 그 기간을 연장할 수 있다. 이후 조사결과에 따라 ① 징벌위원회로의 회부 ② 징벌대상자에 대한 무혐의 통고 ③ 징벌대상자에 대한 훈계 ④ 징벌위원회 회부 보류 ⑤ 조사 종결 중 어느 하나의 조치를 할 수 있다. 만약 조사기간 중 징벌대상자에 대하여 처우를 제한하는 경우에는 징벌위원회의 의결을 거쳐 처우를 제한한 기간의 전부 또는 일부를 징벌기간에 포함할 수 있다.

참조법령 「형집행법」 제110조, 「형집행법시행규칙」 제220조

조선감옥령(朝鮮監獄令)

조선총독부제령제14호로 1912년 3월 18일 제정되어 동년 4월 1일부터 시

행된 법령으로 총 5조로 구성되어 있다. 그 내용으로, "제1조 감옥에 관한 사항은 이 영 그 밖의 법령에 특별한 규정이 있는 경우를 제외하고 감옥법에 의한다. 제2조 감옥법 중 주무대신의 직무는 조선총독이 행한다. 제3조 구치감에는 태형의 집행을 받은 자를 유치할 수 있다. 제4조 새로 입감하는 자가 전염병에 걸린 자인 때에는 입감시키지 아니할 수 있다. 제5조 재감자에게는 양식의 자변을 허락할 수 있다."이다. 1945년 8월 해방 후, 「조선감옥령」, 「조선감옥령시행규칙」은 미군정하에서 군정법령21호 제1조(법률의 존속)와 헌법 부칙 제6조에 따라 대한민국 정부 수립 후에도 유효하게 시행되었으며, 1950년 3월 법률 제105호로 「행형법」이 제정·공포됨에 따라 폐지되었다.

> 관련용어 　감옥법, 조선감옥령시행규칙

조선감옥령시행규칙(朝鮮監獄令施行規則)

　조선총독부제령제34호로 1912년 3월 20일 제정되어 동년 4월 1일부터 시행된 법령이다. 그 내용은 총칙·수감·구금·계호·작업·교회 및 교육·급양·위생·의료·접견·편지·보관·상벌·석방·사망 등으로 총 13장 182개 조문과 부칙으로 이루어져 있다. 일제강점기를 비롯하여 1956년 2월 2일 대통령령제1125호로 제정된 「행형법시행령」, 1962년 4월 3일 각령제626호로 종전의 「행형법시행령」과 「조선감옥령시행규칙」이 최종 폐지될 때까지 「조선감옥령시행규칙」은 수용자의 처우와 권리 및 교정시설 운영에 필요한 사항을 규정하였다.

> 관련용어 　감옥법, 조선감옥령

조위금(弔慰金)

　수용자와 피보호감호자가 작업 또는 직업훈련 중에 사망하거나 그로 인하여 사망한 때 상속인에게 지급하는 보상금이다. 조위금을 지급받을 사람이 국가로부터 동일한 사유로 「민법」이나 그 밖의 법령에 따라 조위금에 상당한 금액을 지급받은 경우에는 그 금액을 조위금으로 지급하지 않는다. 조위금은 최저보상기준금액에 「산재보험법」 별표3(유족급여)의 유족보상일시금 해당일 수를 곱한 금액으로 한다. 조위금 지급은 「민법」상의 상속 순위에 따르며 지급 승인을 받은 즉시 상속인에게 고지한다. 조위금을 지급받을 권리는 다른 사람 또는 법인에게 양도하거나 담보로 제공할 수 없으며, 다른 사람 또는 법인은 이를 압류할 수 없고 조세와 그 밖의 공과금을 부과하여서는 안 된다.

참조법령 「형집행법」 제74조~제76조, 「교도작업법」 제9조

조직폭력수용자(組織暴力收容者)

엄중관리대상자 중의 하나로 집단폭행, 보복폭행 등으로 일반 수용자들을 괴롭히거나 외부 폭력조직과의 연계가능성이 높아 엄중히 관리하여야 하는 수용자를 말한다. 조직폭력수용자의 지정대상은 ① 체포영장, 구속영장, 공소장 또는 재판서에 조직폭력사범으로 명시된 수용자 ② 공소장 또는 재판서에 조직폭력사범으로 명시되어 있지는 않으나 「폭력행위처벌법」 제4조·제5조(단체 등의 구성·활동·이용·지원) 또는 「형법」 제114조(범죄단체 등의 조직)가 적용된 수용자 ③ 공범·피해자 등의 체포영장·구속영장·공소장 또는 재판서에 조직폭력사범으로 명시된 수용자로서 전술의 수용자는 조직폭력수용자로 지정한다. 현재의 수용생활 중 집행되었거나 집행할 형이 위의 ① 또는 ②인 경우에도 또한 같다. 이에 따라 조직폭력수용자로 지정된 사람에 대하여는 석방할 때까지 지정을 해제할 수 없다. 다만, 공소장 변경 또는 재판 확정에 따라 지정사유가 해소되었다고 인정되는 경우에는 교도관회의의 심의 또는 분류처우위원회의 의결을 거쳐 지정을 해제한다.

조직폭력수용자가 다른 사람과 접견할 때에는 외부 폭력조직과의 연계가능성이 높은 점 등을 고려하여 접촉차단시설이 있는 장소에서 하게 하여야 하며, 귀휴나 그 밖의 특별한 이익이 되는 처우를 결정하는 경우에는 해당 처우의 허용 요건에 관한 규정을 엄격히 적용하여야 한다. 그 밖에 조직폭력수용

자에 대해서는 수용자를 대표하는 직책 부여 금지, 수형자 간 연계활동 차단을 위한 이송, 특이사항의 통보 등 엄중한 관리 및 처우의 제한이 이루어진다.

참조법령 「형집행법」 제104조, 「형집행법시행규칙」 제198조~제203조

조출(무出)

'조기출근'의 줄임말로 공무원의 출근 시간인 9시보다 일찍 출근하여 업무에 종사하는 것을 말한다. 주로 보안 현장에서 근무하는 직원들이 8시 또는 그 이전에 출근하여 작업장·수용동 근무를 담당하거나, 장거리 호송, 출정 등을 준비하기 위하여 아침 일찍 출근하여 업무를 준비한다. 교정시설의 업무 특성에 따라 조출이 일상화되어 있다. 작업수용자에 대해서는 아침 일찍 작업을 시킨다는 의미에서 '조기출역'의 줄임말로 사용하기도 한다.

존 하워드(John Howard, 1726.09.02.~1790.01.20.)

영국의 감옥개량 운동가로 널리 알려져 있다. 1773년 영국 베드퍼드의 주장관으로 임명되어 당시 감옥의 참상을 목격하고 영국 각지의 감옥을 시찰했으며, 1775년부터는 유럽 여러 나라의 감옥을 치밀하고 상세하게 관찰한 후 『교도소의 상태(1777년)』를 출간하였다. 이후 2판, 3판을 통해 당시 감옥의 비위생, 수용자의 혼거구금, 규율결여, 수수료징수제도 등의 전근대적인 상황을 묘사하였고, 이는 각국의 지식인층을 크게 자극하여 감옥개량 운동이 널리 퍼지게 되었다. 1779년에는 독거구금, 종교교회, 작업 등에 관한 제 규정이 포함된 징치감옥법(懲治監獄法)을 기초하였다. 현재 그의 이름을 딴 민간단체 「형벌개량을 위한 하워드 연맹」이 영국과 여러 나라에서 활동하고 있다.

참고문헌 鴨下守孝·松本良枝 『교정용어사전』 271면 (2006)

종교행사(宗教行事)

　교정시설에서 종교행사를 실시하는 원래 목적은 구금상태인 수용자에게 심적 안정을 도모함은 물론 궁극적으로 교정교화를 통해 건전한 사회인으로 복귀시키는 데 있다. 즉, 종교는 인간의 심층에 작용하여 그들의 죄의식을 일깨우고 자기반성을 통한 자유를 얻게 함으로써 암울한 과거를 정리하고 새로운 시작을 할 수 있게 해 주는 역할을 하고 있다. 실제로 연구결과에 의하면 수형자의 종교활동은 그들의 불안감을 상당히 감소시켜 정신건강을 증진하고, 규칙을 성실히 준수하며 수용생활에 적응하는 데 긍정적인 효과가 있는 것으로 나타났다. 법률에서도 수용자가 교정시설 안에서 실시하는 종교의식 또는 행사에 참석할 수 있으며, 개별적인 종교상담을 받을 수 있도록 하고 있다. 다만, ① 수형자의 교화 또는 건전한 사회복귀를 위하여 필요한 때와 ② 시설의 안전과 질서유지를 위하여 필요한 때에는 종교행사의 참석을 제한할 수 있다.

　종교행사의 종류로는 종교집회로서 예배·법회·미사 등이 있으며, 종교의식으로 세례·수계·영세 등이 있고, 교리교육 및 상담 및 그 밖에 법무부장관이 정하는 종교행사가 있다. 수용자가 종교상담을 신청하거나 수용자에게 종교상담이 필요한 경우에는 해당 종교를 신봉하는 교도관 또는 교정참여인사(법 제130조의 교정위원, 그 밖에 교정행정에 참여하는 사회 각 분야의 사람 중 학식과 경험이 풍부한 사람을 말한다)로 하여금 상담하게 할 수 있도록 하고 있다.

　2019년 기준 수형자의 종교별 인원 구성은 대략 기독교 38.6%, 불교 23.2%, 천주교 15.0%, 기타종교 1.9%이며, 종교가 없는 경우는 21.4%이다.

참조법령　「형집행법」 제45조, 「형집행법시행규칙」 제30조
참고문헌　『교정통계연보』 111면 (2020), 김안식 「수형자의 종교활동 및 성향이 정신건강과 수용생활 적응에 미치는 영향」 (2010)

죄형법정주의(罪刑法定主義)

범죄와 형벌은 미리 법률로 규정되어 있어야 한다는 형법상의 원칙을 말한다. 즉 "법률 없이는 범죄도 형벌도 없다"는 사상이다. 죄형법정주의는 근대 형법에 있어서의 근본원리로 1801년 독일의 포이에르바흐(Feuerbach)에 의해 처음으로 상용된 말이며, 이는 1215년 영국의 대헌장(Magna Carta) 제39조에 기원을 두고 있다. 죄형법정주의로부터 파생되는 원칙으로는 관습형법금지의 원칙, 명확성의 원칙, 소급효금지의 원칙, 유추해석금지의 원칙, 절대적 부정기형금지의 원칙이 있다. 이와 관련하여 우리나라 「헌법」은 적법절차의 보장(제12조 제1항), 소급처벌의 금지(제13조 제1항) 규정을 두고 있다. 「형법」에 있어서는 죄형법정주의가 너무 당연한 것이기 때문에 이에 관한 특별한 규정을 두고 있지 않으나, 제1조 제1항은 그 파생원칙(행위시법주의)을 규정하고 있다.

참고문헌 이병태 『법률용어사전』 (2016)

주말구금제도(週末拘禁制度, Weekend Imprisonment)

단기자유형의 새로운 집행방법으로 등장한 것으로 수형자를 주말이나 공휴일에만 교정시설에 구금하여 형을 집행하고 평일에는 사회인과 다름없이 생활하게 하는 제도이다. 이러한 주말구금제도의 실시대상은 비교적 경미한 범죄자(교통위반사범 등)로서 구금시설은 원칙적으로 교도소이어야 한다. 이 제도는 경범죄 수용자로 하여금 명예감정을 자각하게 하고 자신의 범행에 대한 반성을 촉구함과 동시에 단기자유형의 폐해를 제거할 수 있다는 장점이 있으며 피해자에 대한 손해배상을 보다 쉽게 할 수 있는 이점이 있다.

주벽(主壁)

교도소·구치소의 바깥 담장을 말한다. 수용지역을 포함한 구금시설 내부를 보호하고, 외부에서의 침입을 방지하기 위하여 견고하고 높이 설치되어 있다. 주로 주벽을 잇는 사방 모서리에 감시대가 설치되어 있고, 주벽 내부로는 수용자의 도주를 방지하는 전자경비시스템이 설치되어 있다. 주벽 안쪽 시설로 드나들 수 있는 정문 등을 통하여 인원과 차량출입이 가능하다.

주복도(主複道)

교정시설 내부의 주 통용로이다. 주로 보안사무 청사를 중심으로 하여 보안통용문 안쪽으로 길게 연결되어 있다. 수용사동과 작업장을 연결하는 통로이며, 주복도 중간 중간에 설치된 통용문을 통하여 운동장과 기타 내부 시설로 가는 통로가 연결되어 있다. 주복도는 직원 및 수용자, 그리고 교정시설을 방문하는 외래인에게 교정의 이미지를 부각시킬 수 있는 공간이기도 하다. 주복도에 설치된 명언이나 표어, 미술품 등은 수용환경의 변화를 통해 수용자의 심성순화는 물론 외래인들에게 청결하고 깨끗한 교정이미지를 갖게 하고 교정행정의 신뢰와 함께 변화된 근무환경으로 직원들의 사기진작에도 기여하고 있다.

주파수공용통신시스템(TRS: Trunked Radio System)

기존의 자가무전기를 발전시킨 시스템으로, 각 사용자가 하나의 주파수만 사용하던 기존의 이동통신과는 다르게 무선중계국의 많은 주파수를 다수의 사용자가 공동으로 사용하는 이동통신시스템을 말한다. 이에 기반한 TRS기기는 2006년 7월 31일 통신체계개선 시범운영 지시에 따라 일선 교정시설 등에서 사용하고 있는 특수한 무선통신장비, 즉 디지털 무전기를 말한다. 수용자의 구금 및 형의 집행 등을 수행하는 공안조직의 특성상 기존의 무전기보다 통신범위는 넓으면서 혼신발생이 없고, 도·감청이 불가능하도록 보안성이 강화된 통신장비의 필요성이 있어 도입하게 되었다. 일반적인 무전기나 휴대전화와는 기능 및 사용법 등에서 다소 차이가 있으며, 교정장비 중의 하나인 TRS기기에 관한 구체적인 사항은 비공개된다.

참고문헌 네이버 지식백과사전

중간처우시설(中間處遇施設, Intermediate Treatment Facilities)

중간처우란 시설내 처우와 사회내 처우를 결합한 처우방법의 하나이다. 중간처우시설은 이러한 중간처우를 위한 전담시설을 말하며 다시 시설내 처우를 원칙으로 하는 형태와 사회내 처우를 원칙으로 하는 형태로 구분할 수 있다. 전자는 교정시설 구외(외정문 안, 정문 밖)에 설치하는 반면 후자는 외부기업체 등과 연계하여 지역사회 내에 위치한다. 1961년 미국에서 석방전 대략 3개월의 대상자를 교정시설 이외의 특별한 시설에 수용하여 외부로 통근시킨다고 하는 석방전보도센터가 그 전신이다. 우리나라의 갱생보호시설과 유사하며, 영국의 호스텔제도(Hostel System)도 이와 유사하다. 「형집행법시행규칙」상의 중간처우대상자의 조건은 ① 형기가 3년 이상인 사람 ② 범죄 횟수가 2회 이하인 사람 ③ 중간처우를 받는 날부터 가석방 또는 형기종료 예정일까지 기간이 3개월 이상 1년 6개월 이하인 사람이 이에 해당한다. 현재 교정시설 내 중간처우시설로는 사회적응훈련원과 소망의 집이 있으며, 지역사회 중간처우시설로서는 사회복귀희망센터가 있다.

참조법령 「형집행법시행규칙」 제93조

중경비시설(重警備施設)

　도주방지 및 수형자 상호 간의 접촉을 차단하는 설비를 강화하고 수형자에 대한 관리·감시를 엄중히 하는 교정시설을 말한다. 이 중경비시설은 상습징벌자 등 수용관리에 특별한 주의를 요하는 자 등을 수용하며 경북북부제2교도소가 유일하다. 동 시설의 특징으로는 외부인의 정문 출입, 주벽(펜스) 경비, 거실내 수용자 보호수준, 거실과 수용동 등의 물적계호가 일반경비시설보다 강화된 형태를 띠고 있으며 수용자의 교정시설 내·외부의 이동시에도 원칙적으로 자율보행이 허용되지 않는다. 인원점검도 수용자들이 자율적으로 시행하는 개방시설과 달리 직원에 의해 이루어진다. 그러나 접견, 편지, 운동, 목욕, 진료, 급여 등 법령에 규정된 기본권적 처우는 경비등급에 관계없이 모든 시설의 수용자에게 보장된다.

> **참조법령**　「형집행법」 제57조, 「교정시설 경비등급별 수형자의 처우 등에 관한 지침」 제5조
> **참고문헌**　유병철 「교정시설의 특성과 경비등급제도 개선방안」 39면~40면 (2017년 3월)

중경비처우급(S4급: Security Level 4)

　경비처우급의 하나로써 상습규율위반자 등 수용관리에 특별한 주의를 요하며, 중(重)경비시설에 수용되어 기본적인 처우가 필요한 수형자로서 경비처우급분류지표에 의해 판정한다. 필요시에는 구내작업이 가능하며 월 4회의 접견이 가능하다.

　분류심사거부자는 중경비처우급에 편입하며, 징벌 또는 조사로 인하여 분류심사가 2회 유예된 경우 미결수용을 포함하여 금치의 징벌처분을 3회 의결한 이후부터는 분류심사와 관계없이 중(重)경비처우급(S4)에 편입한다. 중경비처우급 수형자는 관리에 특별한 주의를 요하여 준법의식 고취를 통한 엄정한 형집행에 따른 처우를 원칙으로 하며, 상담 등을 통한 성격적 결함을 제거하

고 자발적 자기개선에 주력한다. 또한, 엄정한 수용질서 확립을 위해 독거실 위주로 처우하며 수용자간의 상호대립관계를 파악하여 그 관리에 철저를 기한다. 가석방이 불허된다.

참조법령 「형집행법시행규칙」제74조, 「분류처우업무지침」제10조·제53조·[별표 7]

중소기업자간경쟁제품(中小企業者間競爭製品)

대기업 또는 수입 유통업체 등의 국내시장 진입으로 판로가 축소되어 경영에 애로를 겪고 있는 해당업종 중소기업을 보호하기 위하여 제품기준으로 국내에서 직접 생산하는 중소기업이 20개 이상, 공공기관의 전년도 연간 구매실적이 20억원 이상, 세부품목기준으로 국내에서 직접 생산하는 중소기업이 10개 이상, 공공기관이 전년도 연구 구매실적이 10억원 이상인 제품에 대해 대기업의 공공시장 조달 참여를 배제하는 제도를 말한다. 공공기관이 제품을 구매함에 있어 중소기업자 간 경쟁제품으로 지정된 제품은 중소기업자만을 대상으로 하는 제한경쟁 또는 중소기업자 중 지명경쟁입찰에 의하여 조달계약을 체결해야 하며 3년간 대기업의 공공시장 납품이 원칙적으로 제한된다.

참조법령 「판로지원법」제6조

중앙통제실(中央統制室)

전자장비의 효율적인 운용을 위하여 각종 전자장비를 통합적으로 관리할 수 있는 시스템이 설치된 교정시설 내 장소를 말한다. 중앙통제실은 전자경비시스템을 통하여 수용자의 도주, 자살, 자해 등 교정사고를 예방하고 외부침입에 대비하는 등 시설의 안전과 질서를 유지하는 데 목적이 있다. 중앙통제실은 보안상 중요한 구역인 만큼 중앙통제실에 대한 외부인의 출입을 제한하여야 한다. 다만, 시찰, 참관, 그 밖에 특별히 허가된 경우에는 그렇지 않다.

전자장비의 통합관리시스템, 중앙통제실의 운영·관리 등에 관한 구체적인 사항은 비공개된다.

참조법령 「형집행법시행규칙」 제161조

중환자(重患者) · 응급환자(應急患者)

중환자란 교정시설에서 중점관리가 필요한 환자유형 중의 하나로 불안정한 건강상태로 인하여 고도의 집중적인 치료가 요구되는 환자를 말한다. 예를 들면 인공호흡기 장착이 필요한 환자, 심장기능과 중추신경기능의 집중적인 모니터링이 필요한 환자, 뇌·심장 등의 수술 후 상태가 변화할 가능성이 있는 환자 등이 있다.

응급환자란 질병, 분만, 각종 사고 및 재해로 인한 부상이나 그 밖의 위급한 상태로 인하여 즉시 필요한 응급처치를 받지 않으면 생명을 보존할 수 없거나 심신에 중대한 위해가 발생할 가능성이 있는 환자 또는 이에 준하는 사람(「응급의료에 관한 법률」 제2조)을 말한다. 응급환자의 경우 심폐소생술 등 초기의 응급처치가 매우 중요하다.

중환자 및 응급환자는 신속히 외부의료시설에 이송 진료하고, 수용생활을 지속할 수 없는 중환자는 관계기관과 협조하여 형집행정지 또는 구속집행정지 건의 등의 조치를 취하여야 한다. 평소 중환자 등 응급상황 발생이 예상되는 환자에 대해서는 간병인을 지정하고, 특이동정에 관한 사항을 동정관찰 등에 철저히 기록하여야 한다. 만약 수용자가 위독한 경우에는 그 사실을 가족에게 지체 없이 알려야 한다.

참조법령 「형집행법시행령」 제56조, 「수용자 의료관리지침」 제9조

즉시석방(卽時釋放)

구속영장의 효력이 상실된 경우와 검사로부터 석방지휘서를 교부받은 때 수용자를 즉시 석방하는 것을 말한다. 전자의 경우 법정에 출석한 미결수용자에 대해서 무죄, 면소, 형의 면제, 형의 선고유예, 형의 집행유예, 공소기각 또는 벌금이나 과료를 과하는 판결이 선고된 때이다. 정당한 사유 없이 석방을 지체할 경우에는 불법구금이 문제될 수 있다. 그 밖에 법원이 채무자의 감치 결정을 취소하고 석방을 면한 경우(「민사집행법」 제68조)에도 이와 같다고 할 것이다. 다만, 즉시석방자가 출소복이 준비되어 있지 않다는 등의 사유로 수용되어 있던 교정시설로 다시 환소하여 보관금품을 수령하고 사복으로 갈아입은 후 출소하기를 희망하는 경우에는 즉시석방자의 편의를 위하여 교정시설까지 환소 후 출소할 수 있도록 하고 있다.

> **참조법령** 「형사소송법」 제331조

지능검사(知能檢査, Intelligence Test)

개인의 현재 정신능력을 측정하는 표준화된 검사를 말한다. 현재 교정시설에서 실시하고 있는 지능검사 종류로는 1954년 서울대학교 사범대학 교육심리연구실에서 개발한 간편지능검사를 사용하고 있으며 중고생, 일반인을 상대로 하는 A형과 B형으로 75문항으로 구성되어 있다. 지능검사는 분류심사를 위해 실시하는 검사로, 신입심사 대상자로서 집행할 형기가 형집행지휘서 접수일부터 1년 이상이고 나이가 35세 이하인 경우에 실시한다. 다만, 직업훈련 또는 그 밖의 처우를 위하여 특히 필요한 경우에는 예외로 할 수 있다. 검사 결과는 일반적으로 지능지수(IQ) 또는 지능편차치로서 표시되고 지적장애의 결정 등에 이용된다.

참조법령　「형집행법시행규칙」 제71조, 「분류처우업무지침」 제39조

지도원제도(指導員制度)

일제강점기 말기인 1941년 12월 태평양 전쟁이 시작되자 모든 형무작업이 군수작업으로 전환되어 많은 수용자가 숙박작업에 동원되었다. 이에 따라 계호근무자가 크게 부족하고 혹사로 인하여 도주사고가 빈발하자 이에 대한 보완책으로 모범수형자를 선발하여 경비업무를 보조하게 하는 경비원제도가 시작된 것이 수형자 지도원제의 시초였다. 해방 이후에도 수용자의 자치능력 함양과 계호직원 부족 등 시설내 계호인력 부족을 타개하기 위한 방안으로 지도원제를 활용하였다. 제1공화국 초기에는 경수(警囚)로 불렸으며 1958년부터 관용부(운영지원작업)의 한 종류인 지도원으로 명칭을 변경하여 모자, 완장 등을 지급하여 교도관의 보조업무를 부여하였다. 이들에게는 통용문 단독입초근무, 수용자동행계호 및 야간 모범수용자 사동근무까지 활용하였으며 교정시설 내에서의 단독보행과 일정한 범위내의 자치활동 등의 특전도 부여하였다. 그러나 수용자의 규율위반행위를 주도하거나 방조하는 등의 폐단으로 1985년 11월 21일 일제강점기부터 존속되어온 지도원제를 폐지하고 1급 우량수형자 등 모범수형자로 하여금 직원의 업무 등을 보조하게 하였다.

참고문헌　『1500년의 시간과 공간 공주교도소史』 173면 (2020)

지명경쟁입찰(指名競爭入札)

발주기관의 장이 계약목적 달성을 위해 적절하다고 인정되는 몇몇 특정인을 지명하고 그들로 하여금 서로 경쟁 입찰하게 하여 그 중 가장 유리한 자와 계약을 체결하는 방식을 말한다. 이 방식은 특수한 기술이나 설비, 자재, 물품 또는 실적이 있는 자가 아니면 계약의 목적을 달성하기 곤란한 경우로서 입찰대상자가 10인 이내인 경우, 건설공사(전문공사제외)로서 추정가격이 3억인

이하인 공사, 전문공사로서 추정가격이 1억원 이하인 공사, 기타 공사 관련 법령에 따른 공사로서 추정가격이 1억원 이하인 공사를 하는 경우 등이다. 지명경쟁입찰에 참가할 자를 지명하는 경우의 기준은 참여업체의 시공능력, 신용과 실적, 경영상태, 특수기술 보유여부 등 경쟁원리가 적정하게 이루어지도록 해야 한다.

참조법령 「국가계약법시행령」 제23조, 「국가계약법시행규칙」 제27조

지방교정청(地方矯正廳, Regional Corrections Headquarters)

행형에 관한 사무를 관장하기 위해 설치된 행정기관으로, 1991년 11월 서울·대구·대전·광주지역에 지방교정청을 설치·운영하고 있으며 각각의 관할구역은 차례대로 서울·경기도, 경상도, 충청도, 전라도·제주도의 지역으로 정해져 있다. 지방교정청은 수형자·미결수용자 및 피보호감호자의 수용관리·교정교화 그 밖의 행형사무에 관하여 관할교도소 등을 지휘·감독하는 중간감독기관으로, 총무과, 보안과, 사회복귀과, 분류센터의 부속기구를 두고 있으며, 서울지방교정청에는 전산관리과를 별도로 두고 있다.

조직의 수장으로, 지방교정청장은 고위공무원단에 속하는 일반직공무원으로 보하며 그 직위의 직무등급은 나급이다. 외국인에게 참관을 허가할 경우에는 미리 관할 지방교정청장의 승인을 받아야 하며, 처우에 불복하는 수용자는 관할 지방교정청장에게 청원할 수 있고, 정보공개청구를 할 수 있다. 그 외로 지방교정청장에게는 수용자의 이송승인권, 직업훈련직종 선정 등의 권한이 있다.

참조법령 「형집행법」 제117조, 「형집행법시행령」 제3조, 「법무부와 그 소속기관 직제」 제2조·제22조, 「법무부와 그 소속기관 직제 시행규칙」 제15조

지소(支所, Branch)

교정조직 중의 하나로 교도소 또는 구치소와 연계하여 특정한 지역에 보완적으로 설치·운영하는 기관을 말한다. 2021년 현재 서울지방교정청 소속 1개 기관으로 수원구치소 평택지소가, 대전지방교정청 소속 2개 기관으로 대전교도소 논산지소와 홍성교도소 서산지소가 있다. 지소는 시설규모, 수용인원, 관리직원 등이 작은 소규모 기관이므로 조직구조, 업무분장, 세부운영 등에 있어서 교도소 또는 구치소와는 다소 차이가 있다.

참조법령 「법무부와 그 소속기관 직제 시행규칙」 제17조

지원직업훈련(支援職業訓鍊)

외부 산업체 등으로부터 훈련에 필요한 직업훈련교사, 장비, 재료, 비용 등의 전부 또는 일부를 지원받아 실시하는 직업훈련을 말한다. 지원직업훈련 수료자 중 지원산업체 등에 취업이 보장된 경우에는 가석방 신청 시 이를 반영하여야 한다.

참조법령 「수형자 직업능력개발훈련 운영지침」 제3조
관련용어 집체직업훈련, 외부출장직업훈련, 작업병행직업훈련, 현장직업훈련, 단기실무직업훈련

지적장애(知的障礙)

지능의 장애는 한 번 획득한 지능수준이 저하된 경우(예. 고령자의 치매)나 원래 지능발달이 늦어지는 경우의 양쪽에서 일어날 수 있지만 지능의 전반적인 발달이 늦음을 일반적으로 지능장애라고 한다. 지능발달의 늦음은 잠재력

311

이 미개발된 상태인 경우도 있지만, 능력의 장애에 의해 그 이상의 능력의 발현이 곤란한 상태의 경우도 있다. 지적장애의 원인은 크게 유전적, 환경적, 복합적 원인으로 나눌 수 있다. DSM−IV(정신장애의 진단 및 통계편람)의 진단기준으로는 지적장애를 정신지체(Mental Retardation)로 명명하고, 경도발달장애의 각종 장애와 함께 DSM−Ⅱ의 진단에 포함시키고 있어, 평균 이하의 지능수준, 적응 행동의 장애, 아동기 발달증상을 진단요건으로 하고 있다.

정신지체는 중증도에 따라서 경증(IQ50−55~약 70), 중증(IQ35−40~50−55), 중증(IQ20−25~35−40) 및 최고 중증도로 분류하고 있다. 우리나라 보건복지부는 IQ와 적응능력을 토대로 지적장애의 등급을 판정하며, 3등급으로 분류한다. 1급은 IQ 34 이하로 일상생활이 불가능하고 타인의 도움이 필요한 상태이다. 2급은 IQ 35 이상 49 이하로 일상생활 중 단순한 행동은 가능하나 특수한 기술을 요하는 직업을 갖기에는 부적합한 상태이다. 상대적으로 심각도가 가장 낮은 3급은 IQ 50 이상 70 이하로 교육을 받을 경우, 사회생활 및 직업생활이 가능한 상태이다.

참고문헌 네이버 지식백과사전

지체상금(遲滯償金)

정당한 이유 없이 계약서에 정한 계약의 이행을 지체한 계약상대자에게 손해배상액의 예정액을 부과하는 제도를 말한다. 계약상대자가 계약상의 의무를 지체한 때에는 지체상금으로서 계약금액(장기계속공사계약·장기계속물품제조계약·장기계속용역계약의 경우에는 연차별 계약금액을 말한다.)에 법령이 정하는 이율과 지체일수를 곱한 금액을 계약상대자로 하여금 현금으로 납부하게 하여야 한다. 지체상금률은 공사의 경우 1천분의 0.5, 물품의 제조·구매 1천분의 0.75, 물품의 수리·가공·대여, 용역 및 그 밖에 1천분의 1.25, 군용 음·식료품 제조·구매 1천분의 1.5, 운송·보관 및 양곡가공 1천분의 2.5로 정해져 있다.

참조법령 「국가계약법」 제26조, 「국가계약법시행령」 제74조, 「국가계약법시행규칙」
제75조

지출원인행위(支出原因行爲)

지출의 원인이 되는 계약이나 그 밖의 행위, 즉 세출예산·계속비·국고채무 부담행위에 의한 국가 또는 지방자치단체의 지출의 원인이 되는 계약이나 그 밖의 행위를 말한다. 지출원인행위의 대부분은 계약으로 그 범위는 예정가격의 조사 및 결정, 계약의 체결, 계약이행의 감독, 납품 및 준공검사 등이며 설계도나 시방서의 작성 등은 제외된다. 그리고 법령이나 예산에 의거 특정한 목적에 의하여 지출되는 경비에서는 그 경비지출의 결정행위가 곧 지출원인행위에 해당하는 것이고, 봉급이나 여비의 지출원인이 되는 공무원의 임명이나 출장명령 및 보조금의 교부결정행위는 이에 해당하지 않는다. 지출원인행위는 세출예산의 집행을 지출수단 이전에서부터 통제하기 위하여 결정된 것으로 원칙적으로 법령이나 배정된 예산범위 내에서 국가는 각 중앙관서의 장이, 지방자치단체는 그 단체의 장이 행하여야 하는 것이지만 관서 소관의 모든 지출원인행위를 각 중앙관서의 장(지방자치단체의 장)이 직접 할 수 없으므로 이를 소속공무원에게 위임할 수 있도록 하였다. 이같이 각 중앙관서의 장으로부터 지출원인행위를 위임받은 공무원을 재무관이라 하고 지방자치단체의 장으로부터 위임받은 공무원을 경리관이라 한다.

참고문헌 네이버 의회용어사전

직수아문(直囚衙門)

조선시대에 죄인을 직접 구금할 수 있는 권한이 부여된 기관을 말한다. 경국대전(經國大典) 등에는 형조, 병조, 한성부, 사헌부, 승정원, 장예원, 종부시, 비변사, 포도청, 관찰사, 수령으로 한정하였다. 그 외의 기관에서 구금할 죄인

이 있을 경우 모두 형조에 이송하여 구금하게 하였다. 이는 관청의 권력남용
으로부터 백성을 보호하려는 취지에서 정한 법령이었다. 직수아문에는 감옥
이 개설되어 있었는데, 그 중 형조에는 전옥서를, 지방에는 도옥(道獄)·부옥
(府獄)·군옥(郡獄)을 설치·운영하였다.

참고문헌 『대한민국 교정사Ⅰ』 154면~155면 (2010)

직업훈련(V급: Vocational training)

개별처우급의 하나로써 분류심사 결과, 연령, 직업지향, 장래의 생활설계,
직업적성, 훈련기간과 형기와의 관계 등을 참작하여 직업훈련이 적합하다고
인정되는 자에게 부여하는 처우급이다. 처우의 기준으로는 직종을 선정하여
기능훈련의 도모와 근로습성을 함양하고, 직업에 관한 자격, 면허 등의 취득
및 응용범위가 넓은 종목에 대하여 적성에 따라 장기적으로 기능을 습득하게
해야 한다.

참조법령 「형집행법시행규칙」 제76조, 「분류처우업무지침」 제54조 · [별표 7]

직업훈련(職業訓鍊, Vocational Training) · 직업훈련과(職業訓鍊課)

교정시설에서 수형자에게 석방 후 취업에 필요한 직무수행능력을 습득·향
상시키기 위하여 실시하는 훈련을 말한다. 정식명칭은 「직업능력개발법」 제2
조에 따른 "직업능력개발훈련"이며, 교정실무에서는 "직업훈련"이라는 약칭을
사용한다. 직업훈련의 기본방향은 수형자가 건전한 사회복귀를 위하여 필요한
기술을 습득하고 사회생활에 적응할 수 있는 능력을 함양하도록 하는 것이다.
직업훈련 대상자는 수형자의 형기, 의사, 적성, 나이, 학력 등을 고려하여
선정한다. 다만, ① 15세 미만인 경우 ② 교육과정을 수행할 문자해독능력 및
강의 이해능력이 부족한 경우 ③ 징벌대상행위의 혐의가 있어 조사 중이거나

징벌집행 중인 경우 ④ 작업, 교육·교화프로그램 시행으로 인하여 직업훈련의 실시가 곤란하다고 인정되는 경우 ⑤ 질병·신체조건 등으로 인하여 직업훈련을 감당할 수 없다고 인정되는 경우에는 선정될 수 없다.

직업훈련은 「직업능력개발법」 적용여부에 따라 공공직업훈련(적용)과 일반직업훈련(미적용)으로, 시행방법에 따라 집체직업훈련, 지원직업훈련, 외부출장직업훈련, 작업병행직업훈련, 현장직업훈련으로, 기술습득 과정에 따라 양성직업훈련, 향상직업훈련, 숙련직업훈련, 고급직업훈련, 단기실무직업훈련, 교도작업적응직업훈련으로 구분된다. 수형자의 효과적인 직업훈련을 위하여 필요하면 외부의 기관 또는 단체에서 훈련을 받게 할 수 있다.

2019년 기준 각종 직업훈련 실시인원은 총 6,433명이며, 이 중 공공직업훈련이 4,376명으로 약 68.0%를, 일반직업훈련이 2,057명으로 약 32.0%를 차지한다.

직업훈련과는 교도작업특별회계의 재산 및 물품수급과 작업계획·경영·관리, 수용자의 직업훈련, 작업장려금의 계산, 작업통계 등의 업무를 담당하며, 38곳의 교정시설(교도소)에 설치되어 있고, 수용기록과가 구치소에만 설치되어 있는 것과 대조된다.

과거에는 수용자의 작업에 중점을 둔 의미로 '작업과(作業課)'로 통용되었다.

참조법령 「형집행법」 제69조, 「형집행법시행규칙」 제124조~제126조, 「법무부와 그 소속기관 직제 시행규칙」 제16조, 「수형자 직업능력개발훈련 운영지침」 제3조·제4조

참고문헌 『교정통계연보』 145면 (2020)

직업훈련교도관(職業訓鍊矯導官) · 직업훈련교사(職業訓鍊敎師)

교도관(교정공무원) 중의 하나로 전문경력관 임용절차에 따라 임용된 사람으로서 직업훈련교사(직업능력개발훈련교사)를 말한다. 직업훈련 교도관은 ① 수형자의 직업능력개발훈련에 관한 사무(이론 및 실기교육, 직업훈련생 상담, 시설·장비·물품 관리 등) ② 그 밖의 교정행정에 관한 사항을 담당한다. 직업훈

련 교도관은 연간계획 및 주간계획과 교안을 작성·비치하고 이에 따른 교육 내용을 교육일지에 기재하는 등 훈련목표를 달성하기 위하여 노력하여야 하며, 자신이 교육할 수 있는 첨단직종 및 훈련교재를 연구·개발하여 교육의 효율성을 높이도록 하는 책무가 있다. 또한 직무수행 상 필요한 경우에는 수용자를 동행·계호할 수 있다. 이 경우 계호의 원칙 및 징벌대상행위의 보고 등을 준수하여야 한다.

2019년 기준 교정공무원의 정원은 총 16,101명이며, 이 중 전문경력관(직업훈련)은 119명으로 약 0.7%를 차지한다.

참조법령 「교도관직무규칙」 제2조·제93조, 「수형자 직업능력개발훈련 운영지침」 제18조
참고문헌 『교정통계연보』 16면~17면 (2020)

직영작업(直營作業)·관사작업(官司作業)

교도작업의 경영방식에 의한 분류 방식으로 교정시설이 국가 예산으로 직접 설비를 구축하여 재료 등을 구입하고 교도작업제품을 생산하는 작업형태를 말한다. 교도작업 관용주의에 가장 적합한 작업 형태이며, 우리나라의 경우 원칙적으로 직영작업으로, 가장 많이 실시하고 있다. 장점으로는 교정기관 주도하에 규율을 유지하며 작업할 수 있고 형벌 집행의 통일을 기할 수 있다. 또한 위탁작업과 달리 사인의 관여를 차단할 수 있고 직업훈련에 용이하며 국고수입 증대 및 자급자족의 효과가 있다. 단점으로는 시설의 설치나 재료구입 등에 많은 예산이 소요되고 사무가 번잡하다. 또한, 시장개척 및 제품판로에 어려움이 있으며 품질저하의 문제가 발생할 수 있고 대규모의 직영작업은 민간 기업을 압박할 수 있는 문제점이 제기된다.

2019년 기준 전국 교도작업의 생산실적 금액은 약 627억원이며, 이 중 직영작업의 생산실적 금액이 약 343억원으로 약 54.7%를 차지한다.

참조법령 「교도작업법시행규칙」 제6조
참고문헌 『교정통계연보』 143면 (2020), 조광근 『나이스교정학』 271면 (2010)

직원정신건강 프로그램(Mental Health Care Programs for Staffs)

교정공무원의 각종 정신적 스트레스를 해소하여 삶의 질을 향상시키고 건강한 근무여건을 조성하기 위해 실시하는 프로그램을 말한다. 그동안 교정행정의 발전에 따라 수용자의 인권과 복지수준은 대폭 향상된 반면 교정공무원의 정신건강 및 근무여건 개선에는 상대적으로 소홀했다는 지적이 꾸준히 제기되어 왔다. 이에 수용자 심리치료업무의 확대를 계기로 직원의 정신건강을 증진시키기 위한 여러 프로그램이 도입되어 본격적으로 추진되고 있다. 대표적인 프로그램으로 법무부 교정본부에서 시행하고 있는 '마음나래프로그램'을 들 수 있다.

각 교정기관은 직원의 정신건강에 관한 교육·상담과 정신질환 예방 및 치료와의 연계 등 필요한 대책을 마련하여 시행하여야 한다. 이에 따라 소장은 직원의 정신건강 지원을 위한 업무담당자를 지정하여야 한다. 업무담당자는 ① 직원의 정신건강 상태 확인 ② 외부 전문상담 안내 ③ 정신적 외상극복 프로그램 운영 ④ 스트레스 집중치유 프로그램 대상자 추천 ⑤ 정신건강 측정을 위한 각종 장비 관리 ⑥ 그 밖에 정신건강 지원과 관련된 사항을 처리하며 직원들의 '마음 지킴이' 활동을 수행한다.

참조법령 「심리치료업무지침」 제46조·제47조

직원회 근로자(職員會 勤勞者)

교정기관 직원회에 근무하는 공무원이 아닌 근로자를 말한다. 여기서 근로자란 「국가공무원법」 상의 공무원이 아닌 민간인으로서 임금을 목적으로 직원회에 근로를 제공하기 위해 해당기관에서 직접 고용한 자로, 다른 법령에 의하여 채용, 임용 또는 위촉된 자를 제외한다. 직원회 근로자는 현재 각 교정시설의 총무과에 근무하고 있으며, 주로 수용자 구매업무로서 IMR카드 스캔작업, 구매환불처리, 민원인 구매물 접수 등의 업무에 종사하고 있다. 현재 각 기관에 2~3명 정도 근무하고 있으며 자연감소 후에는 채용 계획이 없다.

교정기관의 장은 사용자로서 직원회 근로자를 정당한 이유 없이 해고 등 인사상의 불리한 처우를 하지 못하며 결격 사유에 관해서는 「국가공무원법」 제33조 및 개별법령의 규정을 준용하고 근무사항 관리에 필요한 내용은 국가 공무원 복무·징계관련 예규에 따른다.

과거에는 교정협회, 2015년 10월 교정공제회로 개편 이후에는 교정공제회 직원으로 생각하여 협회직원 등으로 불리기도 하였으나 이는 잘못된 내용으로 원래부터 각 기관 소속 근로자로서, 다만, 급여를 협회 또는 공제회에서 수령 하였을 뿐이다. 그러나 2018년 1월부터 급여관련 부분도 협회 등과 관계없이 완전히 분리하여 대전지방교정청에서 지급하고 있다.

참조법령 「교정기관 직원회 근로자 관리지침」 제1조~제5조

진료(診療)

진료란 수용자가 부상을 당하거나 질병에 걸렸을 때 적절한 진찰과 치료를 실시하는 것을 말한다. 진료의 방식으로는 순회진료, 동행진료, 외부의사 진료(외부의료시설·초빙·원격진료)가 있다. 이 중 순회진료란 의료진이 수용동·작업장 등 별도의 공간에서 진료하는 방식을, 동행진료란 교도관이 수용자를 직접 의료과 진료실로 동행하여 진료하는 방식을, 외부의사 진료란 외진·초빙·원격의 방법으로 교정시설 밖의 의사가 진료하는 방식을 말한다. 교정시설에는 수용자의 진료를 위하여 필요한 의료 인력과 설비를 갖추어야 하며, 원칙적으로 의무관이 직접 환자에 대하여 진료를 포함한 의료행위를 하여야 하나, 예외적으로 간호사가 야간 또는 공휴일 등에 대통령령으로 정하는 경미한 의료행위를 할 수 있다. 한편 수용자가 의무관의 진료 등을 계속 거부하여 그 생명에 위험을 가져올 급박한 우려가 있으면 의무관으로 하여금 긴급한 의료조치를 하게 할 수 있다.

2019년 기준 전국 교정시설의 수용자 진료건수는 총 9,181,902건이며, 수용자 1인당 의료비는 454,160원이 소요되었다.

참조법령 「형집행법」 제36조·제39조·제40조
참고문헌 『교정통계연보』 96면·103면 (2020)

진정(陳情)

비사법적 권리구제수단 중의 하나로 수용자가 헌법상 보장된 인권을 침해
당하거나 차별행위를 당한 경우 국가인권위원회 또는 법무부 인권국에 그 내
용을 제출하는 것을 말한다. 교정시설에 수용 중인 수용자는 인권침해 등을
당한 경우 「국가인권위원회법」에 따라 국가인권위원회에 서면이나 구두로 진
정을 제기할 수 있고, 교정시설에서는 입소자에게 「국가인권위원회법」에 따
른 진정방법 등 수용자의 권리구제에 관한 사항을 고지하여야 한다. 또한 법
무부 인권국에 진정하는 것도 가능하다.

국가인권위원회 진정의 경우 진정서 또는 면전진정 신청서 작성·제출 →
인권담당자 인수 및 인권위 송부 → 접수증명원 또는 면전진정 신청 접수확
인서 교부 → 조사관 방문 및 면전진정 접수 → 방문조사 및 자료제출 요구
→ 인권위 결정 및 통지 → 사건 처리결과 통지 순으로 업무를 처리한다. 법
무부 인권국의 진정업무는 국가인권위원회 진정업무 처리절차와 거의 동일하
게 처리한다. 법무부 교정본부로 이첩되는 진정사건에 대하여 관할 지방교정청
조사관이 조사를 실시하고 조사 및 처리결과를 법무부 교정본부에 보고한다.

2019년 기준 수용자의 국가인권위원회 진정은 총 4,211건이며, 진정에 대
한 처리결과는 권고 18건(0.4%)이고, 권고에 대한 처리결과는 전부수용 14건
(77.8%), 일부수용 4건(22.2%)이다.

참조법령 「국가인권위원회법」 제30조·제31조
참고문헌 『교정통계연보』 125면 (2020)

진정실(陳情室)

　일반 수용거실로부터 격리되어 있고 수용자가 고성을 발하더라도 주위 수용자의 일상생활에 지장이 없도록 방음설비 등을 갖춘 거실을 말한다. 진정실은 창문을 개폐할 수 없는 반면 통기성 확보를 위한 설비가 마련되어 있다. 또 수용자가 소란을 부리거나 자살·자해를 기도하는 경우에도 생명과 신체에 위험이 발생하지 않도록 집기류가 설치되어 있지 않고, 세면기와 변기는 바닥에 몰입되어 있으며, 천장에는 감시카메라와 마이크 등이 설치되어 있다. 진정실 수용 중 필요한 생활용품 및 침구류 등은 사용 시에만 지급하고 회수한다.
　진정실에 수용할 수 있는 경우는, 수용자가 ① 교정시설의 설비 또는 기구 등을 손괴하거나 손괴하려고 하는 때 ② 교도관의 제지에도 불구하고 소란행위를 계속하여 다른 수용자의 평온한 수용생활을 방해하는 때 강제력을 행사하거나 보호장비를 사용하여도 그 목적을 달성할 수 없는 경우에만 수용할 수 있으며 최초 진정실 수용기간은 24시간 이내로 하고 있다. 다만, 특히 계속하여 수용할 필요가 있으면 의무관의 의견을 고려하여 1회당 12시간의 범위에서 기간을 연장할 수 있다. 이 경우 수용자를 진정실에 수용할 수 있는 기간은 계속하여 3일을 초과할 수 없으며, 수용자를 진정실에 수용하거나 수용기간을 연장하는 경우에는 그 사유를 본인에게 알려 주어야 한다. 특히 의무관은 진정실 수용자의 건강상태를 수시로 확인하여야 하며, 진정실 수용사유가 소멸한 경우에는 진정실 수용을 즉시 중단하여야 한다.

참조법령 「형집행법」 제96조
관련용어 보호실

집중개별처우계획(集中個別處遇計劃)

　분류센터에서 수립된 교정·치료프로그램 등 심층적인 처우가 필요한 수형자를 대상으로 처우계획의 이행평가 및 체계적인 관리가 필요한 처우계획을 말한다. 집중개별처우계획 수립대상자는 형기 2년 이상의 수형자중 분류센터 심사대상자로 집중개별처우계획서를 작성한다. 다만, ① 상담이 불가능한 중환자 ② 법정감염병 감염자 ③ 분류심사 거부자 등 분류심사 불가능자 ④ 노역수형자는 처우계획을 수립하지 않는다. 처우계획을 수립하는 경우, 분류검사 결과, 수형자 작성의 수용생활계획서, 개별처우목표, 상담결과 등을 종합적으로 고려한다.

집중개별처우계획 수립대상자중 교정·치료계획(집중인성교육(심화과정) 포함)이 수립된 수형자에 대해서는 성폭력심리치료(기본, 집중, 심화), 마약류심리치료(기본, 집중, 심화), 알코올심리치료(기본, 집중, 심화), 상습폭력심리치료(기본, 심화), 도박심리치료(기본), 아동학대심리치료(기본), 동기 없는 범죄자심리치료(기본), 정신질환자심리치료, 도벽(절도)심리치료(집중, 심화) 등 심리치료 프로그램을 실시한다.

참조법령 「분류처우업무지침」 제55조, 제58조

집중근로작업(集中勤勞作業)

취업수용자로 하여금 작업시간 중 접견, 운동, 전화사용, 교육, 공동행사 참가 등을 시행하지 않고 휴게시간 외에는 작업에만 전념토록 하여 생산성 향상 및 근로정신 함양으로 출소 후 재사회화를 촉진시키는 작업을 말한다. 접견 또는 전화통화를 제한한 때에는 휴일이나 그 밖에 해당 수용자의 작업이 없는 날에 접견 또는 전화통화를 할 수 있게 한다. 집중 근로는 수형자의 신청에 따라 시행하며 집중 근로 시작 전에 제한되는 처우의 내용을 충분히 수형자에게 설명하여야 한다.

참조법령 「형집행법」 제70조, 「교도작업운영지침」 제108조~제127조

집중인성교육(集中人性教育, Intensive Personality Education)

인간으로서의 기본적인 자질과 태도, 품성을 배양하기 위한 교육, 즉 공동체적 인간으로서 타인과 사회와의 원만한 관계 속에서 자신의 삶을 잘 이끌어 가도록 자질과 능력을 기르는 교육이라고 정의할 수 있다. 2013년 교정교화 종합대책으로부터 시작되었으며 수형자의 내면을 변화시킬 수 있는 심층적·복합적 프로그램들로 구성되어 있고 2016년부터 프로그램을 체계화하여 본격적으로 시행하고 있다. 모든 수형자를 대상으로 집중인성교육을 시행하며 형기 등에 따라 다음 2개의 교육과정으로 구분한다. (1) 기본교육: 잔여형기 3개월 이상 수형자로 교육시간은 70시간. (2) 형기주기별 재교육: 신청에 의한 재교육과 의무 재교육, 석방전 교육으로 구분하고, 교육대상자와 교육시간은 다음과 같다. ① 신청에 의한 재교육: 기본교육 수료 후 3년경과 수형자로 교육시간은 50시간 ② 의무 재교육: 기본교육 및 의무 재교육 수료 후 5년경과 수형자로 교육시간은 50시간 ③ 석방전 교육: 사회보장절차, 신용회복절차, 보호관찰, 한국법무보호복지공단 안내, 취업·창업지원 정보 제공 및 기타 출소 후 사회적응에 필요한 인성교육 등의 교육과정을 편성하고 교육시간은 15시간으로 한다.

교육과정으로는 권리의무사항, 분류처우, 직업훈련, 의료처우, 교육교화 업무 등 수용생활 오리엔테이션, 헌법가치교육, 인문학교육, 동기부여, 분노조절, 가족관계회복, 의사소통기술, 긍정심리, 문화예술교육, 효행교육 등 그 밖에 수형자의 교화 또는 건전한 사회복귀에 필요한 내용으로 구성되어 있다. 교육 면제자로서는 65세 이상인 자, 노역장 유치자, 외국인, 성폭력심리치료 프로그램 대상자, 아동학대심리치료프로그램 대상자, 정신적·신체적 장애, 질병 등으로 교육이 부적합하다고 인정되는 자, 기타 교육 분위기를 저해할 우려가 있는 자 등이다.

참조법령 「수용자 교육교화 운영지침」 제1조·제9조·제12조·제14조
참고문헌 박은옥 연구보고서 「수형자 집중인성교육의 효과성 분석」 (2017)

집중처우(C급: Concentrated Treatment)

개별처우급의 하나로, 중(重)경비처우급(S4)에 해당되는 자로서 상습규율위반자(최종 징벌종료일로부터 1년 이내 3회 이상의 징벌처분을 받은 자), 조직폭력사범, 마약사범 등 엄중관리대상자, 그 밖에 자살우려가 높은 수형자 등 집중적인 교화 및 관리가 필요한 자가 이에 해당된다. 처우의 기준으로는 성격적 결함 제거 또는 경감을 위하여 집중적인 상담을 실시하고, 준법의식의 고취, 도덕교육의 실시, 근로습관의 함양, 집중적·지속적인 상담 실시가 필요하다. 또한, 심리치료, 특수욕구 처우프로그램 등을 통한 문제해결에 노력해야 한다.

참조법령 「형집행법시행규칙」 제76조, 「분류처우업무지침」 제54조·[별표 7]

집중치료기관(集中治療機關)

수용자의 의료처우에 있어서 특수기능을 수행하기 위한 목적으로 지정·운영하는 교정시설을 말한다. 이송대상 수용자는 정신질환자, 폐결핵환자, 한센병환자, 혈액투석환자 중 일정한 기준에 부합하는 수용자이다. 2021년 현재 치료중점교도소로 진주교도소(정신질환자·폐결핵환자), 순천교도소(한센병환자) 2개 기관을, 혈액투석실 운영기관으로 서울동부구치소, 서울남부교도소, 대구교도소, 대전교도소, 광주교도소 5개 기관을 지정·운영하고 있다. 치료중점교도소 및 혈액투석실 운영기관은 전국 교정시설로부터 이입된 환자 등에 대하여 증상의 경중을 확인하여 적절한 치료대책을 마련하고 실시해야 한다.

참고문헌 네이버 '교도소 구치소 구분하여 교정시설 이해하기'

집체직업훈련(集體職業訓鍊)

직업훈련 전담 교정시설이나 그 밖에 훈련을 실시하기에 적합한 교정시설에 집합 수용하여 실시하는 직업훈련을 말한다. 집체직업훈련 전담 소장은 「직업능력개발법」에 따른 훈련기준을 준수하여야 하며, 훈련기준을 준수하기 곤란한 경우에는 고용노동부 등 관계기관과의 협의를 거쳐 법무부장관에게 보고한 후 실정에 맞게 조정할 수 있다. 대상자는 다음 요건에 해당하는 수형자 중에서 선발하되, 출소 후 취업을 위한 직업훈련의 필요성을 중점적으로 평가하여 우선 선발할 수 있다. ① 훈련시작일 기준으로 19세 이상인 수형자 (다만, 소년집체직업훈련수형자의 경우에는 15세 이상 23세 미만인 수형자) ② 기능사과정은 소장이 소정의 직업훈련 과정을 감당할 수 있다고 인정하는 수형자 ③ 산업기사 이상의 과정은 고등학교 졸업이상 또는 이와 동등한 학력이 인정되는 수형자 및 기능사 이상의 자격 보유 수형자 중 소장이 소정의 직업훈련 과정을 감당할 수 있다고 인정하는 수형자이다. 한편 상담을 원하는 집체직업훈련 신청자에 대해서는 사전 상담을 실시하고 그 결과에 대한 기록을 유지하여야 한다.

참조법령 「수형자 직업능력개발훈련 운영지침」 제3조·제9조

관련용어 지원직업훈련, 외부출장직업훈련, 작업병행직업훈련, 현장직업훈련, 단기실무직업훈련

집필(執筆)

붓을 잡는다는 뜻으로, 직접 글을 쓰는 것을 이르는 말이다. 교정시설에서의 집필은 수용자가 필기구류를 이용하여 문서를 작성하거나 그림을 그리는 일체의 행위를 말한다. 즉, 원칙적으로 소송서류·편지의 작성, 소설이나 시 등의 창작활동, 전문서적의 원고작성, 청원서류·민원서류의 작성, 교육 및 직업훈련 등에 필요한 학습활동 등의 글쓰기가 집필에 해당한다. 수용자는 시설

의 안전 또는 질서를 해칠 명백한 위험이 있다고 인정하는 경우를 제외하고 문서 또는 도화(圖畵)를 작성하거나 문예·학술, 그 밖의 사항에 관하여 집필할 수 있으며, 수용자의 휴업일 및 휴게시간 내에 시간의 제한 없이 거실·작업장, 그 밖에 지정된 장소에서 작업이나 수용생활에 방해가 되지 않는 한 집필할 수 있다. 집필은 헌법상 보장된 표현의 자유의 한 내용으로서 특별히 법률에 의하여 제한되지 않는 한 일반적으로 인정되는 기본권이다.

2019년 기준 수용자의 집필물(문예작품) 외부투고는 총 279건이며, 유형별 비중으로는 시(51.3%), 기타 집필물(24.0%), 종교수기(14.3%), 독후감(6.5%), 회화(2.9%), 서예(0.7%), 소설(0.4%) 순이다.

참조법령   「형집행법」 제49조, 「형집행법시행령」 제75조, 「수용자 교육교화 운영지침」 제56조·제57조
참고문헌   『교정통계연보』 115면 (2020)

징계(懲戒)

특별감독관계 또는 신분관계에 있는 자의 일정한 의무위반 행위에 대하여 가하는 행정상의 제재를 말한다. 징계를 통하여 조직 내부의 질서를 유지하고 기율을 바르게 하여 구성원으로서의 책임과 의무를 다하게 하려는데 목적이 있다. 공무원 징계의 종류에는 파면, 해임, 강등, 정직, 감봉, 견책의 6종이 있다. 파면과 해임은 공무원 신분을 완전히 해제함을 내용으로 하는 배제징계이며, 강등·정직·감봉·견책은 공무원의 신분을 보유하면서 신분상·보수상 이익의 일부를 제한함을 내용으로 하는 교정징계이다. 불문경고는 징계양정으로 보면 견책에 해당되나, 감경대상 공적이 있거나 혐의자의 비위행위가 성실·능동적 업무처리과정에서 발생한 과실에 해당하여 감경한 것을 말한다. 불문경고는 법률상의 징계처분은 아니지만, 1년 동안 인사기록카드에 등재됨으로써 그 기간 동안 표창대상자에서 제외되는 등 사실상 징계에 준하는 불이익이 따르는 행정처분이다.

참조법령 「국가공무원법」 제78조~83조

참고문헌 대법원 2002.07.26. 선고 2001두3532 판결

징벌(懲罰)

교정시설 내의 안전과 질서유지를 위한 조치로서 규율위반 수용자에 대한 행정상의 불이익한 처분을 말한다. 징벌은 모든 수용자에게 규율에 따르도록 유도한다는 점에서 일반예방적 효과를 가지며, 징벌을 받은 자에 대하여는 더 이상 규율위반행위를 하지 않도록 경고적 기능을 하는 측면에서 특별예방적 효과를 가진다. 이러한 징벌의 법적 근거는 국민의 기본권을 필요한 경우에 한하여 법률의 형식으로 제한할 수 있도록 규정한 「헌법」 제37조 제2항에 따라 제정된 「형집행법」 및 그 위임규정(시행령·시행규칙)에 있다. 또한 징벌은 수용자에 대하여 일정한 제재가 따르는 점에서 형벌과 유사한 측면이 있으나, 그 법적 성질은 형벌과 다르므로 동일한 행위로 징벌을 받은 후 형사처벌을 하는 것이 일사부재리의 원칙(「헌법」 제13조 제1항)에 반하는 것은 아니다. 한편 징벌의 부과는 수용자의 인권을 존중하며 교정시설의 안전과 질서유지를 위해 필요한 최소한의 것이어야 한다는 한계가 있다.

참고문헌 임현 『바른교정학』 292면~293면 (2019)

징벌대상행위(懲罰對象行爲)

수용자가 해당 행위를 하면 징벌위원회의 의결에 따라 징벌을 부과할 수 있는 행위를 말한다. 구체적으로 ① 「형법」, 「폭력행위처벌법」, 그 밖의 형사법률에 저촉되는 행위 ② 수용생활의 편의 등 자신의 요구를 관철할 목적으로 자해하는 행위 ③ 정당한 사유 없이 작업·교육·교화프로그램 등을 거부하거나 태만히 하는 행위 ④ 금지물품을 소지하거나 반입·제작·사용·수수·교환·은닉하는 행위 ⑤ 다른 사람을 처벌받게 하거나 교도관의 직무집행을

방해할 목적으로 거짓 사실을 신고하는 행위 ⑥ 그 밖에 시설의 안전과 질서 유지를 위하여 법무부령으로 정하는 규율을 위반하는 행위가 있다.

참조법령 「형집행법」 제107조

징벌부과(懲罰賦課)

수용자가 징벌대상행위를 하면 징벌위원회의 의결에 따라 징벌을 부과하는 것을 말한다. 징벌 중 30일 이내의 공동행사 참가 정지, 신문열람 제한, 텔레비전 시청 제한, 자비구매물품 사용 제한, 작업 정지, 전화통화 제한, 집필 제한, 편지수수 제한, 접견 제한, 실외운동 정지는 함께 부과할 수 있다. 또한 수용자가 ① 2 이상의 징벌사유가 경합하는 때 ② 징벌이 집행 중에 있거나 징벌의 집행이 끝난 후 또는 집행이 면제된 후 6개월 내에 다시 징벌사유에 해당하는 행위를 한 때에는 경고를 제외한 징벌에 장기의 2분의 1까지 가중할 수 있다. 한편 징벌은 동일한 행위에 관하여 거듭하여 부과할 수 없으며, 행위의 동기 및 경중, 행위 후의 정황, 그 밖의 사정을 고려하여 수용목적을 달성하는 데에 필요한 최소한도에 그쳐야 한다. 그 밖에 징벌사유가 발생한 날부터 2년이 지나면 이를 이유로 징벌을 부과하지 못한다.

참조법령 「형집행법」 제109조

징벌실효(懲罰失效)

징벌의 집행이 종료되거나 집행이 면제된 수용자가 교정성적이 양호하고 법무부령으로 정하는 기간 동안 징벌을 받지 않으면 법무부장관의 승인을 받아 징벌의 효력을 잃게 하는 것을 말한다. 이 경우 외에도 수용자가 교정사고 방지에 뚜렷한 공로가 있다고 인정되면 분류처우위원회의 의결을 거친 후 법무부장관의 승인을 받아 징벌을 실효시킬 수 있다.

참조법령 「형집행법」제115조

징벌위원회(懲罰委員會)

징벌대상자의 징벌을 결정하기 위하여 교정시설에 설치·운영하는 위원회를 말한다. 위원회는 위원장을 포함한 5명 이상 7명 이하의 위원으로 구성하고, 위원장은 소장의 바로 다음 순위자가 되며, 위원은 소장이 소속 기관의 과장(지소의 경우에는 7급 이상의 교도관) 및 교정에 관한 학식과 경험이 풍부한 외부인사 중에서 임명 또는 위촉한다. 이 경우 외부위원은 3명 이상으로 한다. 동위원회는 소장의 징벌요구에 따라 개회하며, 징벌은 그 의결로써 정한다. 이에 따라 위원회는 징벌대상자가 위원회에 출석하여 충분한 진술을 할 수 있는 기회를 부여하여야 하며, 징벌대상자는 서면 또는 말로써 자기에게 유리한 사실을 진술하거나 증거를 제출할 수 있다. 만약 위원이 징벌대상자의 친족이거나 그 밖에 공정한 심의·의결을 기대할 수 없는 특별한 사유가 있는 경우에는 위원회에 참석할 수 없다. 징벌대상자도 위원에 대하여 기피신청을 할 수 있으며 이 경우 위원회의 의결로 기피 여부를 결정하여야 한다.

참조법령 「형집행법」제111조

징벌종류(懲罰種類)

규율위반 수용자에 대한 행정상의 불이익한 처분의 유형을 말한다. 구체적으로 ① 경고 ② 50시간 이내의 근로봉사 ③ 3개월 이내의 작업장려금 삭감 ④ 30일 이내의 공동행사 참가 정지 ⑤ 30일 이내의 신문열람 제한 ⑥ 30일 이내의 텔레비전 시청 제한 ⑦ 30일 이내의 자비구매물품(의사가 치료를 위하여 처방한 의약품을 제외) 사용 제한 ⑧ 30일 이내의 작업 정지(신청에 따른 작업에 한정) ⑨ 30일 이내의 전화통화 제한 ⑩ 30일 이내의 집필 제한 ⑪ 30일 이내의 편지수수 제한 ⑫ 30일 이내의 접견 제한 ⑬ 30일 이내의 실외운동

정지 ⑭ 30일 이내의 금치가 있다. 이 중 금치는 별도의 거실(징벌거실)에 수용되어 그 기간 중 위의 ④부터 ⑫까지의 처우제한이 함께 부과(원칙)되는 것을 말한다.

참조법령 「형집행법」 제108조 · 제112조

징벌집행(懲罰執行)

징벌이 결정된 수용자에 대하여 징벌위원회의 의결에 따라 정해진 징벌을 집행하는 것을 말한다. 징벌집행을 위하여 필요하다고 인정하면 수용자를 분리하여 수용할 수 있다. 징벌 중 금치는 그 기간 중 30일 이내의 공동행사 참가 정지, 신문열람 제한, 텔레비전 시청 제한, 자비구매물품 사용 제한, 작업 정지, 전화통화 제한, 집필 제한, 편지수수 제한, 접견 제한의 처우제한이 함께 부과된다. 다만, 수용자의 권리구제, 수형자의 교화 또는 건전한 사회복귀를 위하여 특히 필요하다고 인정하면 집필 · 편지수수 또는 접견을 허가할 수 있다. 금치에 처해졌을 때 실외운동은 ① 도주의 우려가 있는 경우 ② 자해의 우려가 있는 경우 ③ 다른 사람에게 위해를 끼칠 우려가 있는 경우 ④ 그 밖에 시설의 안전 또는 질서를 크게 해칠 우려가 있는 경우로서 법무부령으로 정하는 경우에는 건강유지에 지장을 초래하지 않는 범위에서 제한할 수 있다. 특히 징벌로 30일 이내의 실외운동 정지를 부과하는 경우 또는 금치를 받을 때 실외운동을 제한하는 경우라도 (완전한 정지가 아님) 수용자가 매주 1회 이상 실외운동을 할 수 있도록 하여야 하며, 의무관으로 하여금 사전에 그리고 집행 중에 수용자의 건강을 확인하도록 하여야 한다.

참조법령 「형집행법」 제112조

징벌집행정지 · 감경 · 면제 · 유예(懲罰執行停止 · 減輕 · 免除 · 猶豫)

징벌집행의 정지란 징벌을 받는 수용자의 질병이나 그 밖의 사유로 징벌집행이 곤란하면 그 사유가 해소될 때까지 그 집행을 일시적으로 하지 않는 것을 말한다.

징벌집행의 감경 또는 면제란 징벌을 받는 수용자가 뉘우치는 빛이 뚜렷한 경우에는 그 징벌을 줄여서 집행하거나 남은 기간의 징벌집행을 더 이상 하지 않는 것을 말한다.

징벌집행의 유예란 징벌위원회가 징벌을 의결하는 때에 행위의 동기 및 정황, 교정성적, 뉘우치는 정도 등 그 사정을 고려할 만한 사유가 있는 수용자에 대하여 2개월 이상 6개월 이하의 기간 내에서 징벌의 집행을 하지 않고 유보하기로 의결하는 것을 말한다. 이 경우 징벌집행의 유예기간 중에 있는 수용자가 다시 징벌대상행위를 하여 징벌이 결정되면 그 유예한 징벌을 집행한다. 반면 수용자가 징벌집행을 유예받은 후 징벌을 받음이 없이 유예기간이 지나면 그 징벌의 집행은 종료된 것으로 본다.

> **참조법령** 「형집행법」 제113조 · 제114조

징역(懲役)

형법에 규정된 형벌 중의 하나로 수형자를 교정시설 내에 구금하여 정역에 복무하게 하는 것을 내용으로 하는 형벌을 말한다. 징역은 수형자의 신체의 자유를 박탈하는 것을 내용으로 하는 자유형(징역 · 금고 · 구류) 중의 하나이며, 자유형 중 가장 무거운 형벌이다. 징역은 무기 또는 유기로 하고 유기는 1개월 이상 30년 이하로 한다. 단, 유기징역에 대하여 형을 가중하는 때에는 50년까지로 한다.

참조법령 「형법」 제42조·제67조

징역표(懲役表) · 징역처단례(懲役處斷例)

「징역표」는 조선 말기인 1894년 갑오개혁으로 행형제도의 개혁을 추진하면서 「감옥규칙」과 함께 제정한 일종의 계급처우법을 말한다. 「징역표」에 의하면 수형자를 보통자, 특수기능소지자(공장, 악공, 천문생 등), 노유자(노인 또는 아동), 부녀자의 4종으로 구분하고, 다시 각 종류에 대하여 2~5등으로 나누어 계구의 종류를 다르게 적용하되, 일정기간이 지나면 진급시키면서 계구를 점차 완화하도록 하였다. 즉 오늘날의 기초적 분류 및 누진처우에 관한 규정이라고 할 수 있다.

「징역처단례」는 1895년 제정한 법으로, 기존 5종의 형 중에서 장형을 폐지(태형은 일제강점기에 완전히 폐지)하고 도형과 유형을 징역형으로 전환하였다. 다만, 오늘날의 공안사범 등에 해당하는 국사범의 경우 예외적으로 유형을 존속시켰다. 이때부터 징역형이 보편적인 형벌로 정착되기 시작하였다.

참고문헌 『대한민국 교정사Ⅰ』 208면~209면·211면 (2010)

교정용어사전
矯正用語辭典

ㅊ

차입신청(借入申請)

수용자에게 구매가 허가되어 있는 물품 등을 민원인이 수용자의 옥바라지를 위하여 구매 신청하는 것을 말한다. 구매물 차입을 희망하는 민원인은 각 교정시설 민원실을 방문하여 민원실 물품구매 창구에서 수용자에게 필요한 물품을 구매신청서에 기재한 후 접수창구 직원에게 제출하고 물품금액을 현금이나 신용카드로 결제한다. 이때 민원인이 구매신청할 수 있는 1회 한도액을 50,000원으로 제한하고 있는데 이는 많은 음식물을 차입하여 수용자에게 넣어 줄 경우 유통기한의 경과 등으로 부패의 우려가 있기 때문이다. 그러나 부패의 우려가 없는 의류 등 일반용품의 경우에는 금액에 제한이 없다. 다만 일상용품의 경우에도 수용자 1인의 보관품 허가기준을 초과한 신청은 제한된다.

참관(參觀)

판사와 검사 외의 사람이 학술연구 등의 사유로 교정시설을 참관하는 것을 말한다. 참관을 신청하는 경우 소장은 그 성명·직업·주소·나이·성별 및 참관 목적을 확인한 후 허가여부를 결정하며, 외국인에게 참관을 허가할 경우에는 미리 관할 지방교정청장의 승인을 받아야 한다. 미결수용자나 사형확정자가 수용된 거실은 참관할 수 없다.

참조법령 「형집행법」 제9조·제80조·제89조, 「형집행법시행령」 제3조

참형(斬刑)

과거 사형의 집행방법 중 하나이며, 고대부터 존재하여 왔던 전통적인 방법이다. 죄인의 목을 칼로 베어 죽이는 형벌을 말한다. 조선의 경우 참형에 처하는 중범죄에 관해서는 경국대전(經國大典), 대명률직해(大明律直解) 등에 규

정되어 있었다. 역모죄, 대역죄, 존속살해죄 등과 같은 매우 중한 범죄에 적용하였다. 참형을 집행한 경우 위하적인 효과를 위하여 죄인의 머리를 매달거나 시체를 거리에 내버려 두어 일반 백성에게 보여주기도 하였는데, 전자를 효수(梟首), 후자를 기시(棄市)라고 한다. 다만, 죄인이 이미 죽은 경우 그 무덤을 파헤쳐 시체를 꺼내 참형을 집행하기도 하였는데, 이를 부관참시(剖棺斬屍)라고 한다.

참고문헌 『대한민국 교정사 I 』 117면~118면·120~121면 (2010)

채용(採用)

사전적 의미로는 사람을 가려내어 뽑는 것을 말한다. 유사한 개념으로 임용이란 직무를 맡겨 사람을 쓰는 것을 말한다. 교정공무원의 채용은 공개경쟁채용과 경력경쟁채용의 두 가지 방법으로 이루어진다. 공개경쟁채용은 불특정 다수인을 대상으로 경쟁시험을 시행하여 상대적으로 우수한 인력을 선발하는 방식으로 인사혁신처에서 주관한다. 직급별로는 5급 공채, 7급 공채, 9급 공채가 있다. 반면 경력경쟁채용은 일정한 채용요건(자격증, 학력, 경력 등)을 갖춘 사람을 대상으로 경쟁시험을 시행하여 선발하는 방식으로 법무부에서 주관한다. 구체적으로 무도, 외국어, 임상심리사, 상담심리사, 응급구조사, 방송, 간호사, 변호사 등의 자격증 소지자나 일정한 경력자를 채용하고 있다. 한편 교정직류 6급 이하 공무원의 공개경쟁채용 및 경력경쟁채용 시에는 직무수행에 필요한 체력을 검정하기 위한 실기시험(체력검사)을 별도로 실시한다.

2019년 기준 교정직 공개경쟁채용 인원은 5급 공채 미선발, 7급 공채 31명, 9급 공채 246명이며, 경력경쟁채용 인원(2016년까지 상당한 인원을 충원하여 2017년 이후 대폭 감소)은 변호사 경채 1명이다.

참고문헌 『교정통계연보』 23면~24면 (2020)

책임점수(責任點數)

과거 누진처우제도가 시행되었을 당시에 사용되던 용어로, 현재는 감호자의 경우에만 사용하고 있다. 각 계급(누진 1급에서 4급)의 책임점수는 집행할 형기를 월로 환산하여 범수 및 개선급별에 따른 점수를 곱하여 얻은 수로 하며 집행할 형기를 월로 환산함에 있어서 월의 단수는 버린다. 집행할 형기의 계산방법은 형기종료일에서 형집행지휘서 접수일을 뺀 합으로 환산한다. 이때 초범자의 경우 A급 2점, B급 3점, C급 4점, 2범 이상인 자의 경우 A급 2.5점, B급 3.5점, C급 4.5점으로 하여 월로 환산된 집행할 형기를 곱하여 나온 수가 책임점수이다. 책임점수를 산정하는 경우에 부정기형은 단기를, 무기형과 20년을 초과하는 유기징역 또는 금고형은 20년을 그 형기로 하였고, 2 이상의 유기징역 또는 금고형이 병합된 경우 형기를 합산하여 책임점수를 산정하였다.

참조법령 (구)「수형자분류처우규칙」제23조

책화(責禍)

고대 동예에서 시행하였던 형벌제도 중의 하나이다. 각 마을에 제사 또는 경제구역을 산이나 강을 경계로 하여 정하고 함부로 침범하지 않았는데, 만약 서로 침범하면 침범한 자는 노비나 소·말로써 배상하게 하는 제도였다. 동예는 동해안 지대에 위치하고 있었는데, 인근의 옥저, 고구려와 함께 같은 부여 계열로서 유사한 법속을 가졌던 것으로 전해진다.

참고문헌 『대한민국 교정사Ⅰ』 37면 (2010)

처우(處遇, Treatment)

범죄자에 대한 처우는 형사사법단계에 따라 사법처우, 교정처우, 보호처우로 구분할 수 있다. 이 중 교정처우란 교정행정의 목적을 달성하기 위해 교정직원이 행하는 수용자에 대한 취급 방법을 말하며, 다양한 형식의 형사사법 재판의 집행을 위해 교정행정을 실시할 때에는 공평한 처우를 통한 행정작용의 실시가 요청된다. 광의로는 수용자의 일상생활에서의 대우, 수용확보를 위한 규율유지작용, 사회복귀를 위한 교육 작용의 전반에 미치는 취급이 처우이다.

현대의 교정행정은 행형, 미결구금, 사형확정자의 구치, 소년보호 등 여러 분야로 나뉘어져 있지만 모두 시설내 처우이고 각각의 목적에는 차이가 있다. 즉, ① 수형자에게는 개선의욕의 환기 및 사회생활에 적응할 수 있는 능력의 육성을 목적으로 한 교정처우 ② 구류자에게는 형사소송법상의 구류목적에 따라 그 법적지위에 알맞은 적정한 처우 ③ 사형확정자에게는 심신의 안정을 얻을 수 있도록 하는 처우 ④ 소년원송치의 보호처분을 받은 재원자에게는 건전한 사회생활에 적응할 수 있도록 하는 교정교육의 실시가 필요하며 이러한 것들이 각 분야 각 주요처우의 내용을 이루게 된다.

미결구금 등의 협의의 형사사법 절차에 관한 영역은 별개로 하더라도, 본래적인 교정의 요점은 범죄자나 비행소년 등의 인격에 작용하여 자각(自覺)하게 함으로써 교정교화를 촉진하는 것이다. 수용자 처우의 방향이 가치있는 인간다운 존재로 대우하는 것, 즉 인간 고유의 존엄과 가치를 존중하여 취급하고 (1966년 국제인권 B규약 제10조, 1990년 피구금자처우기본원칙 제1조), 자존심을 고양하여 책임감을 향상시키는 것에 있다(1955년 「피구금자처우에관한최저기준규칙('만델라규칙')」 제65조). 구체적으로는, 수용자의 건강관리나 의식주의 생활환경을 일정 수준으로 유지하고, 공평하고 실질적으로 평등하게 취급하여 사회화를 목적으로 하는 개별적인 교육적 처우의 실시가 요구된다.

처우현장에서는 처우에 임하는 직원의 인격, 사상, 태도 등이 미치는 영향은 매우 크므로 직원은 교정의 목적을 올바로 인식해서 직무에 필요한 처우 방법을 습득하여 사적인 관대함이나 친숙함, 불필요한 냉혹함, 수용자를 함부로 대하는 등의 행동을 배제하고 엄격하고 공정하며 냉정한 태도와 적절한 언어를 유지하면서 열의를 가지고 처우할 것이 요구된다.

참고문헌　鴨下守孝·松本良枝 『교정용어사전』 188면 (2006)

처우개별화(處遇個別化)

수형자 개인에게 있어서 그 범죄·비행의 원인이 된 문제성, 성격, 능력, 보호관계 등의 개별적인 사정을 충분히 고려해서 그에 적합한 처우를 실시하는 것이다. 교정시설에 있어서 처우의 기본원칙의 하나로, 대상자의 개인별 특성의 정확한 파악과 그 특성에 알맞은 적절한 처우의 실현을 목적으로 하는 이념으로써 불려지고 있다. 처우의 개별화를 추진하는 전제로서 처우활동의 계획화가 요청되며 개별적 처우계획서가 작성되고 있다.

참조법령 「분류처우업무지침」 제55조
참고문헌 鴨下守孝·松本良枝 『교정용어사전』 190면 (2006)

처우급(處遇級)·처우분류급(處遇分類級)

「형집행법」 개정 이전에 시행된 분류급으로 교정시설에 수용하여 처우를 실시함에 있어 구체적인 처우 단위로 집단에 편입시키기 위해서 구분하던 분류급이다. 이 단계의 처우분류의 기준은 상당히 구체적이고 특징적인 처우내용에 대응하기 위한 것이었다. 처우급은 (구)「수형자분류처우요강」 제11조에 근거하여 다음과 같이 세분하고 있다. V급(직업훈련), E급(학과교육), G급(생활지도), T급(전문적 의료처우), Q급(양호처우), R급(작업지도), H급(자치처우), N급(관용작업), S급(특수처우)으로 세분하며, 형집행법 개정 이후의 개별처우급에 해당한다.

참고문헌 서운재 「수형자 분류처우제도의 운영실태와 개선방안에 관한 연구」 (1997)

처우등급(處遇等級, Treatment Levels)

수형자의 처우 및 관리와 관련하여 수형자를 수용할 시설, 수형자에 대한 계호의 정도, 처우의 수준 및 처우의 내용을 구별하는 기준을 말한다. 처우등급은 기본수용급, 경비처우급, 개별처우급으로 구분하고 분류심사 결과에 따라 결정되며, 결정된 처우등급별로 처우를 실시하게 된다. 현 경비등급제도가 시행되기 이전에는 기본수용급은 수용분류급으로(성별, 국적, 형명, 연령 및 형기 등에 의한 구분), 경비처우급은 관리분류급으로, 개별처우급은 처우분류급으로 통용되었다.

참조법령 「형집행법시행규칙」제2조·제72조, 「분류처우업무지침」제51조

처우방식(處遇方式, Treatment Method)

범죄자에 대한 처우를 구체적으로 실행하는 방식을 말한다. 교정이 이루어지는 장소, 구금의 강도 및 사회화의 정도를 기준으로 크게 시설내 처우(폐쇄형처우), 사회적 처우(개방형처우), 사회내 처우(사회형처우)로 구분할 수 있다. 시설내 처우(폐쇄형처우)는 범죄자를 사회로부터 격리하고 교정시설에 구금하여 처우를 하며, 구금의 강도는 가장 강한 반면 사회화의 정도는 가장 약하다. 반대로 사회내 처우(사회형처우)는 범죄자를 지역사회 내에서 생활하게 하면서 처우를 하며, 구금의 강도는 가장 약한 반면 사회화의 정도는 가장 강하다. 사회적 처우(개방형처우)는 시설내 처우와 사회내 처우를 절충한 중간 형태의 처우방식으로, 사회와의 접촉을 확대하거나 사회와 유사한 시설에서 생활하도록 한다.

참고문헌 김옥현 『교정학』 97면 (2020)

천사(遷徙)

고려시대와 조선시대 기본형 중 하나인 유형(流刑)의 일종이며, 조선에서 체계적으로 확립되었다. 중한 범죄를 저지른 일반 양민에 대하여 부과하는 것으로 강제로 국경지역으로 이주시켜 살게 하는 형벌을 말한다. 천사는 조선 초기부터 북방개척과 함께 평안도와 함길도(함경도)의 이민정책이 추진되면서 시행하였다. 이주 후에는 일반 양민과 동등한 생활을 유지할 수 있었으나, 주거지를 임의로 벗어나면 도주죄로 다스렸다.

참고문헌　『대한민국 교정사Ⅰ』 115면 (2010)

청년수형자(Y급: Young prisoner)

기본수용급의 하나로써 분류처우위원회 의결일 기준으로 만 19세 이상 23세 미만 성년 수형자에게 부여하는 수용급을 말한다. 처우의 기준으로는 악풍 감염의 방지에 노력하고 상식의 습득 및 규범을 준수하는 습관을 향상시키며 학과 및 직업에 관한 자격의 취득에 노력한다. 또한, 특기 및 적성발견에 노력하고, 보호자와의 관계유지에 노력한다.

참조법령　「형집행법시행규칙」 제73조, 「분류처우업무지침」 제52조·[별표 7]

청사근무(廳舍勤務)

청사란 국가 또는 지방자치단체가 공공(公共)의 사무, 특히 행정사무를 취급하는 조직 및 그 조직이 입주한 건물을 말한다. 즉 관청의 사무실로 쓰이는 건물과 그 대지 및 이에 설치된 공작물 일체를 의미한다.

청사근무는 「국가공무원 복무규정」 제9조(근무시간 등)의 평일 근무시간 이후인 18:00 이후에 교도소, 구치소 등 일선 교정기관의 청사에서 수용자의 입소 및 출소관계에 관한 사무처리, 문서의 수발, 기타 청사에 대한 방범(防犯)·방호(防護)·방화(防火) 및 보안상태의 순찰·점검 등 사고의 발생을 미리 방지하기 위한 일체의 근무행위를 말한다. 청사근무에 임하는 직원은 법령과 규정을 준수하고 성실한 태도로 근무에 임하여야 하며 지휘계통에 있는 상사의 직무상 명령에 따라야 하고 복무사항을 숙지해야 한다. 각 교정시설의 청사근무시간은 기관사정에 따라 약간씩 차이가 있다.

참조법령 「대검찰청 청사관리 규정」 제2조

청원(請願)

비사법적 권리구제수단 중의 하나로 수용자가 법무부장관·순회점검공무원 또는 관할 지방교정청장에게 자신의 처우에 관하여 불복을 제기하는 것을 말한다. 여기서 처우란 「형집행법」 제2편에서 규율하고 있는 사항으로 수용자에게 사실상·법률상 영향을 미치는 교정행정작용을 말한다.

청원의 경우 청원서 작성·제출 → 청원담당자 인수 및 송부 → 청원서 접수·검토 → 지방교정청에 조사지시 → 청원조사담당자 조사 → 관련자료·답변자료 제출 → 조사결과 보고 → 청원 결정 → 결정서 전달 등 순으로 업무를 처리한다. 청원하려는 수용자는 청원서를 작성하여 봉한 후 소장에게 제출한다. 다만, 순회점검공무원에 대한 청원은 말로도 할 수 있다. 청원서는 개봉해서는 안 되며, 이를 지체 없이 법무부장관·순회점검공무원 또는 관할 지방교정청장에게 보내거나 순회점검공무원에게 전달하여야 한다. 이에 따라 순회점검공무원이 청원을 청취하는 경우에는 해당 교정시설의 교도관이 참여해서는 안 된다. 이후 청원에 관한 결정은 문서로 하여야 하며, 청원에 관한 결정서를 접수하면 청원인에게 지체 없이 전달하여야 한다.

2019년 기준 수용자의 청원은 총 558건이며, 그에 대한 처리결과는 인용 22건(3.9%), 기각 144건(25.8%), 각하 81건(14.5%), 취하 308건(55.2%), 그 밖에 3건(0.5%)이다.

참조법령 「형집행법」제117조
참고문헌 『교정통계연보』124면 (2020)

체포(逮捕)

피의자의 신체를 구속하는 강제처분이며 행동의 자유를 박탈하는 행위를 말한다. 「형사소송법」에 규정된 체포는 체포영장에 의한 체포, 긴급체포, 현행범인체포로 나누어지며 요건이나 영장의 요부 등에서 서로 다르다.

체포영장에 의한 체포는 피의자가 죄를 범하였다고 의심할만한 상당한 이유가 있고, 정당한 이유 없이 수사기관의 출석요구에 응하지 않거나 응하지 않을 우려가 있는 때, 법관이 발부한 영장에 의하여 수사기관이 체포하는 것으로서 체포의 원칙적인 형태이다. 긴급체포는 일정한 사유가 있는 경우(피의자가 사형·무기 또는 장기 3년 이상의 징역이나 금고에 해당하는 죄를 범하였다고 의심할만한 상당한 이유가 있을 때)에 긴급을 요하여 체포영장을 발부받을 수 없는 때 수사기관이 영장 없이 체포할 수 있는 제도이다. 현행범인체포는 현행범인에 한하여 영장 없이 체포하는 것으로서 수사기관에 한하지 않고 누구든지 체포할 수 있다.

참고문헌 네이버 법률용어사전

총무(總務, General Affairs) · 총무과(總務課)

총무란 조직 전체에 관한 사무를 취급하는 업무, 또는 직무를 말한다.

총무과는 교정시설의 전체적이며 일반적인 사무를 담당하는 부서로서 여러 부서를 총괄하여 조직의 목표를 달성하거나 여러 부서에 공통적으로 관계되는 업무를 수행하며 전 교정시설에 설치되어 있다. 주된 업무는 인사·관인

343

및 관인대장의 관리, 문서의 접수·발송·편찬 및 보존과 통계, 보고·수용·석방·보관·차입·예산·결산 및 금전의 출납, 대체복무요원 복무 관리 및 지도 등의 업무를 담당하고 있다.

과거에는 여러 가지 일반적인 사무를 담당하는 의미의 '서무과(庶務課)'로 통용되었다.

참조법령 「법무부와 그 소속기관 직제 시행규칙」 제16조

추정가격(推定價格)

물품·공사·용역 등의 조달계약을 체결함에 있어서 국제입찰 대상여부를 판단하는 기준 등으로 삼기 위하여 예정가격이 결정되기 전에 예산에 계상된 금액 등을 기준으로 산정된 가격을 말한다. 즉 계약목적물의 순수가격으로 계약상대자가 가져갈 수 있는 순수금액으로 부가가치세와 발주기관에서 직접 공급하는 관급자재비를 제외한 금액을 말한다. 추정가격의 결정기준으로는 예산에 계상된 금액, 해당 목적물의 규격서, 설계서 등에 따라 산출된 금액, 관급자재대 및 부가가치세를 제외한 금액이 결정기준이 된다. 추정가격의 용도는 입찰 및 계약방법 결정기준이 되는 금액, 적격심사 기준의 적용범위를 정하는 금액, 대형공사, 순수내역입찰, 수의계약 등 대상 여부의 판단기준이 된다.

참조법령 「국가계약법시행령」 제2조·제7조

추정금액(推定金額)

공사에서 사용되는 개념으로 공사예정금액이며 추정가격, 부가가치세, 관급자재비를 포함한 금액을 말한다. 즉, 발주기관이 공사에 투입하는 총비용이라고 할 수 있다. 추정금액은 제한경쟁입찰에서 공사 제조 또는 용역 등의 실적

금액기준으로 쓰이거나 대형공사 및 특정공사에서 집행기본계획서 제출의 기준으로 활용된다.

참조법령　「국가계약법시행규칙」 제2조·제25조·제78조

출석요구(出席要求)

검사 또는 사법경찰관이 수사가 필요한 때에는 피의자 또는 피의자가 아닌 자의 출석을 요구하여 진술을 들을 수 있는 것을 말한다. 이를 근거로 하여 검사가 수용자의 출석을 요구할 경우 교정기관은 형사절차에 협조하기 위해 수용자를 검찰청으로 출석시키고 있다.

출석요구의 방법으로는 형사사법정보시스템(KICS, 경찰·검찰·법원·법무부간 업무수행 과정에서 발생한 자료를 상호간에 활용하기 위하여 개통한 전자정보유통시스템)에 의한 출석요구, 유선연락 등 그 밖의 방법(야간에 수용자가 입소하거나 수사상 긴급한 필요가 있는 경우)에 의한 출석요구가 있다.

참조법령　「형사소송법」 제200조·제221조

출입문(出入門)

사람, 차량, 물품의 출입을 위하여 교정시설의 주요 장소에 설치되어 있는 문을 말한다. 이 중 정문은 교정시설의 구내(주벽 내부)와 구외(주벽 외부)를 구분하는 출입문을, 외부정문은 교정시설의 출입문 중 가장 외곽(대체로 철조망 펜스가 설치)에 위치한 출입문을, 중문은 정문 외에 주벽을 통하는 개방지역 출입문과 구내에 설치되어 있는 여러 출입문을 말한다. 이러한 출입문은 외부인의 출입을 제한하고, 금지물품의 반입을 차단하며, 수용자의 도주를 방지하는 등 교정사고를 예방하는 기능을 수행한다.

출장(出張)

상사의 명에 의하여 정규 근무지 이외의 장소에서 공무를 수행하는 것을 말한다. 출장의 종류에는 근무지내 출장과 근무지외 출장, 국외출장이 있다. 근무지내 출장은 특별시와 광역시를 포함한 동일시와 군 및 섬(제주특별자치도 제외)안에서의 출장 또는 여행거리가 12km 미만인 출장을 말한다. 12km를 넘더라도 동일한 시·군 및 섬 안에서의 출장은 근무지내 출장에 해당한다. 근무지외 출장은 특별시와 광역시를 포함한 동일시와 군 및 섬(제주특별자치도 제외)밖으로의 출장이며 여행거리가 12km 이상인 출장을 의미한다.

참조법령 「국가공무원 복무 징계 관련 예규」 제104호 (2020)

출정(出廷, Court Escorts) · 출정과(出廷課)

법정에 나가는 일이라는 사전적 의미를 가지고 있지만, 교정기관에서는 수용자의 재판권을 보장하고 법률이 정하는 형사·민사·가사재판 등의 법정절차에 참여할 수 있도록 법원 등의 지정된 장소로 수용자를 동행하여 계호하는 것과 검찰의 수사업무를 위해 피의자를 검찰청 등의 지정된 장소로 동행하여 계호하는 것을 말한다.

출정과는 수용자의 출정통지, 출정계호 등의 업무를 담당하며, 2021년 현재 21곳의 교정시설에 설치되어 있고, 출정과가 없는 경우 보안과 출정팀에서 업무를 담당한다.

2019년 기준 수용자의 출정은 총 277,003건이며, 이 중 법원으로의 출정은 207,072건으로 약 74.8%를, 검찰청으로의 출정은 69,931건으로 약 25.2%를 차지한다.

참조법령 「법무부와 그 소속기관 직제 시행규칙」 제16조

참고문헌 『교정통계연보』 110면 (2020)

출정비용(出廷費用)

교정시설에 수용 중인 수용자가 ① 민사·행정·가사 소송 출석 ② 민사·행정·가사 소송기록의 열람·복사의 사유로 교정시설 관할지역 외의 법원 등에 출정하는 경우 해당수용자에게 징수하는 비용을 말한다. 이는 수용자가 민사재판 등 소송을 목적으로 출정하는 사례가 급증하여 결과적으로 직원들의 업무가중 및 예산낭비를 초래하고 있어 민사소송 등의 참여는 허용하되, 그 출정과정에서 소요되는 출정비용을 해당수용자가 부담하도록 하기 위하여 관련 지침 등을 제정하여 시행하고 있다.

대법원은, 출정비용을 납부하지 않은 수용자의 보관금에서 출정비용을 상계처리한 교도소측에 "부당이득 출정비용을 반환해 달라"며 수용자가 제기한 소송에서 "수용자가 민사소송의 당사자가 돼 변론기일에 출석하기 위한 여비나 출정비용은 당사자 비용으로서 당연히 법정 소송비용에 해당한다"며 "따라서 출정에 소요되는 연료비와 통행료에 해당하는 '차량운행비'를 교정시설의 장이 수용자에게 청구하는 것이 부당 이득이 된다고 할 수 없다"며 청구인의 재판청구권을 침해하지 않는다고 원고의 상고를 기각하였다.

참고문헌 대법원 2013.01.10.선고 2011다 91128판결

충군(充軍)

조선시대 기본형 중 하나인 도형(徒刑)의 일종이며, 일정한 기간 관아에 구금하여 중(重한) 노역에 종사시키는 대신 군역에 복무시키는 제도를 말한다. 충군은 주로 군인이나 군에 관계되는 범죄에 대하여 적용하였다. 장형 100대를 집행한 후 신분의 고하와 범죄의 경중에 따라 차등을 두어 군역에 복무시켰다.

참고문헌 『대한민국 교정사Ⅰ』 109면~110면 (2010)
관련용어 도형(徒刑)

취사원선정(炊事員選定)

취사원은 「분류처우업무지침」의 운영지원작취업업자 선정기준 등에 따라 반드시 의무관의 건강검진을 완료하고 이상이 없는 자를 선정한다. 취사원의 건강상태는 전 수용자에 대한 급식의 안전성에 직접적인 영향을 미치기 때문에 안전한 급식을 위해서는 건강한 수용자를 취사원으로 선정함은 물론 취사원 개인에게 기본적인 위생관리 방법을 가르치고 이를 실천하도록 하는 것 또한 중요하지 않을 수 없다. 현재 취사원으로 선정하기 위해서는 「감염병예방법 시행규칙」 제50조에서 규정하고 있는 질병 외에 기본적인 건강상태를 체크하고 상담 등을 통해 취사원으로서 감당할 만한 신체적 · 정신적인 조건이 되는지를 판단하는 것이 중요하다.

참조법령 「식품위생법」 제2조12호, 「식품위생법시행규칙」 제49조 · 제50조, 「감염병예방법」 제45조, 「감염병예방법 시행규칙」 제33조, 「분류처우업무지침」 제87조

취업 · 창업지원((就業 · 創業支援)

수형자의 사회생활 적응능력 함양과 성공적인 사회복귀를 위해 출소 후 취업 및 창업을 지원하는 업무를 말한다. 교도작업 및 직업훈련과 연계하여 그 중요성이 높아지고 있으며, 협의기구와 실무조직을 중심으로 교육, 상담, 행사 등 다방면의 활동을 펼치고 있다. 2019년 기준 취업지원을 통한 출소 후 취업인원은 총 1,557명이며, 취업 · 창업지원 업무의 세부사항에 관해서는 「수형자 취업 및 창업지원 업무 지침」에서 구체적으로 규정하고 있다.

우선 취업알선 및 창업지원에 관한 기본 협의기구로 각 교정기관에 '수형자 취업지원협의회'를 설치 · 운영하고 있다. 그리고 이러한 협의회의 원활한 활

동을 지원하고, 취업·창업지원 관련 주요정책에 관한 자문을 얻기 위한 상위 협의기구로 법무부에 '법무부 수형자 취업정책협의회'를 설치·운영하고 있다. 이외에 각 교정기관에 '취업 및 창업지원 전담반'을 구성하여 매월 1회 정기회의를 개최하며 전반적인 실무를 수행하고 있다. 협의회들이 내부위원과 외부위원이 혼합되어 있는 반면 전담반은 내부의 실무자들로 구성되어 있다.

또한 자체강사 또는 외부강사를 활용하여 다양한 취업·창업지원 교육프로그램을 운영하고 있다. 한국법무보호복지공단과 연계하여 정기적으로 실시하는 '허그(HUG)일자리지원교육', 외부강사를 초빙하여 취업능력을 향상시키는 '취업면접교육', 창업에 필요한 정보를 제공하는 '소자본창업교육' 등이 대표적이다. 그리고 내부직원 또는 외부전문가와의 정기상담 및 수시상담을 실시하고, 출소자를 구인업체에 동행하여 면접기회를 제공하는 '출소자 동행면접'을 시행하기도 한다. 이외에 출소예정자와 구인업체의 만남을 알선하는 '구인·구직 만남의 날' 등 행사를 개최하고 있다.

참조법령   「형집행법시행령」 제85조, 「수형자 취업 및 창업지원 업무 지침」 제3조·제6조·제11조·제23조~제25조

참고문헌   『교정통계연보』 148면 (2020)

취업조건부가석방(就業條件附假釋放)

취업이 확정된 수형자를 대상으로 취업조건부 가석방을 통해 모범 수형자의 안정적인 사회복귀를 지원하고 교정시설의 과밀수용을 해소하기 위한 제도이다. 「형법」 제72조의 가석방의 요건을 충족하고 잔형기 3개월 이상의 수형자가 그 대상이며 교정시설 및 법무보호복지공단에 등록된 구인업체를 선정하여 채용 약정하게 된다. 통상적인 가석방 기준을 10% 이내로 완화하여 조기출소 취업시켜 특별준수사항을 부과한 후 위반여부를 감독하고 위반시에는 가석방을 취소하게 된다.

취업조건부 가석방 절차로서는, 교정시설 분류심사과에서 대상수형자 명단을 직업훈련과에 통보하고 직업훈련과에서는 채용 약정한 수형자 명단을 분

류심사과에 통보하면 분류심사과에서 통보된 명단을 검토하여 가석방예비회의에 상정, 심사의결 후, 법무부에 가석방심사신청을 하게 된다. 취업조건부로 가석방이 허가된 수형자는 법무부 교정본부 분류심사과에서 그 명단을 범죄예방정책국 보호정책과 및 보호관찰과에 통보하여 관리 감독하게 된다.

참고문헌 법무부 교정본부 보도자료

치료감호(治療監護) · 치료감호심의위원회(治療監護審議委員會)

치료감호란 심신장애 상태, 마약류·알코올이나 그 밖의 약물중독 상태, 정신성적(精神性的) 장애가 있는 상태 등에서 범죄행위를 한 자로서, 재범의 위험성이 있고 특수한 교육·개선 및 치료가 필요하다고 인정되는 자에 대하여 치료감호시설에서 적절한 보호와 치료를 하는 보안처분을 말한다. 2021년 현재 공주시에 위치한 국립법무병원이 유일한 치료감호소로 운영 중이다.

치료감호심의위원회는 치료감호 및 보호관찰의 관리와 집행에 관한 사항을 심사하고 결정하기 위하여 법무부에 설치된 위원회이다. 동 위원회는 판사·검사 또는 변호사의 자격이 있는 6명 이내의 위원과 정신건강의학과 등 전문의 자격이 있는 3명 이내의 위원으로 구성하고, 위원장은 법무부차관으로 한다. 임기는 3년이며 위원회의 심사·결정사항으로서는 ① 피치료감호자에 대한 치료감호시설간 이송에 관한 사항 ② 피치료감호자에 대한 치료의 위탁·가종료 및 그 취소와 치료감호 종료 여부에 관한 사항 ③ 피보호관찰자에 대한 준수사항의 부과 및 지시·감독과 그 위반시의 제재에 관한 사항 ④ 그 밖에 제1호부터 제3호까지에 관련된 사항이며 위원회에는 전문적 학식과 덕망이 있는 자 중에서 위원장의 제청으로 법무부장관이 위촉하는 자문위원을 둘 수 있다. 위원회는 심사를 위하여 필요하면 법무부소속 공무원으로 하여금 결정에 필요한 사항을 조사하게 하거나 피치료감호자 및 피보호관찰자나 그 밖의 관계자를 직접 소환·심문하거나 조사할 수 있다. 위원장을 포함한 재적위원 과반수의 출석으로 개의하고, 출석위원 과반수의 찬성으로 의결한다.

참조법령   「치료감호법」제37조~제41조

ㄱ

ㄴ

ㄷ

ㄹ

ㅁ

ㅂ

ㅅ

ㅇ

ㅈ

ㅊ

ㅋ

ㅌ

ㅍ

ㅎ

교정용어사전
矯正用語辭典

ㅋ

카운슬링(counseling)

원래 개인의 생활상의 문제나 가족문제 등의 적응을 위한 지도, 조언에서 시작되었지만, 점차 인격 전체의 적응을 원조하는 심리요법과 같은 동의어가 되었다. 카운슬링을 받으러 오는 사람을 클라이언트(내담자), 카운슬링을 하는 사람을 카운슬러(상담자)라고 말하며, 카운슬링은 이 카운슬러와 클라이언트와의 면접관계를 통해서 클라이언트의 자기통찰을 촉진하여 그 감정, 태도, 인격의 변화와 성장을 도모하는 것을 목적으로 하고 있다. 카운슬링에는 여러 가지 입장이나 방법이 있다. 일반적으로 ① 임상적 카운슬링, 지시적 카운슬링 ② 비지시적 카운슬링, 내담자 중심요법, 경험주의 심리요법 ③ 절충적 카운슬링의 3가지로 구별한다. 또한 카운슬링은 개별적 카운슬링(한 사람의 카운슬러와 클라이언트의 면접관계)을 기본적인 유형으로 하고 있지만 두 사람 이상의 소집단에 적용시키는 경우 이것을 집단 카운슬링이라고 부르고 있다. 집단 카운슬링은 소수의 카운슬러가 다수의 클라이언트를 대상으로 실시할 수 있기 때문에 경제성이 있으며 카운슬링의 과정에서 클라이언트가 상호 서로 영향을 주어 치료효과를 높일 수 있는 장점을 가져 개별 카운슬링과 상호 보충적으로 실시하고 있다.

참고문헌 鴨下守孝・松本良枝 『교정용어사전』 36면 (2006)

카티지제(Cottage System)

'카티지(Cottage)'가 '작은 집'을 뜻하듯이 소집단으로 가족적인 분위기에서 처우하는 제도를 말한다. 카티지제는 기존의 처우제도가 대규모 교정시설에서의 획일적이고 기계적인 운영의 결과 여러 문제점을 드러내자 이를 보완하기 위한 대안으로 미국에서 시작되었다. 카티지제는 혼거제를 전제로 하고 일반적으로 수형자 자치제와 결합되어 운영하며, 과학적 분류제도 및 부정기형과 연계될 때 효과적이다. 이 제도는 수형자를 특성에 따라 여러 카티지(소집

355

단)로 분류한 후, 카티지별로 충분한 자치활동을 보장하고 적절한 처우방법을 적용한다. 카티지의 인원은 약 25~30명 정도이며, 독립된 가옥에 들어가 가족적인 분위기에서 생활하도록 한다. 벨기에의 소년교정시설 카티지제 등 성공적인 사례가 있으나, 현재 우리나라에서는 교정시설의 여건 등을 고려하여 실시하지 않고 있다.

참고문헌 임현 『바른교정학』 89면 (2019)

교정용어사전
矯正用語辭典

ㅌ

타당도(妥當度, Validity)

전체 결과에 영향을 미칠 수 있는 수검자의 응답 방식을 탐지할 목적으로 개발되었다. 즉, 이 검사가 "무엇을 파악하려고 하는 것이냐"의 문제라고 할 수 있다. 따라서 타당도는 "어떤 한 검사에서 측정하려고 하는 것을 얼마나 올바르게 측정하느냐"로 정의된다. 수검자가 자신의 증상이나 문제를 과장 왜곡하거나 축소 왜곡 보고할 경우의 방어적 수검 태도의 가능성을 탐지할 수 있다.

탄방기(湯飯器)

수용사동에서 배식용으로 쓰던 식기의 한 종류를 이르는 말이다. 밥그릇이나 국그릇보다 조금 더 큰 크기로, 목욕탕에서 쓰이던 물 바가지 형태이다. 주로 반찬 등을 넣어 비비거나 할 때 사용하였다. 현재 탄방기는 공급되지 않고 사각 찬통으로 바뀌었다.

탕반기(湯飯器: 장국그릇)에서 부르기 편하게 탄방기, 탐방기 등으로 발음된 것으로 보인다.

태형(笞刑)

고려시대와 조선시대 기본형 중의 하나이며, 작은 가시나무 회초리로 죄인의 볼기를 치는 형벌을 말한다. 태형의 기원에 관한 일설에 의하면 약 2,000년 전 중국 전한(前漢)시대 문제(文帝) 때 코나 발꿈치를 베어내는 가혹한 형벌 대신 인도주의적 조치로서 태형과 장형을 처음으로 시행하였다고 한다. 우리나라에서는 고려 때부터 태형을 보편적으로 시행하였고, 조선에서도 이를 지속하였다. 태형은 5종의 기본형 중 가장 가벼운 형벌로 10대에서 50대까지 5등급으로 나누어졌다. 조선의 경우 태형의 집행은 죄인을 형대에 묶은 다음하의를 내리고 둔부를 노출시켜 대수를 세어가면서 집행하였는데, 부녀자인 경우에는 원칙적으로 옷을 벗기지 않으나 예외적으로 간음한 여자는 옷을 벗기고 집행하였다. 다만, 나이가 70세 이상이거나 15세 이하인 자와 치료할 수 없는 중병에 걸린 자는 태형을 집행하지 않고 속전을 받았으며, 임신한 여자도 70세 이상인 자에 준하여 처리하였다. 태형은 조선 말기 장형이 폐지된 후에도 오랫동안 존속하다가 일제강점기인 1920년에 가서야 완전히 폐지되었다.

참고문헌 『대한민국 교정사Ⅰ』 105면~106면 (2010)

통용문(通用門)

정문과는 별도로 평상시 출입에 사용하는 문으로 교도소나 구치소 건물의 구역 사이를 이어주는 문을 말한다. 내부는 주로 주복도에서 수용동이나 작업장 등으로 통하고, 외부는 주복도에서 외부로 통하는 지점에 설치된 문이다. 주복도에서 운동장으로, 보안청사에서 주복도로, 수용동에서 주복도로 나가는 문 등이다. 과거에는 직원이나 경비교도대 등을 배치하여 상시 시정하였다가 직접 문을 개폐하였으나, 현재는 시설 내부의 통용문은 전자방식으로 제어되고 있다.

퇴직(退職)

공무원의 경우 일정한 사유에 의해 공직에서 물러나는 것을 말한다. 퇴직은 크게 당연 퇴직과 면직으로 구분된다. 당연퇴직은 일정한 사유가 있는 경우 자동적으로 퇴직하는 것을 말하며, 주요 사유로는 정년퇴직, 사망, 임기만료 등이 있다. 면직은 자의 또는 타의에 의해 퇴직하는 것을 말하며, 주요 사유로는 명예퇴직, 사직, 징계면직, 직권면직 등이 있다.

2019년 기준 교정공무원의 퇴직 인원은 총 457명이며, 이 중 당연퇴직은 192명으로 약 42%를, 면직은 265명으로 약 58%를 차지한다.

참조법령 「국가공무원법」 제69조·제70조
참고문헌 『교정통계연보』 44면~45면 (2020)

특별사법경찰관리(特別司法警察官吏)

특별사법경찰제도는 특정한 분야의 경우 일반사법경찰관리로서는 직무수행이 불충분하기 때문에 그 효율성을 위하여 전문성을 가진 행정공무원에게 특별히 사법경찰권을 부여하여 수사업무를 수행할 수 있도록 한 제도이다. 교정, 철도, 환경, 위생, 산림, 세무 등 다양한 분야에서 「사법경찰직무법」에 따라 특별사법경찰관리가 활동하고 있다. 특별사법경찰관은 4~7급 공무원에게, 특별사법경찰리는 8~9급 공무원에게 부여하고 있다. 이러한 특별사법경찰관리가 되는 유형으로 3가지가 있는데, ① 법률에 지정되어 자동으로 사법경찰권을 부여하는 경우 ② 소속기관의 장이 관할 지방검찰청검사장에게 명단만 보고하는 경우 ③ 소속기관의 장이 제청하여 관할 지방검찰청검사장이 지명하는 경우이다.

교정의 경우 교도소·소년교도소·구치소 또는 그 지소의 장은 자동으로 특별사법경찰관이 되며, 지방교정청·교도소·소년교도소·구치소 또는 그 지소의 4급부터 9급까지의 공무원 중 조사담당 교도관은 관할 지방검찰청검사장의 지명에 의하여 특별사법경찰관리로서 직무를 수행한다. 따라서 교정시설 안에서 발생하는 범죄에 관하여 필요한 수사업무를 수행할 수 있으며, 수사 후 경중에 따라 관할 지방검찰청검사장 또는 지청장에게 사건을 송치할 수 있다.

참조법령 「사법경찰직무법」 제3조~제5조
참고문헌 『경찰학사전』 (2012)

특별예방주의(特別豫防主義)

형벌이념(교정이념)에 관한 목적형주의 중의 하나로 형벌은 각각의 범죄자를 교화 개선시켜 재범을 하지 않도록 예방함으로써 범죄로부터 사회를 방위하는 것을 목적으로 한다는 사상을 말한다. 일반예방주의는 범죄의 원인에 관한 비결정론(자유의사론)적 관점을 바탕으로 하는 반면 특별예방주의는 결정론(실증주의)적 관점을 바탕으로 한다. 또한 일반예방주의는 일반인의 초범방지에 중점을 두는 반면 특별예방주의는 범죄자의 재범방지에 중점을 둔다. 특별예방주의를 강조한 대표적인 학자로는 리스트(Liszt)가 있다.

참고문헌   김옥현『교정학』14면~15면 (2020)

특별활동반교육(特別活動班教育)

수용자의 적성에 맞는 예능 및 체능의 소질을 발굴·개발하기 위하여 운영하는 교육을 말한다. 문예창작 및 예능반(독서, 서예, 서양화, 연극, 악대 등)과 체육반(배구, 농구, 족구 등)이 있다. 소장은 각 반별 2개 종목 이상의 특별활동반을 기관의 실정에 맞게 구성·운영할 수 있으며, 다만 특혜시비 방지에 유의하고 과격하거나 부상발생 빈도가 높은 종목은 지양하여야 한다. 특별활동반 지도 시 해당 예·체능 분야에 자격 또는 소질이 있는 직원을 선발하여 지도하게 하거나, 필요하다고 인정될 경우에는 외부전문가를 강사로 위촉하여 지도하게 할 수 있다. 특별활동반교육 이후 교정시설 내에 외부인사를 초청하여 예·체능 발표회를 개최할 수 있으며, 반대로 교화상·계호상 요인을 고려하여 외부기관 또는 단체가 주최하는 예·체능 행사에 수용자를 참여시키거나 작품을 출품하게 할 수 있다.

참조법령   「수용자 교육교화 운영지침」제2조·제58조~제61조

교정용어사전
矯正用語辭典

피

파놉티콘(Panopticon)

교정시설의 주요 건축구조 중의 하나로 1787년 영국의 공리주의 철학자 벤담(Bentham)이 고안한 이상 속의 원형감옥을 말한다. 벤담은 최소비용으로 최대효과를 거둘 수 있는 파놉티콘형의 교도소 건립계획을 수립하였다. 여기서 파놉티콘(Panopticon)이란 "모든 것을 본다"라는 뜻을 가진 그리스어이다. 즉 벤담은 감시자가 자신을 드러내지 않고 모든 수용자를 감시할 수 있는 교도소를 창안하였다. 전체적으로 원형의 형태를 띠고 있으며, 내부는 각 수용거실로 구분하고 중앙에 원형의 감시탑을 설치한다. 이때 감시탑에서는 모든 수용거실을 관찰할 수 있지만, 수용자들은 감시탑의 내부가 보이지 않아 실제로 감시를 하지 않더라도 감시하고 있는 것으로 생각하고 행동하게 된다. 따라서 감시비용을 절감하고 효율적인 수용관리 및 질서유지가 될 수 있다. 그러나 당시의 열악한 건축기술 및 의회의 반대로 실제로 건립되지는 못하였다.

참고문헌　임현 『바른교정학』 46면 (2019)

팔조법금(八條法禁)

고조선시대 부족사회의 질서와 생활을 유지하기 위하여 존재했던 기본법을 말한다. 팔조법금은 한서(漢書) 지리지(地理志)의 연조(燕條)에 기재되어 있는데, 그 중 3개조의 내용만 전해지고 있다. 제1조는 살인죄에 관한 조항으로 "살인한 자는 즉시 사형에 처한다."는 것이고, 제2조는 상해죄에 관한 조항으로 "남에게 상해를 입힌 자는 곡물로 배상한다."는 것이며, 제3조는 절도죄에 관한 조항으로 "남의 물건을 도둑질한 자는 소유주 집의 노비로 삼고 이를 면하려면 50만전을 내야 한다."는 것이다. 이러한 팔조법금은 살인, 상해, 절도 등에 대한 원시적인 보복법으로 고대 인류사회의 이른바 만민법적 성질을 가진 것이다.

참고문헌　『대한민국 교정사Ⅰ』 31면~32면 (2010)

펜실베니아제(Pennsylvania System) · 엄정독거제(嚴正獨居制)

　구금제도 중의 하나로 각각의 범죄자마다 하나의 거실에 단독으로 수용하여 주·야 구분 없이 격리수용하는 방식을 말한다. 엄정독거제, 필라델피아제(Philadelphia System)라고도 한다. 펜실베니아제는 윌리엄 펜(William Pen)의 참회사상을 기초로 하여, 감옥개량을 위한 벤자민 프랭클린(Benjamin Franklin)의 '필라델피아협회'에 의하여 구체화되었으며, 1790년 미국 펜실베니아주 필라델피아시의 월넛(Walnut) 교도소에서 최초로 시행되었다. 이후 필라델피아에서 1818년 서부교도소로, 1821년 동부교도소로 확장되었다. 펜실베니아제는 혼거제의 폐해인 수형자간의 접촉을 통한 악풍감염(범죄배양효과)을 막을 수 있고 위생적이며, 범죄자에게 회오반성(悔悟反省)을 유도할 수 있다는 장점이 있다. 반면 정신적·심리적 장애를 초래할 수 있고, 공동생활을 전제로 하는 교육·작업·운동 등에 부적합하며, 각각의 범죄자마다 하나의 거실에 수용하여야 하므로 시설비용이 많이 든다는 단점이 있다.

참고문헌　임현 『바른교정학』 58면~59면 (2019)

편지(便紙)

　수용자가 다른 사람과 의사나 사실을 교류하기 위해 주고받는 서면이나 도화를 말한다. 편지는 접견 및 전화통화와 함께 수용자가 외부와 교통하는 중요한 수단이다. 편지의 종류로는 일반편지, 특수취급우편물(등기우편물 등), 전자편지가 있다. 원칙적으로 수용자는 다른 사람과 횟수의 제한 없이 편지를 주고받을 수 있다. 다만, ① 「형사소송법」이나 그 밖의 법률에 따른 편지의 수수금지 및 압수의 결정이 있는 때 ② 수형자의 교화 또는 건전한 사회복귀를 해칠 우려가 있는 때 ③ 시설의 안전 또는 질서를 해칠 우려가 있는 때에는 수수가 제한된다. 그리고 같은 교정시설의 수용자 간에 편지를 주고받으려면 허가를 받아야 한다.

수용자가 주고받는 편지에 법령에 따라 금지된 물품이 들어 있는지 확인할 수 있으며, 편지의 내용은 검열하지 않는 것이 원칙이되 특별한 경우에 한하여 검열할 수 있다. 확인 또는 검열한 결과 법령으로 금지된 물품이 들어 있거나, 편지의 내용이 발신 또는 수신 금지사유에 해당하면 이를 금지할 수 있다. 만약 금지물품 또는 금지사유가 없다면, 발신편지는 봉함한 후 발송하고 수신편지는 수용자에게 건네준다. 발신 또는 수신이 금지된 편지는 그 구체적인 사유를 서면으로 작성해 관리하고, 수용자에게 그 사유를 알린 후 교정시설에 보관한다. 다만, 수용자가 동의하면 폐기할 수 있다.

2019년 기준 수용자의 편지수수는 수신의 경우 일반편지가 43.2%, 특수취급우편물이 19.8%, 전자편지 등이 37.0%을 차지하며, 발신의 경우 일반편지가 63.3%, 특수취급우편물이 36.7%를 차지한다.

참조법령 「형집행법」 제43조, 「형집행법시행령」 제64조·제66조
참고문헌 『교정통계연보』 107면 (2020)

편지검열(便紙檢閱)

특별한 경우에 한하여 수용자가 주고받는 편지의 내용을 살펴보는 것을 말한다. 수용자의 외부교통권 및 사생활을 보호하기 위해 검열하지 않는 것이 원칙이다. 다만, ① 편지의 상대방이 누구인지 확인할 수 없는 때 ② 「형사소송법」이나 그 밖의 법률에 따른 편지검열의 결정이 있는 때 ③ 수형자의 교화 또는 건전한 사회복귀, 시설의 안전 또는 질서를 해칠 우려가 있는 내용이나 형사 법령에 저촉되는 내용이 기재되어 있다고 의심할 만한 상당한 이유가 있는 때 ④ 수용자 간의 편지로서 특별한 사유(마약류사범·조직폭력사범 등 법무부령으로 정하는 수용자인 경우 등)가 있는 때에는 개봉하여 검열할 수 있다. 그러나 미결수용자와 변호인 간의 편지는 교정시설에서 상대방이 변호인임을 확인할 수 없는 경우를 제외하고는 검열할 수 없다.

검열한 결과 편지의 내용이 ① 암호·기호 등 이해할 수 없는 특수문자로 작성되어 있는 때 ② 범죄의 증거를 인멸할 우려가 있는 때 ③ 형사 법령에

저촉되는 내용이 기재되어 있는 때 ④ 수용자의 처우 또는 교정시설의 운영에 관하여 명백한 거짓사실을 포함하고 있는 때 ⑤ 사생활의 비밀 또는 자유를 침해할 우려가 있는 때 ⑥ 수형자의 교화 또는 건전한 사회복귀를 해칠 우려가 있는 때 ⑦ 시설의 안전 또는 질서를 해칠 우려가 있는 때에는 발신 또는 수신을 금지할 수 있다. 만약 이러한 금지사유가 없다면, 발신편지는 봉함한 후 발송하고 수신편지는 수용자에게 건네준다. 그리고 발신 또는 수신 금지여부에 관계없이 편지의 내용을 검열했다는 사실은 해당 수용자에게 지체없이 알려주어야 한다.

참조법령 「형집행법」 제43조·제84조, 「형집행법시행령」 제66조

포상(褒賞)

수용자의 선행이나 모범적인 품행 등을 장려하여 사회복귀에 기여하도록 상을 주는 것을 말한다. 포상제도는 수용자에게 그의 행동에 대한 긍정적 평가를 통해 책임감 있는 생활을 영위하게 하고 긍정적인 자아관념을 가지게 할 뿐만 아니라, 징벌제도와 함께 신상필벌을 명확히 함으로써 수용질서를 확립하고 시설 내 안전과 질서를 유지하는 기능을 가지고 있다.

수용자가 ① 사람의 생명을 구조하거나 도주를 방지한 때 ② 응급용무에 공로가 있는 때 ③ 시설의 안전과 질서유지에 뚜렷한 공이 인정되는 때 ④ 수용생활에 모범을 보이거나 건설적이고 창의적인 제안을 하는 등 특히 포상할 필요가 있다고 인정되는 때에는 법무부령으로 정하는 바에 따라 포상할 수 있다.

참조법령 「형집행법」 제106조

피고인(被告人)

형사사건에서의 피고인이란 검사에 의하여 형사책임을 져야 할 자로 공소

가 제기된 자 또는 공소가 제기된 자로 취급되는 자를 말한다. 피고인은 공소 제기 이후의 개념이므로 수사기관에 의하여 수사의 대상으로 되어 있는 피의 자와 구별되며, 판결확정 이전의 개념이므로 확정판결에 의하여 형의 집행을 받고 있는 수형자와 구별된다. 이러한 피고인은 판결이 확정되어 유죄로 확정 될 때까지는 무죄로 추정되며, 당사자로서의 지위에 의하여 검사와 대등한 입 장에 있다. 이에 따라 진술거부권, 변호인 선임권, 법정출석권, 변호인과의 접 견교통권 등의 권리를 가진다.

참고문헌 네이버 법률용어사전

피보호감호자(被保護監護者)

(구)「사회보호법」 부칙 제2조에 따라 이미 확정된 보호감호 판결을 받고 감 호집행을 위해 수용되어 있는 자이다. 즉, 재범의 위험성이 있다고 인정되는 수용자를 대상으로 수형생활을 마친 후 별도로 일정기간 감호소에 수용하여 사회로부터 격리하는 것이다. 2005년 8월 「사회보호법」이 폐지되면서 보호감 호제도도 폐지되었으나, 동법의 부칙 제2조 및 제4조에 의해 2005년 7월 이전 에 이미 보호감호처분을 받은 자에게는 유효하게 적용되고 있으며 2020년 10 월 현재 교정시설에 수용되어 있는 피보호감호자의 수는 총 16명에 해당한다.

피수용자(被收容者)

사전적 의미로서는 수용을 당하는 사람으로, 범법이나 일탈행위로 인하여 감옥이나 수용시설 등 특정한 장소에 갇혀 지내는 사람을 말한다. 주로 수형 자, 피의자, 피고인 등 교정시설에 수용되어 있는 사람을 가리키는 용어로 사 용되며, 현재는 피수용자라는 용어보다는 수용자란 용어를 사용하고 있다. 일 본에서는 미결수용자와 수형자를 포함한 용어로서 널리 사용되고 있다.

미결수용자, 수용자, 수형자, 재소자

피의자(被疑者)

　형사사건에서의 피의자란 경찰이나 검사 등의 수사기관으로부터 범죄의 의심을 받게 되어 수사를 받고 있는 자를 말한다. 피의자는 수사개시 이후의 개념이므로 피내사자와 구별되며, 공소제기 이전의 개념이므로 피고인과 구별된다. 현행 형사소송법상 피의자는 기본적으로 수사의 대상이 된다. 또한 준당사자적 지위를 가지고 있어서 진술거부권, 변호인 선임권, 자료제출권, 변호인과의 접견교통권 등의 권리를 가진다.

참고문헌　네이버 법률용어사전

필수작업장(必須作業場)

　휴일 등에 관계 없이 조기출역, 잔업 등 작업의 특성, 난이도 등을 고려하여 소장이 필수작업장으로 지정한 작업장을 말한다. 주로 운영지원작업인 취사, 수용동청소 등의 작업장이 이에 해당하며 기관 운영에 있어 없어서는 안될 중요한 작업장이다. 이 작업에 종사하는 자에게는 소득점수를 평가함에 있어 수는 5%, 우는 10% 이내의 범위에서 각각 확대할 수 있으며 처우상 인센티브로써 월 2회의 범위에서 전화사용을 추가할 수 있고, 접견, 가족만남의 날, 종교행사, 작업장환경 등에서 우대할 수 있다. 또한 가석방기준을 완화하여 가석방심사를 하기도 한다.

참조법령　「분류처우업무지침」 제2조·제77조·제79조

교정용어사전
矯正用語辭典

ㅎ

하자검사(瑕疵檢査)

목적물에 어떤 결함이 발생하거나 원래의 계약과는 다르게 목적물이 완성된 때, 즉 하자의 발생유무를 확인하기 위해 하는 검사를 말한다. 하자가 발생한 때에는 적절한 기간을 정하여 계약자에게 그 하자의 보수를 요구해야 한다. 하자검사는 전체 목적물을 인수한 날과 준공검사를 완료한 날 중에서 먼저 도래한 날부터 1년 이상 10년 이하의 범위에서 법령이 정하는 하자담보책임기간 중 연 2회 이상 정기적으로 하자를 검사하거나 소속공무원에게 그 사무를 위임하여 검사하게 하여야 한다. 하자검사가 특히 전문적인 지식 또는 기술을 요하거나 예정가격의 100분의 86 미만으로 낙찰된 공사로서 「시설물안전법」 제2조 제1호의 규정에 의한 시설물에 대한 것인 경우에는 각 중앙관서의 장 또는 계약담당공무원은 전문기관에 의뢰하여 필요한 검사를 하여야 한다. 하자를 검사하는 자는 하자검사조서를 작성해야 하며 다만, 계약금액이 3천만원 이하인 공사계약의 경우에는 하자검사조서의 작성을 생략할 수 있다.

참조법령 「국가계약법시행령」 제60조·제61조

하자보수보증금(瑕疵補修保證金)

공사의 도급계약에 있어서 계약상대자로 하여금 그 공사의 하자보수를 보장하기 위하여 담보책임기간 동안 예치 또는 지급을 보장하는 보증에 가입하는 하자보수보증을 말한다. 하자보수보증금은 계약금액의 100분의 2 이상 100분의 10 이하로 하여야 하고, 공사의 성질상 하자보수가 필요하지 않은 경우에는 하자보수보증금을 납부하지 않을 수 있다. 하자보수보증금은 당해 공사의 준공검사 후 그 공사의 대가를 지급하기 전까지 납부하게 하고 1년 이상 10년 이하의 범위에서 약정한 하자담보 책임기간동안 보관하여야 한다.

참조법령 「국가계약법」 제18조, 「국가계약법시행령」 제60조·제62조

학과교육(E급: Education Curriculum)

개별처우급의 하나로써 각 과정의 교과습득에 필요한 지식, 학력 및 학습의 욕이 있고, 자력개선 의지가 있으며 학과, 교양 및 인성교육이 적합하다고 인정되는 자로 분류심사 결과를 참작하여 부여한다. 처우기준으로는 의무교육 미수료자에게 필요한 교과교육을 실시하고 교과에 관한 통신교육을 활용하며 적극적인 독서지도 및 보충교육을 실시하여 교양의 향상을 도모한다. 또한 일상생활에 필요한 기본적 지식을 습득토록 하고 인성함양에 주력한다. 현재 학과교육으로는 교정시설내의 수형자를 대상으로 초졸, 중졸, 고졸학력 검정고시 준비를 위한 초등반, 중등반, 고등반의 3개 교육과정을 운영하여 시험에 응시토록 하고 있으며 대학과정으로, 교정시설 내 전문대학 위탁교육과정, 방송통신대학 과정, 독학에 의한 학위취득 과정을 운영하여 학위를 수여하고 있다.

참조법령　「형집행법시행규칙」 제76조, 「분류처우업무지침」 제54조·[별표 7]

한국법무보호복지공단(韓國法務保護福祉公團, Korea Rehabilitation Agency)

법무보호(구 갱생보호)란 사회내 처우 중의 하나로 출소자에게 숙식제공, 주거지원, 취·창업지원, 직업훈련지원, 심리상담 등 다양한 방법을 통해 사회정착을 지원하는 것을 말한다. 한국법무보호복지공단은 「보호관찰법」과 「사회복지사업법」 등에 의거 이러한 법무보호를 통한 출소자의 건전한 사회복귀와 함께 효율적인 범죄예방 활동을 목적으로 하는 법무부 산하 공공기관이며, 교정행정의 주요 유관기관이라고 할 수 있다.

연혁으로 1953년 3월 (사)중앙사법보호협회가 설립된 이래 갱생보호회 조직으로 확대·발전을 거듭하여 1995년 6월 한국갱생보호공단이 설립되었고, 2009년 3월부터 한국법무보호복지공단으로 기관 명칭을 변경하여 현재에 이르고 있다. 조직은 본부 및 법무보호교육원, 19개 지부, 7개 지소, 7개 기술교육원, 1개 청소년교육센터로 구성되어 있다. 주요 업무는 법무보호복지사업,

법무보호복지사업을 위한 수익사업, 법무보호복지제도의 조사·연구 및 보급·홍보이다. 각 교정기관과 연계하여 허그(HUG)일자리지원교육 등을 통하여 수형자의 출소 후 취·창업을 지원하고 있으며, 최근에는 교정기관 및 보호기관과 정기적인 3자협의회를 개최하여 협력체계를 강화하고 있다.

참고문헌   한국법무보호복지공단 홈페이지

한국형사정책연구원(韓國刑事政策硏究院, Korean Institute of Crimnology)

각종 범죄의 실태와 원인 및 그 대책을 종합적·체계적으로 분석·연구함으로써 국가의 형사정책 수립과 범죄방지에 기여하기 위해 설립된 국무총리(국무조정실) 산하 공공기관이며, 교정행정의 주요 유관기관이라고 할 수 있다.

연혁으로 1988년 8월 (구)「한국형사정책연구원법」의 시행과 함께 설립되었고, 이후 1998년 8월 제12회 세계범죄학 대회를 개최하고 2005년 4월 제11차 UN 범죄방지 및 형사사법총회 워크숍을 개최하는 등 발전을 거듭하여 현재에 이르고 있다. 조직은 원장 아래 1개 협의회, 2개 위원회, 9개 실(室), 그 밖의 부속조직으로 구성되어 있다. 주요 업무는 범죄의 동향과 원인 등에 대한 조사·분석과 그 대책에 관한 연구, 형사관계법령 및 형사정책에 관한 종합적인 조사·연구, 범죄방지를 위한 국제교류 및 국제협력 증진 등이다. 지금까지 1,000여 편에 달하는 연구보고서 발간 등의 성과를 통해 우리나라의 형사정책을 발전시켜 나가고 있다.

참고문헌   한국형사정책연구원 홈페이지

한국교정학회(韓國矯正學會, Korean Society for Correction Service)

교정전반에 관하여 연구하는 전문 학술단체로서 교정행정의 주요 유관기관이다. 교정행정에 관한 이론과 실무를 연구하여 교정행정 발전에 기여하는 것을 목적으로 설립하여 1990년 7월 창립총회를 개최한 이래 연 2회 학술발표 대회를 개최하여 왔고, 연 3회 「교정연구」논문집을 발간하고 있으며, 미국, 호주, 중국, 일본 등 교정선진국과 활발한 학술교류를 통해 한국 교정학의 세계화를 지향하고 있다. 최근에는 다양한 소통채널을 통해 법무부 교정본부와의 협조체계를 더욱 공고히 하고, 교정공무원과 수용자의 인권이 조화를 이루는 정책대안을 제시하는 한편, 교정청 독립을 위한 학계 차원의 적극적인 노력을 기울이고 있다.

주요 활동으로는 ① 교정 이론과 실무에 관한 조사 연구 ② 학술지 및 기타 간행물 발간 ③ 교정분야에 관한 도서·문헌자료의 수집, 정리, 배포 ④ 학술발표회 및 토론회 개최 ⑤ 교정관련분야에 관한 교육 및 훈련 ⑥ 국내·외 관련 연구단체와의 학술교류 등을 수행하고 있다. 이를 통해 한국 교정학과 교정행정이 한층 더 높은 수준으로 발전하는 디딤돌로서의 역할을 목표로 하고 있다.

참고문헌 한국교정학회 홈페이지

행정소송(行政訴訟)

사법적 권리구제수단 중의 하나로 공법상의 법률관계에 관한 분쟁에 대하여 법원이 행하는 재판절차를 말한다. 수용자가 주로 제기하는 행정소송은 행정청의 처분의 취소·변경·무효확인 및 행정청의 부작위가 위법하다는 확인을 구하는 항고소송(취소소송, 무효등확인소송, 부작위위법확인소송)이다.

행정소송의 경우 소장접수 → 소송수행자 지정·제출 → 소송상황 보고 → 답변서 및 준비서면 제출 → 변론기일 참석 → 판결문 접수순으로 업무를 처리한다. 행정소송 제기의 적법요건(대상적격, 원고적격, 피고적격, 제소기간 등)은 행정심판 청구의 적법요건과 기본적으로 동일하다. 다만, 행정소송의 대상에 행정심판의 재결이 포함되고, 처분 등이 있은 날로부터 1년 이내에 취소소송을 제기할 수 있어 행정심판의 청구기간보다 길다는 점에서 차이가 있다.

2019년 기준 수용자의 행정소송 제기는 총 91건이며, 그에 대한 처리결과(진행 중인 48건 제외)는 기각 10건(23.3%), 각하 21건(48.8%), 취하 12건(27.9%)이다.

참조법령 「행정소송법」 제4조·제5조
참고문헌 『교정통계연보』 128면 (2020)

행정심판(行政審判)

비사법적 권리구제수단 중의 하나로 행정청의 처분이나 부작위의 위법·부당 여부에 대하여 상급 행정청이 행하는 사법적 행정작용을 말한다. 교정행정과 관련해서는 수용자가 행정청인 소장의 처분에 이의가 있는 경우 관할 지방교정청에 설치된 행정심판위원회에 행정심판(취소심판, 무효등확인심판, 의무이행심판)을 제기할 수 있다.

행정심판의 경우 행정심판 청구 → 심판청구서 부본 접수 → 답변서 작성·제출 → 행정심판위원회 심리 → 행정심판위원회 재결 → 재결서 수령·전달 순으로 업무를 처리한다. 행정심판 청구가 적법하기 위해서는 대상적격으로 처분 또는 부작위일 것, 청구인적격으로 법률상 이익이 있는 자일 것, 피청구인적격으로 행정청(소장)일 것, 청구기간으로 취소심판의 경우 처분을 알게 된 날로부터 90일 또는 있었던 날로부터 180일 이내일 것 등의 요건을 충족하여야 한다.

2019년 기준 수용자의 행정심판 청구는 총 509건이며, 그에 대한 처리결과 (진행 중인 63건 제외)는 일부인용 1건(0.2%), 기각 132건(29.6%), 각하 146건 (32.7%), 취하 167건(37.4%)이다.

참조법령 「행정심판법」 제5조
참고문헌 『교정통계연보』 127면 (2020)

행정심판위원회(行政審判委員會)

행정심판의 청구사건을 심리하고 재결할 내용을 의결하기 위하여 원칙적으로 재결청 소속하에 설치한 합의제 행정기관을 말한다. 행정심판위원회에는 국무총리 소속 국민권익위원회의 중앙행정심판위원회, 광역·특별자치단체장 소속의 시·도 행정심판위원회, 직근 상급 행정기관 소속의 행정심판위원회 등이 있다. 교정조직의 경우 산하 교정기관의 행정처분에 대한 행정심판 청구를 심리·의결하기 위하여 각 지방교정청 소속으로 설치·운영하고 있다. 위원장은 지방교정청장이 되고, 위원은 지방교정청 소속 공무원이나 변호사 자격이 있는 자, 법률학 교수, 전직 4급 이상의 공무원 중에서 지방교정청장이 임명 또는 위촉하며, 위원회는 위원장을 포함한 15인 이내의 위원으로 구성한다. 의결은 회의 구성원 과반수의 출석과 출석위원 과반수의 찬성으로 의결한다. 위원회가 하는 재결의 종류로는 각하재결, 기각재결, 인용재결(취소·변경재결, 무효등확인재결, 의무이행재결)이 있다.

참고문헌 법무부 교정본부 홈페이지

행정정보공표(行政情報公表)

공공기관이 가지고 있는 정보를 청구인의 청구 없이도 공개의 구체적인 범위와 공개의 주기·시기 및 방법 등을 미리 정하여 공표하고, 이에 따라 정기적으로 공개하는 제도를 말한다. 공표대상 범위는 국민 생활에 매우 큰 영향을 미치는 정책에 관한 정보, 국가의 시책으로 시행하는 공사 등 대규모 예산이 투입되는 사업에 관한 정보, 예산집행의 내용과 사업평가 결과 등 행정감시를 위하여 필요한 정보, 그 밖에 공공기관의 장이 정하는 정보 등이다. 다만, 「정보공개법」 제9조 제1항 각호에 규정된 비공개 정보는 제외한다. 공개대상 정보는 국민의 정보공개 청구가 없더라도 정보통신망을 활용한 정보공개시스템 등을 통하여 공개하여야 한다. 또한 공공기관은 그 기관이 보유·관리하는 정보에 대하여 국민이 쉽게 알 수 있도록 정보목록을 작성하여 갖추어 두고, 그 목록을 정보통신망을 활용한 정보공개시스템 등을 통하여 공개하여야 한다.

참조법령 「정보공개법」 제7조~제8조

행형(行刑, Criminal Administration)

광의로는 모든 종류의 형벌을 집행하는 것을, 협의로는 교정시설에 수용된 자를 대상으로 자유형을 집행하는 것을 말한다. 학문상으로는 협의의 개념으로 통용되고 있다. 실무에서 '교정'과 동의어로 혼용되기도 하지만 다소 차이가 있다. '행형'은 범죄자를 사회로부터 격리하여 구금을 확보하고 처벌을 실행하는 것에 중점을 두는 반면 '교정'은 적극적인 교화개선을 통하여 범죄자를 재사회화시키는 것에 중점을 둔다. 따라서 '행형'은 자유형을 집행하는 과정, 즉 법률적·형식적 측면을 강조하는 반면 '교정'은 수용자에 대한 처우, 즉 이념적·실질적 측면을 강조한다. 교정이념이 점차 확대·발전되면서 우리나라에서도 '행형'이라는 개념에서 '교정'이라는 개념으로 전환되었고, 비록 현재 빈번하게 사용하지는 않는 용어이지만 교정의 기초를 이루는 개념이라고 할 수 있다.

참고문헌 김옥현 『교정학』 7면~8면 (2020)

행형법(行刑法)

대한민국 수립 이후 1950년 3월 제정한 행형에 관한 기본법을 말한다. 당시 일제강점기의 영향에서 벗어나 교육형주의를 바탕으로 민주적인 행형을 실현하려고 하였으며, 전문 14장 67개조 및 부칙으로 구성되어 있었다. 그 후 1961년 12월 「행형법」을 전면적으로 개정(제1차 개정)하면서 형무소·형무관이라는 명칭을 교도소·교도관으로 변경하고 귀휴제도, 수형자 이송제도, 종파별 교회제도 등을 신설하였다. 그리고 이후 제7차 개정에 이르기까지 접견, 편지, 징벌, 미결수용 등 수용자의 권익과 관련된 규정을 지속적으로 개선하여 왔다. 그러나 수용자의 법적 지위나 처우에 관한 많은 사항들이 시행령이나 시행규칙에 위임되어 있는 점, 헌법이 정한 법치국가와 사회국가의 원리를 제대로 반영하지 못하고 있는 점, 인권이나 형사사법에 관한 국제적인 추세를 고려하지 못하고 있는 점 등에서 근본적인 한계가 있었다. 이에 따라 광범위한 논의를 거쳐 2007년 12월 「행형법」을 「형의 집행 및 수용자의 처우에 관한 법률」로 전면적으로 개정한 후 2008년 12월부터 시행하여 오늘에 이르고 있다.

참고문헌 『대한민국 교정사 I』 442면~443면·540면~542면 (2010), 신양균 「현행 행형법과 그 개정방향(II)」 41면 (1994년 11월)
동의용어 형의집행및수용자의처우에관한법률(형집행법)

향상직업훈련(向上職業訓鍊)

양성직업훈련을 받은 수형자 또는 직업에 필요한 기초적 직무수행능력을 가지고 있는 수형자에게 더 높은 직업수행능력을 습득시키거나 기술발전에 대응할 수 있는 지식과 기능을 보충하기 위하여 실시하는 직업훈련을 말한다. 향상직업훈련 수형자를 선정하는 경우에는 해당 직종의 기술을 보유하고 있거나 양성직업훈련 과정을 수료한 수형자 중 장래 직업희망 등을 고려해서 선정하여야 한다.

참조법령 「수형자 직업능력개발훈련 운영지침」 제3조
관련용어 양성직업훈련, 숙련직업훈련

향정신성의약품(向精神性醫藥品)

전문의약품 중의 하나로 인간의 중추신경계에 작용하는 것으로서 이를 오용하거나 남용할 경우 인체에 심각한 위해가 있다고 인정되는 의약품(「마약관리법」 제2조)을 말한다. 교정시설에서 사용하는 향정신성의약품은 ① 오용하거

나 남용할 우려가 상대적으로 적고 의료용으로 쓰이는 것으로서 이를 오용하거나 남용할 경우 그리 심하지 않은 신체적 의존성을 일으키거나 심한 정신적 의존성을 일으키는 약물 또는 이를 함유하는 물질 ② 오용하거나 남용할 우려가 상대적으로 적고 의료용으로 쓰이는 것으로서 이를 오용하거나 남용할 경우 신체적 또는 정신적 의존성을 일으킬 우려가 적은 약물 또는 이를 함유하는 물질이다. 불면증 치료를 위한 수면진정제 등이 이에 해당된다.

향정신의약품의 취급은 「마약관리법」에 따른 마약류취급자가 하도록 하고, 필요 최소량의 향정신성의약품을 투약하도록 하여 남용으로 인한 부작용을 방지할 수 있도록 노력하여야 한다. 향정신성의약품의 복용자가 매년 점차 늘어나고 있으므로 마약류 등 약물 오·남용을 예방하고, 마약류 중독자에 대한 치료와 사회복귀 촉진을 위하여 향정신성의약품의 특별관리가 필요하다.

참조법령 「수용자 의료관리지침」 제32조

헌법소원(憲法訴願)

사법적 권리구제수단 중의 하나로 공권력의 행사 또는 불행사로 인하여 헌법상 보장된 기본권을 침해받은 자가 헌법재판기관에 당해 공권력의 위헌 여부의 심사를 청구하는 것을 말한다. 이를 통하여 인간 존엄권, 양심형성 및 결정의 자유, 신앙의 자유 등 기본권을 보호받을 수 있는 제도이다.

헌법소원의 경우 헌법소원 제기 → 사실조회 요청(지정재판부) → 헌법소원 인지보고 및 사실조회 회신 → 헌법소원심판 회부통지 및 의견조회 → 의견서 작성·제출 → 심리 및 종국결정 → 결정문 접수 순으로 업무를 처리한다. 공권력의 행사 또는 불행사로 인하여 헌법상 보장된 기본권을 침해받은 수용자는 법원의 재판을 제외하고는 헌법재판소에 헌법소원심판을 청구할 수 있다. 다만, 다른 법률에 구제절차가 있는 경우에는 그 절차를 모두 거친 후에 청구할 수 있다. 헌법소원의 심판은 그 사유가 있음을 안 날부터 90일 이내에, 그 사유가 있는 날부터 1년 이내에 청구하여야 한다. 다만, 다른 법률에 따른 구제절차를 거친 헌법소원의 심판은 그 최종결정을 통지받은 날부터 30

일 이내에 청구하여야 한다.

2019년 기준 수용자의 헌법소원 청구는 총 29건이며, 그에 대한 처리결과 (진행 중인 8건 제외)는 기각 2건(9.5%), 각하 19건(90.5%)이다.

참조법령 「헌법재판소법」 제68조·제69조
참고문헌 『교정통계연보』 129면 (2020)

현장직업훈련(現場職業訓鍊)

수형자의 기능향상을 위하여 일반 산업체의 생산시설을 이용하거나 취업 중인 교도작업장 등에서 실시하는 직업훈련을 말한다. 현장직업훈련 수형자 를 선정하는 경우에는 시설이나 작업장 상황 등 직업훈련의 적정성 여부를 고려하여 대상자를 선정하여야 한다.

참조법령 「수형자 직업능력개발훈련 운영지침」 제3조
관련용어 집체직업훈련, 지원직업훈련, 외부출장직업훈련, 작업병행직업훈련, 단기실무 직업훈련

형기(刑期)

형벌의 집행기간을 말한다. 실질적으로는 형벌 중 수형자의 신체의 자유를 박탈하는 것을 내용으로 하는 자유형(징역·금고·구류)에서 중요한 사항이다. 현재 대한민국 「형법」은 자유형의 기간을 확정하여 선고하는 정기형을 원칙 으로 하고 있다. 다만, 「소년법」 상 소년범죄자에 대하여서는 형기의 일정한 장기와 단기를 정하여 선고하는 상대적 부정기형을 인정하고 있다. 형기의 계 산에 있어서는 형기의 기산, 형기종료일 계산, 집행제기간 및 잔형기 계산, 형 기에의 산입·불산입, 형기의 1/3·1/2·2/3 해당일 산출 등 모든 사항이 정 확히 계산되어야 한다. 이는 수형자의 석방업무 이외에 분류심사 등 각종 처

우와도 직결되는 문제이기 때문이다.

참고문헌 네이버 법률용어사전

형무관학교(刑務官學校)

'교도관학교'의 옛 용어로 전국의 교도소, 구치소 등에 근무하는 교정직원에 대하여 직무상의 필요한 교육이나 훈련을 연수시킴과 함께 심신을 단련하여 인격, 식견을 높이는 것을 목적으로 설치된 법무부 시설기구이다.

'형무관학교'는 1918년 서대문감옥에 부설되었던 '간수교습소'를 1937년 '조선형무관교습소'로 개칭하고, 1951년에 '형무관학교'로, 1961년 12월에는 '교도관학교'로 각각 명칭을 변경하였다. 이후 1967년 1월 '교도관학교'에 교수부가 신설되면서 기구가 확대되었고, 1972년 11월 법무연수원이 발족되면서 원내의 부서로 서무과, 연구부, 일반연수부, 교정연수부를 두었고, 교도관의 교육 훈련을 교정연수부에서 담당하여 현재에 이르고 있다.

참고문헌 이정찬·김근재·남광재 『한국교정교화사』 140면 (2002)
관련용어 교정연수부

형무작업(刑務作業)

동의용어 교도작업(矯導作業)

형벌(刑罰)

국가가 범죄에 대한 법률상의 효과로서 범죄자에 대하여 과하는 법익의 박탈을 말한다. 과거 고려시대와 조선시대에는 태형, 장형, 도형, 유형, 사형의

5종의 형과 부가형이 존재하여 왔으나, 시대의 변화에 따라 형벌도 변화를 거듭하여 현재 대한민국 「형법」은 총 9종의 형을 규정하고 있다. 이들은 수형자의 생명을 박탈하는 것을 내용으로 하는 생명형(사형), 수형자의 신체의 자유를 박탈하는 것을 내용으로 하는 자유형(징역·금고·구류), 범인의 명예에 손상을 주거나 자격을 박탈 또는 제한하는 것을 내용으로 하는 명예형(자격상실·자격정지), 범인으로부터 일정한 재산을 박탈하는 것을 내용으로 하는 재산형(벌금·과료·몰수)으로 구분할 수 있다. 한편 형벌과 보안처분(치료감호, 보호관찰, 소년원수용 등)은 범죄에 대한 법률효과로서의 형사제재수단이라는 점에서 동일하지만, 형벌은 과거의 행위를 대상으로 책임원칙이 적용되는 반면 보안처분은 장래의 위험성을 기초로 비례원칙이 적용되는 등 차이가 있다.

참조법령 「형법」 제41조

형부(刑部)·형조(刑曹)

형부는 고려의 중앙행형기관으로 6부 중의 하나이며, 형벌과 감옥 등에 관한 사무를 총괄하였다. 건국 초기 의형대(義刑臺)라는 명칭의 조직으로 시작하였고, 이후 형관(刑官), 상서형부(尙書刑部), 형조(刑曹) 등 여러 차례 명칭을 변경했다가 후기에 형부로 지칭하였다.

형조는 조선의 중앙행형기관으로 고려의 제도를 계승하여 조선 초기에 설치된 6조 중의 하나이며, 국가의 사법업무와 노비에 관한 사무를 총괄하였다. 형조에는 4사를 두었는데, 중한 범죄에 대한 복심의 업무를 주관하는 상복사(詳覆司), 율령에 관한 사항을 관장하는 고율사(考律司), 감옥과 범죄수사 등의 업무를 처리하는 장금사(掌禁司), 노비의 호적과 노비에 관한 소송 등을 관장하는 장예사(掌隷司)가 있었다.

참고문헌 『대한민국 교정사Ⅰ』 65면·98면~100면 (2010)

형사소송(刑事訴訟)

　사법적 권리구제수단 중의 하나로 각종 범죄를 저지른 사람에게 국가의 형벌권을 실현하는 절차를 말한다. 교정시설에서 교도관의 범죄행위로 피해를 입은 수용자 등은 교도관을 고소·고발할 수 있다.

　형사소송의 경우 고소·고발 인지보고 → 수사기관 소환요청 → 진술서 대체 또는 방문조사 협의 → 소환조사 시 예정보고 → 소환조사 출석 → 처분결과 접수·보고 순으로 업무를 처리한다. 수용자의 고소·고발 사유는 주로 교도관의 직무유기, 직권남용, 의료처우 소홀 등이다. 수용자의 고소·고발 사건은 대부분 무혐의나 각하로 처리되고 있으며, 위법·부당한 요구 거부로 인한 무고성 고소·고발이 많으므로 그에 대해서는 교도관도 무고죄 성립 여부를 검토하는 등 적극적으로 대처할 수 있다.

　2019년 기준 수용자에 의한 교도관 피고소·고발은 총 1,886명이며, 그에 대한 처리결과(진행 중인 267명 제외)는 무혐의 271명(16.7%), 죄안됨 4명(0.2%), 기소 1명(0.1%), 공소권없음 16명(1.0%), 각하 1,220명(75.4%), 그 밖에(사건 자체의 불성립으로 종결) 107명(6.6%)이다.

참조법령 　「형사소송법」 제223조·제234조
참고문헌 　『교정통계연보』 126면 (2020)

형사수용시설 및 피수용자 등의 처우에 관한 법률(약칭: 형사수용시설법)

　우리나라의 「형집행법」과 동일한 일본의 법률이다. 1908년 3월 28일 법률 제28호로 제정되어 동년 10월 1일부터 시행되어 온 「감옥법」이 1945년 제2차 세계대전 후 일본 헌법의 제정을 시작으로 법제도 및 법사상에 큰 변혁이 일어나고, 행형에 관한 이론적 실천이 눈에 띄게 발전하여 수형자에 대한 교정처우에 따른 사회복귀의 촉진과 피수용자의 권리의무 관계의 명확화라고 하는 현대 행형의 이념에 어울리지 않게 되었다. 이에 따라 「감옥법」 개정의 움직임이 이어지다가 2002년~2003년에 걸쳐 나고야(名古屋) 형무소 직원에 의한 수형자 폭행치사상 사건을 계기로 약 100여년 만인 2006년 5월 지금까지의 감옥의 명칭을 형사시설로 변경·시행하는 동시에 형사시설의 시설적 사항과 수용자에 대한 처우에 관한 사항에 관하여 「감옥법」 규정을 전면 개정하여 「형사시설 및 수형자의 처우 등에 관한 법률(수형자처우법)」로 개정한 후, 다시 2007년 6월에 미결수용자의 처우에 관한 사항을 포함하여, 「형사수용시설 및 피수용자 등의 처우에 관한 법률(형사수용시설법)」로 일부 개정·시행하였다. 법률의 주요 내용은 형사시설의 운영 전반에 관한 사항으로 수용자의 분리, 실지감사, 형사시설시찰위원회의 설치, 재판관 및 검찰관의 순시, 참관 등에 관한 내용 외에 수용자 처우의 전반에 관하여 규정하고 있다.

참고문헌 鴨下守孝·松本良枝 『교정용어사전』 88면 (2006)
관련용어 감옥법

형사시설(刑事施設)

　　일본에서 사용하는 단어로 자유형 및 미결 구류를 집행하는 형무소, 소년형무소 및 구치소를 말한다. 형사시설은, 수용자를 단지 수용하는 것만이 아니라 수용의 성질에 맞게 필요한 처우를 실시하는 것을 목적으로 하고 있다. 또한 단지 건조물을 말하는 것이 아니라, 인적조직과 물적설비로 이루어지는 행정법학상의 영조물에 해당한다. 더구나, 형사시설에 부설되는 노역장 및 감치장을 포괄하는 개념이라는 점에서 조직법상의 형무소, 소년형무소 및 구치소와는 동일하지 않다. 대한민국의 교정시설과 동일한 개념이다.

　　1908년에 제정되어 2007년 6월 최종 폐지된 「감옥법」 아래에서는 감옥이라고 하는 명칭이 사용되었지만, 「감옥법」을 대신하여 시행된 「형사수용시설법」에서는 감옥의 명칭이 폐지되고 형사시설이라는 명칭을 사용한다. 동 법에 의하면 형사시설에는 「형법」, 「형사소송법」, 그 밖의 법령에 근거하여 사람을 수용하고, 그 사람에 대하여 필요한 처우를 행하는 시설이라고 한다.

참고문헌 鴨下守孝·松本良枝『교정용어사전』88면 (2006)
관련용어 교도소, 교정시설·교정기관, 구치소

형의 집행 및 수용자 처우에 관한 기본계획

　형의 집행 및 수용자 처우에 관한 기본계획이란 법무부장관이 「형집행법」
의 목적을 효율적으로 달성하기 위하여 5년마다 수립하고 추진하여야 하는
계획을 말한다. 기본계획에는 ① 형의 집행 및 수용자 처우에 관한 기본 방향
② 인구·범죄의 증감 및 수사 또는 형 집행의 동향 등 교정시설의 수요 증감
에 관한 사항 ③ 교정시설의 수용 실태 및 적정한 규모의 교정시설 유지 방안
④ 수용자에 대한 처우 및 교정시설의 유지·관리를 위한 적정한 교도관 인력
확충 방안 ⑤ 교도작업과 직업훈련의 현황, 수형자의 건전한 사회복귀를 위한
작업설비 및 프로그램의 확충 방안 ⑥ 수형자의 교육·교화 및 사회적응에 필
요한 프로그램의 추진방향 ⑦ 수용자 인권보호 실태와 인권 증진 방안 ⑧ 교
정사고의 발생 유형 및 방지에 필요한 사항 ⑨ 형의 집행 및 수용자 처우와
관련하여 관계 기관과의 협력에 관한 사항 ⑩ 그 밖에 법무부장관이 필요하
다고 인정하는 사항이 포함되어야 한다. 이러한 기본계획을 수립 또는 변경하
려는 때에는 법원, 검찰 및 경찰 등 관계 기관과 협의하여야 하며, 기본계획
을 수립하기 위하여 실태조사와 수요예측 조사를 실시할 수 있다. 그 밖에 기
본계획을 수립하기 위하여 필요하다고 인정하는 경우에는 관계기관의 장에게
필요한 자료를 요청할 수 있고, 자료를 요청받은 관계 기관의 장은 특별한 사.
정이 없으면 요청에 따라야 한다.

참조법령 「형집행법」 제5조의2

형의 집행 및 수용자의 처우에 관한 법률(약칭: 형집행법)

　수형자의 교정교화와 건전한 사회복귀를 도모하고, 수용자의 처우와 권리

및 교정시설의 운영에 관하여 필요한 사항을 규정한 법률을 말한다. 일제강점기에 제정된 「조선감옥령」은 조선총독부제령제14호로 1912년 3월 제정되어 시행되었으며 해방 후에도 계속하여 동 법령을 의용하여 오다가 1950년 3월 법률 제105호로 동 법령을 「행형법」으로 제정·공포하였다. 이후 1961년 1차 개정 후 1999년 12월 제7차까지 개정을 반복하다가 2007년 12월 「형집행법」으로 전면 개정하여 2008년 12월부터 시행되기에 이르렀다. 종래의 「행형법」을 「형집행법」으로 개정하게 된 것은 참여정부 출범을 계기로 현행 교정관계 법령이 인권존중의 시대적 요구에 미흡하다는 각계의 비판과 국가인권위원회의 권고 등에 따라 선진외국의 모범적 사례 등을 적극 수용하고, 법무부 훈령이나 예규 등 행정규칙에 산재해 있던 수용자 기본권 관련 규정을 대폭 법률에 규정하는 등 수용자의 인권신장, 수용관리시스템의 과학화, 교정행정의 투명성 강화 등을 기함으로써 교정행정의 선진화를 도모하기 위하여 종래의 「행형법」은 「형집행법」으로 대체되기에 이르렀다. 총 5편으로 나누어진 전문 137조와 부칙으로 이루어져 있다.

> **참조법령** 「형집행법」 제1조
> **참고문헌** 금용명 『교정학』 91면~93면 (2021)
> **동의용어** 행형법(行刑法)

'형정'지('刑政'誌)

일본의 교정협회에서 발행하는 130년 이상의 역사를 가진 월간지로서 형사정책의 학술잡지의 측면과 교정시설에 근무하는 직원의 내부자 잡지의 성격을 가진 월간지로서 교정에 관한 전문적인 논설, 교정의 당면문제와 교정에 관한 시책의 해설, 교정업무에 대한 소개, 교정역사 교육과 처우의 이론뿐만 아니라 교정직원의 직무상 경험, 직원의 근황 등 다양한 정보를 게재하고 있다. 우리나라에서는 1947년 4월 1일 형정(刑政)지가 창간되었다가 이후 1952년 교정(矯正)으로 명칭이 변경되었다.

참고문헌 일본 교정협회 홈페이지
관련용어 '교정'지('矯正'誌)

형집행(刑執行)

법원의 판결선고(결정)에 따라 확정된 형을 검사의 집행지휘에 의하여 강제적으로 실현하는 것을 말한다. 형 집행은 재판의 확정 후 신속하게 실시하는 것이 원칙이며, 형을 선고한 법원에 대응하는 검찰청의 검사가 하는 것이 원칙이다. 그러나 형의 시효가 완성되었을 때, 형 선고를 받은 사람이 사망했을 때 등 일정한 사유가 발생한 경우에는 집행 불능이 되어 집행되지 않는다. 형집행은 교정행정 업무 중에서 가장 기본이 되는 업무라고 할 수 있다.

형집행으로는 사형의 집행, 자유형의 집행(징역, 금고, 구류), 재산형(벌금, 과료, 몰수)등의 집행이 있다.

참고문헌 검찰청 홈페이지

형집행정지(刑執行停止) · 노역집행정지(勞役執行停止)

확정판결에 의한 형의 집행과정에 있어서 일정한 사유의 발생을 이유로 그 집행을 일시적으로 정지하는 것을 말한다. 재산형의 집행정지제도는 없으나, 벌금 또는 과료를 완납하지 않아 노역장 유치명령을 받은 수형자에 대한 노역의 집행에 관하여는 자유형의 경우와 마찬가지로 취급된다.

사형의 경우 사형선고를 받은 사람이 심신의 장애로 의사능력이 없는 상태이거나 임신 중인 여자인 때에는 법무부장관의 명령으로 집행을 정지한다. 자유형의 경우 징역·금고·구류의 선고를 받은 자가 심신의 장애로 의사능력이 없는 상태에 있는 때에는 형을 선고한 법원에 대응한 검찰청 검사 또는 형의 선고를 받은 자의 현재지를 관할하는 검찰청 검사의 지휘에 의하여 심신장애가 회복될 때까지 형의 집행을 정지한다. 또한 ① 형의 집행으로 인하여 현저

389

히 건강을 해하거나 생명을 보전할 수 없을 염려가 있는 때 ② 연령 70세 이상인 때 ③ 잉태 후 6월 이상인 때 ④ 출산 후 60일을 경과하지 않은 때 ⑤ 직계존속이 연령 70세 이상 또는 중병이나 장애인으로 보호할 다른 친족이 없는 때 ⑥ 직계비속이 유년으로 보호할 다른 친족이 없는 때 ⑦ 그 밖에 중대한 사유가 있는 때에도 형의 집행을 정지할 수 있다.

소장은 수용자에 대하여 건강상의 사유로 형집행정지를 할 필요가 있다고 인정하는 경우에는 의무관의 진단서와 인수인에 대한 확인서류를 첨부하여 그 사실을 검사에게, 기소된 상태인 경우에는 법원에도 지체 없이 통보하여야 한다.

참조법령　「형사소송법」 제469조·제470조·제471조, 「형집행법시행령」 제21조

호송(護送)

수용자 등을 감시하면서 일정한 목적지로 데려가는 일을 말한다. 수용자를 이송이나 출정, 그 밖의 사유로 호송하는 경우에는 수형자는 미결수용자와, 여성수용자는 남성수용자와, 19세 미만의 수용자는 19세 이상의 수용자와 각각 호송 차량의 좌석을 분리하는 등의 방법으로 서로 접촉하지 못하게 하여야 한다. 만약 미결수용자를 교정시설 밖으로 호송하는 경우에는 해당 사건에 관련된 사람과 호송 차량의 좌석을 분리하는 등의 방법으로 서로 접촉하지 못하게 하여야 한다. 특히 수용자의 호송 중 도주 등의 사고가 발생하지 않도록 수용자의 동정을 철저히 파악하여야 한다.

교도관이 수용자를 교정시설 밖으로 호송하는 경우에는 미리 호송계획서를 작성하여 상관에게 보고하여야 한다. 출정은 법원, 검찰청 및 그 밖의 지정된 장소로 수용자를 호송하여 계호하는 것이 주요 업무이므로 출정 전 제반사정 등을 종합적으로 고려한 호송계획서가 필요하다.

참조법령　「형집행법시행령」 제24조·제100조, 「교도관직무규칙」 제40조

혼거제(混居制)·혼거수용(混居收容)

　　구금제도 중의 하나로 자유형의 집행방법 중 가장 오래된 형태로서 다수의 범죄자를 같은 거실에 수용하는 방식을 말한다. 잡거제(雜居制)라고도 한다. 혼거제는 다수의 범죄자에 대한 관리의 편의를 도모할 수 있고, 시설비용이 절감되며, 범죄자의 사회성 함양으로 사회복귀에 적합하다는 장점이 있다. 반면 다수의 범죄자를 동일한 공간에서 생활하게 함으로써 비위생적이며, 악풍감염(범죄배양효과)을 막기 어렵다는 단점이 있다.

　　「형집행법」에 의하면 원칙적으로 수용자는 독거 수용한다. 다만, ① 독거실 부족 등 시설여건이 충분하지 않은 때 ② 수용자의 생명 또는 신체의 보호, 정서적 안정을 위하여 필요한 때 ③ 수형자의 교화 또는 건전한 사회복귀를 위하여 필요한 때에는 혼거수용 할 수 있다. 이 경우 노역장 유치명령을 받은 수형자와 징역형·금고형 또는 구류형을 선고받아 형이 확정된 수형자를 혼거수용해서는 안 된다. 다만, 징역형·금고형 또는 구류형의 집행을 마친 다음에 계속해서 노역장 유치명령을 집행하거나 그 밖에 부득이한 사정이 있는 경우에는 그렇지 않다.

　　혼거수용 인원은 3명 이상으로 하고, 다만, 요양이나 그 밖의 부득이한 사정이 있는 경우에는 예외로 한다.

참조법령　「형집행법」제14조, 「형집행법시행령」제8조·제9조
참고문헌　임현 『바른교정학』 58면 (2019)

화상접견(畵像接見)

　　교정시설에 설치된 전산망을 이용하여 수용자 가족이나 친지 등이 가까운 교정시설에 설치된 화상(컴퓨터 모니터)을 통하여 다른 시설에 수용된 수용자의 모습을 보면서 접견할 수 있는 접견방식이다. 이 제도는 가족 친지 등이 수용자를 접견하기 위하여 먼 거리에 있는 교정시설까지 직접 찾아가야 하는

불편을 해소하고 경제적인 부담을 덜게 해 주는 장점이 있다. 접견시간이나 가능요일, 횟수, 접수시간 등은 일반접견과 동일하며, 수용자가 어느 교정시설에 수용되었는지 확인 후 예약신청이 가능하다. 민원인은 예약한 시간 10분 전까지 방문 예정된 교정기관의 민원실에 반드시 도착하여야 하며, 민원인당 1일 1회만 가능하고 한 사람의 민원인이 같은 날 두 명 이상의 수용자에게 신청할 수 없다. 콜센터(1363) 또는 인터넷사이트로 예약신청이 가능하다.

참고문헌 교정본부 홈페이지

확인서(確認書)・인수서(引受書)

법원・검찰청・경찰관서 등으로부터 교정시설에 수용되는 사람('신입자')을 인수한 경우에는 호송인(護送人)에게 '인수서'를 써 주고, 신입자에게 부상・질병 등 기타 건강에 이상이 있을 때, 음주사실이 발견된 때에는 호송인으로부터 그 사실에 대한 '확인서'를 받아야 한다. 확인서 등을 받을 수 없는 사정이 있는 경우에는 직원의 근무보고서, 목격자의 자술서 등을 받아 두어야 한다. 이는 신입자의 건강상의 문제를 미리 파악하여 수용관리에 만전을 기하기 위함이고, 또, 교정시설 입소 전부터 가지고 있던 질병이나 상처가 교정시설 측의 수용관리상의 문제로 인해 발생하였다는 오해의 소지를 불식시키기 위해서 필요하기 때문이다.

참조법령 「형집행법시행령」 제13조

환소(還所)

교도관의 계호 하에 출정, 사회봉사, 외부의료시설 진료 등을 위하여 교정시설 외부로 이동한 수용자를 목적을 달성한 후 다시 교정시설로 복귀시키는 것을 말한다. 호송감독자는 환소하기 위한 호송차량에 승차하기 전에 감독사항을 철저히 확인하여 도주사고를 미연에 방지하도록 하여야 한다. 환소 후에는 인원점검, 신체 및 의류검사, 수용동 인계, 정보사항 처리 등이 이루어진다.

환자(患者)

부상을 당하거나 질병에 걸리는 등의 이유로 의료진의 진찰과 치료가 필요한 수용자를 말한다. 교정시설에서 중점관리가 필요한 환자 유형으로는 만성질환자, 감염병환자, 정신질환자, 중환자, 응급환자 등이 있다. 이 중 만성질환자란 최소 3개월 이상 지속되는 병적인 상태를 앓고 있는 환자, 감염병환자란 감염병의 병원체가 인체에 침입하여 증상을 나타내는 환자, 정신질환자란 정신기능의 장애 때문에 적절한 자기통제 내지 사회적 적응이 되지 않는 환자, 중환자란 불안정한 건강상태로 인하여 고도의 집중적인 치료가 요구되는 환자, 응급환자란 위급한 상태로 인하여 즉시 응급처치가 필요한 환자를 말한다. 집중적인 치료가 필요하다고 의무관이 판단한 환자는 의료거실에 수용하거나, 일반거실을 치료거실로 지정하여 수용할 수 있다.

2019년 기준 전국 교정시설의 환자는 총 24,909명이며, 주요질환별 구성은 고혈압 9,197명(36.9%), 당뇨병 5,131명(20.6%), 혈액투석 89명(0.4%), 정신질환 4,748명(19.1%), 간질 256명(1.0%), 그 밖에 5,488명(22.0%)이다.

참조법령 「형집행법시행령」 제54조
참고문헌 『교정통계연보』 95면 (2020)

회복적 교정(回復的 矯正, Restorative Corrections)

새로운 형사사법패러다임인 회복적 사법을 교정단계에 적용하여 구현하는 것을 말한다. 즉 가해자, 피해자, 관계자 등이 형사사법절차의 교정단계에서 만남의 자리를 통해 사죄, 용서, 화합의 과정을 거침으로써 진정한 뉘우침을 통한 범죄자의 재사회화, 피해자에 대한 적극적인 피해회복, 범죄로 인한 지역사회의 갈등을 회복하여 실질적인 의미의 교정이념을 실현하려는 것이다. 회복적 사법의 가치는 범죄자 교정의 목표와 매우 부합하기 때문이다.

그동안 범죄자의 행위에 중점을 둔 기존의 교정주의는 선진국을 비롯한 대다수 국가에서 실패하거나 그다지 성공적이지 못했다. 그 이유는 많은 수형자들이 자신의 죄책을 인정하지 않고 피해자에게 무관심한 상태에서 교정시설에서 석방되면서 "모든 죄 값을 치렀다."고 생각했기 때문이다. 실제로 가해자들은 법정에서나 탄원서에서는 판사에게 잘못을 사과했지만, 정작 피해자에게 제대로 사과하지 못하는 경우가 매우 많았다. 죄책과 공감이 부족한 상태에서 석방된 출소자가 재범할 확률은 당연히 높을 수밖에 없다는 점에서 회복적 교정의 필요성이 대두되고 있다.

교정행정의 영역에서 회복적 사법의 이념과 실무를 성공적으로 정착시키기 위해서는 우선 가해자, 피해자, 관계자 등의 자발적인 참여와 협조를 유도할 수 있어야 한다. 또한 교정공무원과 일반국민 모두 회복적 사법에 대한 인식의 전환이 요구되며, 교정기관에서는 검찰, 법원, 피해자지원단체, 지역사회단체 등 유관기관과의 협력체계를 구축해야 한다. 장기적으로는 교정청을 독립하고 '회복적 교정 운영위원회'(가칭)를 각 지방교정청별로 설치하여 회복적 교정 구현에 관한 전반적인 사항을 총괄하도록 하는 것이 필요하다.

참고문헌 　 김영식 「교정단계 회복적 사법 적용 사례에 관한 연구」 289면 (2016), 김용세·류병관 「교정단계에서 회복적 사법의 가능성」 24면·63면 (2006), 윤옥경 「교정조직 독립의 필요성과 과제」 65면 (2018년 6월)

회복적 교정 프로그램(Restorative Correctional Programs)

회복적 사법을 교정단계에 적용하여 구현하기 위해 실제 교정현장에 도입한 프로그램을 말한다. 주요 회복적 교정 프로그램으로는 뽕나무(Sycamore Tree) 프로그램, 롤레터링(Role Lettering) 기법을 활용한 피해자 공감 프로그램, 범죄피해자보호단체 기부 프로그램, 지역사회 봉사활동('보라미봉사단') 프로그램, 후원과 책임 서클(Circles of Support and Accountability) 멘토링 프로그램, 회복적 공간 조성 프로그램, 입실거부자 회복적 프로그램 등이 있다.

이 중 '뽕나무 프로그램'은 국제교도소협회(Prison Fellowship International) 에서 개발하여 전 세계적으로 확산되고 있으며, 수형자의 피해자에 대한 진정 한 인식과 공감을 위한 회복적 프로그램이다. '후원과 책임 서클 멘토링 프로 그램'은 아동성범죄 등 성범죄 수형자에 대하여 공무원, 전문가, 자원봉사자 등 다양한 회원들이 교정시설 내에서 회복적 측면에서의 멘토링을 시행하는 프로그램이다. '회복적 공간 조성 프로그램'은 정읍·장흥·부산교도소 등에서 실시한 프로그램으로, 수형자에게 자신의 범죄에 대한 책임감을 심어주고 부 정적인 경험을 치유할 수 있는 안정감을 느끼도록 자치수용동, 도서문화공간 등을 회복적 공간(Restorative Space)으로 조성하는 데 주력하였다. '입실거부 자 회복적 프로그램'은 최근 부산교도소에서 실시한 프로그램으로, 혼거생활 에 적응하지 못하고 입실거부를 반복하는 수용자를 대상으로 자체강사와 외 부강사가 함께 회복적 처우에 기반한 심리치료 프로그램(서클활동, 비폭력대화 등)을 시행하여 긍정적인 효과를 나타냈다.

이러한 회복적 교정 프로그램이 실제 교정현장에서 실질적으로 정착되기 위해서는 수형자, 피해자, 수형자가족, 교도관, 전문가 등 회복적 사법에 대한 모든 구성원들의 이해를 바탕으로 교정시설에 회복적 공간을 조성하고 다양 한 전문역량을 효과적으로 활용하는 것이 필요하다.

참고문헌 김영식·정영식 「회복적 교도소 프로그램 적용 사례」 15면~37면 (2020)

회복적 사법(回復的 司法, Restorative Justice)

범죄로 인한 피해자와 가해자, 그 밖의 관계자 및 지역공동체가 함께 범죄 로 인한 문제를 치유하고 기존의 관계를 회복하도록 유도하는 새로운 형사사 법패러다임을 말한다. 학자에 따라 회복주의, 원상회복주의, 공동체적 사법, 적극적 사법, 합리적 사법 등 다양한 용어가 사용되고 있다.

회복적 사법의 개념을 최초로 사용한 사람은 1977년 알버트 이글래쉬 (Albert Eglash)이다. 그는 형사사법을 ① 처벌에 근거한 응보적 사법 ② 치료 적 처우에 근거한 분배적 사법 ③ 원상회복에 근거한 회복적 사법으로 구분하고, 범죄자는 국가가 아니라 피해자와 지역사회에 대하여 책임이 있는 것이므로 피해배상 및 관계회복에 적극적으로 참여해야 한다고 주장했다. 이후 가해자에게 재통합적 수치심 부여와 피해회복을 위한 노력을 강조한 브레이스웨이트(Braithwaite)의 재통합적 수치이론(Reintegrative Shaming Theory) 등 많은 연구를 통해 회복적 사법에 관한 이론이 발전되어 왔다. 실무적으로는 피해자와 가해자의 직접대화, 가해자의 피해자를 위한 피해배상, 보다 안전한 커뮤니티의 조성 등을 중시한다.

　회복적 사법의 연구자이자 실무자인 바바라 테이브스(Babara Toews)에 의하면 범죄의 주된 원인은 "관계의 단절"에 있으며, 존중·돌봄·신뢰·겸손의 네 가지 핵심가치를 바탕으로 가해자, 피해자, 가족, 공동체의 재연결을 통한 "관계의 회복"이 필요하다고 주장한다. 이는 "관계의 그물망을 다시 세우는 것"에 비유할 수 있다. 그리고 이러한 재연결을 위해 대면만남, 서클, 대화모임, 대화그룹, 멘토링 등 다양한 회복적 프로그램을 시행하고 교정시설에도 적용할 것을 강조한다. 회복적 사법에 관한 외국의 대표적인 사례로는 싱가포르의 노란리본 프로젝트, 뉴질랜드의 가족 집단협의회, 캐나다의 양형서클, 미국의 피해자·가해자 조정 등이 있다.

> **참고문헌**　바바라 테이브스 저, 김영식 역 『교도소에서의 회복적 사법』 40면~42면 (2020), 鴨下守孝·松本良枝 『교정용어사전』 170면 (2006), 임현 『바른교정학』 90면 (2019)

휴가(休暇)

　행정기관의 장이 일정한 사유가 있는 공무원의 신청 등에 의하여 일정기간 출근의 의무를 면제하는 것을 말한다. 공무원이 휴가로 인하여 장기간 근무지를 벗어나는 경우에는 소속기관의 장이 지정하는 사람에게 그 담당업무를 인계하여야 한다. 휴가의 종류로는 연가(年暇), 병가(病暇), 공가(公暇), 특별휴가(特別休暇) 등이 있다.

　이 중 연가는 공무원이 정신적·신체적 휴식을 취함으로써 근무능률을 유지하고 개인생활의 편의를 위하여 사용하는 휴가이며, 재직기간별로 일수를 차등하여 부여하고 있다. 병가는 공무원이 질병 또는 부상으로 직무를 수행할 수 없는 경우 또는 감염병에 걸려 다른 공무원의 건강에 영향을 미칠 우려가 있을 때 부여받는 휴가이며, 다시 일반병가와 공무상병가로 구분된다. 공가는 공무원이 일반국민의 자격으로 국가기관의 업무수행에 협조하거나 법령상 의무의 이행을 위하여 필요한 경우에 부여받는 휴가이며, 해당 사유를 수행하는 데 직접 필요한 기간을 승인받을 수 있다. 특별휴가는 사회통념 및 관례상 경조사 등 특별한 사유가 있는 경우 부여받는 휴가이며, 특별휴가의 종류로는 경조사휴가, 출산휴가, 불임치료시술휴가, 여성보건휴가, 모성보호시간, 육아시간, 수업휴가, 재해구호휴가, 포상휴가, 수업휴가, 자녀돌봄휴가 등이 있다.

참조법령 「국가공무원 복무규정」 제14조·제15조·제18조~제20조

휴대금품(携帶金品)

보관금품의 한 종류로서 신입 수용자가 교정시설에 입소할 때 휴대한 현금 (자기앞수표를 포함)과 휴대품을 말한다. 휴대금품은 교정시설에 보관하지만, ① 썩거나 없어질 우려가 있는 것이나 ② 물품의 종류·크기 등을 고려할 때 보관하기에 적당하지 않은 것 ③ 사람의 생명 또는 신체에 위험을 초래할 우려가 있는 것 ④ 시설의 안전 또는 질서를 해칠 우려가 있는 것 ⑤ 그 밖에 보관할 가치가 없는 것은 수용자로 하여금 자신이 지정하는 사람에게 보내게 하거나 그 밖에 적당한 방법으로 처분하게 할 수 있으며 처분해야 할 휴대품을 상당한 기간 내에 처분하지 않으면 폐기할 수 있다. 휴대금은 보관금관리부에 등재하여 본인의 손도장 또는 서명을 받아 접수한 후 휴대금 중 자기앞수표 및 우편환은 은행조회 등을 거쳐 현금으로 취급한다.

참조법령 「형집행법」 제25조, 「형집행법시행령」 제34조, 「보관금품관리지침」 제6조

휴직(休職)

공무원의 경우 재직 중 일시적인 업무 외의 사유로 노무의 제공이 불가능하게 되었지만, 그 신분을 유지하면서 일정기간 동안 직무에 종사하지 않도록 조치하는 것을 말한다. 휴직은 크게 직권휴직과 청원휴직으로 구분된다. 직권휴직은 본인의 의사에도 불구하고 임용권자가 휴직을 명하는 것을 말하며, 주요 사유로는 질병, 병역, 법정 의무수행 등이 있다. 청원휴직은 본인의 의사가 있을 경우 임용권자가 휴직을 명하는 것을 말하며, 주요 사유로는 유학, 육아, 가사 등이 있다.

교정공무원의 경우 최근에는 '일과 가정의 양립' 추세와 정책적 지원 확대에 따라 육아휴직이 증가하고 있다. 2019년 기준 교정공무원의 육아휴직 인원은 총 399명이며, 이 중 남성이 300명으로 약 75.2%를, 여성이 99명으로 약 24.8%를 차지한다.

참조법령 「국가공무원법」 제71조·제73조
참고문헌 『교정통계연보』 37면 (2020)

휼수(恤囚) · 휼형(恤刑)

죄인을 불쌍히 여겨 형벌을 가볍게 하고 인신을 보호하는 제도를 말한다. 삼국시대부터 왕의 명령에 의하여 죄인을 석방하는 대사(大赦) 등을 통하여 휼형을 실시하여 고려에서도 지속되어 왔으며, 특히 조선에서는 통치의 기본이념을 유교사상에 두었기 때문에 휼형을 선정의 징표로 삼았다. 그에 따라 모든 형사법에 반드시 휼형에 관한 구체적인 규정을 두어 억울하게 옥에 갇히거나 죄인의 처우를 소홀히 하는 일이 없도록 특별히 배려하였다. 휼형의 종류로는 보방, 감강종경, 대사 등이 있었다. 보방은 구금 중인 죄인의 건강이 좋지 않거나 상을 당하게 되면 임시로 석방하는 것을, 감강종경은 특정한 경우 단계적으로 형벌을 낮추어 집행하는 것을, 대사는 국가적인 경사를 축하하거나 재해를 극복하기 위하여 왕의 명령으로 죄인을 석방하는 것을 말한다.

참고문헌 『대한민국 교정사Ⅰ』155면 (2010)

희망센터(Hope Center)

새로운 교정처우제도의 성공적인 정착과 운영을 기원하며, 국내 최초의 출소예정자 중간처우시설로 지역사회에 설치된 개방시설을 말한다. 2013년 9월 밀양구치소 인근에 설치된 밀양희망센터를 시작으로 2017년 3월 충남 아산의 천안개방교도소 인근에 아산희망센터를 개소하여 운영하고 있다. 동 센터에 수용되는 자는, 수용시설 → 사회적응훈련원 → 지역사회 내 생활과정의 3단계의 과정을 거친다. 대상자는 중간처우를 받는 날부터 가석방 또는 형기종료 예정일까지의 기간이 9개월 미만인 수형자로서, 사회적응훈련원 등에서 교육받은 3~6개월 이내에 가석방이 가능한 모범수형자 중에서 엄격한 심사를 통해 선발하여 사회적응에 필요한 교육, 취업지원 등 적정한 처우를 실시한다. 대상자 선정 시 고려되는 사항으로는 경비처우급, 도주 및 재범가능성, 연령, 건강, 정신상태 등을 고려한 작업 또는 교육훈련 감당여부, 가석방 가능여부, 형기종료일까지의 기간 등이며, 조직폭력, 마약사범, 추천기준일 현재 1년이내 징벌자, 직업훈련생, 교육생 등은 대상자 선정에서 제외한다.

밀양희망센터는 ㈜한국카본과 밀양구치소, 아산희망센터는 ㈜광성정밀과 천안개방교도소간 협력을 통해 운영되며, 동 센터에는 모범수형자들이 생활하는 기숙사 시설과 샤워실, 휴게실, 체력단련실 및 생활지도실 등 10여개의 거실로 구성되어 있다. 수형자들은 은행 체크카드로 필요한 물품을 스스로 구입할 수 있고, 스마트폰과 인터넷 이용이 가능하며 사회견학, 봉사활동 및 종교활동 참여 등 다양한 사회생활 체험을 통하여 실질적인 사회적응능력을 배양한다. 또한 주중에는 교도관의 감시 없이 자율적으로 출·퇴근하며 일과 후에는 센터내에서 여가시간을 보내거나 문학치료와 원예치료 프로그램 등에 참여하여 교육을 받는다. 주말에는 귀휴나 접견을 실시하여 가족 등을 만날 수 있다. 이 제도는 수형자의 건전한 사회복귀와 재범방지를 위해 민관이 협

력하여 시도하는 새로운 교정처우제도로써 중간처우시설이 기업과 사회가 공
존하며 발전할 수 있는 좋은 예라고 할 수 있다. 수용인원은 20명 내외이다.

참조법령 「형집행법시행규칙」 제93조, 「교정시설 경비등급별 수형자의 처우 등에 관한
지침」 제39조

교정용어사전
矯正用語辭典

부록

[교정시설에서 사용하는 은어 · 비속어 정리]

가막소 · 까막소

'감옥(監獄)'의 방언으로 강원도 및 전라도 지역에서 사용되었다. '감옥소'로도 불렸으며 현재의 교도소를 이르는 말이다.

가방모찌

다른 사람의 가방을 들고 다니면서 시중을 드는 것을 이르는 말이다. 일본어에서 유래하였으며 '가방(鞄: かばん)'과 '모찌(持ち: もち)'의 합성어이다. 즉 '가방을 들다'의 의미로 잔심부름이나 시중을 드는 사람을 말한다.

가오(잡다, 세우다)

자존심이나 체면을 속되게 이르는 말로, 폼을 재거나 남을 의식해서 좀 멋지게 구는 것을 말한다. 일본어의 '카오(顔: かお)'에서 유래하였으며 얼굴, 체면 등의 의미를 갖는다.

간 본다

'다른 사람을 조금 우습게 보고 이렇게 저렇게 해 보면서 자기 뜻대로 가지고 논다.'라는 말로 상대방의 성격이나 심리상태 등을 자신과 비교하여 상대의 반응을 보고 자신이 상대할 만한가를 알아본다는 의미이다. 원래 '간'이란 음식물에 짠맛을 내는 물질, 즉 소금, 간장, 된장 등을 통틀어 이르는 말로

'간 본다'라는 것은 음식물의 짠맛의 정도를 알아보는 것으로써 이것을 사람에게 적용하여 사용한다.

갈구다

다른 사람을 약삭빠르고 교묘하게 괴롭히거나 못살게 구는 것을 의미하는 비속어로 트집을 잡거나 지적을 해서 상대를 육체적, 정신적으로 괴롭히는 것을 말한다.

감방(監房)

교도소에서 수용자를 가두어 두는 방을 일컬어 '감방'이라고 한다. 즉 감독을 받는 방이란 뜻으로 감옥에 있는 하나하나의 방(거실)을 이르는 말이다. 감옥은 교도소의 예전 용어로 감옥에서 형무소로, 현재는 교도소로 그 명칭이 변경되었다. 수용자들 사이에서는 '감옥'을 의미하는 비속어로 '감빵' 또는 '빵'이라고도 한다.

감방장(監房長)

한 감방(거실)에 있는 수용자들 중에서 우두머리를 일컫는 말로, 현재는 각 방(거실)의 봉사원을 이르는 말이나 과거와 같이 절대적으로 우월적 지위를 가진 강자로서의 감방장과 현재의 봉사원과의 역할은 사뭇 다르다고 할 수 있다.

강짜(놓다, 부리다, 하다)

터무니없이 억지를 부리거나 억지다짐을 하는 것으로 '강샘'을 속되게 이르는 말이다. '강샘'이란 질투의 뜻으로 부부 사이나 사랑하는 이성(異性) 사이에서 상대되는 이성이 다른 이성을 좋아할 경우에 지나치게 시기하는 것을 말한다.

개꼴이 되다

아주 엉망이 된 꼬락서니를 비유적으로 이르는 말로 체면이나 처한 형편이 말이 안 되게 된 상황을 이르는 말이다.

개발에 땀나다

'부지런히 노력하여 어려운 일을 해내다'라는 뜻으로 땀이 잘 나지 않는 개발에 땀이 나듯이 어려운 일을 이루기 위하여 부지런히 움직임을 이르는 말이다. 아주 굳센 각오로 열심히 무엇인가를 할 때 우리는 흔히 '개발에 땀나다'라고 한다. 교정시설에서는 하던 일이 잘 안 풀리다가 이따금 잘되는 것을 의미한다.

개털

돈이나 뒷줄이 없는 사람을 이르는 말로 수용자들이 사용하는 은어였으나, 일반적으로 돈 한 푼 없는 알거지라는 의미로 사용하기도 한다. '범털'의 반대말이다.

검취(檢取)

'검사취조(檢事取調)'의 줄임말이다. 검사가 범죄사실을 밝히기 위해 범죄 혐의자나 참고인을 조사하는 것을 말한다. 일반적으로 교정시설에서는 '검취'라는 용어를 사용한다. '취조'는 일본어투 생활용어이며 순화용어로 '신문', '심문', '조사'로 사용하도록 하고 있다.

검치(檢致)

'검찰송치(檢察送致)'의 줄임말이다. 먼저 '송치'란 어떠한 서류나 물건, 사건 등을 정해진 곳으로 보낸다는 뜻으로, '검찰송치'는 경찰과 같은 수사기관이 검찰청으로, 또는 한 검찰청에서 다른 검찰청으로 피의자와 서류를 보내는 것을 의미한다. 일반적으로 교정시설에서는 '검치'라는 용어를 사용한다.

겐세이

'견제(牽制)'란 의미로 훼방 놓거나 딴지 또는 태클을 거는 것을 말한다. 주로 당구 용어에서 사용하였으나 일반적인 용어로써 사용하기도 한다. 일본어의 '겐세이(牽制 : けんせい)'라는 발음에서 유래하였으며, 일정한 작용을 가해 상대가 지나치게 세력을 펴거나 자유롭게 행동할 수 없도록 하는 것을 의미한다.

곱징역

'매우 힘든 징역'이라는 뜻으로 신체적·정신적으로 우월한 지위에 있는 수용자가 열위에 있는 수용자를 괴롭혀서 힘들게 수용생활을 하게 하는 것을 이르는 말이다. 즉, 징역을 '곱절로 살게 한다.'라고 하는 의미이다.

꼽살린다 · 꼽살다

'못살게 군다.' 또는 '힘들게 산다.'의 뜻을 가진 은어로 교도소의 같은 거실에서 생활하는 동료수용자에게 잔심부름을 시키거나 심하게 부리면서 하는 일마다 참견하고 방해하는 것을 말한다.

구름과자

'담배'를 비유적으로 이르는 말로 담배를 피면서 내뿜는 연기가 구름 모양 같고, 맛있는 과자를 먹으면 계속 먹고 싶은 것처럼 담배도 계속 피고 싶다는 뜻에서 생겨난 은어이다. 같은 의미로 '강아지'라고도 한다.

군쟁이(뺄때)

교정시설에서 다른 수용자의 부정행위 또는 잘못, 비밀 등을 교도관에게 일러바치는 사람을 이르는 은어이다. 유사한 은어로 '뺄때'는 규율을 위반하는 모든 행동이나 물품을 하나하나 교도관에게 일러바치는 수용자를 말한다.

궁짜(끼다)

가진 게 없어 빈곤한 모양새를 이르는 말로 '궁한 기색'이라는 '궁기(窮氣)를 나타내는 의미이다. 비슷한 말로 '아주 가난하다.'라는 뜻의 '궁색하다'가 있다.

까마귀

교정시설에서 근무하는 기동순찰팀(CRPT) 직원을 이르는 은어로, 입고 있는 복장이 모자에서 구두까지 검정 일색이어서 까마귀와 같다 하여 붙여진 이름이다.

대식기 · 또박식기 · 중식기

수용자의 식기들을 지칭하는 은어이다. 크다는 의미의 '대식기'는 국그릇을, 한결같다는 의미의 '또박식기'는 밥공기를, 중간 크기인 '중식기'는 반찬그릇을 말한다.

때끼 (꾼)

'소매치기'를 이르는 말로 전남지역에서 사용하는 방언이다. '때끼'에 어떤 일에 능숙한 사람을 낮추어 부르는 말인 '꾼'이 더해져 사용된다.

뚜룩 (재비, 째비)

'도둑'을 이르는 은어로 '뚜룩재비'가 정확한 사전적인 단어이며, 교정시설에 수용된 절도범을 이르는 말로 사용된다. 경남지역에서 사용하는 방언으로 '째비다'란 표현이 '훔치다'와 같은 의미로 사용되며 '뚜룩'과 '째비'가 합해져서 '뚜룩재비' 또는 '뚜룩째비'가 된 것으로 추정된다.

뒤창

교정시설의 수용동에는 앞과 뒤에 각각 한 개의 창문이 있는데 뒤창은 거실 내에 있는 창문으로 건물 밖을 볼 수 있도록 되어 있는 창문을 말한다. '뒤창탄다'라고 할 때는 그 거실에서 방장 다음으로 영향력이 있는 2번째 사람을 지칭한다.

떵거울

수용거실 앞 철창문에서 복도 쪽을 향하여 망 볼 수 있게 제작한 조그만 거울조각을 이르는 은어로 복도를 걸어오는 근무자의 움직임을 살피기 위해 사용한다.

떵보다

망을 보는 것을 의미하는 은어로 칫솔대에 새끼손가락 반만 한 거울을 붙여서 누가 오는가를 지켜보는 것을 말한다.

떵잡다

다른 사람의 흠이나 결점 따위를 들추어내 트집을 잡는 것을 이르는 은어이다.

먹방

독방으로 한 사람이 겨우 누울 수 있는 약 2.4제곱미터(0.7평)의 공간이다.

내부는 24시간 내내 빛이 한줄기도 들어오지 않아 마치 먹물처럼 깜깜하다 하여 일명 '먹방'이라 불렀다. 또한 마룻바닥 끝부분에 구멍을 내어 용변을 밖으로 처리하게 하는 등 외부와 철저히 격리된 공간이었다. 이곳에 감금되면 정신공황 장애를 겪는 등 상상 이상의 고통이 뒤따랐다. 일제강점기에는 애국지사를 회유하기 위하여 많이 사용하였고, 해방 이후에는 수용질서를 어지럽히는 규율위반 수용자들의 징벌을 집행하기 위하여 사용하기도 하였으나, '비인간적이고 반인권적이다'라는 이유로 폐지되어 현재는 자취를 감추었다.

참고문헌 『독립과 민주의 현장 서대문 형무소 역사관』 112면 (2014)

물총

교정시설에서 강간범을 지칭하는 은어이다.

범생이 (範生)

모범생을 놀림조로 이르는 사전적인 의미로 교정시설에서는 모범적으로 수용생활을 하는 수용자를 말하나 상황에 따라서는 비꼬는 말로 쓰인다.

범치기

규칙을 어기는 것을 이르는 말인 '범칙(犯則)'에서 유래한다. 교정시설 내에서 수용자가 지켜야 할 규율을 위반하면서 상호간에 물건을 주고받는 행위를 이르는 은어이다.

범털

돈 많고 뒷줄이 튼튼하거나 지적 수준이 높은 수용자를 이르는 은어로 '개털'의 반대말이다. 범털 수용자는 자신이 가진 재물이나 배경을 이용하여 돈 없고 힘없는 수용자를 자신에게 따르게 하거나 자신의 위세를 과시하기도 한다.

법자

수용자를 '법무부 자식들'로 비하해서 부르기도 하는데, '법자(法子)'는 이를 다시 줄인 말이다. 수용자는 법무부 소속 교정시설인 교도소나 구치소에 수용되어 생활을 하고 관리를 받기 때문이다.

비둘기

'통방'이 비교적 가까운 거리에 있는 수용동과 거실에서 대면관계에 의해 이루어지는 것이라면, '비둘기'는 미결수용동과 기결수용동처럼 거리상으로 멀리 떨어져 있고 감시나 규율이 엄격하여 직접 대면관계에 의한 접촉이 불가능할 경우에 편지나 쪽지를 작성하여 은밀히 연락을 주고받는 것을 말하는 은어이다. 이것을 일명 '비둘기를 띄운다.'라고 하는데 이 역할을 하는 사람은 수용동에서 작업하는 수용동청소부('소지')나 시설을 보수하고 유지하는 작업을 하는 시설보수('영선'), 예전 재래식 화장실의 오물수거 작업을 하던 위생부가 그 심부름 역할을 하였다. 물론 이러한 역할을 하는 수용자에게는 이에 대한 반대급부로서 배식이나 기타 편의 제공 등의 수용질서 위반행위가 발생한다. 또, 과거에는 수용자가 직접 기결사동에서 미결사동쪽으로 종이비행기를 접어 날리기도 하였고, 이를 예방하게 위해서 미결수용동과 기결수용동사이에 그물을 설치하기도 하였다.

빵잽이 · 빵잡이

다수의 전과력이 있어 교도소에 수용되었던 사람으로서 교도소 생활에 있어 모르는 것이 없는 사람을 이르는 비속어이다. '감방'을 줄여서 뒷글자인 '방'을 세게 발음하여 "빵"으로 부르게 되면서 접미사인 잽이(잡이)가 더해져 사용된다.

빵끼(치다, 쓴다)

빈둥거리거나 허세를 부리며 공갈치는 것을 이르는 은어이다. 페인트의 일본식 발음인 빵끼(ペンキ)에서 유래하였으며 페인트를 칠하면 원래 보이던 것이 감추어져 보이지 않게 되는 것에서 '빵끼치다', '빵끼쓴다' 라는 말이 유래하게 되었다.

빵끼통

교도소나 구치소에서 용변을 보는 통을 말하며 화장실을 뜻하는 은어로 변기를 이르는 말이다. 과거에는 감방 안에 변을 보는 통이 있어서 거기에다 대소변을 보았고 그 통을 일컬어 '빵끼통'이라고 하였다. 일제강점기에는 감방 내부에 화장실이 없어 나무로 만든 통(일명 '똥통')을 놓아 볼일을 해결하였고, 해방 이후에도 빵끼통 또는 재래식 화장실이 설치되어 매우 비위생적이었고 열악하였다. 한여름에는 채광과 통풍이 잘 되지 않아 오물 냄새 또는 구더기까지 올라오는 일이 허다하였고, 심한 악취로 인하여 수용자들이 화장실 옆에서 자기를 꺼려하여 새로 들어오는 신입이나 힘없는 수용자가 화장실 옆에서 자기도 하였다. 그러나 대한민국의 경제발전과 더불어 교정시설도 선진교정을 추구하는 교정이념에 맞게 가장 먼저 개선에 나선 것이 화장실의 개선이었고, 따라서 과거의 냄새나는 화장실(빵끼통)은 존재하지 않는다. 현재 교정시설마다 신·개축을 통해 각 수용거실에 수세식 화장실을 설치하여 청결하게 관리하고 있다.

뺑끼통의 어원은 일본어의 '뱅기(便器, べんき)'에서 연유하지 않았나 하는 생각이다. '뱅기'의 발음이 센발음으로 변해서 '뺑끼'가 되어 변기통이라는 의미의 '뺑끼통'이 된 것은 아닐까 한다.

참고문헌 『독립과 민주의 현장 서대문 형무소 역사관』 109면 (2014)

소지 · 사소

수용동 내에서 청소를 하며 각 수용거실에 구매품 지급 등의 심부름을 하는 봉사원 수용자를 말한다. '사소'는 사동청소부(舍棟淸掃夫)를 줄인 말이고, '소지'는 한자어인 소제(掃除)의 일본식 표현인 소우지(そうじ)가 발음하기 편하게 '소지'로 변한 일본식 말이다.

시보레 넣다

몰아세우거나 닦달하며 괴롭히는 것을 의미하는 말로 일본어에서 유래하였다. 기본형 '시보루(絞る : しぼる)'의 명령형인 '시보레'에 한글의 '넣다'가 붙여진 합성어이다. '시보루'의 뜻은 '(쥐어)짜다', '조르다', '야단치다' 등의 의미이다.

앞창

교정시설의 수용동에는 앞과 뒤에 각각 한 개의 창문이 있는데 앞창은 수용동의 복도 쪽에 있는 창문으로 직원이나 수용자가 지나다니면서 거실을 들여다 볼 수 있는 창문을 말한다. '앞창탄다' 라고 할 때는 그 거실에서 징역살이를 가장 오래한 사람으로 영향력이 있는 방장(房長)을 지칭한다.

요시찰

수용자 번호표의 색상이 노란색인 관심대상수용자나 조직폭력수용자를 줄여서 하는 말이다. 관심대상수용자의 경우 자살 또는 자해 등의 우려가 높고, 조직폭력수용자의 경우 폭행사고의 우려가 높아 특별한 주의가 필요한 사람들이라는 이유에서다.

유담포

교정시설에서 추운 겨울에 이불속의 한기를 없애기 위해 뜨거운 물이 담긴 PET병을 천으로 감싸 만든 주머니에 넣은 것을 말한다. 일본어의 유단포(湯たんぽ: ゆたんぽ)에서 유래하였으며 추운지방에서 금속이나 도기, 합성수지 등으로 만들어진 용기에 뜨거운 물을 담아 몸을 따뜻하게 하는데 사용하였다.

접시꾼

사기범을 이르는 말로 교정시설에서 사용하는 은어이다.

집시

특정한 공안관련사범 수용자를 줄여서 하는 말이다. 공안관련사범 중에서 「집회 및 시위에 관한 법률」(약칭 '집시법') 위반으로 수용되는 경우가 많기 때문이다.

코걸이

싸움 등에서 상대편의 콧구멍에 손가락을 넣어 박아서 뒤로 밀어뜨리는 기술이라는 사전적 의미로, 모든 행동 하나하나에 다른 수용자나 교도관에게 법률과 규정을 따지며 싸잡아 엮으려고 하는 수용자를 이르는 말이다. 상습적인 코걸이를 일명 '코쟁이'라고도 한다.

코를 걸다(코끼다)

약점을 잡거나 잡히는 것을 이르는 은어이다. 소의 코를 코뚜레로 꿰는 것에서 유래한 표현으로 소가 코를 꿰이면 혼자 힘으로는 절대로 빠져나가지 못하고 사람이 끄는 대로 끌려 다니게 되는데 이를 빗대어 이러한 형편에 처해진 사람을 이르는 말이다.

콩밥

예전에 수용자들에게 쌀에 콩을 섞어서 지은 밥을 배식하였는데 여기에서 유래한 말로 '콩밥 먹었다'라는 말은 '감옥살이를 하였다'라는 의미로 사용되는 비속어이다. 1930년대 주식의 내용을 보면 쌀 10%, 콩 40%, 조 50%로 구성되었다. 현재 교정시설에 수용된 수용자에게 주어지는 주식은 100% 쌀밥을 제공하고 있다.

통방(通房)

교정시설 내에서 서로 다른 방에 있는 수용자들이 허가 없이 교도관의 눈을 피해 서로 연락하거나 이야기를 주고받는 것을 말한다. 원칙적으로 교정시설에 수용된 수용자들은 교도관의 허가 없이 교담하는 것을 금지하고 있는데 이러한 감시를 피해 타 거실에 수용된 수용자와 거실 창틀 쪽에서 큰 소리로 이야기하거나, 운동장에서 거실을 향하거나 거실 쪽에서 운동장 쪽으로 통방 또는 쪽지를 건네는 등의 행위 등을 하는데 이러한 행위는 수용자의 규율위 반 행위에 해당한다. 통방을 금지하는 이유는 집단생활 속에서 이루어지는 수 용질서의 확립이나, 수용자간 범죄행위 또는 교정사고를 일으키기 위한 모의 등 부정적인 요소가 많기 때문에 금지하고 있으나 필요한 경우에는 담당교도 관의 허가를 받아 교담하는 것은 문제되지 않는다.

일제강점기에는 수감자들이 형무관의 감시의 눈을 피해 벽을 두드려 신호 를 주고받거나 하였다. 벽을 두드리는 횟수에 따라 한글의 자음과 모음을 의 미했고, 독립운동가들이 수용되었던 대표적인 시설이었던 서대문형무소의 독 립 운동가들이 사용했던 옥중 암호이기도 했다. 독립 운동가들은 수감되기 전 에 미리 통방을 익히기도 하였다. 통방은 매우 은밀하게 주고받던 신호로 이 를 제대로 이해하기 위해서는 촉각을 곤두세워야 했고 신호를 주고받다 걸리 면 수감기간이 가중되거나 배식이 삭감되는 등 혹독한 고문에 시달렸다.

1920년 3월 1일 오후 2시, 한 평 남짓의 서대문형무소 '여 옥사 8번 방'에 서 시작된 만세소리가 3천여 명 수감자들의 '대한독립만세' 함성소리로 울려 퍼진 것도 한 날 한 시에 만세를 부르자고 미리 통방을 통해서 약속했기 때문 에 가능했다.

학교(큰집)

교도소를 지칭하는 은어로 큰집 등으로 부르기도 한다. '학교'는 상습범죄 자의 경우 교도소가 학교로 보일 정도로 자주 드나들기도 하고, 한편으로 수 용자들이 집단생활을 통하여 범죄학습의 기회를 얻는 측면이 있기 때문이다. '큰집'은 교도소의 정문이 대형 철문이고 주벽이라는 높은 담장 안에 많은 건 물과 거실을 갖춰 마치 커다란 집처럼 느껴진다는 이유에서다.

향정

수용자 번호표의 색상이 파란색인 마약류수용자를 줄여서 하는 말이다. 마약류수용자의 경우 필로폰(Philopon) 등 향정신성물질에 관한 범죄로 인하여 수용되었기 때문이다.

색인

(ㄱ)

가다밥 · 카타밥 · 틀밥　　3

가석방　　4

가석방실효　　5

가석방심사위원회　　5

가석방예비심사　　6

가석방적격심사신청　　6

가석방적격심사유형　　7

가석방취소　　7

가석방허가　　8

가족관계회복지원　　9

가족만남의 날　　9

가족만남의 집　　10

가족사랑캠프　　11

가족접견　　11

간수　　12

간이입소절차　　13

감강종경　　13

감금·감수·압뢰　　13

감독관　　14

감시대　　14

감염병환자　　15

감옥　　16

감옥규칙　　16

감옥법　　17

감옥세칙　　17

감치　　18

감형　　18

강제력　　19

개방시설　　20

개방지역작업　　20

개방처우　　21

개방처우급　　22

개별처우　　22

개별처우계획서　　23

개별처우급　　23

개선급　　24

개인위생　　25

개인작업　　25

개인정보보호　　26

개찰　　26

거소투표　　27

거실　　27

거실당번제　　28

거실지정 · 배방　　28

건강검진 · 건강진단　　29

건설공사반　　30

검사·검신·검방　　30

검수　　31

검정고시　　31

결산　　32

경비교도대　　32

경비등급제도　　33

경비처우급　　34

계구　　35

계약　　35

계호　　36

고사제　36
고위험군수형자　37
고지사항　37
고충상담　38
공공직업훈련　38
공무상접견　39
공사관리　39
공안사범 · 공안관련사범　40
과밀수용　40
관구　41
관리급 · 관리분류급　41
관리사범　42
관리운영직교도관　43
관심대상수용자　43
교대근무 · 4부제　44
교도관 · 교정공무원　45
교도관무도대회　46
교도관예절　46
교도관회의　47
교도소　47
교도소화　48
교도작업　49
교도작업제품우선구매　49
교도작업특별회계　50
교육형주의　51
교육훈련　51
교정　52
교정개혁위원회　53
교정공제회　53
교정관계국제교류　54
교정관계국제규약　55
교정관계국제기구 · 회의　55

교정관계법령　56
교정관계행정규칙　56
교정교육　57
교정대상　57
교정민원콜센터　58
교정본부　58
교정사고　59
교정상징문양　59
교정성적　60
교정시설 · 교정기관　60
교정심리검사　62
교정심리검사특이자　63
교정연수부　64
교정위원　64
교정의 날　65
교정자문위원회　66
교정작품쇼핑몰　67
교정작품전시회　67
교정장비　68
교정정보시스템　68
교정제복　69
교정조직　69
'교정'지　70
교정직교도관　70
교정차량 · 공용차량　71
교정청　72
교정캐릭터　73
교정학　73
교정협의회　74
교정협회　74
교통사범　74
교형　75

교화방송·수용자방송　75

교화방송자문단　76

교화프로그램　77

교화행사　78

구금제도　78

구급차　79

구류　79

구매신청　80

구분수용　80

구속　81

구속집행정지　82

구인·구직만남의 날　82

구치감　83

구치소　83

국가배상소송　84

국가종합전자조달시스템(나라장터)　84

국유재산　85

국제수형자이송　85

국제협력과　86

권리구제제도·권리구제수단　86

귀가여비　87

귀휴　88

귀휴심사위원회　89

규율　89

균형성과표　90

근무성적평가　91

금고　91

금고형수형자　91

금지물품　92

급식　93

급식관리위원회　93

기능경기대회　94

기동순찰팀　95

기본권　96

기본수용급　97

기부금품　97

기술직교도관　98

기초금액　98

(ㄴ)

낙찰하한율　101

내사　101

노무작업·임대작업　101

노역수형자　102

노역장유치　103

노인수형자　103

누진처우제도　104

능지처사　105

(ㄷ)

다면적 인성검사　109

단기실무직업훈련　109

당직간부　110

당직근무　110

대가지급　111

대분류제도　111

대사　112

대용감방　112

대체복무제　113

대한민국재향교정동우회　114

도구점검　114

도급작업　115

도서　115

도형　116

독거제·독거수용　117

독지방문위원제도　118
독학에 의한 학위취득과정　118
동성애　119
동정관찰　119
동행계호　120
동행진료　120
디지털예산회계시스템　121

(ㄹ)

래피　125
로르샤하 검사　125

(ㅁ)

마사키 아키라　129
마약류수용자　129
마음나래프로그램　130
만성질환자　131
목욕　131
목적형주의　132
무기　132
무능력화주의　133
문서관리　134
물품관리　134
미결수용자　135
민간투자개발사업　136
민영교도소　136
민원 · 민원과　138
민원인사전등록　138

(ㅂ)

방호　143
범죄방지 및 형사사법에 관한
　　국제연합회의　143

범죄횟수　144
법무타운 · 법조타운　144
법외형　145
법정구속　145
변호인접견　146
보건위생　147
보건위생직교도관　147
보고문 · 보고전　148
보관금　149
보관낭　149
보관품　150
보라미시스템　151
보방　151
보안 · 보안과　151
보안근무　152
보안장비　153
보안점검　154
보직관리　154
보호감호　155
보호관찰심사위원회　155
보호관찰제도　156
보호사범　156
보호실　157
보호장비　157
복심제 · 삼복제　158
복지 · 복지과　159
복직　159
봉급　160
봉사원　160
부가형　161
부정기재심사　162
부정기형　162

부정당업자제재 163

부처 163

분개 164

분류검사 164

분류센터 · 분류전담시설 · 분류전담소
165

분류심사 · 분류심사과 166

분류심사유예 167

분류심사제외 168

분류조사 168

분류지표 169

분류처우 170

분류처우위원회 170

분류처우회의 171

분리수용 172

불용대상물품 173

비례원칙 173

비상대기숙소 174

(ㅅ)

사건송치 177

사망 177

사면 178

사무근무 179

사복착용 179

사전조사 180

사형 180

사형확정자 181

사회견학 · 사회봉사 182

사회내 처우 183

사회복귀 · 사회복귀과 184

사회적 처우 184

사회적응훈련원 185

삼진아웃제 186

상훈 186

'새길'지 187

생활용품 187

생활지도 188

석방 · 출소 188

석방전교육 · 출소예정자교육 189

석방청원제 190

석방통보 190

선시제도 191

성과관리시스템 191

소년수형자 192

소도 192

소득점수 193

소득점수평가 · 소득점수평정 194

소망교도소 194

소망의 집 195

소방 196

소송서류 197

소장면담 197

소환 198

속전 198

손도장증명 199

수당 199

수용 · 입소 200

수용거절 201

수용급 · 수용분류급 201

수용기록 · 수용기록과 202

수용기록부 203

수용동 204

수용동청소 204

수용생활안내서 205

수용을 위한 체포   205

수용자   206

수용자번호   207

수용증명서   207

수용횟수   208

수의계약   208

수형자   209

수형자 하위문화   211

수형자역할유형   210

수형자취업지원협의회   210

숙련직업훈련   212

순회점검   212

순회진료   213

스마트접견   213

승진   214

시구문   214

시설·시설과   215

시설내 처우   215

시설보수·영선   216

시설위생   216

시설점검   217

시찰   217

식강·식깡   218

식구통   218

식재료검수   219

신문   219

신분대조   220

신상정보등록제도   220

신원   221

신응보주의   221

신입식   222

신입심사   222

신입자   223

신청작업·청원작업   223

신체검사   224

신체질환 또는 장애가 있는 수형자
   224

심리치료·심리치료과   225

심리치료센터   226

심리치료중앙자문위원회   226

심리치료프로그램   227

(ㅇ)

아가페재단   231

아시아교정포럼   231

아일랜드제   232

안옥도   233

안치   233

양성직업훈련   234

양형참고자료   234

언론홍보   234

엄중관리대상자   235

엘마이라제   236

여성수형자   236

영선   237

예산   237

예약접견   237

예정가격   238

오번제·완화독거제   238

온비드   239

완화경비시설   239

완화경비처우급   240

외국인수형자   240

외부의사진료   241

외부출장직업훈련   242

외부통근작업 242

용수 · 용수갓 243

우량수형자 석방령 243

운동 244

운영지원작업 245

원형옥 246

위로금 246

위탁작업 · 단가작업 247

위험관리수준 247

유관기관 248

유독물질 249

유류금품 249

유연근무 250

유형 250

육아기근로시간단축 251

윤번 251

응급처치경연대회 252

응보형주의 252

의료 · 의료과 253

의료처우 254

의료폐기물 255

의약품 · 의료용품 255

이송 256

이수명령 257

이입자 257

인권 258

인원점검 259

일과시작 · 개방 259

일과종료 · 폐방 260

일반개별처우계획 260

일반경비시설 261

일반경비처우급 261

일반경쟁입찰 262

일반사범 262

일반수용비 262

일반예방주의 263

일반직업훈련 264

일반회계 264

일시석방 264

일시수용 265

일일교무과장제 265

일일중점관찰대상자 266

일일평균수용인원 266

일책십이법 266

임시배치 267

임출 267

입찰 267

입찰보증금 268

잉글랜드제 268

(ㅈ)

자금 271

자리지정 271

자립형교도작업 271

자매결연상담 272

자비구매물품 272

자산취득비 273

자치생활 273

자치처우 274

작업병행직업훈련 274

작업장 275

작업장려금 276

작업지도 276

장기수형자 276

장소변경접견 277

장애인수용자　278

장형　278

재물조사　279

재범률·재복역자　280

재범예측지표　280

재범위험성평가　281

재범위험성평가위원회　282

재소자　282

재심사　283

적격심사　283

적성검사　284

전문대학위탁과정　284

전문상담　285

전보　286

전옥　286

전옥서　287

전자자산처분시스템　288

전자장비　288

전화통화　289

점수제·점수소각제　290

접견　291

정기재심사　292

정밀안전진단　293

정보공개　293

정보보고　294

정신질환 또는 장애가 있는 수형자
　294

정신질환자　295

제한경쟁입찰　296

제한사범　296

조사　297

조선감옥령　297

조선감옥령시행규칙　298

조위금　298

조직폭력수용자　299

조출　300

존 하워드　300

종교행사　301

죄형법정주의　302

주말구금제도　302

주벽　303

주복도　303

주파수공용통신시스템　303

중간처우시설　304

중경비시설　305

중경비처우급　305

중소기업자간경쟁제품　306

중앙통제실　306

중환자·응급환자　307

즉시석방　308

지능검사　308

지도원제도　309

지명경쟁입찰　309

지방교정청　310

지소　311

지원직업훈련　311

지적장애　311

지체상금　312

지출원인행위　313

직수아문　313

직업훈련　314

직업훈련·직업훈련과　314

직업훈련교도관·직업훈련교사　315

직영작업·관사작업　316

직원정신건강 프로그램　317
직원회 근로자　317
진료　318
진정　319
진정실　320
집중개별처우계획　320
집중근로작업　321
집중인성교육　322
집중처우　323
집중치료기관　323
집체직업훈련　324
집필　324
징계　325
징벌　326
징벌대상행위　326
징벌부과　327
징벌실효　327
징벌위원회　328
징벌종류　328
징벌집행　329
징벌집행정지 · 감경 · 면제 · 유예
　330
징역　330
징역표 · 징역처단례　331

(ㅊ)

차입신청　335
참관　335
참형　335
채용　336
책임점수　337
책화　337
처우　337

처우개별화　339
처우급 · 처우분류급　339
처우등급　340
처우방식　340
천사　341
청년수형자　341
청사근무　341
청원　342
체포　343
총무 · 총무과　343
추정가격　344
추정금액　344
출석요구　345
출입문　345
출장　346
출정 · 출정과　346
출정비용　347
충군　347
취사원선정　348
취업 · 창업지원　348
취업조건부가석방　349
치료감호 · 치료감호심의위원회　350

(ㅋ)

카운슬링　355
카티지제　355

(ㅌ)

타당도　359
탄방기　359
태형　359
통용문　360
퇴직　360

특별사법경찰관리　361
특별예방주의　361
특별활동반교육　362

(ㅍ)

파놉티콘　365
팔조법금　365
펜실베니아제 · 엄정독거제　366
편지　366
편지검열　367
포상　368
피고인　368
피보호감호자　369
피수용자　369
피의자　370
필수작업장　370

(ㅎ)

하자검사　373
하자보수보증금　373
학과교육　374
한국교정학회　375
한국법무보호복지공단　374
한국형사정책연구원　375
행정소송　376
행정심판　377
행정심판위원회　377
행정정보공표　378
행형　379
행형법　379
향상직업훈련　380
향정신성의약품　380
헌법소원　381

현장직업훈련　382
형기　382
형무관학교　383
형무작업　383
형벌　383
형부·형조　384
형사소송　385
형사수용시설 및 피수용자 등의
　　처우에 관한 법률　385
형사시설　386
형의 집행 및 수용자 처우에 관한
　　기본계획　387
형의 집행 및 수용자의 처우에 관한
　　법률(약칭: 형집행법)　387
'형정'지　388
형집행　389
형집행정지 · 노역집행정지　389
호송　390
혼거제 · 혼거수용　391
화상접견　391
확인서 · 인수서　392
환소　392
환자　393
회복적 교정　393
회복적 교정 프로그램　394
회복적 사법　395
휴가　396
휴대금품　397
휴직　398
휼수 · 휼형　398
희망센터　399

저자 약력

김영식, 현 부산구치소장(일반직고위공무원)
전북대 대학원 법학박사, 독일 막스－프랑크 국제범죄학연구소 연구원 파견
『교도소에서의 회복적 사법』(번역서, 대장간, 2020) 등

서운재, 현 부산교도소 근무
일본 게이오대 대학원 법학박사, 와세다대 비교법연구소 연구원 파견
『일본행형법』(공역, 형정원, 2016), 『일제강점기 조선 행형의 이야기』(번역서, 북트리, 2020) 등

윤백일, 현 군산교도소 근무
방송통신대(국문학, 중문학), 한국고전번역원 고전번역 연수과정 졸업
『군산교도소 백년사』(공저, 군산교도소, 2010), 「전주형무소 군산지소장 인수인계서 해제(1938)」(2019)

김우석, 현 부산교도소 직업훈련과장
서울시립대(행정학과), 경주(교) 복지과장, 부산(구) 사회복귀과장 역임

감수자 약력

신양균, 현 전북대 법학전문대학원 교수, 전 전북대 부총장 역임
연세대 대학원 법학박사, 독일 트리어대학 유럽형사소송법 및 경찰법연구소
방문교수
『판례교재형사소송법』(공저, 화산미디어, 2011), 『형집행법』(화산미디어, 2012)
등 다수

김안식, 현 백석대 교정보안학과 교수
미국 샘휴스턴 주립대 형사대학원, 경기대 대학원 법학박사
서울남부교도소장, 법무부 교정본부 보안과장, 안양교도소장 역임

교정용어사전

초판발행	2021년 7월 15일
지은이	김영식 · 서운재 · 윤백일 · 김우석
펴낸이	안종만 · 안상준
편 집	장유나
기획/마케팅	정석혁
표지디자인	벤스토리
제 작	고철민 · 조영환
펴낸곳	(주) 박영사
	서울특별시 금천구 가산디지털2로 53, 210호(가산동, 한라시그마밸리)
	등록 1959. 3. 11. 제300-1959-1호(倫)
전 화	02)733-6771
f a x	02)736-4818
e-mail	pys@pybook.co.kr
homepage	www.pybook.co.kr
ISBN	979-11-303-1317-7 93350

copyright©서운재 외 3인, 2021, Printed in Korea

* 발간지원: 이복희(故 임재표 법학박사 배우자)

정 가   22,000원

본 책자의 출간으로 발생하는 모든 인세는 수형자 교정교화사업 등 공익사업에 사용합니다.